기업구조조정 실무와 DART 사례

임희주 · 김진석 공저

최신판

SAMIL | 삼일인포마인

www.samili.com 사이트 **제품몰** 코너에서 본 도서 **수정사항**을 클릭하시면
정오표 및 중요한 수정 사항이 있을 경우 그 내용을 확인하실 수 있습니다.

머리말

합병 · 분할 등 기업구조조정은 일반적으로 기업의 장기계획의 일환으로 기업경영전략 중의 하나로 추진되며, 상법 · 회계 · 세법 등 관련 규정에 대한 종합적이고 입체적인 지식이 요구되는 분야입니다. 더불어 상장회사의 경우에는 자본시장법 · 거래소 규정 등을 추가로 검토하여야 하는 등 실무자 입장에서는 일상적인 업무주제가 아니라는 점을 고려할 때 어려움이 아닐 수 없습니다.

이에 본서는 기업구조조정을 진행하는 실무자 입장에서 기업구조조정에 대한 이해를 높이고 실무업무에 도움이 되고자 다음의 사항에 중점을 두고 집필하였습니다.

첫째, 실제 업무에 적합한 목차로 구성하였습니다.

기업구조조정 실무업무는 크게 사전검토와 절차로 구분할 수 있는바, 본서 목차 역시 계약 전에 사전적으로 검토되어야 할 사항을 각 주제별로 다루고 이후 절차 부분은 그 시작과 마무리 단계까지 시점별로 필요한 절차의 내용을 다루고 있습니다. 한편 제1장부터 제3장까지의 내용구성은 동일한 순서로 되어 있으며, 각 장의 전체 주제는 '목차의 구성'을 참조하시기 바랍니다. 또한 제2장과 제3장의 절차 부분에서 중복된 내용은 제1장 합병을 참조하고 있으니 이 점 양해바랍니다.

둘째, 전자공시시스템(DART) 사례 및 예시를 통하여 이해도를 높이고자 하였습니다.

공시 사례를 참조하는 것은 실무감각을 익히고 좋은 벤치마킹이 될 수 있다는 점에 착안하여 각 주제별로 DART에 공시된 내용 중 모범 사례를 담아 해당 사례가 주는 시사점을 설명함으로써 이를 실무상 활용할 수 있도록 하였습니다. 또한 회계 · 세무 부분의 설명에 있어서는 예시를 통하여 이해도를 높이고자 하였습니다.

셋째, 기업구조조정과 관련된 각종 법률 및 규정 등을 누락없이 싣고자 하였습니다.

기업구조조정업무에 있어 가장 기본이 되는 상법 · 회계 · 세법뿐만 아니라 공정거래법, 자본시장법, 거래소 규정 등 관련 법률 및 규정은 주제별로 최대한 싣고자 하였으며, 해당 법률 및 규정 등은 각주를 통하여 참조 표시하여 독자들이 직접 찾아볼 수 있도록 하였습니다. 한편, 관련 법률 및 규정의 약어는 일반적으로 통용되는 약어를 사용하였습니다.

넷째, 실무팁을 최대한 기술하고자 하였습니다.

해당 주제에 대한 원론적인 내용은 본문에 기술하고, 실무적인 내용이나 시사점 등은 본문이 아닌 각주에 기재하여 설명함으로써 이해도를 높이고 실무텁을 제공하고자 하였습니다.

다섯째, 법률 및 규정 등이 명확하지 않은 부분은 실무 사례를 소개하였습니다.

해당 법률 및 규정이 명확하지 않아 모호한 주제에 대해서는 DART 사례나 실무 사례를 소개하여 실무상 업무진행에 참조가 될 수 있도록 하였습니다.

한편, 본서는 보다 실무적인 접근을 위하여 각종 DART 사례나 예시 등을 다루고 있으며 실무적인 상황에서 진행되는 내용을 포함하고 있습니다. 다만, 이러한 내용들은 개별상황에 따라 적용상의 차이가 있을 수 있으므로 이 점 유의해 주시길 바라며 실제 업무에 적용할 경우에는 관련 규정 등의 확인 및 관련 기관의 유권해석을 받으시길 권고드립니다.

끝으로 이 책의 출판을 위해 애쓰신 삼일인포마인 이희태 대표이사님, 조원오 전무님과 편집부에 감사드립니다.

저자 씀

차례

제 1 장 합 병 11

Ⅰ. 개요 ········· 13
1. 의의 ········· 13
2. 유형 ········· 14
3. 당사자 ········· 15
4. 목차의 구성 ········· 16

Ⅱ. 사전검토 ········· 17
1. 법률검토 ········· 17
(1) 상법 / 17
(2) 자본시장법 / 20
(3) 거래소 규정 / 23
(4) 공정거래법 / 31
(5) 기타법률 규정 / 36
(6) 상업등기선례 / 40
2. 합병비율 ········· 49
(1) 의의 / 49
(2) 상대적 주식수 차이 / 50
(3) 합병 후 지분율 / 52
3. 자기주식 ········· 53
(1) 피합병회사 보유 자기주식 / 53
(2) 포합주식 / 54
(3) DART 사례 / 55
4. 회계 ········· 58
(1) 손익의 귀속 / 60
(2) 결산 / 60
(3) 동일지배 / 61
(4) 사업결합 / 71
(5) 역합병 / 98
(6) 기업인수목적회사(SPAC) 합병 / 105

차례

5. 세무 ······ 109
(1) 과세체계의 이해 / 110
(2) 적격합병의 효과 및 목차 / 118
(3) 적격합병 / 119
(4) 피합병법인 / 128
(5) 합병법인 / 132
(6) 피합병법인의 주주 / 147
(7) 적격합병의 사후관리 / 150

Ⅲ. 절차 ······ 154

1. 합병계약체결 ······ 155
(1) 합병계약서 작성 / 155
(2) 합병이사회 결의 / 165
(3) 주요사항보고서 제출 / 169
(4) 우회상장서류 제출 / 174
2. 증권신고서 제출 ······ 174
(1) 의의 / 174
(2) 합병일정과 증권신고서 / 175
(3) 증권신고서의 수리 / 176
(4) 증권신고서 정정신고 / 176
3. 주주총회 ······ 183
(1) 권리주주의 확정 / 184
(2) 주주총회 소집 및 통지 / 185
(3) 주주총회 결의 / 190
(4) 합병계약서 등의 공시 / 191
4. 주식매수청구권 ······ 192
(1) 행사요건 / 192
(2) 시점별 절차 / 193
5. 채권자보호절차와 주식병합절차 ······ 199
(1) 채권자보호절차 / 200
(2) 주식병합절차 / 201

6. 합병기일 ···· 205
(1) 합병종료보고총회 / 205
(2) 합병등기 / 206
(3) 합병 관련서류 사후공시 / 208
(4) 증권발행실적보고서 등의 공시 / 208
7. 소규모합병과 간이합병 ···· 209
(1) 소규모합병 / 209
(2) 간이합병 / 215
(3) 소규모합병과 간이합병 비교 / 218
(4) 간이합병이면서 소규모합병 / 219

제 2 장 분 할 221

Ⅰ. **개요** ···· **223**
1. 의의 ···· 223
2. 유형 ···· 224
(1) 단순분할과 분할합병 / 224
(2) 인적분할과 물적분할 / 224
3. 활용 ···· 225
(1) 인적분할 / 225
(2) 물적분할 / 227
4. 당사자 ···· 229
5. 합병과 비교 ···· 230
6. 목차의 구성 ···· 231

Ⅱ. **사전검토** ···· **232**
1. 법률검토 ···· 232
(1) 상법 / 232
(2) 자본시장법 / 234
(3) 거래소 규정 / 237
(4) 공정거래법 / 240

(5) 기타법률 규정 / 242
(6) 상업등기선례 / 242
2. 자기주식 ··· 246
(1) 자기주식과 분할신주배정 / 246
(2) 자기주식의 이전 / 248
3. 회계 ··· 249
(1) 손익의 귀속 / 251
(2) 분할비율 / 251
(3) 장부금액법 / 254
(4) 소유주에 대한 비현금자산의 분배 / 261
(5) 매각예정비유동자산과 중단영업 / 262
(6) '소유주에 대한 비현금자산의 분배'와 '분배예정자산분류 및 중단영업' 예시 / 265
4. 세무 ··· 268
(1) 과세체계의 이해 / 269
(2) 적격분할의 효과 및 목차 / 278
(3) 적격분할의 요건 / 278
(4) 분할법인 / 288
(5) 분할신설법인 / 291
(6) 분할법인의 주주 / 298
(7) 적격분할의 사후관리 / 300
(8) 물적분할 / 303
(9) 지주회사 설립 및 전환 시 과세특례 / 312

Ⅲ. 절차 ··· **315**
1. 분할승인이사회 ··· 316
(1) 분할계획서 작성 / 316
(2) 분할이사회 결의 / 328
(3) 주요사항보고서 제출 / 330
(4) 재상장 신청 / 333

2. 증권신고서 ······ 336
(1) 의의 / 336
(2) 분할일정과 증권신고서 / 337
3. 주주총회 ······ 340
(1) 분할주주총회 / 340
(2) 분할계획서 등의 공시 / 341
4. 주식매수청구권 ······ 341
5. 채권자보호절차와 주식병합절차 ······ 342
(1) 채권자보호절차 / 342
(2) 주식병합절차 / 344
6. 분할기일 ······ 347
(1) 분할종료보고총회 / 347
(2) 분할등기 / 349
(3) 분할 관련서류 사후공시 / 351
(4) 증권발행실적보고서 등의 공시 / 351

제3장 주식의 포괄적 교환 · 이전 353

Ⅰ. 개요 ······ 355
1. 의의 ······ 355
2. 유형 ······ 356
(1) 교환과 이전 / 356
(2) 소규모 · 간이주식교환 / 356
3. 활용 ······ 357
4. 합병과 비교 ······ 360
5. 당사자 ······ 361
6. 목차의 구성 ······ 362

Ⅱ. 사전검토 ······ 364
1. 법률검토 ······ 364
(1) 상법 / 364

차 례

(2) 자본시장법 / 366
(3) 거래소 규정 / 366
(4) 공정거래법 / 367
(5) 기타법률 규정 / 367
(6) 등기 / 368
2. 교환비율 ········· 368
3. 완전자회사 보유 자기주식의 처리 ········· 369
4. 회계 ········· 370
(1) 회계처리의 주체와 결산 / 370
(2) 회계처리 / 370
(3) 회계처리 예시 / 373
(4) DART 사례 / 375
5. 세무 ········· 378
(1) 과세체계 / 378
(2) 완전자회사 주주 / 379
(3) 완전모회사 / 386

Ⅲ. **절차** ········· **387**
1. 계약체결 ········· 388
(1) 주식교환계약서(주식이전계획서) 작성 / 388
(2) 이사회 결의 / 393
(3) 주요사항보고서 제출 / 396
(4) 우회상장서류 제출 / 397
2. 증권신고서 제출 ········· 398
3. 주주총회 ········· 403
(1) 주주총회 승인 / 403
(2) 계약서등의 공시 / 403
4. 주식매수청구권 ········· 404
5. 완전자회사 주권실효절차 ········· 404
6. 주식교환 · 이전일 ········· 405
(1) 등기 / 406
(2) 사후공시 / 407

(3) 증권발행실적보고서 등의 공시 / 407
7. 소규모주식교환과 간이주식교환 ········· 408
(1) 소규모주식교환 / 408
(2) 간이주식교환 / 413

보론 주식가치평가 417

Ⅰ. 개요 ········· 419
1. 목적 ········· 419
2. 평가방법 ········· 420

Ⅱ. 법률상 방법 ········· 421
1. 자본시장법 ········· 421
(1) 산정방법 / 421
(2) 외부평가기관 평가의무 / 428
2. 세법 ········· 430

Ⅲ. 이론적 평가방법 ········· 436
1. 수익가치분석방법 ········· 436
(1) 현금흐름할인모형 / 436
(2) 배당할인모형 / 437
(3) 이익할인모형 / 438
2. 자산가치접근방법 ········· 439
3. 상대가치접근방법 ········· 440
(1) PER 비교 / 441
(2) EV/EBITDA 비교 / 442
(3) PBR 비교 / 443
(4) PSR 비교 / 444

Ⅳ. DART 사례 ········· 446
1. 주권상장법인 간 합병 ········· 446
2. 주권상장법인과 비상장법인 간 합병 ········· 448

(1) 자산가치를 선택한 사례 / 448
(2) 현금흐름할인모형 / 450
3. 비상장법인 간의 합병 ··· 454
(1) 비특수관계자 간 / 454
(2) 특수관계자 간 / 456
4. 완전자회사 합병 ··· 457
5. SPAC소멸합병 ··· 458

제 1 장

합 병

I 개요

 의의

합병이란 두 개 이상의 회사가 상법의 특별규정에 의하여 청산절차를 거치지 않고 합쳐져 그중 한 회사가 다른 회사를 흡수하거나(흡수합병), 새로운 회사를 설립함으로써(신설합병) 한 개 이상의 회사의 소멸과 소멸회사의 권리·의무 및 사원의 포괄적 이전을 생기게 하는 회사법상의 법률요건이다.[1)]

합병에 따라 소멸회사 주주는 소멸회사[2)]의 권리와 의무를 존속회사[3)]로 이전해 준 대가로 존속회사 주식을 취득하여 존속회사 주주가 된다.

한편, 소멸회사 주주에게 지급하는 대가는 존속회사 주식뿐만 아니라 그 대가의 전부 또는 일부로서 금전이나 그 밖의 재산을 제공하는 것이 가능하므로 합병교부금은 물론 자기주식, 존속회사의 모회사 주식[4)] 등을 교부할 수도 있다.[5)]

| 합병의 의의 |

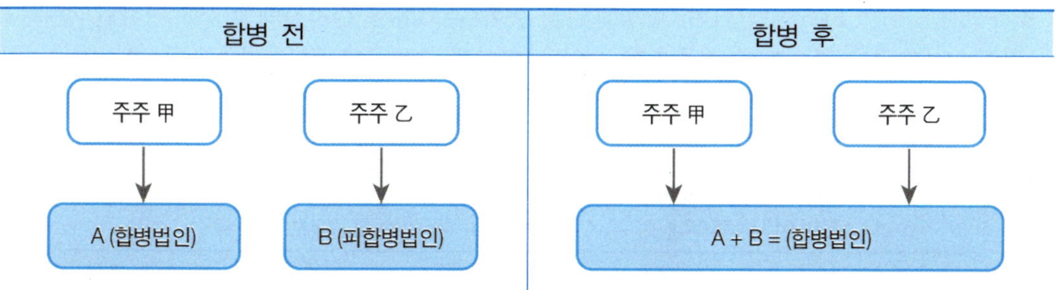

① 피합병법인(B)은 자신의 권리(자산)와 의무(부채)를 합병법인(A)에게 포괄적으로 이전하고 소멸한다.
② 피합병법인(B)의 주주(乙)는 이전(상기 ①)에 대한 대가로 그에 상응하는 합병법인(A)의 주식등을 받는다.

---

1) 대법원 2003. 2. 11. 선고 2001다14351 판결
2) 상법상 '소멸하는 회사', 세법상 '피합병법인'이라고 한다. 이하 소멸회사·피합병법인·피합병회사를 혼용한다.
3) 상법상 '존속하는 회사', 세법상 '합병법인'이라고 한다. 이하 존속회사·합병법인·합병회사를 혼용한다.
4) 합병대가로 합병법인 주식이 아닌 합병법인의 모회사 주식을 교부하는 것을 삼각합병이라고 하며, 삼각합병 후에는 피합병법인 주주는 합병법인의 모회사 주주가 된다.
5) 상법 §523 ④

2 유형

합병은 합병당사회사의 소멸 여부에 따라 한 회사가 존속하고 다른 회사가 소멸하는 흡수합병과 당사회사 전부가 소멸하고 새로운 회사를 설립하는 신설합병이 있으며, 상법상 합병절차의 간소화 정도에 따라 존속회사의 주주총회 승인을 이사회 승인으로 갈음하는 소규모합병과 소멸회사의 주주총회 승인을 이사회 승인으로 갈음하는 간이합병이 있다.

| 합병당사회사의 소멸 여부에 따른 구분 |

구분	내용
흡수합병	수 개의 합병당사회사 중 하나의 회사만이 존속하고 나머지 회사는 소멸하여 존속회사가 소멸회사의 권리·의무를 포괄적으로 승계하고 사원을 수용하는 방법
신설합병[6)]	수 개의 합병당사회사가 전부 소멸하고 신설회사가 소멸회사의 권리·의무를 포괄적으로 승계하고 사원을 수용하는 방법

| 합병절차의 간소화에 따른 구분[7)] |

구분	내용
소규모 합병	(요건) 존속회사가 발행하는 합병신주 및 이전하는 자기주식 총수가 발행주식총수의 10% 이하이며, 합병교부금 등이 존속회사 순자산액의 5% 이하인 경우 (효과) • 존속회사 주주총회 승인을 이사회 승인으로 갈음 가능 • 존속회사 주주의 주식매수청구권 불인정
간이 합병	(요건) 소멸회사 총주주의 동의가 있거나 또는 존속회사가 소멸회사 주식총수의 90% 이상 소유한 경우 (효과) 소멸회사 주주총회 승인을 이사회 승인으로 갈음 가능

6) 신설합병은 신설회사를 설립하는 절차와 비용 부담이 있고, 흡수합병 후 회사명을 변경하면 신설합병과 동일한 효과가 발생하므로 실무적으로는 거의 활용되지 않는다.

7) 소규모합병·간이합병에 대한 상세한 내용은 하기 Ⅲ. 7.을 참조하기 바란다.

③ 당사자

합병당사자는 합병법인·합병법인의 주주 및 채권자와 피합병법인·피합병법인의 주주 및 채권자이다. 한편, 합병당사자는 아니지만 법률상 요구되는 유관기관의 인허가가 있을 수 있으며 상장회사의 경우에는 이해관계자가 많으므로 각종 공시의무도 존재한다.

| 합병당사자 |

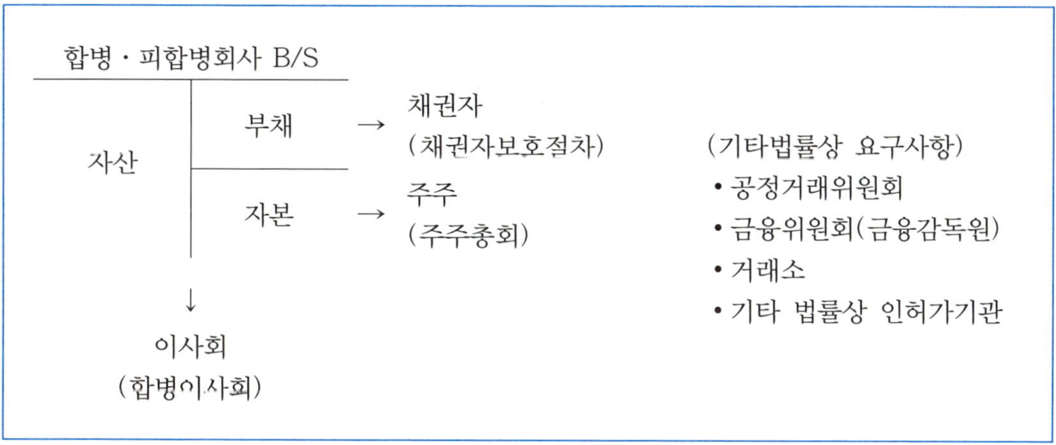

| 합병당사자의 이해관계 |

구분	내용
① 피합병회사	자산·부채를 합병회사에 이전하고 소멸함.
② 합병회사	피합병회사로부터 자산·부채를 포괄적으로 승계함.
③ 합병회사 주주	합병 전보다 합병회사에 대한 지분율이 감소함.
④ 피합병회사 주주	피합병회사에 자신의 주식을 제출하고 합병법인 주식을 배정받음.
⑤ (피)합병회사 채권자	합병으로 인하여 채권의 권리관계가 변동됨.

목차의 구성

실무상 합병업무의 대부분은 합병계약 체결 전에 이루어지는 사전검토이며 절차적인 부분은 미리 계획된 일정표에 따라서 진행하게 된다. 따라서 본서 목차 역시 업무의 흐름에 따라 사전검토와 절차로 구분하여 기술하기로 한다. 한편, 합병당사회사 중 상장회사가 있다면 자본시장법 및 거래소에서 추가로 요구되는 사항이 있으므로 함께 검토가 이루어져야 한다.

| 합병실무와 목차 |

<table>
<tr><th colspan="2">구분</th><th colspan="2">내용</th><th>목차</th></tr>
<tr><td rowspan="10">Ⅱ.
사전
검토</td><td rowspan="6">법률
검토</td><td>상법</td><td>절차 · 제한</td><td>Ⅱ.1.(1)</td></tr>
<tr><td>자본시장법</td><td>공시 · 주식가액 산정방법 · 외부평가기관 평가의무</td><td>Ⅱ.1.(2),
보론 Ⅱ.1</td></tr>
<tr><td>거래소 규정</td><td>우회상장 · SPAC합병</td><td>Ⅱ.1.(3)</td></tr>
<tr><td>공정거래법</td><td>신고절차 · 대상 · 시기</td><td>Ⅱ.1.(4)</td></tr>
<tr><td>기타법률 규정</td><td>기타법률상 제한 · 간소화 규정</td><td>Ⅱ.1.(5)</td></tr>
<tr><td>상업등기선례</td><td>등기 · 주식배정 · 부동산등기 관련</td><td>Ⅱ.1.(6)</td></tr>
<tr><td>합병비율</td><td colspan="2">의의 · 상대적 주식수 차이 · 합병 후 지분율</td><td>Ⅱ.2</td></tr>
<tr><td>자기주식</td><td colspan="2">피합병회사 보유 자기주식 · 포합주식 · DART 사례</td><td>Ⅱ.3</td></tr>
<tr><td>회계</td><td colspan="2">손익의 귀속 · 결산 · 동일지배 · 사업결합 · 역합병 · SPAC합병</td><td>Ⅱ.4</td></tr>
<tr><td>세무</td><td colspan="2">과세체계 · 적격합병의 효과 및 요건 · 피합병법인의 세무 · 합병법인의 세무 · 피합병주주의 세무 · 적격합병 사후관리 등</td><td>Ⅱ.5</td></tr>
<tr><td rowspan="7">Ⅲ.
절차</td><td>합병계약
체결</td><td colspan="2">합병계약서 작성 · 합병이사회 결의 · 주요사항보고서 · 우회상장 서류</td><td>Ⅲ.1</td></tr>
<tr><td>증권
신고서</td><td colspan="2">의의 · 합병일정과 증권신고서 · 증권신고서의 수리 · 정정신고</td><td>Ⅲ.2</td></tr>
<tr><td>주주
총회</td><td colspan="2">권리주주의 확정 · 주총 소집 및 통지 · 주총결의 · 합병계약서 등의 공시</td><td>Ⅲ.3</td></tr>
<tr><td>주식매수
청구권</td><td colspan="2">행사요건 · 시점별 절차 · 매수한 주식의 처리</td><td>Ⅲ.4</td></tr>
<tr><td>채권자
보호절차</td><td colspan="2">채권자보호절차 · 주식병합절차(상법 · 전자증권법)</td><td>Ⅲ.5</td></tr>
<tr><td>합병기일</td><td colspan="2">합병종료보고총회 · 합병등기 · 사후공시 · 증권발행실적보고서</td><td>Ⅲ.6</td></tr>
<tr><td colspan="3">소규모합병과 간이합병</td><td>Ⅲ.7</td></tr>
</table>

Ⅱ 사전검토

1 법률검토

(1) 상법

1) 절차

합병은 합병당사자들의 이해관계에 중대한 영향을 미칠 수도 있기 때문에 상법은 합병 시 합병당사자들을 보호하는 절차를 요구하고 있다. 대차대조표 중심으로 설명하면 회사의 자본을 구성하는 합병당사회사의 주주들을 위하여 주주총회를 개최하여 승인을 득하여야 하며, 이후 회사의 부채를 구성하는 채권자들을 위한 채권자보호절차를 거쳐야 한다.

즉, 상법상 합병을 하기 위해서는 주주총회에서 승인을 얻고 채권자보호절차가 종료되어야 상법상 합병기일로 실제로 합병을 할 날[8)]이 된다.

| 상법상 합병절차 |

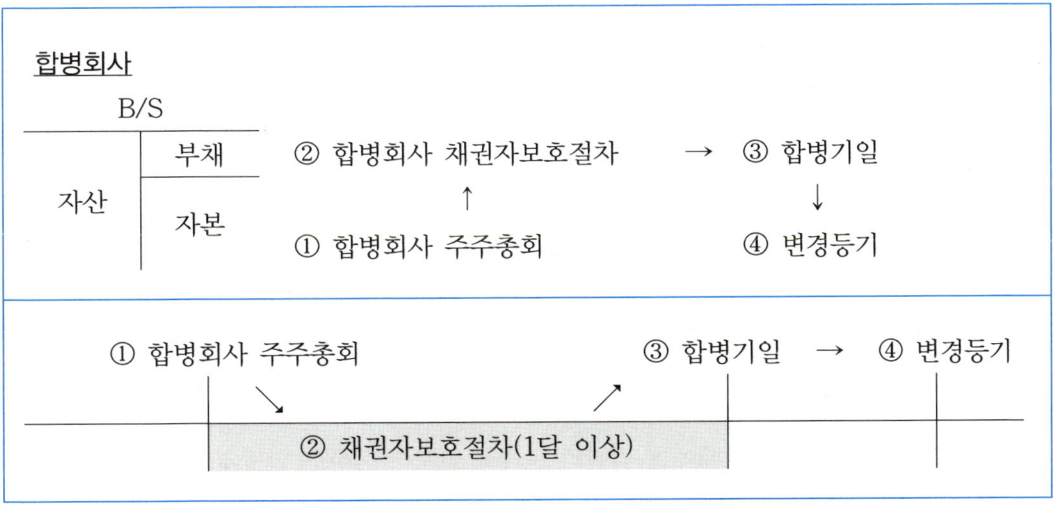

8) 합병의 법적 효력발생일은 합병계약일 또는 합병기일이 아닌 합병등기일이며, 합병등기를 위한 첨부서류에는 상법에서 요구하는 절차이행에 관한 서류를 포함한다. 등기 시 첨부서류 목록은 Ⅲ. 6. (2)를 참조하기 바란다.

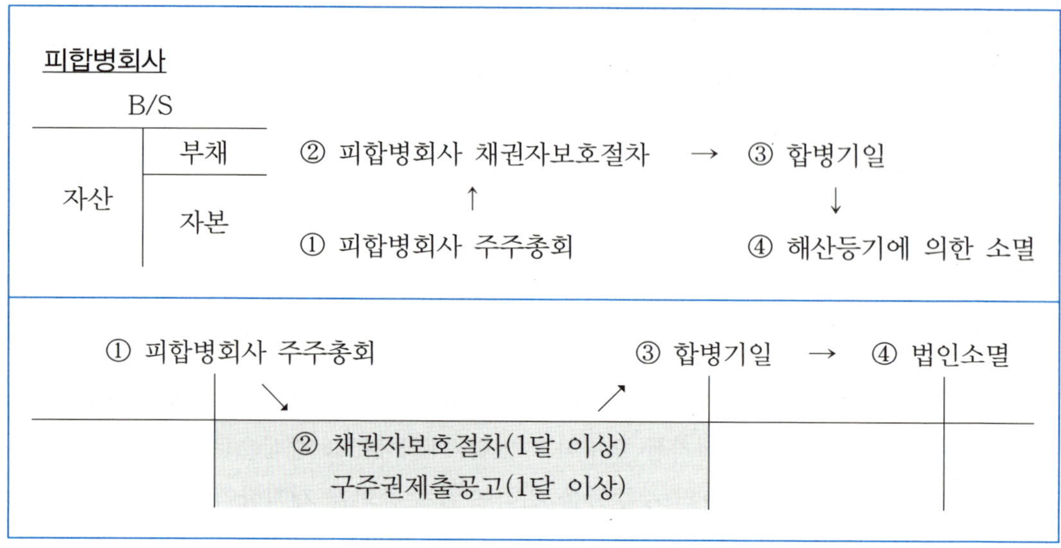

2) 제한[9)]

상법상 회사는 합병을 할 수 있다라고 규정되어 있으므로 회사는 다른 회사와 자유롭게 합병할 수 있다. 다만, 상법상 다른 종류의 회사 간 합병의 경우에는 일부 제한 규정이 존재한다.

합병당사회사 중 일방 또는 쌍방이 주식회사, 유한회사 또는 유한책임회사인 때에는 합병 후 존속하는 회사 또는 신설되는 회사는 주식회사, 유한회사 또는 유한책임회사이어야 한다. 이는 합명회사 또는 합자회사가 존속회사나 신설회사가 되는 경우 기존의 유한책임회사, 유한회사 또는 주식회사의 유한책임사원이 더 무거운 무한책임을 지게 되는 문제점을 방지하기 위한 것이다.

유한회사와 주식회사가 합병할 경우 주식회사가 사채의 상환을 완료하지 않으면 유한회사를 존속회사나 신설회사로 하지 못한다. 이는 유한회사는 사채를 발행할 수 없기 때문이다.

유한회사가 주식회사와 합병하는 경우에 합병 후 존속하는 회사 또는 합병으로 인하여 설립되는 회사가 주식회사인 때에는 법원의 인가를 얻지 아니하면 합병의 효력이 없다. 이는 유한회사의 경우 변태설립사항에 대한 법원 검사인의 조사절차가 없으므로 이러한 절차의 회피를 방지하기 위해서이다. 한편, 법원의 인가신청은 합병을 할 회사의 이사와 감사가 공동으로 신청하여야 하며 신청을 인용한 재판에 대하여는 불복신청을 할 수 없다.[10)]

---

9) 상법 §174 ①, ② 및 상법 §600 ①, ②
10) 비송 §81, §104

| 상법상 합병제한 |

구분	내용
① 합병당사회사 중 일방이 주식회사, 유한회사 또는 유한책임회사인 경우	존속회사 또는 신설회사는 주식회사, 유한회사 또는 유한책임회사이어야 함.
② 사채가 있는 주식회사와 유한회사가 합병하는 경우	존속회사 또는 신설회사는 주식회사이어야 함.
③ 주식회사와 유한회사가 합병하여 존속회사 또는 신설회사가 주식회사인 경우	법원의 인가를 받아야 함.

DART	주식회사와 유한회사의 합병
사 례	㈜○○홀딩스가 100% 지분을 보유하고 있는 △△유한회사를 흡수합병한 사례
공 시	주요사항보고서

가. 합병 방법

㈜○○홀딩스가 △△(유)를 흡수합병하며, ㈜○○홀딩스는 존속하고 △△(유)는 소멸합니다.

나. 소규모합병 또는 간이합병 여부

당해 합병은 합병회사인 ㈜○○홀딩스에 있어서는 상법 제527조의3의 규정이 정하는 소규모합병에 해당합니다. 피합병회사인 △△는 유한회사로써 소규모합병 및 간이합병이 성립되지 않습니다.

설 명

① 유한회사와 주식회사가 합병하면서 존속회사가 주식회사의 경우이므로 본건 합병은 합병보고총회 전에 법원의 인가를 받아야 한다.

② 유한회사에 있어서는 상법 §527의2(간이합병), §527의3(소규모합병)이 준용[11]되지 않는다.

11) (유한회사 합병 시 준용규정) 상법 제232조, 제234조, 제235조, 제237조 내지 제240조, 제443조, 제522조 제1항 · 제2항, 제522조의2, 제523조, 제524조, 제526조 제1항 · 제2항, 제527조 제1항 내지 제3항 및 제529조는 유한회사 합병의 경우에 준용한다.

(2) 자본시장법

합병당사회사 중 사업보고서제출대상법인(주권상장법인 등)이 있는 경우에는 자본시장법상 관련 규정을 검토하여야 한다. 자본시장법상 합병 관련 규정은 크게 공시, 주식가액 산정방법 및 외부평가기관의 평가의무로 요약된다.

| 자본시장법 주요 내용과 목차 |

구분		목차
1) 공시	주요사항보고서	Ⅲ.1.(3)
	증권신고서	Ⅲ.2.
	증권발행실적보고서 등	Ⅲ.6.(4)
2) 주식가액 산정방법		보론 Ⅱ.1.(1)
3) 외부평가기관 평가의무		보론 Ⅱ.1.(2)

| 자본시장법상 주요 용어 |

구분	내용
상장법인	① 증권시장에 상장된 증권(이하 "상장증권"이라고 함)을 발행한 법인
주권상장법인	상기 ①상장증권 + 주권과 관련된 증권예탁증권이 증권시장에 상장된 경우에는 그 주권을 발행한 법인
사업보고서 제출대상법인[12)]	• 증권을 증권시장에 상장한 발행인 • 증권을 (자본시장법상) 모집 또는 매출한 발행인 • 외부감사대상법인으로서 증권별로 그 증권의 소유자 수가 500인[13)] 이상인 발행인
모집	50인 이상의 투자자에게 새로 발행되는 증권의 취득의 청약을 권유하는 것
매출	50인 이상의 투자자에게 이미 발행된 증권의 매도의 청약을 하거나 매수의 청약을 권유하는 것

12) 자본시장령 §167
13) 증권의 소유자 수가 500인 이상이었다가 500인 미만으로 된 경우로서 300인 미만에 해당하지 아니하는 발행인을 포함한다.

1) 공시

사업보고서제출대상법인이 합병계약을 체결한 때에는 합병계약 사실을 공시하는 주요사항보고서를 제출하여야 한다. 또한 합병으로 인한 신주발행이 자본시장법상 모집인 경우 증권신고서 및 투자설명서를 제출하여야 하며, 합병이 종료된 때에는 증권발행실적보고서를 제출하여야 한다.

| 절차에 따른 공시 |

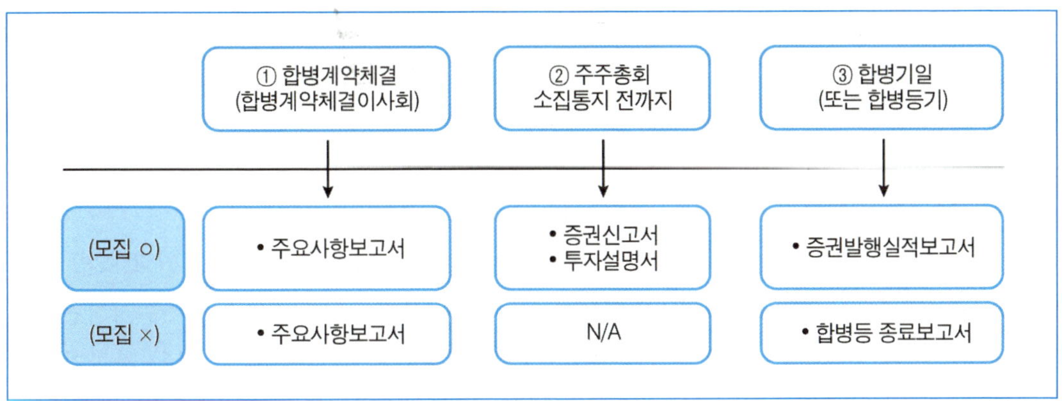

| 합병 관련 주요 공시 |

구분	내용	
주요 사항 보고서	의무자	타법인과 합병하려는 사업보고서제출대상법인
	시기	① 금융위원회 : 이사회결의 · 합병계약일 중 빠른 날 이후 3일 이내 제출 ② 한국거래소 : 사유 발생 당일 ※ 두 보고서 서식이 동일하므로 사유 발생 당일 제출하여야 함.
	제출처	금융위원회(금융감독원) 및 한국거래소
	규정	자본시장법 §161, 자본시장령 §171, 자본시장규정 §4-5
증권 신고서	의무자	합병대가로 신주발행이 모집에 해당하는 경우 해당 합병법인
	시기	주주총회 일정과 증권신고서 효력발생 기간을 감안[14]하여 제출
	제출처	금융위원회(금융감독원)
	규정	자본시장법 §119, 자본시장규정 §2-9
투자 설명서	의무자	증권신고서를 제출한 발행인
	시기	증권신고서 효력이 발생한 날
	제출처	금융위원회(금융감독원)
	규정	자본시장법 §123, 자본시장령 §131, 자본시장칙 §12 · §13

구분		내용
증권발행 실적 보고서	의무자	증권신고서를 제출한 발행인
	시기	합병기일 이후 지체 없이 제출
	제출처	금융위원회(금융감독원)
	규정	자본시장법 §128, 자본시장규정 §2-19
합병등 종료 보고서	의무자	합병이 종료된 주권상장법인(증권발행실적보고서를 제출 시에는 면제)
	시기	합병등기 신청 등 합병이 사실상 종료한 때
	제출처	금융위원회(금융감독원)
	규정	자본시장규정 §5-15

※ 출처 : 합병등 특수공시 관련 실무안내서 일부 수정, 금융감독원

2) 주식가액 산정방법

주권상장법인이 합병 시 주식가액의 산정방법은 자본시장법에서 정하는 요건과 방법 등의 기준에 따라야 한다. 주권상장법인 간 합병 시에는 기준시가에 따라야 하며, 주권상장법인과 주권비상장법인 간 합병 시에는 주권상장법인은 기준시가, 주권비상장법인은 자산가치와 수익가치를 각각 1과 1.5로 가중산술평균한 가액('본질가치'라고 함)에 따라 합병가액을 산정하여야 한다.[15)]

| 합병 시 주식가액의 산정방법 |

구분		원칙[16)]	비고
상장 간		기준시가	• 기준시가의 30%* 범위에서 할인(할증) 가능 • 기준시가를 산정할 수 없는 경우에는 본질가치
상장과 비상장	상장	기준시가	• 기준시가의 30%* 범위에서 할인(할증) 가능 • 기준시가가 자산가치에 미달하는 경우 자산가치로 할 수 있음. • 기준시가를 산정할 수 없는 경우에는 본질가치
	비상장	본질가치	• 상대가치를 비교 공시하여야 함.
SPAC과 비상장	SPAC	기준시가	• 기준시가의 30%* 범위에서 할인(할증) 가능 • 기준시가를 산정할 수 없는 경우에는 본질가치
	비상장	협의가액	• 협의가액으로 할 경우 본질가치를 비교 공시

* 계열회사 간 합병인 경우에는 100분의 10 범위 내

14) 증권신고서의 효력발생은 주주총회소집통지 전까지는 이루어져야 한다.
15) 자본시장법 §165의4, 자본시장령 §176의5
16) 비계열사 간 합병의 경우 합병가액 산정방법을 자율화하는 내용이 23년 개정 예정에 있다(금융위, 기업 M&A

3) 외부평가기관 평가의무

자본시장법은 주식가액의 산정방법을 정하고 있는 것 외에도 주식가액 산정 시 외부평가기관에 의한 평가의무를 정하고 있다.[17)]

| 합병 외부평가기관 평가의무 |

구분	내용
외부평가 기관의 범위	신용평가회사 및 회계법인 등으로 제한하고 있으며 평가업무 제한기간도 규정하고 있음. 특수관계에 있는 기관은 평가를 수행할 수 없음.
주권상장법인 간 합병	• 원칙 : 외부평가의무 없음. • 예외 : 외부평가의무 있음. ① 기준시가의 100분의 10을 초과하여 할인 또는 할증된 가액으로 산정하는 경우 ② (기준주가를 산정할 수 없어서)본질가치법으로 합병가액을 산정한 경우 ③ 합병 후 주권비상장법인이 되고자 하는 경우
주권상장법인과 주권비상장법인 간 합병	• 원칙 : 외부평가의무 있음. • 예외 : 외부평가의무 없음. ① 주권상장법인이 코넥스시장상장법인인 경우 ② 완전자회사를 합병하면서 신주를 발행하지 않는 경우

(3) 거래소 규정[18)]

1) 우회상장

상장법인이 비상장법인과 합병하는 경우 주권상장법인의 경영권이 변동되고 주권비상장법인의 지분증권이 상장되는 효과가 발생하는 이른바 우회상장이 발생할 수 있다. 따라서 상장법인이 비상장법인과 합병 시에는 거래소규정상의 우회상장 절차에 따라야 하며 해당 합병이 우회상장에 해당되는 경우에는 상장주선인을 선임하고 상장예비심사승인을 득하여야 증권신고서를 제출할 수 있으므로 우회상장 여부를 미리 검토하여야 한다.

지원방안, 2023. 5.).

17) 자본시장령 §176의5 ⑦

18) 유가증권시장 상장규정 및 코스닥시장 상장규정

| 우회상장 절차 |

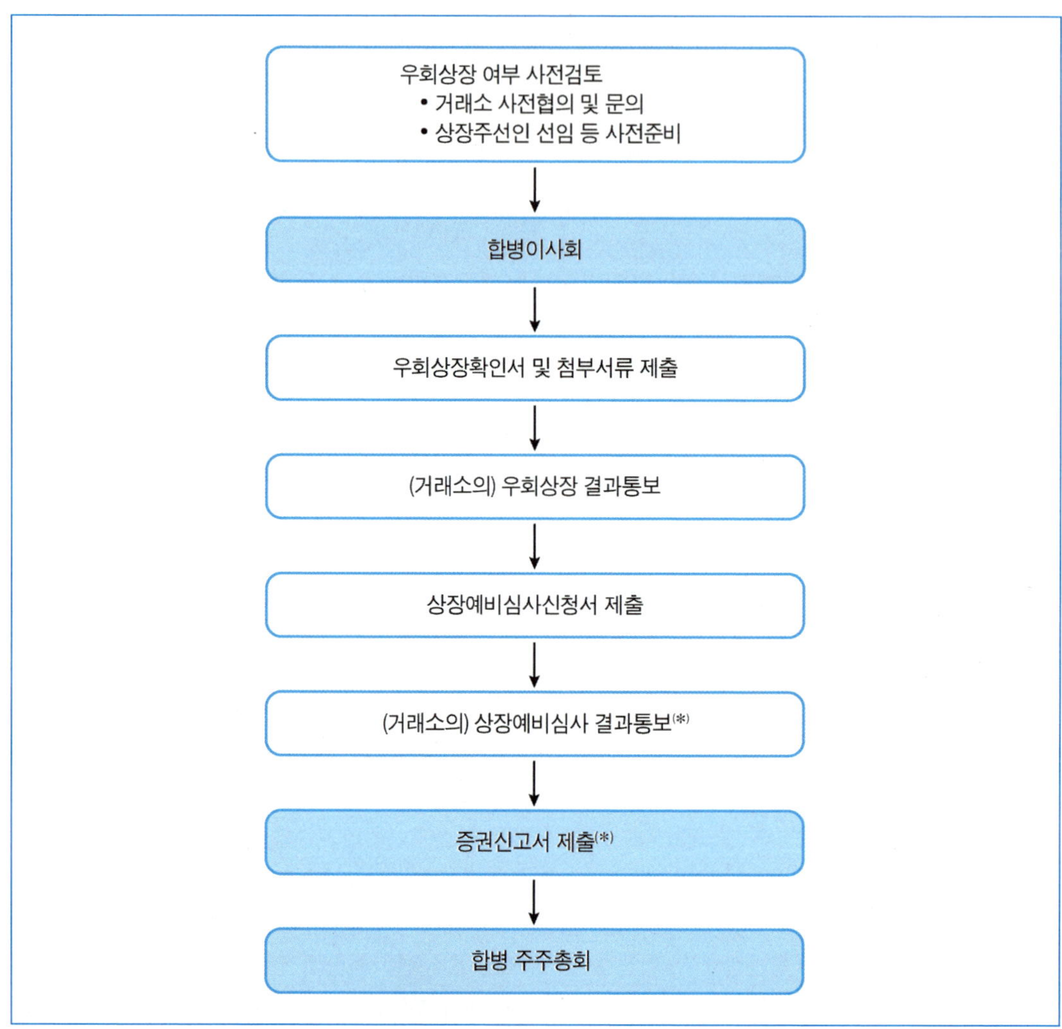

(*) 증권신고서는 거래소로부터 심사결과통보를 받은 후 제출하여야 한다.

① 유가증권시장

상장법인이 주권비상장법인과 합병의 계약을 체결하거나 그 결의 또는 결정을 한 경우에는 지체 없이 우회상장확인서[19]와 첨부서류[20]를 거래소에 제출하여야 한다. 또한 거래소는 해당 거래가 우회상장이라고 판단하는 경우에는 지체 없이 해당 상장법인에 알려야 하며 해당 상장법인은 지체 없이 상장예비심사를 신청하여야 한다.[21]

| 유가증권시장 우회상장 여부[22] |

구분	내용
① 경영권 변동 여부	(주권비상장법인의 최대주주등 또는 5% 이상 주주의 주식수 + 합병교부신주) ≧ (주권상장법인 최대주주등 소유 주식수 + 합병교부주식수)
② 상장 효과	보통주권 상장법인을 존속법인으로 하여 합병하는지 여부 (단, 주권비상장법인이 완전자회사의 경우에는 해당 없음)
③ 규모 비교[23]	합병의 주요사항보고서 제출일 현재의 최근 사업연도(또는 최근 사업연도 말)를 기준으로 주권비상장법인의 자산총계, 자본금, 매출액 중 2가지 이상이 주권상장법인보다 큰 경우
(판단) ①과 ②가 '예'인 경우거나 ③이 '예'인 경우 우회상장	

19) 유가증권시장 상장규정 §29 ②에 따른 별지 제6호에서 제12호까지의 서식을 말한다.

20) 유가증권시장 상장규정 §29 ②에 따른 첨부서류
1. 주권비상장법인의 주요출자자가 소유한 보통주권 상장법인의 주식 소유현황 명세서
2. 주권비상장법인의 주주명부 요약표
3. 보통주권 상장법인의 최대주주등의 주식 소유현황 명세서
4. 그 밖에 제27조에 따른 경영권 변동 여부의 판단을 위하여 거래소가 필요하다고 인정하는 서류

21) 유가증권시장 상장규정 §33(우회상장 확인 서류 제출)

22) 유가증권시장 상장규정 시행세칙 별지 제6호(주권비상장법인과의 합병 관련 확인서)

23) 미래성장성이 큰 비상장법인의 경우 실질적으로는 우회상장이지만 현재 규모기준으로는 우회상장 심사대상에서 제외된다는 지적에 따라 외부평가기관의 평가에 따른 비상장법인의 주식평가액이 상장법인보다 큰 경우 우회상장심사대상에 포함되는 내용이 23년 개정 예정에 있다(금융위, 기업 M&A 지원방안, 2023. 5.).

| 우회상장 시 비상장법인의 형식적 요건[24) |

구분	내용
영업활동기간	설립 후 3년 이상 경과하고 계속 영업을 하고 있을 것
수익성 요건	법인세비용차감전계속사업이익 또는 자기자본이익률이 다음 어느 하나에 해당할 것[25) (가) 법인세비용차감전계속사업이익 : 최근 사업연도에 30억 원 이상이고, 최근 3사업연도의 합계가 60억 원 이상일 것 (나) 자기자본이익률 : 최근 사업연도에 100분의 5 이상이고, 최근 3사업연도의 합계가 100분의 10 이상일 것[26) (다) 법인세비용차감전계속사업이익·자기자본이익률·영업현금흐름 : 주요사항보고서 제출일 현재 자기자본이 1,000억 원 이상인 법인으로서 최근 사업연도의 법인세비용차감전계속사업이익이 50억 원 이상이거나 자기자본이익률이 100분의 3 이상이고, 최근 사업연도의 영업활동에 따른 현금흐름[27)이 양(+)일 것
감사 의견	최근 3사업연도의 개별재무제표와 연결재무제표[28)에 대한 감사인의 감사의견이 최근 사업연도는 적정이며 최근 사업연도의 직전 2사업연도에 대하여 적정 또는 한정(감사범위 제한에 따른 한정을 제외한다)일 것
부도	부도 발생 사실이 있던 경우에는 합병의 주요사항보고서 제출일부터 1년 이전에 부도 발생 사유가 해소되었을 것
소송 등	회사 경영에 중대한 영향을 미칠 수 있는 소송 등 분쟁사건이 없을 것
최대주주 변경	합병의 주요사항보고서 제출일 전 1년 동안 최대주주가 바뀌지 않았을 것[29)

24) 유가증권시장 상장규정 §37(주권비상장법인과의 합병)

25) 종속회사가 있는 법인(지주회사가 아닌 경우에는 한국채택국제회계기준을 적용한 사업연도만 해당한다)은 연결재무제표상 금액으로 하되, 자기자본이익률은 당기순이익에서 비지배지분을 제외한 금액을 기준으로 한다.

26) 최근 3사업연도 중 어느 한 사업연도의 자기자본이익률을 산출할 수 없는 때에는 해당 요건을 충족하지 못한 것으로 본다.

27) 지주회사는 연결재무제표상 영업현금흐름을 기준으로 한다.

28) 종속회사가 있는 법인(지주회사를 제외한다)은 한국채택국제회계기준을 적용한 사업연도만 연결재무제표를 적용한다.

29) 다만, 세칙으로 정하는 경우로서 최대주주의 변경이 기업 경영의 계속성을 해치지 않는다고 거래소가 인정하는 경우에는 이를 적용하지 않는다.

② 코스닥시장

코스닥시장 상장법인이 주권비상장법인과 합병하고자 하는 경우에는 우회상장 해당 여부, 심사요건 및 절차 등에 대하여 불가피한 사유가 없는 한 주요사항보고서 제출일 이전에 미리 거래소와 협의하여야 하며, 주요사항보고서 제출일까지 우회상장확인서와 첨부서류를 제출[30]하여야 한다. 또한 거래소는 우회상장이라고 판단하는 경우에는 지체 없이 해당 상장법인에게 알려야 하며 통보를 받은 해당 상장법인은 지체 없이 우회상장보고서를 제출하여야 한다.[31]

| 코스닥시장 우회상장 여부 |

구분	내용
① 경영권 변동 여부	• 1년 이내에 당해 수권비상장법인의 최대주주등이 코스닥시장 상장법인의 최대주주가 된 경우 • 합병으로 인하여 당해 주권비상장법인의 최대주주등이 코스닥시장 상장법인의 최대주주가 되는 경우(합병의 주요사항보고서상 합병비율에 따라 최대주주가 되는 경우를 말한다) • 당해 주권비상장법인의 5% 이상 주주가 1년 이내에 당해 코스닥시장 상장법인의 최대주주가 되거나 합병으로 인하여 당해 코스닥시장 상장법인의 최대주주가 되는 경우(합병의 주요사항보고서상 합병비율에 따라 최대주주가 되는 경우를 말한다)
② 규모 비교[32]	합병의 주요사항보고서 제출하는 날이 속하는 사업연도의 직전 사업연도의 재무제표를 기준으로 주권비상장법인의 자산총계, 자본금, 매출액 중 2가지 이상이 코스닥시장 상장법인보다 큰 경우
(판단) ① 또는 ②인 경우 우회상장	

30) 코스닥시장 상장규정 시행세칙 별지 제15호부터 제21호까지의 서식

31) 코스닥시장 상장규정 시행세칙 §32

32) 미래성장성이 큰 비상장법인의 경우 실질적으로는 우회상장이지만 현재 규모기준으로는 우회상장 심사대상에서 제외된다는 지적에 따라 외부평가기관의 평가에 따른 비상장법인의 주식평가액이 상장법인보다 큰 경우 우회상장심사대상에 포함되는 내용이 23년 개정 예정에 있다(금융위, 기업 M&A 지원방안, 2023. 5.).

| 우회상장 시 비상장법인의 형식적 요건[33)]|

구분	내용
자기자본	합병의 주요사항보고서 제출일 현재 자기자본이 30억 원 이상(벤처기업[34)]의 경우 15억 원 이상)일 것[35)]
자본상태	최근 사업연도 말 현재 자본잠식[36)]이 없을 것
경영성과	최근 사업연도 말 기준으로 법인세비용차감전계속사업이익이 있고, 당기순이익이 20억 원 이상(벤처기업[34)]의 경우 10억 원 이상)이거나 자기자본이익률이 100분의 10 이상(벤처기업[34)]의 경우 100분의 5 이상)일 것[37)]
감사의견	최근 사업연도의 재무제표에 대한 감사인의 감사의견[38)]이 적정일 것
질적요건	거래소가 종합적으로[39)] 판단하여 해당 법인의 주권상장이 공익과 투자자보호상 부적합 사유가 없다고 인정될 것
※ 상법상 간이합병[40)] 및 소규모합병인 경우에는 상기 요건을 적용하지 아니함.	

33) 코스닥시장 상장규정 §35(우회상장 심사요건)

34) 벤처기업이란 「중소기업기본법」 제2조에 따른 중소기업으로서 다음 각 목의 어느 하나에 해당하는 기업을 말한다.

가. 벤처기업법 제2조의2 제1항 제2호 가목의 요건을 충족하는 투자를 받은 이후 1년이 경과한 기업. 다만, 세칙으로 정하는 지방에 소재하는 벤처기업("지방소재벤처기업"이라 한다)의 경우에는 투자를 받은 이후 1년이 경과하지 않은 기업을 포함한다.

나. 벤처기업법 제2조의2 제1항 제2호 나목 또는 다목의 요건을 충족하는 기업

다. 「중소기업 기술혁신 촉진법」 제2조 제3호의2에 따른 기술혁신형 중소기업

35) 다만, 연결재무제표 작성대상법인의 경우에는 연결재무제표상 자기자본을 기준으로 하되 비지배지분은 제외한다.

36) 합병의 주요사항보고서 제출일이 속한 사업연도 중 유상증자금액, 신주인수권·전환청구권 또는 주식매수선택권리행사 및 자산재평가에 의하여 자본에 전입할 금액을 반영한다. 다만, 연결재무제표 작성대상법인의 경우에는 연결재무제표상 자본금 및 자기자본을 기준으로 하되 자기자본에서 비지배지분은 제외한다.

37) 다만, 연결재무제표 작성대상법인의 경우에는 연결재무제표상 법인세비용차감전계속사업이익, 자본금 및 자기자본을 기준으로 하되 자기자본 및 당기순이익의 경우에는 비지배지분은 제외한다.

38) 연결재무제표 작성대상법인의 경우에는 연결재무제표에 대한 감사의견을 포함한다.

39) 판단 시 고려하는 사항은 다음과 같다.

가. 영업, 재무상황, 기술력 및 성장성, 그 밖에 경영환경 등에 비추어 기업의 계속성이 인정될 것

나. 기업지배구조, 내부통제제도, 공시체제, 이해관계자와의 거래, 상장 전 주식거래 등에 비추어 경영투명성 및 경영안정성이 인정될 것

라. 그 밖에 투자자보호 및 코스닥시장의 건전한 발전을 저해하지 않는다고 인정될 것

40) 총주주동의에 의한 간이합병으로 우회상장 심사를 회피한다는 지적에 따라 간이합병도 우회상장 심사대상에 포함하는 것이 23년 개정 예정되어 있다(금융위, 기업 M&A 지원방안, 2023. 5.).

2) SPAC[41](Special Purpose Acquisition Company)합병

① 종류

SPAC합병은 거래소 규정 개정 전에는 SPAC이 합병법인이 되는 SPAC존속합병만 허용되었으나 22년 2월부터 SPAC이 피합병법인으로 소멸하고 비상장법인이 존속법인이 되는 SPAC소멸합병이 가능하다.[42]

② 절차

SPAC이 합병하기로 결의하거나 결정한 경우에는 지체 없이 상장예비심사신청서와 첨부서류를 거래소에 제출하여 상장예비심사를 받아야 한다. 심사대상은 SPAC과 합병하려는 비상장법인이며, 형식적 요건 이외 경영투명성 · 지배구조 등의 질적심사도 함께 이루어진다.

| 상법상 절차와 SPAC 상장 절차 |

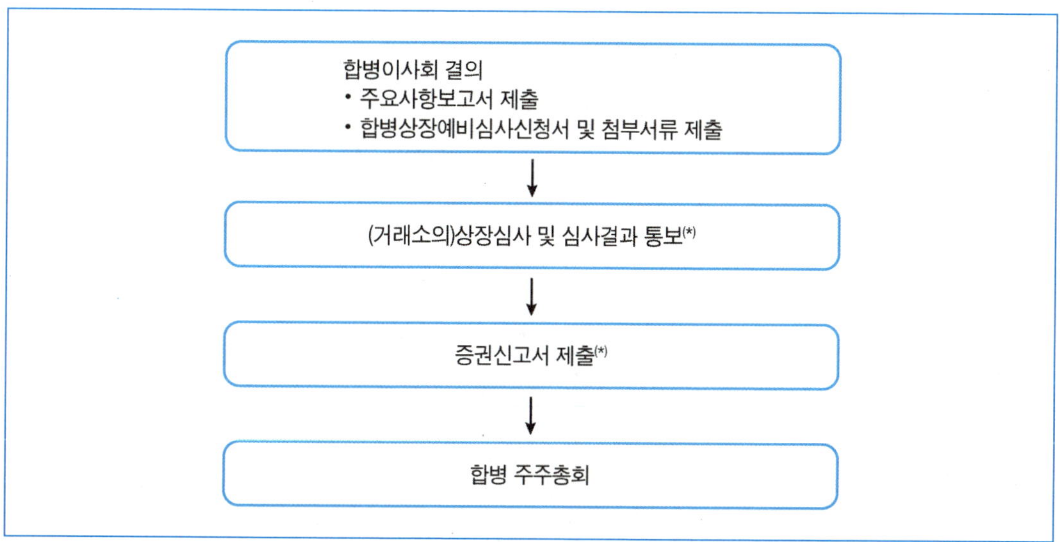

(*) 증권신고서는 상장예비심사결과 통지 승인을 받은 후 제출한다.

41) 다른 법인과의 합병을 유일한 사업목적으로 하여 공모방식에 의해 상장하는 명목상 회사를 말한다.

42) SPAC존속합병 시 실질사업주체인 비상장법인이 법적으로 소멸함에 따라 기존 회사의 계약관계(각종 인증 및 인허가사항 등)를 모두 변경해야 하는 문제점이 SPAC소멸합병에는 발생하지 않는다는 장점이 있어 개정 후 SPAC합병은 실무적으로 SPAC소멸합병으로 진행되고 있다.

| 유가증권시장 SPAC합병 시 대상법인의 형식적 심사요건 등[43)]|

구분	내용
영업활동기간	설립 후 3년 이상 경과하고 계속 영업을 하고 있을 것
자기자본	자기자본[44)]이 200억 원 이상일 것
경영성과 (①, ②, ③ 중 택 1)	① 최근 연도 이익 30억 원 & 3년 합계 60억 원 이상 ② 최근 연도 ROE 5% & 3년 합계 10% 이상 ③ 자기자본 1천억 원 & ROE 3% 이상(or 이익 50억 원) & 현금흐름[45)](+)
감사의견	최근 사업연도 적정, 직전 2년 적정 또는 한정(감사범위한정은 제외)
합병대상법인 규모	합병대상법인의 합병가액 or 자산총액이 예치(신탁)자금의 80% 이상
최대주주 변경 제한	청구서 제출일 전 1년간 최대주주 변경이 없을 것
기타	부도 · 소송사유 해소 및 주식양도제한 금지

| 코스닥시장 SPAC합병 시 대상법인의 형식적 심사요건 등[46)] |

구분	내용
이익규모 (①, ② 중 택 1)	① 계속사업이익 20억 원(벤처 10억 원) 이상 ② 계속사업이익 있을 것 & 매출액 100억 원 이상(벤처 50억 원)
감사의견	최근 사업연도 감사의견이 적정일 것
주식양도제한	제한이 없을 것
합병대상법인 규모	합병대상법인 규모가 SPAC 공모예치자금의 80% 이상일 것
기타(질적요소)	기업의 계속성, 경영투명성, 경영안정성 및 주주이익 침해 여부, 투자자보호 및 시장건전성 심사

43) 유가증권시장 상장규정 §76 ①
44) 이 경우 종속회사가 있는 법인의 자기자본은 연결재무제표상 자본총계에서 비지배지분을 제외한 금액을 기준으로 한다.
45) 이 경우 지주회사는 연결재무제표상 영업현금흐름을 기준으로 한다.
46) 코스닥시장 상장규정 §75 ①

(4) 공정거래법[47)]

공정거래법에 따르면 누구든지 직접 또는 특수관계인[48)]을 통하여 기업결합으로서 일정한 거래 분야에서 경쟁을 실질적으로 제한하는 행위를 하여는 아니된다[49)]라고 규정하고 있으며, 합병은 공정거래법상 기업결합의 유형 중 하나이므로 해당 합병당사회사가 일정기준 이상의 규모 등이라면 공정거래위원회에 신고하여야 한다.[50)]

| 공정거래법상 기업결합유형(공정거래법 §9, §11) |

구분	내용
합병	다른 회사와 신설 · 흡수 · 분할합병을 하는 경우 • 흡수합병의 경우에는 존속회사가, 신설합병의 경우에는 신설회사가 신고회사로서 신고의무를 가짐. • 합병 이전에 신고하는 경우 (흡수합병의 경우) 존속 예정인 회사가 단독으로 신고하거나 (신설합병의 경우) 결합 당사회사가 연명으로 신고
주식 취득	• 다른 회사 발행주식총수 20%(상장법인은 15%) 이상을 소유하게 되는 경우 • 다른 회사의 발행주식을 이미 20%(상장법인은 15%) 이상 소유한 자가 당해 회사의 주식을 추가로 취득하여 최다출자자가 되는 경우
임원겸임	대규모회사의 임원 또는 종업원이 다른 회사의 임원을 겸임하는 경우
영업 양수	• 다른 회사의 영업의 전부 또는 주요 부분 양수 또는 임차 • 경영의 수임 • 다른 회사의 영업용 고정자산의 전부 또는 주요 부분의 양수
새로운 회사 설립 참여	새로운 회사설립에 참여하여 그 회사의 최다출자자가 되는 경우

1) 신고절차

합병당사회사가 일정규모 이상이거나 거래금액이 일정금액 이상이면서 국내활동상당성이 있는 경우에는 공정거래위원회에 신고의무가 존재한다.

---

47) 기업결합신고 이외에 다른 회사와 합병등을 통하여 지주회사로 전환하는 경우 합병등기일로부터 30일 이내에 공정거래위원회에 지주회사의 설립 · 전환신고를 하여야 한다(공정거래법령 §26 ②). 지주회사 설립 · 전환신고 관련된 내용은 제2장 분할 부분을 참조하기 바란다.

48) (공정거래령 §14)"특수관계인"이란 기업결합을 하려고 하는 자와 다음의 관계에 있는 자를 의미한다.
1. 당해 회사를 사실상 지배하고 있는 자
2. 동일인 관련자(제6조 제1항 또는 제2항에 따라 동일인 관련자에서 제외된 자는 제외한다)
3. 경영을 지배하려는 공동의 목적을 가지고 당해 기업결합에 참여하는 자

49) 공정거래법 §9

50) 미신고 및 지연신고 시 과태료가 부과된다.

신고는 당사회사 중 일방이 대규모회사인지 여부에 따라 사전신고와 사후신고로 구분되며 간이신고대상인 경우에는 간이신고양식에 따라 신고하거나 인터넷 신고도 가능하다. 한편, 사전신고대상인 경우에는 공정거래위원회의 심사결과 통지 전에는 기업결합을 할 수 없다.

| 기업결합 신고 절차 흐름도[51] |

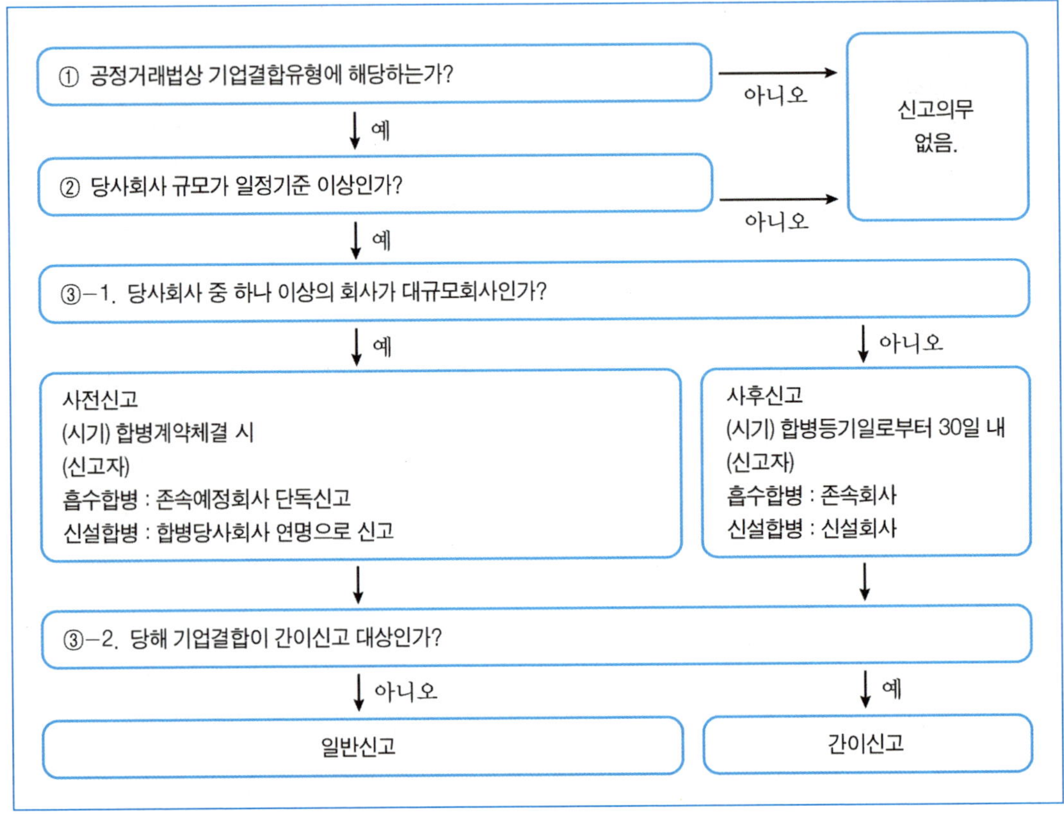

※ 출처 : 기업결합신고 가이드북 일부 수정, 공정거래위원회

① 신고대상

가. 회사규모기반 신고기준

기업결합에 참여하는 당사회사의 직전 사업연도 자산총액 또는 매출액[52]이 일방은 3,000억 원, 타방은 300억 원을 넘는 경우[53] 기업결합 신고대상에 해당한다.[54] 이 경우 자산총액 또는

51) 거래금액기반 신고기준대상인 경우에는 사전신고 · 일반신고를 하여야 한다.
52) 기업결합일 직전 사업연도의 재무제표기준
53) 외국회사의 경우 국내매출액이 300억 원 이상인 경우
54) 공정거래령 §18

매출액의 규모는 기업결합일 전부터 기업결합일 후까지 계속하여 계열회사의 지위를 유지하고 있는 회사의 자산 총액 또는 매출액을 합산하여 산정한다. 예컨대, A가 B를 흡수합병 시 A사가 자산총액 또는 매출액 중 큰 금액이 3,000억 원에 이르지 아니하였더라도 A가 속한 기업집단 전체의 자산총액 또는 매출액 합산액이 3,000억 원 이상이라면 신고대상에 해당한다.

한편, 상법상 모자회사[55] 간 합병 및 영업양수는 신고대상에서 제외되며 계열회사 간 합병[56]의 경우 피합병회사등의 자산총액 및 매출액이 300억 원 이상인 경우만 신고대상이 된다.

나. 거래금액기반 신고기준[57]

거래금액이 6천억 원 이상이면서 국내활동의 상당성이 있는 경우 신고대상에 해당된다.

| 거래금액의 산정 |

거래금액 = 신규 취득주식의 취득금액[58]
+ 기존 소유주식의 장부가액[59]
+ 인수하는 채무[60] ≧ 6천억 원

| 국내활동의 상당성 |

직전 3년간(① 또는 ②인 적이 있는 경우)

① 국내시장에서 월간 100만 명[61] 이상을 대상으로 상품 또는 용역을 판매·제공한 적이 있는 경우

② 국내 연구시설 또는 연구인력을 계속 보유·활용해 왔으며 국내 연구시설, 연구인력 또는 국내 연구활동 등에 대한 연간 지출액[62]이 300억 원 이상인 적이 있는 경우

---

55) 상법상 모회사는 다른 회사의 발행주식총수의 50%를 초과하는 주식을 가진 회사로 모자회사 간 합병·영업양수는 새로운 경쟁제한 상태를 유발할 가능성이 희박하므로 신고대상에서 제외된다.

56) 기존에는 기업진단규모가 3,000억 원 이상이면 모든 계열회사 간 합병이 신고대상이었으나, 기업진단규모가 3,000억 원 이상이라도 피합병회사 규모가 300억 원 미만이라면 신고가 면제되도록 개정되었다.

57) 기존에 회사규모기반 신고기준 시 회사규모는 작으나 성장잠재력이 큰 신생기업의 거래가 모니터링되지 않는다는 지적에 따라 21년 12월에 시행('기업결합의 신고요령(고시)')되었다.

58) 합병에 있어서는 '주당합병가액 × 교부주식수'로 산정하며, 합병교부금이 있는 경우 이를 포함한다.

59) 합병에 있어서는 합병계약체결일 현재 재무상태표에 반영된 피합병회사 주식의 장부가액을 말한다.

60) 인수하는 채무는 피취득회사의 계약체결일 현재 재무상태표상 부채총계에 발행주식총수 중에서 취득회사가 기업결합 후 보유하는 주식수의 비율을 곱한 금액을 말하며, 인가된 회사정리계획안 등에 명시되어 채권단이 면제하도록 하거나 구주주가 부담하기로 한 금액 등 취득회사가 인수하지 아니하는 부채는 제외한다.

61) 콘텐츠·SNS 등 인터넷기반서비스의 경우 월간 순이용자 또는 순방문자(MAU)를 기준으로 판단

62) 연간 지출액은 피취득회사의 연간 경상연구개발비 및 개발비(무형자산)로 회계처리한 금액을 합산하여 판단

② 대규모회사

대규모회사란 자산총액 또는 매출액의 규모가 2조 원 이상인 회사를 말한다.[63] 대규모회사의 경우에는 의무적으로 사전신고를 하여야 하는데 이는 대규모회사가 관련된 기업결합의 경우 시장에 미치는 영향력이 클 가능성이 있어 기업결합을 완료하기 전에 미리 심사하는 것인데 신고하자마자 기업결합이 완료된다면 완료 전에 신고하도록 하는 의미가 없어지기 때문이다.

또한 사전신고 대상에 해당되는 기업결합의 경우 신고 후 공정거래위원회의 심사결과를 통지받기 전까지는 기업결합 완료행위[64]가 금지되며 이러한 이행행위 금지를 위반한 경우에는 과태료가 부과된다.

③ 간이신고

간이신고대상에 해당되는 경우 보조자료[65]를 첨부하여 공정거래위원회 홈페이지[66]를 통한 인터넷신고를 원칙으로 한다.

| 간이신고대상 |

① 당사회사가 특수관계인인 경우(경영 지배의 공동목적을 가지고 결합에 참여하는 자는 제외)
② 상대회사 임원 총수의 1/3 미만을 겸임하는 경우(다만, 대표이사 겸임은 제외)
③ 사모투자전문회사 · 선박투자회사 설립에 참여하는 경우
④ 유동화전문회사를 기업결합하는 경우

2) 신고시기

대규모회사등은 사전신고하여야 하므로 계약일 이후 사업결합일 전까지 신고[67]하여야 하며 대규모회사등 외의 회사는 사업결합일로부터 30일 이내에 신고하여야 한다. 한편, 신고기간 이전이라도 공정거래위원회에 승인 여부에 대하여 미리 심사를 요청할 수 있는 임의적사전심사 제도[68]도 존재한다.

63) 공정거래령 §15 ③
64) 주식소유, 합병등기, 영업양수계약의 이행행위, 주식인수행위
65) '기업결합 신고요령(공정위 고시)' 별표6(간이신고대상 기업결합의 보조자료) 참조
66) 기업결합신고시스템(mna.ftc.go.kr)
67) 합병에 있어 사업결합일은 합병등기일이며 사전신고 시에는 합병이사회결의 시 신고한다.
68) 임의적사전심사 완료 후 본신고가 이루어지면 15일 이내 본 심사결과 통보를 받을 수 있다.

| 기업결합 사전 및 사후신고의 시기 |

구분	사전(사후)	기업결합 유형	신고시기
대규모 회사등	사전신고	합병	계약일 등 이후 기업결합일 이전까지[69]
		주식취득	
		영업양수	
		회사신설 참여	주총(이사회)의결일 이후 주식대금납입일까지
	사후신고	임원겸임	겸임되는 회사의 주주(사원)총회에서 선임이 의결된 날로부터 30일 이내
대규모회사 이외의 자	사후신고	주식취득	주권교부일로부터 30일 이내
		합병	합병등기일로부터 30일 이내
		영업양수	영업양수대금 지불완료일로부터 30일 이내
		회사신설 참여	주식대금납입기일 다음 날로부터 30일 이내

DART	사업결합 간이신고
사 례	상장회사인 ㈜○○홀딩스가 ㈜△△를 흡수합병한 사례
공 시	주요사항보고서

(합병계약서 일부 발췌)

제13조 (합병의 선행조건)

본건 합병은 다음과 같은 선행조건이 충족되거나 상대방 당사자에 의하여 서면으로 면제될 것을 조건으로 한다.

1. 갑과 을이 본건 합병에 관하여 제4조에 따른 승인을 받았을 것
2. 본건 합병과 관련하여 관계법령상 합병기일까지 취득하여야 하는 인허가(독점규제 및 공정거래에 관한 법률상 기업결합신고를 포함하나, 이에 한정되지 않음)를 모두 취득하였을 것

(주요사항보고서 일부 발췌)

아. 본건 합병과 관련하여 ㈜○○홀딩스는 독점규제 및 공정거래에 관한 법률 제12조 및 동법 시행령 제18조에 따라 공정거래위원회에 기업결합신고를 하여야 하고, 공정거래위원회로부터 기업결합신고 수리(승인)받기 이전에는 합병절차를 완료할 수 없습니다. 다만, 본건 합병은 계열회사 간 합병으로서 기업결합 심사기준(공정거래위원회 고시 제2015-3호)에 따른 간이심사대상 기업결합에 해당하여 경쟁제한성이 없는 것으로 추정되므로, 원칙적으로 신고내용의 사실 여부만을 심사할 것으로 보이는 바, 적법한 기업결합 신고서류 접수 후 15일 이내에 신고수리를 받을 것으로 예상됩니다. 본건 합병의 경우, 2020년 4월 1일

69) 실무상 합병이사회결의 시 신고한다.

공정거래위원회에 기업결합신고를 하였습니다. 본건의 경우, 2020년 4월 1일 공정거래위원회에 기업결합신고서를 제출하였으며, 2020년 4월 14일 승인되었습니다.	
설 명	
① 기업결합신고대상 합병이며 특수관계자 간의 합병이므로 간이신고대상에 해당된다. ② 사전신고대상에 해당하는 대규모회사이므로 2020년 4월 1일(이사회결의일 및 계약일)에 공정거래위원회에 기업결합신고를 하였고 2020년 4월 14일에 승인되었다. ③ 합병계약서상 선행조건으로 공정거래위원회 기업결합승인 여부를 기재하였다.	

DART	합병 금지 사례
사 례	공정거래위원회가 합병금지를 시정조치한 사례
공 시	기타 경영사항(자율공시)
당사는 2015년 11월 2일 이사회결의로서 △△△㈜와의 합병을 추진하였으나 공정거래위원회에서 본건 합병을 불허하고, 동 결정이 확정됨에 따라 합병이 무산되게 되었음.	
설 명	
공정거래위원회에서 경쟁제한 가능성을 원천차단하기 위하여 합병을 금지하는 시장조치를 취함에 따라 본건 합병은 무산되었다.	

(5) 기타법률 규정

1) 제한규정

특정 산업을 영위하는 회사 간의 합병 시 관련 법률에 따라 유관기관의 인가 및 승인이 요구되는 경우가 있다.

금융기관등이 합병 시에는 금융위원회, 방송사업자등이 합병 시에는 방송통신위원회, 통신사업자가 합병 시에는 과학기술정보통신부장관으로부터 인허가를 받아야 하며 회생계획 중에 있는 채무자가 다른 회사와 합병할 것을 정한 경우에는 채무자 회생 및 파산에 관한 법률에서 정하는 바에 따라야 한다.

| 기타 법률상 제한규정 |

인허가 주체	내용	관련 법령
금융위원회	금융지주회사의 합병	금융지주회사법 §60
	은행의 합병(분할합병)	은행법 §55
	보험회사의 합병	보험업법 §139
	상호저축은행의 합병	상호저축은행법 §10
	금융투자업자의 합병	자본시장법 §417
	전자등록기관의 합병	주식 · 사채등의 전자등록에 관한 법률 §11
방송통신위원회 또는 과학기술정보부장관	방송사업자 · 중계유선방송사업자 · 음악유선방송사업자 · 전광판방송사업자의 합병	방송법 §15
과학기술정보 통신부장관	기간통신사업자의 합병	전기통신사업법 §18
산업통산자원부령에 따른 허가권자	전기사업자의 합병	전기사업법 §10
교육부장관	학교법인이 다른 학교법인과 합병하려는 경우	사립학교법 §36
지방자치단체의 장[70]	공사가 공공기관[71]과 합병하려는 경우	지방공기업법 §75의6
회생계획 중 채무자가 합병 시에는 동법에 정하는 바에 따라야 함.		채무자 회생 및 파산에 관한 법률 §210, §211, §271

70) 기획재정부장관의 협의를 거쳐 합병 등기 전까지 지방자치단체의 장의 승인을 받아야 한다.

71) 공공기관의 운영에 관한 법률 §14 ①에 따른 계획에 따라 민영화 대상으로 지정된 공공기관(같은 계획에 따라 공공기관 지정이 해제된 기관을 포함한다)

DART	방송업 및 전기통신사업자의 합병
사 례	㈜○○이 ㈜△△을 흡수합병
공 시	주요사항보고서

마. 관련 법령상의 규제 또는 특칙

본건 합병과 관련하여 합병회사인 ㈜○○은 과학기술정보통신부장관으로부터 방송법 제15조에 따른 종합유선방송사업 변경허가와 전기통신사업법 제18조에 따른 기간통신사업 합병인가를 받아야 합니다. 한편, 본건 합병과 관련하여 방송법 제15조의2 제1항 및 전기통신사업법 제18조 제1항에 의한 과학기술정보통신부장관의 종합유선방송사업 최다액출자자 등 변경승인과 기간통신사업 주식취득인가가 필요할 수 있습니다.

설 명

종합유선방송사 간의 합병으로

① 방송법 제15조에 따라 과학기술정보통신부장관 또는 방송통신위원회로부터 변경허가 또는 변경승인이 필요하다.

② 전기통신사업법 제18조에 따라 과학기술정보통신부장관의 인가가 필요하다.

DART	은행 간 합병
사 례	㈜○○은행이 주권비상장법인인 ㈜△△은행을 흡수합병
공 시	주요사항보고서

가. 관련 법령상의 인허가

본건 합병은 은행과 은행 사이의 합병으로서 금융산업의 구조개선에 관한 법률에 따른 금융위원회의 합병인가 등 금융관련법령상의 인허가가 필요하며, 그러한 인허가를 득하지 못할 경우 합병이 성사되지 아니할 수도 있습니다.

설 명

은행 간 합병으로 은행법 §55에 따라 금융위원회의 인가를 얻어야 하며, 금융산업의 구조개선에 관한 법률에 정하는 절차에 따른 합병 시에도 금융위원회의 인가가 요구된다.

2) 간소화 규정

금융기관이 합병 시 금융위원회의 인가를 받아 '금융산업의 구조개선에 관한 법률'에 따라 합병하는 경우에는 상법상 절차보다 간소화하여 합병절차를 진행할 수 있다.

| 금융산업의 구조개선에 관한 법률에 따른 합병간소화 절차 |

내용	상법	금융산업의 구조개선에 관한 법률
채권자 보호절차 기간	[제527조의5 제1항] 주주총회의 승인결의가 있은 날부터 2주 내에 채권자에 대하여 합병에 이의가 있으면 1월 이상의 기간 내에 이를 제출할 것을 공고하고 알고 있는 채권자에 대하여는 따로따로 이를 최고하여야 함.	[제5조 제3항] 채권자에게 10일 이상의 기간을 정하여 이의를 제출할 것을 2개 이상의 일간신문에 공고 가능하며, 이 경우 개별채권자에 대한 최고는 생략할 수 있음.
주총소집의 통지 및 공고기간	[제363조 제1항] 주주총회일의 2주 전에 각 주주에게 서면으로 통지를 발송하거나 각 주주의 동의를 받아 전자문서로 통지발송	[제5조 제4항] 주주총회일 7일 전에 각 주주에게 서면으로 통지 발송 가능. 이 경우 서면 통지발송일 이전에 2개 이상의 일간신문에 주주총회를 소집하는 뜻과 회의의 목적 사항을 공고하여야 함.
주주명부의 폐쇄, 기준일 공고기간	[제354조 제4항] 주주명부를 폐쇄하거나 기준일을 정할 때 그 폐쇄일 또는 기준일부터 2주 전에 이를 공고하여야 함.	[제5조 제6항] 합병결의를 위한 주주명부를 폐쇄하거나 기준일을 정할 때 그 폐쇄일 또는 기준일부터 7일 전에 이를 공고 가능하며, 이 경우 2개 이상의 일간신문에 공고하여야 함.
구주권 제출기간	[제530조 제3항 및 제440조] 1월 이상의 기간을 정하여 그 뜻과 그 기간 내에 주권 제출할 것을 공고하고, 주주명부에 기재된 주주와 질권자에 대하여 각별로 통지를 하여야 함.	[제5조 제7항 및 제12조 제6항] 5일 이상의 기간을 정하여 그 기간 내에 주권 제출할 것을 공고하고, 합병기준일부터 1개월 이내에 신주권교부의무. 이 경우 주주에 대한 개별통지는 2개 이상의 일간신문에 공고함으로써 갈음할 수 있음.
주식매수 청구권	[제522조의3 제1항] 주주총회에서 합병을 결의하는 경우 이를 반대하는 주주들은 그 총회의 결의일부터 20일 이내에 주식의 종류와 수를 기재한 서면으로 회사에 대하여 자기가 소유하고 있는 주식의 매수를 청구할 수 있음.	[제5조 제8항 및 제12조 제7항] 주주총회에서 합병을 결의하는 경우 이를 반대하는 주주들은 일간신문공고일로부터 10일 이내에 주식의 종류와 수를 적은 서면으로 회사에 대하여 자기가 보유한 주식의 매수를 청구할 수 있음.

(6) 상업등기선례

합병의 법적효력은 합병등기로 발생하므로 일반적인 합병등이 아닌 경우에는 상업등기 선례를 검토하여 해당사항이 등기에 미치는 영향을 검토할 필요가 있다.

1) 등기가능 여부 및 첨부서류 관련

채무초과회사를 소멸회사로 하는 흡수합병의 허용 여부(선례 변경)

제정 2014. 1. 9. [상업등기선례 제2-78호, 시행]

채무초과회사를 소멸회사로 하는 흡수합병등기신청의 경우, 흡수합병으로 소멸하는 회사가 채무초과회사가 아님을 소명하는 서면(예컨대 소멸회사의 재무상태표 등)은 신청서에 첨부하여야 하는 서면이 아니며, 이러한 서면을 첨부하였다 하더라도 등기관은 소멸회사가 채무초과회사인지 여부를 심사할 수 없다.

(2014. 1. 9. 사법등기심의관-174 질의회답)

채권자보호절차이행증명서

제정 1991. 8. 1. [상업등기선례 제1-228호, 시행]

회사가 합병을 하는 경우에는 상법 제232조 또는 그 준용규정에 따른 회사 채권자의 보호절차를 반드시 밟아야 하는 것으로서, 합병 후 소멸하는 회사의 재무제표상 채무가 없다는 이유만으로는 그 절차를 생략하거나 보다 간이한 방법으로 채권자의 보호절차를 밟을 수는 없다.

(1991. 8. 1. 등기 제1617호)

상법 제527조의5의 규정에 의하여 합병에 이의를 한 채권자와 채권의 존부 및 채권액에 관하여 다툼이 있는 경우에도 합병으로 인한 변경등기신청서에 비송사건절차법 제215조 제3호의 서면을 첨부하여야 하는지 여부

제정 1999. 4. 2. [상업등기선례 제1-234호, 시행]

흡수합병으로 인한 변경등기신청서에는 상법 제527조의5 제1항의 규정에 의한 공고 및 최고를 한 사실과 이의를 진술한 채권자가 있는 때에는 이에 대하여 변제 또는 담보를 제공하거나 신탁을 한 사실을 증명하는 서면을 첨부하여야 하는바, 이의를 진술한 채권자들의 채권의 존부와 채권액에 대하여 회사가 이를 다투고 있다(소송계속 중이라는 것임)는 사실만으로 위와 같은 서면의 첨부 없이 합병으로 인한 변경등기를 경료받을 수는 없을 것이다.

(1999. 4. 2. 등기 3402-354 질의회답)

유한회사의 합병에 대한 이의를 진술한 채권자가 있는 경우 상업등기법 제107조 제3호의 담보를 제공한 사실을 증명하는 서면

제정 2011. 1. 3. [상업등기선례 제2-96호, 시행]

1. 유한회사의 합병으로 인한 변경등기신청서에는 「상법」 제603조, 제232조 제1항에 따른 공고 및 최고를 한 사실과 이의를 진술한 채권자가 있는 때에는 이에 대하여 변제 또는 담보를 제공하거나 신탁한 사실을 증명하는 서면을 첨부하여야 하는바(「상업등기법」 제107조 제3호),

여기에서의 담보는 물적담보뿐만 아니라 인적담보도 포함된다.

2. 「상법」 제603조, 제232조 제3항의 상당한 담보인지 여부는 사회통념에 따라 객관적으로 판단하여야 하는바, 「은행법」에 의하여 설립된 은행이 채권액에 상당하는 지급보증을 한 경우에는 특별한 사정이 없는 한 그 상당성을 인정할 수 있으며, 그 이외의 인적담보의 상당성 여부는 물적담보만큼의 충분한 지급확보가 가능한지 여부, 채권의 존부나 채권액에 다툼이 있는지 여부, 합병 전·후의 재무상태 등을 종합적으로 고려하여 판단할 사항이다.
(2011. 1. 3. 사법등기심의관-2 질의회답)

회사의 본점 소재지를 잘못 기재한 공고문을 첨부하여 합병으로 인한 등기를 신청할 수 있는지 여부

제정 2007. 6. 14. [상업등기선례 제2-74호, 시행]

주식회사가 합병에 따른 이의 제출 공고(상법 제527조의5)를 할 때 공고문에 합병을 하는 회사를 표시하면서 회사의 본점 소재지가 아닌 다른 장소(예를 들어, 대표이사의 주소 등)를 기재한 경우, 그 공고에 의하여는 합병을 하는 회사의 동일성을 식별하기 어려워 적법·유효한 공고라고 볼 수 없기 때문에 그 공고문을 첨부한 등기신청(비송사건절차법 제215조 제3호)은 수리될 수 없다.
(2007. 6. 14. 공탁상업등기과-667 질의회답)

합병으로 인하여 주식을 병합 또는 분할하는 경우 합병으로 인한 변경등기신청서에 반드시 주권제출의 공고를 증명하는 서면을 첨부하여야 하는지 여부(적극)

제정 1999. 3. 22. [상업등기선례 제1-233호, 시행]

갑 주식회사가 을 주식회사를 흡수합병함으로 인하여 주식의 병합 또는 분할을 한 때에는 합병으로 인한 변경등기신청서에 상법 제440조의 규정에 의한 공고를 증명하는 서면을 첨부하여야 하는바, 갑 주식회사의 발행주식총수를 병이 소유하고 있고, 을 주식회사의 발행주식총수를 병과 정이 소유하고 있으며 을 주식회사가 주권도 발행하지 아니하였고 병이나 정이 그 소유의 주식에 질권을 설정한 바가 없는 경우라도, 상법 제440조의 규정에 의하여 병과 정에게 통지를 한 사실을 증명하는 서면을 첨부함으로써 위 공고를 증명하는 서면의 첨부에 갈음할 수는 없을 것이다.
(1999. 3. 22. 등기 3402-311 질의회답)

합병비율 수정에 의한 경정등기 또는 변경등기 가부

제정 2016. 9. 23. [상업등기선례 제201609-1호, 시행]

주주총회의 합병승인결의와 채권자보호절차 등을 거쳐 합병등기를 한 후 주주총회 합병승인결의와 다른 합병비율로 수정하고 그 합병비율에 따라 합병으로 발행하는 신주의 수를 재산정할 수 있는지 여부는 재판으로 결정되어야 할 사항이므로, 소를 통하지 않고 곧바로 등기관에게 발행주식의 수에 대한 경정등기 또는 변경등기를 신청할 수 없다.
(2016. 9. 23. 사법등기심의관-3425 질의회답)

회사분할합병으로 인한 설립등기신청 시 검사인 등의 조사보고서 첨부 여부(소극)

제정 2003. 7. 25. [상업등기선례 제1-244호, 시행]

갑회사를 분할하여 그 일부와 을회사를 합병하여 병회사를 신설하는 한편, 갑회사는 존속하는 신설분할합병을 하면서, 분할된 갑회사의 일부에 해당하는 출자지분에 관하여는 존속하는 갑회사에게, 합병으로 소멸하는 을회사에 해당하는 출자지분에 관하여는 을회사의 종전 주식비율에 따라 을회사의 주주들에게 각각 신설된 병회사의 주식을 배정·교부한 경우에, 병회사의 설립등기신청 시에 검사인이나 공증인의 조사보고서 등을 첨부할 필요는 없다.
(2003. 7. 25. 공탁법인 3402-179 질의회답)

회사분할과 흡수합병으로 인한 등기를 동시에 신청할 수 있는지 여부

제정 2006. 12. 27. [상업등기선례 제2-81호, 시행]

1. 주식회사 갑은 그 사업부문의 일부를 인적 또는 물적분할하여 새로운 회사를 설립하는 절차와 회사 을, 병, 정을 흡수합병하는 절차를 동시에 진행한 후에 관련된 등기를 신청할 수 있다. 다만, 이처럼 절차를 동시에 진행하게 되면 그렇지 않은 경우에 비해 여러 가지 문제들(특히, 관련 회사의 주주 및 채권자의 보호와 관련하여)이 생길 수 있을 것이다.
2. 위에서, 갑의 본점 소재지를 관할하는 등기소(이하, '갑 관할등기소'라 합니다)와 분할로 인하여 설립되는 회사의 본점 소재지를 관할하는 등기소(이하, '신설회사 관할등기소'라 합니다)가 같은 경우에는, 분할로 인한 갑의 변경등기와 신설회사의 설립등기, 흡수합병으로 인한 갑의 변경등기와 을, 병, 정의 해산등기를 갑 관할등기소에 동시에 신청할 수 있다. 그러나 갑 관할등기소와 신설회사 관할등기소가 다른 경우에는, 분할로 인한 신설회사의 설립등기가 경료된 후에 흡수합병으로 인한 갑의 변경 등기와 을, 병, 정의 해산등기를 신청할 수 있다.
(2006. 12. 27. 공탁상업등기과-1455 질의회답)

청산 중의 회사를 소멸하는 회사로 하는 합병을 할 수 있는지 여부

제정 2012. 9. 18. [상업등기선례 제2-77호, 시행]

「상법」 제520조의2의 규정에 의하여 주식회사가 해산되고 청산이 종결된 것으로 보게 되는 회사에 대하여 「상업등기법」 제100조에 의하여 등기관의 직권으로 해산등기와 청산종결등기가 이루어지고, 그 후 청산사무가 남아있어 청산종결등기가 말소되고 등기기록이 부활된 주식회사의 경우도 해산된 후 청산 중인 회사인 것이고, 이와 같이 해산 후의 회사가 합병을 하는 경우 존속하는 회사는 존립 중의 회사이어야 하므로 해산 후의 회사를 소멸하는 회사로 하는 경우에는 합병을 할 수 있다.
(2012. 9. 18. 사법등기심의관-2896 질의회답)

신설합병으로 인한 지점설치에서 등기용지를 개설한 사유를 잘못 등기한 경우, 합병의 효력이 그 신설지점에 미치는지 여부와 이를 바로잡는 방법

제정 2002. 2. 2. [상업등기선례 제1-238호, 시행]

1. 신설합병으로 인한 지점설치등기에는 합병으로 인하여 소멸하는 회사의 상호 및 본점과 합병을 한 뜻을 등기용지개설의 사유 및 연월일란에 등기하여야 하는바, 이에 반하는 등기가 경료된 경우 합병의 효력이 그 지점에 미치는가에 대하여 보면, 신설합병에서 합병의 효력은 신설회사의 본점 소재지에서 합병의 등기를 한 때에 발생하므로 위 지점의 합병의 효력에는 영향이 없다고 보며,
2. 위와 같이 등기용지개설의 사유 및 연월일란에 기재할 사항을 잘못 등기한 경우, 이를 바로잡는

방법은 등기관의 직권 또는 당사자의 신청에 의하여 그 등기를 경정할 수 있다.
(2002. 2. 2. 등기 3402-82 질의회답)

흡수합병에 의하여 존속회사가 취득한 자기주식의 소각 여부와 변경등기 절차 등

제정 2000. 8. 1. [상업등기선례 제1-235호, 시행]

1. 유한회사가 주식회사와 합병하는 경우에 합병 후 존속하는 회사가 주식회사인 때에는 법원의 인가를 얻어야 하는바(상법 제600조 제1항 참조), 법원에 대한 합병인가신청은 합병보고총회 전에는 이루어져야 할 것이다.
2. 회사가 합병하는 경우에 해산회사가 존속회사의 주식을 가지고 있다면 이는 존속회사가 자기주식을 취득하게 되는 경우에 해당하는 바, 합병계약서에 합병으로 취득하는 자기주식을 소각하는 뜻과 그 주식의 수 및 소각으로 인한 자본액의 변동이 없다는 사실을 기재하는 경우에는 합병절차 외에 별도의 절차를 거치지 않고도 자본감소가 없는 주식소각이 가능할 것이며, 이때 발행주식의 총수가 변경되므로 '발행주식의 총수, 그 종류와 각종 주식의 내용과 수'(상법 제317조 제2항 제3호)에 대하여는 변경등기를 하여야 하나, '자본의 총액'(같은 항 제2호)에 대해서는 변경등기를 하지 않는다.
(2000. 8. 1. 등기 3402-534 질의회답)

이른바 물적흡수분할합병의 경우에도 분할합병에 따른 변경 등기가 허용되는지 여부(적극)

제정 2003. 10. 8. [상업등기선례 제1-246호, 시행]

갑회사를 분할하여 그 일부와 을회사를 합병하고 갑회사와 을회사는 모두 존속하는 흡수분할합병을 하면서, 분할된 갑회사의 일부에 해당하는 출자지분에 관하여 존속하는 갑회사에게 주식을 배정・교부하는 이른바 물적흡수분할합병의 경우에도 분할합병에 따른 변경등기가 가능할 것이다.
(2003. 10. 8. 공탁법인 3402-239 질의회답)

신설합병절차에서 창립총회를 이사회의 결의에 의한 공고로 갈음할 수 있는지 여부(적극)

제정 2001. 8. 9. [상업등기선례 제1-236호, 시행]

주식회사의 신설합병절차에서 합병계약서에 일반적인 합병사항과 신설회사의 등기할 사항에 대한 내용이 포함되고 이 합병계약서가 주주총회의 특별결의로 승인되었다면 단지 보고만을 위한 창립총회는 상법개정으로 이사회의 결의에 의한 공고로 갈음할 수 있으며, 신설회사에 대한 설립등기도 등기사항이 합병승인을 위한 주주총회에서 승인되었다고 볼 수 있으므로 일반적인 회사설립에서 필요한 창립총회를 거칠 필요없이 등기가 가능하다.
(2001. 8. 9. 등기 3402-542 질의회답)

2) 주식배정 관련

주식회사의 흡수합병의 경우 무증자합병이 가능한지 여부

제정 1992. 8. 10. [상업등기선례 제1-230호, 시행]

주식회사의 흡수합병의 경우 합병으로 소멸하는 회사가 존속하는 회사의 계열회사로 채무초과상태로서 주식평가가치가 0인 상태이어서 합병 후 존속하는 회사의 자본 또는 주식의 증가가 없게 되었다 하더라도 그 합병으로 인한 주식회사 변경등기는 가능한 것이다.
(1992. 8. 10. 등기 제1728호)

흡수분할합병 시 무증자합병이 가능한지 여부(적극)

제정 2002. 1. 2. [등기선례 제200201-17호, 시행]

피분할회사가 존속하면서 일부사업부문을 인적분할하여 존립 중인 기존의 회사에 흡수합병하는 소위 흡수분할합병에서, 분할되는 특정사업부문이 상법 제530조의7 제1항 제2호의 대차대조표상 순자산가치가 0(영)인 경우에는 합병차익이 존재하지 않으므로 피분할회사의 주주에게 분할합병의 상대방 회사의 주식의 배정이 없는 무증자합병이 가능하다.
(2002. 1. 2. 등기 3402-2 질의회답)

흡수합병 시 존속회사가 보유하는 소멸회사 주식의 일부에 대해 합병신주를 배정한 경우 합병으로 인한 변경등기

제정 2008. 6. 23. [상업등기선례 제2-75호, 시행]

흡수합병을 함에 있어 존속회사가 보유하고 있던 소멸회사의 주식 일부에 대해서만 합병신주를 배정한 경우 이를 증명하는 서면(합병계약서 등) 등을 첨부하여 합병으로 인한 변경(발행주식총수, 자본의 총액 등)등기를 신청할 수 있다.
(2008. 6. 23. 공탁상업등기과-648 질의회답)

분할합병의 상대방 회사가 분할되는 회사의 주식 전부를 소유하고 있는 경우 무증자 분할합병등기의 가부

제정 2009. 9. 2. [상업등기선례 제2-85호, 시행]

분할합병의 상대방 회사가 분할되는 회사의 주식을 전부 소유하고 있는 경우에는 분할되는 회사의 주주인 분할합병의 상대방 회사 자신이나 분할되는 회사에 대하여 분할합병의 상대방 회사의 주식을 주지 않는 내용의 분할합병계약을 체결하고(따라서 분할합병의 상대방 회사의 발행주식의 총수와 자본의 총액이 증가하지 않음), 그 분할합병계약서를 첨부하여 분할합병에 따른 변경등기를 신청할 수 있다.
(2009. 9. 2. 사법등기심의관-1961 질의회답)

주식회사의 주주와 유한회사의 사원이 1인으로서 동일인인 경우 무증자 흡수합병등기가 가능한지 여부

제정 2008. 9. 26. [상업등기선례 제2-76호, 시행]

1인주주인 주식회사와 1인사원인 유한회사의 주주와 사원이 동일한 경우에 유한회사가 주식회사에 흡수합병하여 해산하고 주식회사가 존속하기로 하는 흡수합병을 하는 경우에 주식회사와 유한회사의 합병으로 인하여 증가할 주식의 수를 0으로, 증가할 자본금을 0원으로 하는 무증자합병등기는 채권자보호절차를 거쳐 법원의 인가를 받은 때에는 가능하다.
(2008. 9. 26. 공탁상업등기과-1002 질의회답)

주식회사의 합병등기 절차

제정 1982. 8. 2. [등기선례 제1-880호, 시행]

자본금 100억 원인 갑회사가 자본금 25억 원인 을회사를 "합병 후 자본금 110억 원, 합병비율 갑회사 주식 1주당 을회사 주식 2.5주"의 합병 조건으로 흡수합병하는 경우에는, 소멸회사에 관하여 합병비율에 따른 감자등기를 거칠 필요는 없고, 합병비율에 따라 주식의 병합절차를 이행한 사실을 증명하는 서면을 합병등기신청서에 첨부하면 될 것이다.
(82. 8. 2 등기 제313호)

흡수합병 절차에서 해산회사가 존속회사의 발행주식을 보유하고 있는 경우, 존속회사가 합병으로 취득한 위 자기주식을 합병신주로 해산회사의 주주에게 배정하는 것이 가능한지 여부 등

제정 2003. 1. 29. [상업등기선례 제1-239호, 시행]

1. 흡수합병 절차에서 해산회사가 존속회사의 발행주식을 보유하고 있는 경우에 존속회사는 합병에 의하여 이를 승계하게 되는바, 존속회사는 합병의 대가로 합병으로 승계할 위 자기주식을 해산회사 주주에게 지급하는 것을 내용으로 하는 합병계약을 체결하고 그에 대한 합병등기를 신청할 수 있다.
2. 흡수합병 절차에서 해산회사가 존속회사의 발행주식 전부를 소유하고 있고 존속회사는 합병으로 승계할 위 자기주식을 자본감소에 의하여 전부 소각하며, 해산회사의 주주에게는 합병신주를 발행하여 교부하는 것으로 합병계약에서 정한 경우, 합병으로 인한 존속회사의 발행주식총수 및 자본의 총액의 등기부상 각 기록방법은 합병신주의 발행으로 인한 변경등기를 먼저 한 후에 주식소각으로 인한 변경등기를 하여야 하며, 합병신주발행과 주식소각으로 인하여 최종적으로 변동되는 부분만의 변경등기를 경료할 수는 없다. 또한 위 경우에 자본감소가 없이 자기주식의 전부를 소각하는 것으로 합병계약에서 정한 때에는, 자본의 총액(발행주식총수는 위와 동일함)은 소각으로 인하여 변동이 없으며 합병신주의 발행으로 인하여 증가하는 자본액만큼의 변경등기를 하여야 한다.
(2003. 1. 29. 공탁법인 3402-27 질의회답)

흡수합병 절차에서 해산하는 주식회사가 존속하는 유한회사의 지분을 보유하고 있는 경우, 존속하는 유한회사가 합병으로 취득한 위 자기지분을 합병의 대가로 해산회사의 주주에게 배정하는 것이 가능한지 여부 등

제정 2005. 8. 3. [상업등기선례 제2-72호, 시행]

1. 흡수합병 절차에서 해산하는 주식회사가 존속하는 유한회사의 지분의 전부를 보유하고 있는 경우에 존속하는 유한회사는 합병에 의하여 이를 승계하게 되는바, 존속하는 유한회사는 합병의 대가로 합병으로 승계할 위 자기지분을 해산회사의 주주에게 지급하는 것을 내용으로 하는 합병계약을 체결하고 그에 대한 합병등기를 신청할 수 있을 것이다.
2. 위 흡수합병 절차의 (1) 합병계약에서 '존속하는 유한회사가 합병으로 승계할 위 자기지분을 자본감소에 의하여 전부 소각하고 해산회사의 주주에게는 합병에 의한 신지분을 배정하는 것'으로 정한 경우, 존속회사인 유한회사의 자본의 총액의 등기부상 기록방법은 합병 시 신지분의 배정으로 인한 자본증가의 변경등기를 먼저 한 후에 지분소각으로 인한 변경등기를 하여야 하며, (2) 또한 위 경우에, 자본감소 없이 자기지분의 전부를 소각하는 것으로 합병계약에서 정한 때에는, 자기지분의 소각으로 인한 자본의 총액의 변경은 없으며 합병 시의 신지분의 배정으로 인하여 증가하는 자본액만큼의 변경등기를 하여야 할 것이다.
(2005. 8. 3. 공탁법인과-365 질의회답)

3) 부동산 및 근저당 관련

합병으로 인하여 소멸한 회사가 합병 전에 매도한 부동산의 소유권이전등기신청 절차

제정 2018. 12. 12. [등기선례 제9-244호, 시행]

회사가 부동산을 매도하고 그로 인한 소유권이전등기를 마치기 전에 을 회사에 합병되어 소멸한 경우에 합병 후 존속하는 을 회사는 매수인과 공동으로 갑 회사와 매수인 명의로 작성된 매매계약서를 등기원인을 증명하는 정보로서 제공하여 소멸한 갑 회사로부터 매수인 앞으로 매매를 원인으로 한 소유권이전등기를 신청할 수 있으며(부동산등기법 제27조 참조), 이 경우에는 또한 합병이 있었다는 사실을 증명하는 법인등기사항에 관한 정보를 첨부정보로서 제공하여야 한다.

(2018. 12. 12. 부동산등기과-2811 질의회답)

합병으로 인하여 소멸한 회사가 합병 전에 매수한 부동산에 관하여 소유권이전등기를 신청하는 절차 등

제정 1996. 1. 24. [등기선례 제4-374호, 시행]

1. 합병으로 존속한 회사는 합병으로 인하여 소멸된 회사의 권리의무를 포괄승계하는 점에 있어서 상속인이 피상속인의 권리의무를 포괄승계하는 것과 다를 바 없다 할 것이므로, 합병으로 인하여 소멸한 을회사가 합병 전에 매수한 부동산에 관하여는 합병 후 존속하는 갑회사와 매도인의 공동신청으로 직접 갑회사 명의로의 소유권이전등기를 신청할 수 있다.
2. 회사합병으로 인한 권리의 승계는 법률상 당연히 이루어지는 것이어서(상법 제235조, 제269조, 제530조 제2항, 제603조 참조) 승계되는 각각의 부동산에 관하여는 개별적인 소유권이전등기를 하지 않더라도 합병 후 존속하는 회사가 그 소유권을 취득하게 되는 것이지만(민법 제187조, 1964. 9. 22. 선고 63누155 판결, 카2665 참조), 합병 후 존속하는 갑회사명의로 등기를 하기 위하여서는 회사합병으로 인한 소유권이전등기 절차를 밟아야 한다(1972. 2. 22. 선고 71다2687 판결 참조).

   (1996. 1. 24. 등기 3402-35 질의회답)

합병 후의 법인이 합병 전 법인명의의 근저당권등기 말소 방법 등

제정 1993. 10. 4. [등기선례 제4-459호, 시행]

○○새마을금고와 △△새마을금고가 합병하여 설립된 ○○통합새마을금고가 ○○새마을금고와 △△새마을금고 명의의 근저당권에 대하여 채무변제를 받고 그 근저당권등기를 말소하기 위해서는 그 전제로서 법인합병으로 인한 근저당권이전등기를 하여야 하며, 또한 근저당권자의 명의를 ○○통합새마을금고로 하기 위하여는 근저당권변경등기를 하는 것이 아니라 합병을 원인으로 한 근저당권이전등기를 하여야 하며, 이 경우에 근저당권이전에 대한 등록세인 등기부상 채권최고액의 1000분의 2에 해당하는 등록세를 납부하여야 한다.

(1993. 10. 4. 등기 제2469호 질의회답)

회사의 합병 및 분할이 수차 이루어진 경우 중간생략에 의한 근저당권이전등기의 가부

제정 2019. 10. 22. [부동산등기선례 제201910-3호, 시행]

1. 을 회사가 갑 회사를 흡수합병하고 다시 병 회사가 을 회사를 흡수합병한 다음 병 회사가 그 일부를 분할하여 정 회사를 설립하고 이어 정 회사가 다시 그 일부를 분할하여 무 회사를 설립한 경우, 갑 회사 명의의 근저당권이 순차로 작성된 분할계획서에 정 회사를 거쳐 다시 무 회사에 이전될 재산으로 기재되어 있다면, 무 회사는 갑 회사 명의의 근저당권에 대하여 자신 명의로의 이전등기를 곧바로 신청할 수 있다.
2. 이 경우 근저당권이전등기 신청을 1건만 하는 것이므로 등록면허세도 1건에 해당하는 금액만 납부하면 된다.

(2019. 10. 22. 부동산등기과-2646 질의회답)

주식회사의 합병이 연속하여 이루어진 경우 부동산 소유권이전등기절차 등

제정 1998. 12. 7. [등기선례 제5-312호, 시행]

가. 갑을 소멸회사로 하고 을을 존속회사로 하는 흡수합병이 있은 후 다시 을을 소멸회사로 하고 병을 존속회사로 하는 흡수합병이 이루어진 경우, 병은 을이 포괄승계한 갑의 권리의무를 포괄승계한다 할 것이므로, 갑 명의의 부동산에 관하여 병은 갑과 을 및 을과 병 사이의 흡수합병이 순차 이루어진 사실이 나타나는 회사등기부등본을 첨부하여 합병을 원인으로 하는 병 명의의 소유권이전등기를 신청할 수 있을 것이며, 갑을 신탁자로 하여 정에게 신탁된 부동산에 관하여 신탁해지가 있는 경우에도 순차 합병된 사실을 소명하여 병 명의로 소유권이전등기를 신청할 수 있을 것이다.

나. 합병의 경우에는 부동산등기특별조치법 제2조 제1항의 규정이 적용되지 않는다.

(1998. 12. 7. 등기 3402-1214 질의회답)

합병으로 소멸된 갑 회사가 합병 전에 그 일부를 분할하여 을 회사를 설립한 경우, 회사분할을 원인으로 갑 회사 명의의 근저당권을 을 회사에게 이전하는 방법

제정 2003. 5. 12. [등기선례 제7-276호, 시행]

1. 갑 회사가 그 일부를 분할하여 을 회사를 설립한 후, 병 회사(정 회사로 명칭 변경됨)에 흡수합병되어 소멸된 경우, 분할로 설립된 을 회사는 분할계획서가 정하는 바에 따라서 분할하는 갑 회사의 권리와 의무를 승계하는바(상법 제530조의10), 분할계획서에 분할로 인하여 설립되는 회사에 이전될 재산으로 기재된 근저당권에 대해 회사분할을 원인으로 하여 갑 회사로부터 을 회사 명의로 근저당권이전등기를 할 수 있다.
2. 또한, 합병으로 존속하는 정 회사는 소멸되는 갑 회사의 권리의무를 포괄적으로 승계하므로(상법 제530조 제2항, 제235조), 을 회사와 공동으로 갑 회사 명의의 근저당권에 대해 회사분할을 등기원인으로 하여 갑 회사로부터 을 회사 명의로 근저당권이전등기를 신청할 수 있으며, 이때 합병을 증명하는 서면(법인등기부등본 등)을 첨부하면 되고 합병으로 인한 근저당권이전등기를 경료할 필요가 없다.

(2003. 5. 12. 부등 3402-254 질의회답)

체비지를 매수한 회사가 합병으로 해산된 경우 존속회사명의로 소유권이전등기를 할 수 있는지 여부

제정 1993. 5. 25. [등기선례 제3-485호, 시행]

환지처분공고일 전에 A에게 매각된 체비지를 B회사가 양수하여 체비지매각대장(또는 체비지권리대장)에 위 내용대로 등재된 후 환지처분공고가 되고, 공고 후 B회사는 C회사에 C회사는 D회사에 순차 합병되었으나, 그 체비지는 사업시행자 명의로 소유권보존등기가 경료되어 있다면, 당해 사업시행자는 그가 작성한 체비지의 처분 및 전전 이전된 사실을 증명하는 서면(예 체비지매각대장 또는 체비지권리대장등본, 사실확인서 등)과 회사합병을 증명하는 서면(회사등기부등본) 등을 첨부하여 막바로 D회사 명의로 소유권이전등기신청(촉탁)을 할 수 있을 것이다.

(93. 5. 25. 등기 제1265호 서울시장 대 질의회답)

합병으로 인하여 소멸한 회사 명의의 근저당권을 합병 후의 존속회사로의 근저당권이전등기의 필요 여부

제정 1991. 4. 4. [등기선례 제3-592호, 시행]

전자제품을 제조·판매하는 "갑"회사가 그 제품을 국내대리점인 "을"에게 근저당권을 담보로 하여 계속적으로 외상공급하고 있던 중, "갑"회사는 "병"회사에 흡수합병되고 합병 후의 존속회사인 "병"회사가 그 대리점계약에 터잡아 "을"에게 전자제품을 계속 공급한 경우에는, 위 근저당권에 관하여 "병"회사 명의로의 이전등기를 따로 하지 않더라도 "병"회사와 "을"과의 위 거래에서 발생한 물품대금채권은 위 근저당권의 담보범위에 속하게 된다.

(91. 4. 4. 등기 제704호)

회사합병으로 인한 소유권이전등기 시 농지취득자격증명을 받아야 하는지 여부(소극)

제정 2005. 3. 29. [등기선례 제200503-8호, 시행]

법인이 다른 법인에 합병된 경우, 소멸하는 법인이 소유하고 있는 농지에 대하여 합병으로 인한 소유권이전등기를 신청할 수 있으며, 이때에는 농지취득자격증명을 첨부할 필요가 없다.

(2005. 3. 29. 부등 3402-156 질의회답)

지역농업협동조합의 합병에 따른 근저당권의 말소 또는 변경등기 절차

제정 2018. 9. 4. [등기선례 제9-322호, 시행]

「농업협동조합법」 제79조 제2항에서 "지역농협의 합병 후 등기부나 그 밖의 공부에 표시된 소멸된 지역농협의 명의는 존속하거나 설립된 합병 지역농협의 명의로 본다"고 규정하고 있으므로, 합병 후 존속하거나 설립되는 지역농업협동조합이 합병으로 인하여 소멸한 조합 명의로 등기된 근저당권의 말소 또는 변경등기신청을 하는 경우에는 합병 후 존속하거나 설립되는 조합 명의로 근저당권이전등기를 거치지 않고 합병을 증명하는 정보를 첨부정보로 제공하여 직접 말소 또는 변경등기신청을 할 수 있는바, 지역축산업협동조합이나 품목별·업종별협동조합의 경우에도 같은 법 제107조 또는 제112조에 의해서 제79조가 준용되고 있으므로 마찬가지이다.

(2018. 9. 4. 부동산등기과-2014 질의회답)

지역축산업협동조합의 합병에 따른 근저당권설정등기말소

제정 2005. 5. 30. [등기선례 제200505-7호, 시행]

○○지역축산업협동조합과 △△지역축산업협동조합을 합병하여 한국양계축산업협동조합을 신설한 경우 존속하는 조합이 합병으로 인하여 소멸한 조합 명의로 경료되어 있는 근저당권등기의 말소신청을 함에 있어, 그 등기원인이 합병등기 전에 이미 발생한 것인 때에는 합병으로 인한 근저당권이전등기를 거칠 필요없이 막바로 합병을 증명하는 서면을 첨부하여 말소등기신청을 하면 될 것이나, 그 등기원인이 합병등기 후에 발생한 것인 때에는 먼저 합병으로 인한 근저당권이전등기를 거친 후 말소등기신청을 하여야 한다.

(2005. 5. 30. 부동산등기과-484 질의회답)

합병비율

(1) 의의

합병회사가 피합병회사 자산・부채를 승계하면서 이전대가가 현금인 경우에는 피합병회사 주식가치에 상당하는 금액을 지급하면 되지만 현금이 아닌 합병회사 주식을 발행(또는 자기주식으로 지급)하는 경우에는 피합병회사 주식가치에 상응하는 합병회사 주식수를 정하여야 하며, 이를 위해서는 피합병회사뿐만 아니라 합병회사 주식가치도 함께 평가되어야 한다. 따라서 합병비율이란 피합병회사 주식 1주에 교부되는 합병회사 주식 배정수를 말한다.

예컨대 피합병회사 1주당 가액이 1,000원이며 합병회사 1주당 가액이 500원인 경우 합병비율은 1 : 2로 피합병회사 1주 1,000원에 상응하는 합병회사 주식수는 2주이다. 즉, 피합병회사 주주가 1주를 제시하면 합병회사의 주식 2주를 배정해야 하며 그 2주의 가치는 500×2=1,000원으로 피합병회사의 주주가 합병회사에게 제출한 피합병회사 주식 1주 1,000원과는 등가이다.

한편, 합병에 있어 가장 중요한 이해관계는 합병비율이므로 합병비율이 현저하게 불공정한 경우에는 해당 합병은 무효[72]가 된다.

72) 대법원 2008. 1. 10. 선고 2007다64136 판결

| 합병비율 |

"합병회사 : 피합병회사 = 1 : 피합병법인 1주에 상응하는 합병회사 주식수"

$$합병비율 = \frac{피합병회사\ 1주당\ 가액}{합병회사\ 1주당\ 가액}$$

(2) 상대적 주식수 차이

합병비율은 합병회사와 피합병회사의 합병 전 상대적 주식수 차이에 따라 달라지므로, 합병비율이 합병회사와 피합병회사의 전체 주식가치의 교환비율은 아님을 유의하여야 한다.

| 상대적 주식수 차이에 따른 합병비율 |

구분	합병법인	피합병법인	합병비율	합병신주가액
CASE1	500 × 1주=500	100 × 1주=100	100/500=0.2	1주 × 0.2 × 500=100
CASE2	50 × 10주=500	100 × 1주=100	100/50=2	1주 × 2 × 50=100
CASE3	500 × 1주=500	10 × 10주=100	10/500=0.02	10주 × 0.02 × 500=100

상기 예시를 보면 합병회사과 피합병회사의 전체 주식가치와 합병신주가액은 사례별로 동일하나, 합병회사와 피합병회사 간의 상대적인 주식수에 따라 합병비율은 달라진다.

DART	상대적 주식수 차이에 따른 합병비율 및 전환가능증권 있는 경우의 주식수의 산정
사 례	㈜○○가 ㈜△△을 흡수합병
공 시	㈜○○ 주요사항보고서 및 외부평가기관의 평가의견서

II. 합병비율에 대한 평가

1. 합병당사법인 개요

구분	합병법인	피합병법인
법인명	㈜○○	㈜△△
합병 후 존속 여부	존속	소멸
납입자본금	13,599,934,000원	100,000,000원
발행주식의 종류 및 수	보통주 27,199,868주	보통주 10,000주/우선주 209주

Ⅲ. 합병비율 평가결과

1. 합병비율 평가요약

합병법인 및 피합병법인의 합병가액과 이에 따른 합병비율은 다음과 같습니다.

구분	합병법인	피합병법인
가. 기준시가에 할증(할인)률을 반영한 평가가액	9,500	해당사항 없음.
A. 기준시가	10,341	해당사항 없음.
B. 할증률(할인율)	(−)8.13%	해당사항 없음.
나. 본질가치[(A×1+B×1.5) ÷ 2.5]	해당사항 없음.	9,327,061
A. 자산가치	1,429	3,053,788
B. 수익가치	해당사항 없음.	13,509,244
다. 상대가치	해당사항 없음.	해당사항 없음.
라. 합병가액		
1주당 보통주 합병가액	9,500	9,327,061
1주당 전환상환우선주 합병가액	9,500	9,327,061
1주당 전환사채 합병가액	9,500	9,327,061
마. 합병비율		
보통주 합병비율	1	981.7958947
전환상환우선주 합병비율	1	981.7958947
전환사채 합병비율	1	981.7958947

설 명

① 합병비율이 1 : 982로 피합병회사 주식 1주당 합병회사 주식을 982주를 배정하였다.

② 합병비율을 보면 마치 피합병회사가가 합병회사보다 큰 것 같이 보이지만 합병 전 합병회사 주식수는 27,199,868주이며 피합병회사 주식수는 10,000주로 합병회사의 주식수가 피합병회사 주식수에 비하여 상대적으로 많음에 따라 전체 지분가치는 합병회사가 큼에도 합병비율은 높게 산출된다.

③ 한편, 전환가능증권(전환사채・전환상환우선주등)이 있는 경우 해당 증권의 전환가능성 여부를 주식가치평가 시 고려하여 주식수를 산출하고 최종 주당가치를 산출해야 하는데,[73] 본 사례에서는 피합병법인의 주식평가가액이 전환사채 및 전환상환우선주의 전환가액보다 높음을 고려하여 해당 전환사채 및 전환상환우선주가 모두 전환[74]되는 것으로 가정하였다.

73) 전환가능증권(CB, BW 등)이 있는 경우, 해당 증권의 전환 여부를 고려하여 주식수를 산출하고 최종 주당가치를 산출해야 한다('외부평가업무 가이드라인 붙임2의 문단11).

74) 전환됨을 가정하는 경우 K-IFRS상 부채로 계상되어 있는 전환상환우선주 및 전환사채는 수익가치 산정 시 차입금에서 제외한다.

(3) 합병 후 지분율

피합병회사 주주가 합병비율에 따라 합병회사 주식을 배정받으면 합병회사 주주가 되므로 합병회사 기존주주의 지분율은 합병 전보다 줄어들게 된다. 이는 합병 후 회사의 지배력에 관한 것이므로 합병 후 회사의 주주구성을 검토하는 것은 합병에 있어서 가장 중요한 검토사항 중 하나이다.

| 합병 후 회사 지분율 산정 예시 |

◉ **예시**

P사는 S사 흡수합병하였다.

P사	S사
• 甲이 100% 보유(100주) • 주식평가액은 100주 × 1,000원 = 100,000	• 乙이 100% 보유(50주) • 주식평가액은 50주 × 400원 = 20,000

◉ **설명**

구분	내용
합병비율	400/1,000 = 0.4
합병신주발행 수	50주(피합병법인 주식수) × 0.4 = 20주

구분	주식수 비율		합병 후 지분율
甲	$\frac{100(\text{기존보유주식})}{100 + 20(\text{합병신주})}$	=	83%
乙	$\frac{20(\text{합병신주})}{100 + 20(\text{합병신주})}$	=	17%

3 자기주식

합병회사 및 피합병회사가 합병 전에 상대방의 주식을 이미 보유하고 있거나 자기주식을 보유하고 있는 경우, 각 상황별 자기주식의 취급 및 신주배정에 관하여 살펴본다.

| 상황별 자기주식과 상호주식보유 |

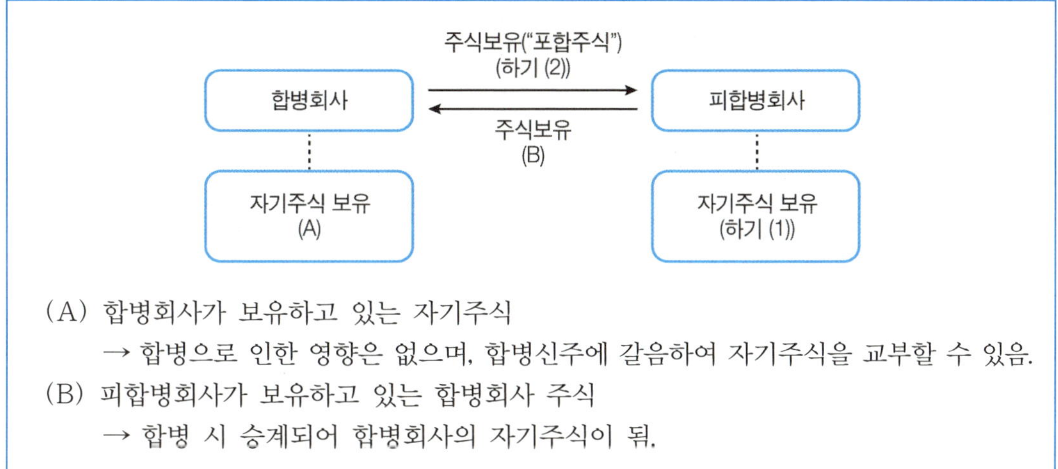

(A) 합병회사가 보유하고 있는 자기주식
→ 합병으로 인한 영향은 없으며, 합병신주에 갈음하여 자기주식을 교부할 수 있음.
(B) 피합병회사가 보유하고 있는 합병회사 주식
→ 합병 시 승계되어 합병회사의 자기주식이 됨.

(1) 피합병회사 보유 자기주식

피합병회사가 자기주식을 보유하는 경우는 합병 전부터 피합병회사가 자기주식을 보유하고 있었을 수도 있으며 합병 전에는 자기주식이 없었으나 합병 진행 중에 합병에 반대하는 피합병회사 주주들의 주식매수청구권 행사로 인하여 자기주식을 보유할 수도 있다.

이러한 피합병회사 보유 자기주식에 대하여 합병신주를 배정할 수 있는지에 대하여 학설상은 긍정설과 부정설이 대립하고 있다. 2010년에 법무부는 판례가 없어 단언하기 어렵다는 전제하에 피합병회사 보유 자기주식은 합병에 의해 당연히 소멸하는 것으로 보아 합병신주를 배정할 수 없다는 견해가 유력한 것으로 보인다고 하면서 개별 사안에 대한 최종의 법원 판단은 다를 수 있다는 취지로 회신[75]한 바가 있으며 법무부 동 회신과는 반대로 2012년 개정상법하에서는 원칙적으로 자기주식의 취득이 허용된다는 점[76]을 근거로 피합병회사의 자기주식에 대하여

75) 2010. 7. 7. 상사법무과-2091
76) 자기주식의 취득 및 보유를 허용한 개정상법의 법무부 취지에서는 "합병, 분할, 주식교환 등을 통한 기업구조조정에서 자기주식을 적절히 활용하여 기동적인 구조조정이 이루어질 수 있도록 기업구조조정의 수단으로 활용할 수 있다"라고 밝히고 있다.

합병신주 발행이 가능하다는 주장도 존재한다. 한편, 실무상으로는 피합병회사의 자기주식에 대해서는 배정을 하는 사례와 배정을 하지 않는 사례가 혼재한다.

| 피합병회사 보유 자기주식과 신주배정 |

구분	내용
상황	• 합병 전부터 자기주식을 보유하고 있는 경우 • 합병 시 주주들의 주식매수청구권 행사에 따른 자기주식 보유
사례	• 피합병회사의 자기주식에 대하여 합병신주를 배정하는 사례와 배정하지 않는 사례가 모두 존재함.
효과	• 배정하는 경우 : 합병회사의 자기주식이 됨.[77)] • 배정하지 않는 경우 : 피합병회사는 합병으로 소멸하므로 자기주식도 함께 소멸함.[78)]

(2) 포합주식

합병회사가 피합병주식을 보유하고 있는 경우 그 해당 주식을 포합주식이라고 한다. 포합주식에 대해서 합병신주를 배정할 수 있는지에 관하여 현행 상법은 명시적인 규정을 두고 있지 않으며 이에 대하여도 학설상은 부정설과 긍정설이 대립하고 있다.

배정부정설은 비록 상법은 회사 합병으로 인한 경우에는 자기주식의 취득을 허용하고 있으나, 이는 소멸회사가 존속회사의 주식을 보유한 경우에 해당 주식을 존속회사가 포괄승계로 취득할 수 있다는 의미에 불과하고 포합주식의 취득은 위 상법 규정이 예정한 범위 밖에 있다고 보는 입장이다.

반면, 배정긍정설은 포합주식에 대하여 합병신주를 배정하여도 이는 존속회사가 가지고 있던 소멸회사의 주식이 합병에 의하여 다른 형태의 재산인 존속회사의 주식으로 바뀔 뿐이므로 이러한 형태의 자기주식 취득은 허용되어야 한다고 보는 입장이다.

대법원 판결[79)]은 포합주식에 대한 합병신주의 발행이 허용되는지에 대하여 명시적인 판단까지 나아가지는 않았으나 "존속회사가 보유하던 소멸회사의 주식에 대하여 반드시 신주를 배정하여야 한다고 볼 수 없다"고 판시한바 이는 포합주식에 대하여 합병신주를 발행하는 것이 가능하다는 것을 전제로 그 반대의 경우도 가능할 수 있다는 판시인 것으로 해석이 가능하다.

---

77) 합병회사의 자산(자기주식)이 됨으로 향후 회사가 이를 활용할 수 있다.
78) 사실상 자기주식을 소각하는 효과가 생긴다.
79) 대법원 2004. 12. 9. 선고 2003다69355 판결

또한 상업등기선례[80] 중에는 포합주식에 대한 합병신주의 배정이 가능함을 전제로, "흡수합병을 함에 있어 존속회사가 보유하고 있던 소멸회사의 주식 일부에 대해서만 합병신주를 배정한 경우 이를 증명하는 서면(합병계약서 등) 등을 첨부하여 합병으로 인한 변경(발행주식총수, 자본의 총액 등)등기를 신청할 수 있다"고 하여 변경등기를 인정한 선례가 있다.

한편, 실무상으로는 포합주식에 대하여 합병신주를 발행한 사례와 발행하지 않는 사례가 혼재한다. 또한 합병회사가 완전자회사를 합병하는 경우 신주를 배정하지 않는 무증자합병이 일반적이나 세무상의 이유[81]로 신주를 배정하는 사례도 존재한다.

| 포합주식과 신주배정 |

구분	내용
사례	포합주식에 대하여 합병신주를 배정하는 사례와 배정하지 않는 사례가 모두 존재함.
효과	• 배정하는 경우 : 합병회사의 자기주식이 됨. • 배정하지 않는 경우 : 피합병회사는 합병으로 소멸하므로 포합주식도 함께 소멸함.
완전자회사를 흡수합병	• 일반적 : 신주를 배정하지 않는 무증자합병 • 세무목적상 : 신주배정 사례가 존재함.

(3) DART 사례

1) 신주를 배정한 사례

DART	피합병회사 자기주식과 포합주식에 대하여 신주배정한 사례
사 례	㈜○○가 ㈜△△를 흡수합병한 사례
공 시	주요사항보고서

아. 본 주요사항보고서 제출일 현재 합병법인인 ㈜○○가 보유하고 있는 ㈜△△의 주식(2,221,944주)에 대하여 합병신주를 배정할 예정이며, 피합병법인인 ㈜△△가 직접 취득하여 보유 중인 자기주식(162,557주) 및 ㈜○○과 ㈜△△ 주주들의 주식매수청구권 행사로 인해 소유하게 될 자기주식에 대하여 합병신주를 배정할 예정입니다.

80) 2008. 6. 23. 공탁상업등기과-648 질의회답, 상업등기선례 200806-2

81) 하기 DART 사례 '완전자회사의 합병 시 신주를 발행한 사례(세무목적상)'를 참조하기 바란다.

설 명	
① 피합병법인 보유 자기주식 ② 피합병법인 주주의 주식매수청구권 행사에 따라 취득할 자기주식 ③ 합병법인이 보유하고 있는 피합병법인 주식(포합주식) 상기 주식에 대하여 모두 합병 신주를 배정하였다.	

2) 신주를 배정하지 않은 사례

DART	피합병회사 자기주식과 포합주식에 대하여 신주를 배정하지 않은 사례
사 례	㈜○○가 ㈜△△를 흡수합병한 사례
공 시	증권발행실적보고서
피합병회사인 ㈜△△의 최대주주는 ㈜○○로 67.82%(특수관계자 포함 시 68.69%)입니다. 본 합병은 포합주식 22,487,000주[㈜○○가 보유한 ㈜△△ 주식]와 피합병회사[㈜△△의 자기주식 1,455,000주(주식매수청구권 행사로 취득한 자기주식 포함)]에 대해서는 합병신주를 미배정하여 진행될 예정입니다.	
설 명	
① 피합병법인 보유 자기주식 ② 피합병법인 주주의 주식매수청구권 행사에 따라 취득할 자기주식 ③ 합병법인이 보유하고 있는 피합병법인 주식(포합주식) 상기 주식에 대하여 모두 신주를 배정하지 않았다. 한편, 합병비율에 따라 달라지지만 포합주식 지분율이 높은 경우 포합주식에 대하여 합병신주를 배정하면 합병 후 회사의 자기주식비율이 지나치게 높아질 수 있다. 따라서 신주를 배정하여 향후 자기주식을 소각하기보다는 합병 시에 신주배정을 하지 않으면 자기주식 소각과 같은 효과가 나게 된다.	

3) 완전자회사 합병 시 신주를 배정한 사례(세무목적상)

DART	완전자회사 합병 시 신주를 발행한 사례(세무목적상)
사 례	○○㈜가 ㈜△△과 ㈜□□을 흡수합병한 사례
공 시	주요사항보고서

존속회사인 ○○㈜가 소멸회사인 ㈜△△과 ㈜□□의 주식을 100% 소유하고 있는 상황에서 ○○㈜와 ㈜△△과 ㈜□□은 본건 합병을 유증자합병으로 진행하고자 합니다. 존속회사인 ○○㈜가 100% 자회사인 ㈜△△과 ㈜□□을 합병함에 있어 자기주식을 발행하는 유증자합병을 선택하게 된 이유는 자기주식을 발행하지 않을 경우 세제상 불이익을 받을 수 있기 때문입니다.

설 명

완전자회사와의 합병 시에는 신주를 발행하지 않는 무증자합병이 일반적이나 합병 전 합병회사가 피합병회사 주식에 대한 감액손실이 존재하는 경우(손금불산입 유보잔액이 존재하는 경우)에 무증자합병을 하게 되면 자본거래로 간주되어 동 유보가 손금산입되지 않고 소멸되어[82] 법인세 절감 효과가 사라지게 된다. 그러나 신주를 배정하게 되면 동 유보는 자기주식 유보가 되어 추후 자기주식 처분 시에 추인이 되어 법인세 절감효과가 발생함에 따라 동 사례에서는 완전자회사와의 합병임에도 신주를 배정하였다.[83] 한편, 이러한 선택의 배경에는 향후 해당 자기주식 처분계획이 있음을 의미할 수 있다.

4) 자회사가 모회사를 합병 시 자기주식의 활용

DART	피합병법인으로부터 승계할 자기주식을 합병신주로 배정한 사례
사 례	자회사인 ○○㈜가 모회사인 ㈜△△를 흡수합병한 사례
공 시	주요사항보고서(회사합병 결정)

자기주식 : 존속회사인 ○○㈜은 본건 합병에 따라 소멸회사인 ㈜△△로부터 기존에 ㈜△△가 보유하고 있던 ○○㈜ 발행 기명식 보통주식 8,799,998주(발행주식총수의 50.37%)를 승계하여 자기주식으로 취득할 예정인바, 존속회사인 ○○㈜은 이와 같이 승계할 자기주식 중 4,837,001주를

82) 완전모자회사 간 무증자 흡수합병 시 포합주식에 대한 유보잔액(△유보)은 익금산입(유보) 및 익금불산입(기타)하여 합병법인의 소득금액에 영향이 없도록 양편조정함(사전-2019-법령해석법인-0636(2019. 12. 3.)).

83) 완전자회사를 흡수합병하면서 합병신주인 자기주식을 교부받은 경우 그 취득가액은 「법인세법 시행령」 제72조 제2항 제5호에 따라 결정하는 것이며, 당기 자기주식을 매각함으로써 생긴 매각차손익은 익금 또는 손금에 산입하는 것임(서면-2016-법인-4353(2016. 8. 23.)).

84) 서면-2015-소비-0426(2015. 5. 1.)

합병신주에 갈음하여 ㈜△△ 주주들에게 지분비율에 따라 이전합니다.	
설 명	
자회사가 모회사를 흡수합병하면 모회사 보유 자회사 주식은 존속회사(자회사)의 자기주식이 될 것이나, 합병 전 모회사가 50% 이상의 지분율을 보유했음을 감안하면 합병 후 자기주식비율이 지나치게 높아지게 된다. 이에 승계할 자기주식을 모회사 주주에게 합병대가로 배정하여 신주에 갈음한 사례이다. 한편, 합병법인이 피합병법인으로부터 승계받은 자기주식을 피합병법인의 주주에게 합병대가로 교부하는 것은 자본거래로 증권거래세 과세대상에 해당되지 않는다.[84]	

 회계

합병 회계검토에 있어 핵심은 해당 합병에 부합하는 기준서에 따른 회계처리를 하는 것인데 이는 적용기준서에 따라 합병회계처리가 달라지기 때문이다.

가장 먼저 검토할 사항은 해당 합병이 동일지배하의 거래에 해당되는지 여부를 검토하는 것으로 일반기업회계기준에서는 제32장 '동일지배거래' 기준서가 있으나 한국채택국제회계기준에서는 동일지배거래에 대하여 일부 언급은 있으나 그 개념이나 회계기준을 제시하고 있지 않다.[85]

따라서 한국채택국제회계기준인 경우 회사 경영진은 회계정보이용자들의 의사결정에 좀 더 목적적합한 회계정책을 개발[86]하여 적용하여야 하는데 장부금액법과 사업결합기준서에 따른 취득법 중 하나를 선택하여 일관성 있게 적용하는 것이 가능할 것이다.

한편, 실무적으로 장부금액법은 일반기업회계기준서 제32장 '동일지배거래' 기준서를 참조하여 회계처리를 하는 경우가 있으므로 본서에서는 일반기업회계기준서상 동일지배거래 기준서를 다루기로 하고 사업결합기준서는 일반기업회계기준과 한국채택국제회계기준 간 차이가 크지 않으므로 일반기업회계기준 중심으로 살펴보고 차이점만 언급하기로 한다.

85) 국제회계기준위원회는 동일지배거래 회계처리에 대한 기준 제정 초기 단계로 토론서 정도를 발표한 상태이며(20년 11월) 해당 토론서에서는 원칙적으로 동일지배거래 기준서상의 장부금액법이 아닌 취득법 적용을 제안하고 있다(사업을 이전받는 기업에 비지배주주가 있는 경우 공정가치법을 적용하되 해당기업을 지배주주가 100% 보유하는 예외적인 경우 등에는 장부금액법을 적용함).

86) K-IFRS §1008.10~12

| 합병회계처리 검토 및 목차 |

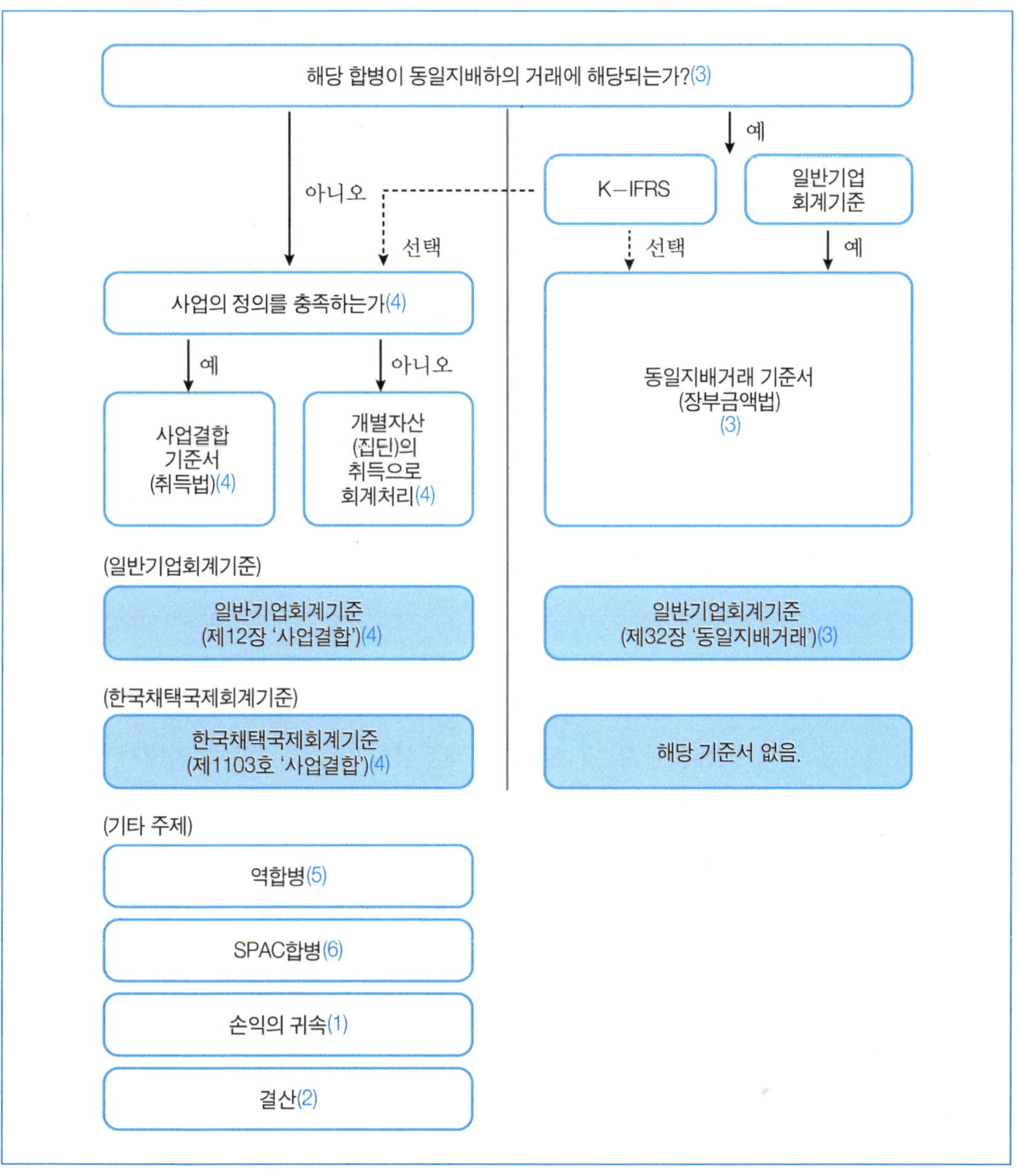

(1) 손익의 귀속

합병회사의 합병기일이 속한 회계연도 손익은 합병기일[87)]을 기준으로 달라지는데 합병기일을 기준으로 피합병회사의 합병 전의 손익은 마감되어 자산·부채의 형태로 합병회사로 승계되므로 피합병회사 손익은 합병 후 손익만 계상되게 된다. 따라서 피합병회사가 계절적 요인이 있는 업종을 영위하는 경우에는 합병 시점에 따라 합병회계연도 손익은 크게 변동될 수 있다.

| 피합병회사 연간 손익의 귀속 |

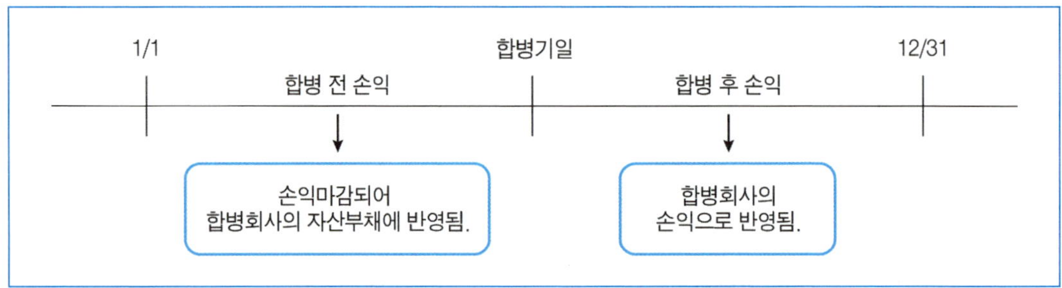

(2) 결산

합병 시 결산은 합병비율의 산정 및 합병 후 재무상태표를 확정하기 위해서 필요하다. 또한 합병비율 산정을 위한 주식가치평가방법에 따라 추정재무제표의 작성이 필요할 수도 있다.

| 합병기일 결산 |

구분	내용
피합병회사	• 피합병회사의 합병에 따른 의제사업연도 법인세 신고를 위함. • 합병회사로 이전할 자산·부채의 확정
합병회사	합병기일 현재 합병회계처리를 반영한 재무상태표 산출을 위한 결산

87) 합병기일과 합병등기일은 며칠 차이가 발생할 수 있으나, 회계상 기준일은 합병기일이다. 한편, 합병기일은 재무제표 산출 등을 감안하여 월말 또는 월초로 설정한다.

| 합병비율산정을 위한 결산 등 |

구분	내용
상장회사 간	기준시가에 따르므로 불필요함.
상장회사와 비상장회사	• 비상장회사 본질가치평가에 있어 - 자산가치산성 시 조정항복[88]의 산출 - 수익가치산정 시 추정재무제표의 작성
비상장회사 간	• 상증세법상 보충적 평가방법에 따를 경우 상증세법상 평가기준일[89]에 근접하는 날을 기준으로 하는 결산 • DCF 등으로 주식가치평가 시 추정재무제표의 작성

(3) 동일지배[90]

1) 의의

동일지배란 둘 이상의 기업에 대한 지배가 동일기업에 귀속[91]되는 경우의 지배를 말하며 동일지배하에 있는 기업 간의 거래를 전후하여 비지배지분의 변동이 일어나더라도 최상위 지배기업의 지배력에 변동이 없다면 이는 동일지배하의 거래에 해당한다. 합병에 있어서는 지배·종속기업 간 합병 또는 동일기업의 지배하에 있는 종속기업 간 합병 등이 이에 해당한다.

한편, 일반기업회계기준서상 지배·종속기업의 범위는 연결재무제표 기준서에 따르므로[92] 동일지배거래에 따른 회계처리를 위해서는 연결재무제표상 지배·종속범위에 해당되어야 한다.[93]

---

88) 직전 사업연도 말 자본총계에서 분석기준일까지 조정항목

89) 비상장법인 간 합병 시 합병비율의 산정을 위한 주식가치 평가기준일은 상증령 제28조 제5항 제2호 규정에 의하여 상법 제522의2 규정에 의한 대차대조표 공시일로 하는 것임(법인세과-131, 2014. 3. 25.).

90) 언급한 바와 같이 동일지배에 관한 기준서는 한국채택국제회계기준서에서는 없으므로 일반기업회계기준서 제32장 '동일지배거래'를 다루기로 한다.

91) 동일지배의 귀속주체에 대하여 개인과 기업을 모두 포함하는 '광의의 동일지배'와 기업만을 포함하는 '협의의 동일지배'로 구분할 수 있으며 일반기업회계기준은 '협의의 동일지배'를 동일지배범위로 결정하였다(KFAS §결32.8).

92) 동일지배란 둘 이상의 기업에 대한 지배가 동일기업에 귀속되는 경우를 말한다. 이 장의 지배·종속기업의 범위는 제4장 '연결재무제표'에 따른다(KFAS §32.3).

93) 연결재무제표상 지배·종속기업 범위에 해당되지 않으면 동일지배거래에 따른 회계처리기준서가 아닌 사업결합 기준서에 따라 합병회계처리를 하여야 한다([2017-G-KQA002] 지분법을 적용하고 있는 비외감기업(지배력 보유) 합병 시 회계처리).

| 동일지배하의 합병의 예 |

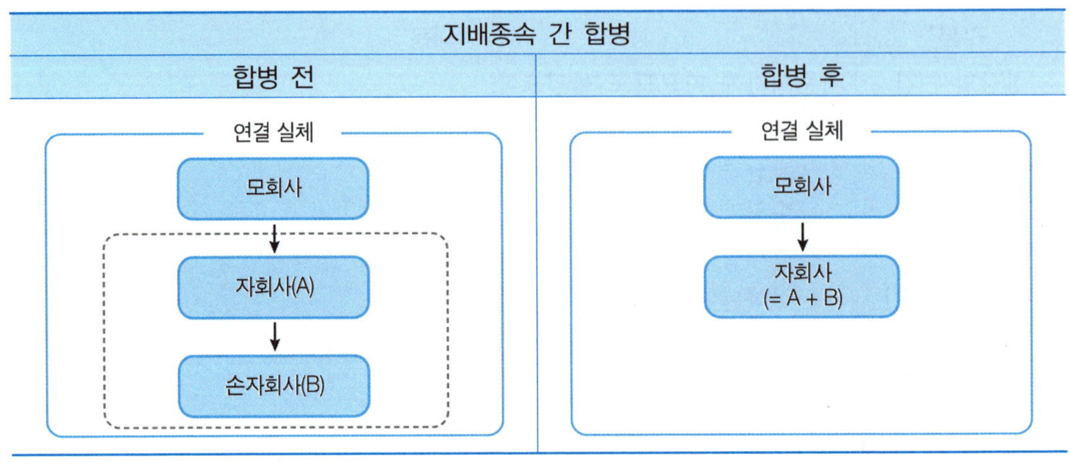

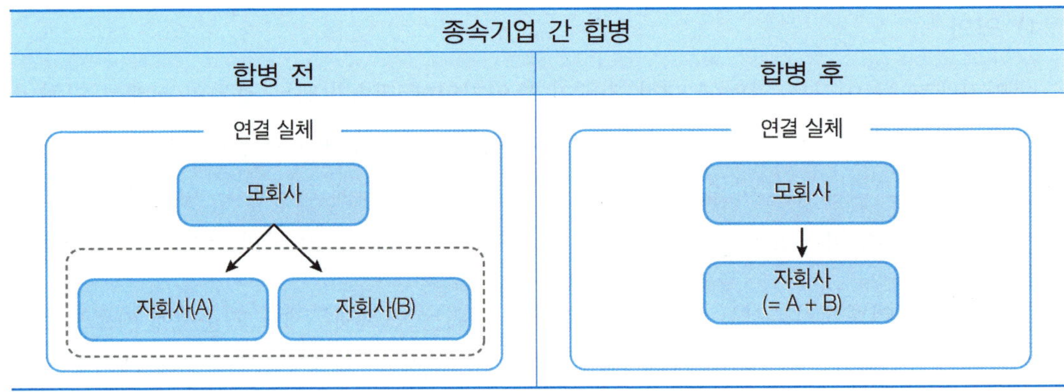

2) 회계처리[94)]

한국회계기준위원회는 장부금액법, 취득법, 새출발법 모두에 대해 검토하였으나 일반기업회계기준의 제정원칙인 K-GAAP 유지에 따라 장부금액법을 채택하였다. 지배・종속기업 간 합병의 경우 종속기업의 자산・부채에 대하여 연결장부금액으로 인식하며, 종속기업 간 합병의 경우 피합병기업의 연결장부금액과 그 대가로 지급하는 금액의 차이는 자본잉여금으로 반영한다. 따라서 동일지배하의 합병 시 승계하는 자산과 부채는 연결장부가액으로 인식하며 연결장부가액과 그 대가로 지급하는 금액의 차이는 자본잉여금으로 반영한다.

한편, 연결장부가액이란 해당 거래에 있어 직상위 지배기업의 연결장부금액이 아닌 연결실체 내 최상위지배기업에서 인식하고 있는 연결장부금액을 의미하는데 이는 연결실체의 관점에서

94) KFAS §32.9, KFAS §32. 결18

회계처리의 논리적 일관성을 유지하기 위함이다.

즉, 연결관점에서는 연결실체 내 기업 간의 합병은 연결재무제표에 영향이 없어야 하므로 최상위 지배기업이 인식하고 있는 해당 기업에 대한 가액으로 승계하는 것이며, 동일한 이유로 영업권이나 염가매수차익을 계상하지 않고 자본으로 처리한다.

| 장부금액법과 취득법 |

구분	동일지배거래	취득법
① 피합병법인 자산·부채의 측정	연결장부금액	공정가치
상기 ①과 대가로 지급하는 금액의 차이	자본잉여금	영업권(또는 염가매수차익)

3) 기준서 사례[95)]

① 지배·종속기업 간 합병[96)]

◉ 사례

P사는 S사의 지분 80%를 소유하고 있다. P사는 S사의 지분 20%를 추가 취득하고 S사를 합병하였다. 합병 시점에 P사가 보유하는 S사에 대한 지분법적용투자주식 장부금액은 80원이고, 동 시점에 S사 순자산의 연결재무제표상 장부금액은 100원, S사 순자산의 개별재무제표상 장부금액은 90원이며, 20% 지분을 추가 취득하기 위해 지급한 금액은 30원이다.

P —(80%)→ S ←(20%)— 비지배지분

즉, P사는 S사에 대한 비지배지분 20%를 30원에 취득 후 S사와 합병하였다. 한편, 합병 시 P사와 S사의 재무상태표는 다음과 같다.

BS(P사)

S사 주식	80	자본	110
현금	30		

BS(S사 개별)

자산	110	부채	20
		자본	90

BS(P사 관점에서 본 S사)

자산	110	부채	20
식별가능자산	10	자본	100

95) 설명을 위하여 기준서 사례를 일부 수정하였다.
96) 일반기업회계기준 제32장(동일지배거래) – 적용사례 – 사례 Ⅰ-1.

S사 개별재무제표상 순자산은 90이지만 최상위 지배회사인 P사 관점에서 S사의 순자산은 100이며 따라서 P사의 개별재무제표상 지분법투자주식 장부가액은 100 × 80% = 80이다.

◉ 동일지배하에서의 P사의 합병회계처리

	차변		대변		
100%	자산	110	부채	20	
	식별가능자산	10			
			S사 주식	80	80%
			현금	20	20%
	자본잉여금	10	현금	10	
	ㄴ영업권 아님				

→ S사의 개별재무제표상 자산·부채에서 연결관점에서 인식하고 있는 자산을 추가하여 연결장부가액으로 합병회계처리를 한다. 또한 [이전대가 : 장부가액(80) + 현금(30) = 110]과 [연결장부가액 100]의 [차액 10]은 영업권이 아닌 자본잉여금으로 계상한다.

◉ 연결재무제표 관점

합병 전 P사 연결BS

자산	110	부채	20
식별가능자산	10	지배지분	110
현금	30	비지배지분	20
합계	150	합계	150

→

합병 후 P사 BS

자산	110	부채	20
식별가능자산	10	자본	100
합계	120	합계	120

연결관점에서 합병회계처리를 하면 다음과 같다.

차변		대변	
비지배지분	20	현금	20
지배지분	10	현금	10

→ 연결실체는 비지배지분 20%(연결장부가액 20원)를 30원의 현금유출로 연결실체 주주에서 제외시켰다. 이 중 20원은 비지배지분이 연결장부금액을 회수(자본회수)한 것이며, 10원은 지배지분이 추가로 지급한 것이다.

② 종속기업 간 합병[97)]

◉ **사례**

P사는 S1사와 S2사의 지분을 각각 80%, 60% 소유하고 있다. 종속기업 S1사와 S2사 순자산의 연결재무제표상 장부금액은 각각 200원, 100원이다. S1사는 S2사를 합병하였으며, 합병대가는 110원이고, 합병 시 종속기업 S2사 공정가치도 110원이다. 한편 S2사의 연결재무제표상 장부금액과 개별재무제표상 장부금액은 동일하다.

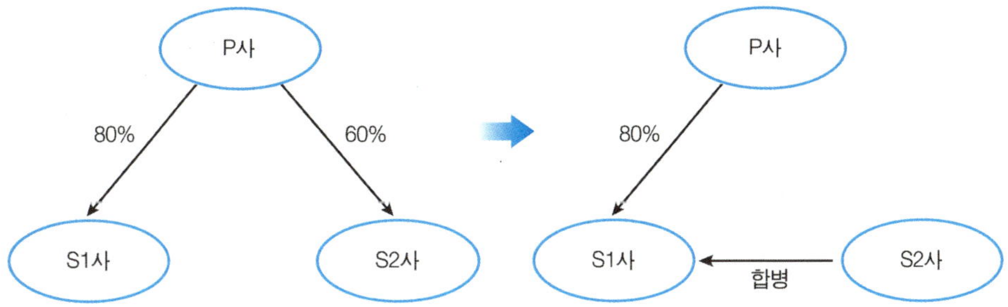

◉ **설명**

① 합병대가 110원은 S1이 S2의 주주인 P사에게 66원(=110×60%), S2사의 비지배지분에게 44원(=110×40%)을 지급한다.

② 연결실체 관점에서 현금유출액은 110원이 아니라 44원(=110×40%)인데, 66원(=110×60%)은 P사로 다시 유입되었기 때문이다.

③ 한편, 합병대가 110원은 S2의 연결순자산 장부가액 100원보다 10원을 더 지급한 것인데, 그 10원은 S1의 80% 주주인 P사가 8원(=10×80%), S1의 20% 주주인 비지배지분이 2원(=10×20%)을 추가부담한 것이다.

◉ **각 사의 개별회계처리**

① P사

차변		대변	
현금	66	S2 주식	60
		자본	6(*1)
자본(*2)	8	S1 주식	8

(*1) (66−100×60%), (*2) (100−110)×80%

97) 일반기업회계기준 제32장(동일지배거래)－적용사례－사례 I－3.

② S1사 합병회계처리

차변		대변	
S2사 순자산(연결장부가액)	100	현금	110
자본잉여금	10		

③ S2사

차변		대변	
자본	100	순자산(자산 · 부채)	100

연결재무제표상 회계처리

차변			대변	
S2	비지배지분	40	현금	44
S1	비지배지분	2		
P	지배지분	2		

연결실체관점에서는 연결순자산 장부가액보다 추가 지급한 현금유출은 4원(S2의 비지배지분에게 추가지급한 부분)이며, 4원 중 2원(*3)은 S1의 비지배지분이, 2원(*4)은 P가 부담하였다.

구분	내역
P사	$(66-100\times60\%)^{(*1)}+(100-110)\times80\%^{(*2)}=-2^{(*4)}$
S1의 비지배지분	$(100-110)\times20\%=-2^{(*3)}$
S2의 비지배지분	$44-(100\times40\%)=4$
합계	–

연결실체관점에서는 연결순자산 장부가액보다 추가 지급한 현금유출은 4원(S2의 비지배지분에게 추가지급한 부분)이며, 4원 중 2원(*3)은 S1의 비지배지분이, 2원(*4)은 P(지배지분)가 부담하였다.

4) DART 사례

① 지배 · 종속기업 간 합병

DART	지배 · 종속기업 간의 합병(K-IFRS)
사 례	㈜○○이 100% 지분을 소유하고 있던 ㈜△△과 ㈜□□를 흡수합병한 사례
공 시	㈜○○ 감사보고서(K-IFRS)

35.3 합병회계처리
동 합병은 지배 · 종속기업 간 합병에 해당되므로 지배회사는 합병기준일 현재 피합병회사의 연결재무제표상 자산 · 부채를 장부금액으로 인식하였으며, 합병 전 보유지분의 장부금액과 식별가능한 순자산 장부금액과의 차액은 자본잉여금으로 계상하였습니다.

35.4 합병대가
본 합병은 ㈜○○이 ㈜△△과 ㈜□□의 지분을 각각 100% 보유하고 있어 합병비율을 1 : 0으로 하는 무증자방식으로 이루어졌습니다.

35.5 합병으로 인식한 자산과 부채는 다음과 같습니다. (단위 : 천 원)

구분	㈜△△	㈜□□
Ⅰ. 이전대가(합병 전 보유지분의 장부금액)	14,423,120	2,492,240
Ⅱ. 식별가능한 자산과 부채로 인식된 금액 (연결재무제표상 장부금액)	12,161,983	2,504,905
총 식별가능한 순자산	12,161,983	2,504,905
Ⅲ. 자본잉여금	(2,261,137)	12,665

설 명

지배 · 종속기업 간 합병이므로 피합병법인의 자산 · 부채를 연결장부가액으로 승계하였고, 기보유한 주식장부가액과의 차액은 자본잉여금으로 처리하였다. 한편, 별도재무제표상 합병분개로 인한 순자산증가액은 연결재무제표상 지배주주지분 증가액과 일치하여야 연결장부가액에 따른 회계처리가 이루어진 것이다.

(㈜○○의 ㈜△△ 합병회계처리)

차변		대변	
㈜△△ 순자산	12,161,983	㈜△△ 주식 장부가액	14,423,120
자본잉여금	2,261,137		

② 종속기업 간 합병

DART	지주회사 지배하에 있는 종속기업 간의 합병(K-IFRS)
사 례	지주㈜의 지배하에 있는 ㈜○○와 △△ 간 합병
공 시	㈜○○ 감사보고서(K-IFRS)

38. 동일지배하의 합병

㈜○○는 2018년 7월 1일을 기준일로 ㈜○○를 존속회사로 하여 △△㈜를 합병하였습니다. 동 합병은 지주㈜의 지배하에 있는 종속기업 간 사업결합에 해당하므로 회사는 합병을 장부금액법으로 회계처리했습니다. 합병의 세부 내역은 다음과 같습니다.(중략)

(2) 합병에 대한 회계처리

합병으로 취득한 △△㈜의 자산과 부채는 회사의 최상위 지배기업인 지주㈜의 연결재무제표상 계상된 합병 시점의 장부금액으로 인식하였습니다. 지불한 이전대가 79,485백만 원과 인수한 순자산 장부금액과의 차이 2,135,902백만 원은 자본잉여금으로 계상했습니다.

설 명

합병법인인 ㈜○○과 피합병법인 △△㈜는 모두 지주㈜의 연결범위 내 회사로 ㈜○○의 별도재무제표상 합병회계처리 시 지주㈜ 연결재무제표상 계상된 △△㈜의 연결장부가액으로 자산·부채를 승계하였으며 이전대가와의 차이는 자본잉여금으로 계상하였다. 한편, 별도재무제표상 합병 분개로 인한 순자산증가액은 지주㈜ 연결재무제표상 지배주주지분 증가액과 일치하여야 연결장부가액에 따른 회계처리가 이루어진 것이다.

질의회신

[2020-I-KQA009] 동일지배하에 있는 기업 간 합병 시 비교 표시되는 전기 별도재무제표
관련 조항 : K-IFRS 1001호 '재무제표 표시' 문단 4.38
K-IFRS 1027호 '별도재무제표' 문단 4

【배경】

- 20×1년 말 현재 A사는 B사 지분을 100% 보유하고 있었다.
- 20×2년 중에 B사가 A사를 흡수합병하여 동일지배하에 있는 기업 간 합병이 발생하였다. 법적 취득자인 B사는 합병대가로 B사 주식을 법적 피취득자인 A사 주주에게 부여하였다.
- 현행 기업회계기준서에서는 동일지배하에 있는 기업 간 합병 시 취득자를 식별하는 규정이 없으므로, 회사는 회계정책을 개발하여 A사(법적 피취득자)를 회계상 취득자로 식별하기로 하였다.
- 법적 취득자인 B사의 별도재무제표에서 회계상 취득자(A사)가 인수하는 회계상 피취득자(B사)의 자산・부채 금액은 지배기업인 A사의 연결재무제표 장부금액으로 측정하였다.

【질의】

법적 취득자인 B사의 별도재무제표에서 비교 표시되는 전기 재무제표 및 당기 중 합병 이전 기간 재무제표를 어떻게 표시해야 하는지?

【회신】

귀 질의의 경우, 회사가 법률상 피합병기업인 지배기업(A)을 회계상 보고실체로 결정하였다면 합병 후 법인(A+B)의 별도재무제표에서 비교 표시되는 전기 재무제표는 동 기간에 대한 지배기업(A)의 별도재무제표이다.

【판단근거】

- 기업회계기준서 제1001호 '재무제표 표시' 문단 4에 따르면 연결재무제표를 보고하는 기업과 별도재무제표를 보고하는 기업을 포함하여 모든 기업에 동 기준서가 동일하게 적용된다. 또한 동 기준서 문단 38에서는 한국채택국제회계기준이 달리 허용하거나 요구하는 경우를 제외하고는 당기 재무제표에 보고되는 모든 금액에 대해 전기 비교정보를 표시해야 한다.
- 회사는 법률상 피합병기업인 지배기업(A)을 실질적인 합병기업으로 보아 합병 후 재무제표의 회계상 보고실체로 결정하였다. 따라서 비교 표시되는 전기 재무제표 또한 동 기간에 대한 지배기업(A)의 합병 전 별도재무제표로 표시하는 것이 적절하다.
- 이와 동일하게, 당기 재무제표에 반영되는 당기 초부터 합병 시점까지의 회계처리는 동 기간에 대한 지배기업(A)의 별도재무제표를 기준으로 한다.

[GKQA03-031] 종속회사 간 합병 시 내부거래제거의 여부
관련 조항 : 일반기업회계기준 제32장 동일지배거래 문단 9

【질의】

B사와 C사는 각각 지분율 100%와 65%로 A사의 지배를 받고 있던 중 B사가 C사를 흡수합병하였는데, 합병기준일 현재 A사는 C사의 채권 100억 원을 보유하고 있고, C사에 토지(10억 원)를 15억 원에 매각하는 내부거래가 존재함. 이와 같이 종속회사인 B사와 C사가 합병할 경우, 회계처리 시 종속회사인 C사와 지배회사인 A사 간의 내부거래를 제거해야 하는지?

【회신】

종속회사인 B사와 C사의 합병에 따른 회계처리 시 지배회사(A사)와 종속회사(C사) 간의 채권·채무 및 토지거래와 관련된 내부미실현이익은 제거하지 않습니다.

[2013-G-KQA001] 동일지배 기업 간의 합병 시 부대비용의 회계처리
관련 조항 : 일반기업회계기준 제15장 문단 15.5, 신주발행

【질의】

해외법인의 국내 종속법인들 간의 합병(법인A : 합병기업, 법인B : 피합병기업) 시 법인 A의 신주발행 관련 비용(등록면허세, 지방교육세, 자문수수료 등과 같은 취득부대비용)의 회계처리는?

【회신】

동일지배하의 사업결합에서 합병대가 지급을 위해 신주를 발행하는 경우, 일반기업회계기준 제15장 문단 15.5에 따라 자본거래 비용 중 자본거래가 없었다면 회피가능하고 자본거래에 직접 관련되어 발생한 추가비용에 대해서는 관련된 법인세효과를 차감한 금액을 주식발행초과금에서 차감하거나 주식할인발행차금에 가산합니다.

[2016-G-KQA004] 동일지배거래하 기보유 주식의 측정 회계처리(일반기업회계기준)

【질의】

- P가 S1과 S2를 각각 67%, 78%씩 보유하여 지배하고 있으며, S1은 S2의 지분을 20% 보유하여 유의적인 영향력을 행사하고 있음.
- 이러한 상황에서, S1이 P로부터 S2에 대한 지분 78%를 추가 취득하여 S2에 대한 지배력을 획득하는 동일지배거래가 발생함.
- 이때, S1은 자신의 개별재무제표에서 기존에 보유하고 있던 S2에 대한 지분 20%를 어떻게 측정해야 하는지?

【회신】

S1이 지배기업 P로부터 S2의 지분을 추가로 취득하여 S1이 S2를 지배하게 되는 경우, S1은 기존에 보유하고 있던 S2의 지분 20%와 추가로 취득하는 지분 78%에 대해 지배기업 P의 연결재무제표상 S2의 순자산 장부금액 중 98%에 해당하는 금액으로 측정합니다.

【판단근거】

(1) 일반기업회계기준 제32장에서는 '지배·종속관계가 변경되는 주식인수도'와 '일부 지분 이전'을 명확히 구분하여, 전자는 연결장부금액(문단 32.11), 후자는 제3자와의 거래와 동일하게 회계처리(문단 32.17)하도록 규정되어 있습니다.

(2) 따라서 S1은 S2의 지분 78%를 추가 취득함으로써 기존 지분과 함께 S2에 대한 지배력을 획득하게 된 것이므로, 회계단위를 기존 20% 지분 + 추가 78%를 합한 98% 전체를 하나로 보는 것이 적절합니다.

(3) 일반적인 사업결합에서도 지분을 추가 취득하여 지배력을 획득하는 경우 하나 이상의 사업을 새롭게 취득하는 것으로 간주하여 기존에 보유하던 지분도 재측정하도록 요구(문단 12.30)하고 있으며, 이는 동일지배하 사업결합에서도 동일하게 적용되는 논리입니다.

(4) 사업결합[98)]

합병은 사업결합 중 하나로 사업결합기준서에서 다루고 있으며, 일반기업회계기준은 기준서 제12장 '사업결합', 한국채택국제회계기준은 기준서 1103호 '사업결합'이다. 사업결합기준서에 따르면 합병은 원칙적으로 취득법에 따라 회계처리한다. 취득법이란 취득자가 피취득자의 자산을 매수하고 부채를 인수하는 것으로 보고 회계처리를 하는 것으로 취득자는 식별가능한

98) 언급한 바와 같이 일반기업회계기준과 한국채택국제회계기준 간 차이가 크지 않으므로 일반기업회계기준 중심으로 기술하고 차이점만 언급하기로 한다.

취득자산과 인수부채를 취득일의 공정가치로 측정한다.[99)]

한편, 사업결합기준서를 적용하여 회계처리하기 위해서는 해당 합병이 기준서 적용범위[100)]에 해당되는지 여부와 사업의 정의를 충족하는지 여부를 검토하여야 한다. 이는 언급한 바와 같이 이에 대한 판단에 따라 적용되는 기준서가 달라져 회계처리에 영향을 미치기 때문이다.

| 사업결합기준서 적용을 위한 검토사항 및 목차 |

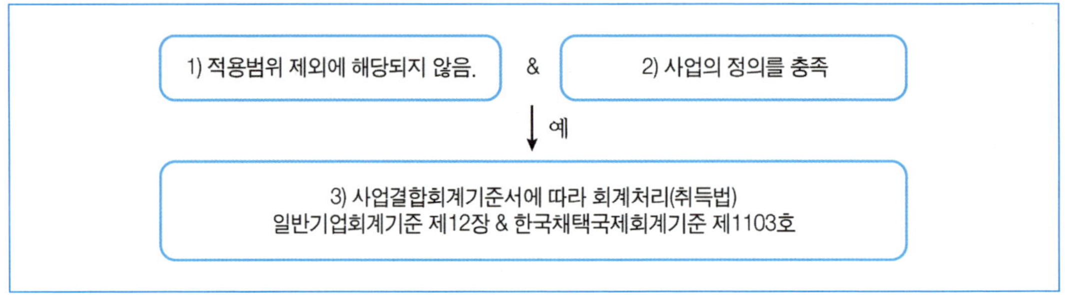

1) 적용범위 제외

조인트벤처의 구성 · 사업을 구성하지 않는 자산이나 자산 집단의 취득 · 동일지배거래에는 사업결합기준서를 적용하지 않는다.

① 조인트벤처의 구성

사업결합은 사업에 대한 지배력을 획득하는 것인데 당사 회사 중 어느 회사도 다른 회사에 지배되지 않고 공동으로 소유할 목적으로 지분만 통합하거나 조인트벤처를 구성하는 경우는 사업결합기준서가 아닌 일반기업회계기준 제9장 '조인트벤처투자', 한국채택국제회계기준 제1111호 '공동약정'에 따라서 회계처리한다.

② 사업을 구성하지 않는 자산이나 자산집단의 취득

해당 합병이 사업을 구성하지 않는 자산이나 자산집단의 취득인 경우에는 사업결합회계처리에 따르지 않고 취득자는 각각의 식별가능한 취득자산[101)]과 인수부채를 식별하고 인식한다. 자산집단의 원가는 매수일의 상대적 공정가치에 기초하여 각각의 식별가능한 자산과 부채에 배분한다. 이러한 거래나 사건에서는 영업권이 발생하지 않는다.

---

99) KFAS §12.20

100) 각각의 회계기준서는 해당 기준서의 서두에 적용범위를 정하고 있으므로 기준서 검토 시에는 적용범위를 검토하는 것이 우선되어야 한다.

101) 기준서상 무형자산 정의와 인식기준을 충족하는 자산을 포함한다.

③ 동일지배

둘 이상의 기업에 대한 지배가 동일기업에 귀속되는 경우 일반기업회계기준에서는 제32장 '동일지배거래'에 따라 회계처리한다. 한국채택국제회계기준은 동일지배거래에 대하여 일부 언급은 있으나 그 개념이나 회계기준을 제시하고 있지 않으므로 일반기업회계기준서 제32장 '동일지배거래' 기준서를 참조하는 경우가 있다.

| 사업결합기준서 적용범위 제외 |

① 조인트벤처의 구성
- 일반기업회계기준 제9장 '조인트벤처투자'에 따라 회계처리
- 한국채택국제회계기준 제1111호 '공동약정'에 따라 회계처리

② 사업을 구성하지 않는 자산이나 자산 집단의 취득
- 자산취득인 경우 : 각각의 식별가능한 취득자산 · 인수부채 식별 및 인식
- 자산집단취득인 경우 : 상대적 공정가치에 기초하여 각각의 식별가능한 자산과 부채에 배분

③ 동일지배하에 있는 기업이나 사업 간의 결합
- 일반기업회계기준은 제32장 '동일지배거래'에 따라 회계처리

2) 사업의 정의 충족

해당 합병이 사업을 구성하지 않는 자산이나 자산집단의 취득인 경우에는 사업결합기준서에 따른 회계처리를 하지 않는다. 사업이란 경제적 효익을 목적으로 수행되고 관리될 수 있는 활동과 자산의 통합된 집합체를 말한다. 사업은 투입물 · 과정 · 산출물 3가지 요소로 구성되는데 취득한 자산집합에 동 요소가 포함되어 있는지를 판단하여 사업인지 여부를 판단한다. 여기서 산출물은 사업의 정의에 꼭 필요한 요소는 아니지만 적어도 투입물과 이 투입물과 함께 산출물을 창출할 수 있도록 유의적으로 기여하는 '실질적인' 과정[102]은 포함되어야 한다.

---

102) 기준서에서는 과정이 실질적인지 판단함에 있어 '조직화된 노동력'이 투입물로서 매우 중요한 요소로 고려되며, 취득일에 산출물이 존재하지 않는 경우에는 보다 강화된 지침을 제시하고 있다.

| 사업의 취득 vs 자산(집단)의 취득 |

구분	사업의 취득	자산(집단)의 취득
영업권(염가매수차익)	인식함.	인식하지 않음.
인식되지 않았지만 식별가능한 무형자산	인식함.	인식하지 않음.
관련 이연법인세	인식함.	인식하지 않음.
거래원가	비용인식	자산으로 인식

사업의 정의 충족 여부를 위한 테스트

한국채택국제회계기준서 제1103호 '사업결합'에서는 사업의 정의 충족 여부를 검토하기 위한 도구로 '집중테스트[103)]'라는 것을 제시하고 있는데 만약 특정자산의 공정가치가 취득한 자산집합의 공정가치의 대부분을 차지한다면 이러한 자산집합은 사업이 아니라고 보고 더 이상 사업인지 여부를 판단하는 추가적인 절차를 수행할 필요 없이 사업결합이 아닌 자산취득으로 회계처리할 수 있다. 이러한 '선택적 집중테스트' 시 기준인 분모는 순자산이 아닌 총자산이며 현금성자산・이연법인세자산・부채에 따른 영업권은 제외하고 판단한다.

| 선택적 집중테스트 Flow |

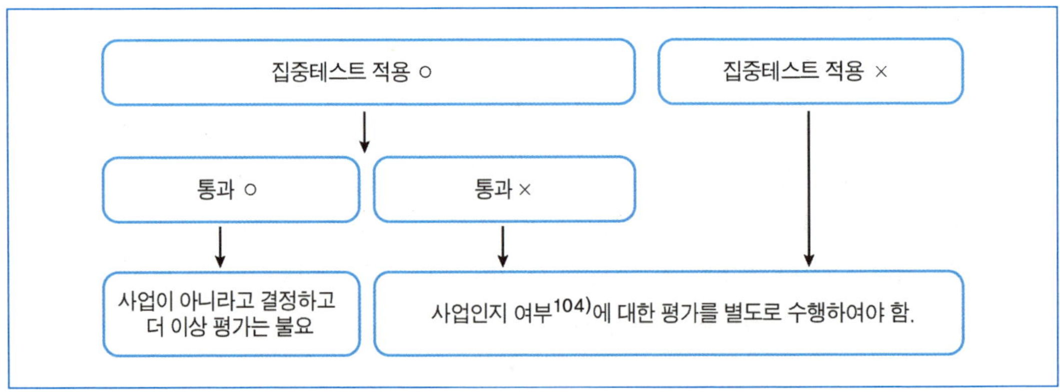

103) 필수가 아닌 선택적 테스트이며 만약 집중테스트를 통과하지 못하거나 기업이 이 테스트를 적용할 것을 선택하지 않으면 기업은 사업인지 여부에 대한 평가를 별도로 수행하여야 한다.

104) K-IFRS §1103, B8~B12D

| 집중테스트 방법[105] |

(1)	취득한 총자산에서 (가) 현금및현금성자산, (나) 이연법인세자산 그리고 (다) 이연법인세부채의 영향에 따른 영업권을 제외한다.
(2)	취득한 총자산의 공정가치는 취득한 식별가능 순자산의 공정가치를 초과하여 이전된 대가(비지배지분의 공정가치와 이전에 보유하고 있던 지분의 공정가치를 가산)를 포함한다. 취득한 총자산의 공정가치는 일반적으로 인수한 부채(이연법인세부채 제외)의 공정가치에 이전대가의 공정가치(비지배지분의 공정가치와 이전에 보유하고 있던 지분의 공정가치를 가산)를 가산하고, 그 후에 위 (1)에서 명시된 항목을 제외하여 얻어지는 총액으로 산정할 수 있다. 그러나 취득한 총자산의 공정가치가 그 총액보다 크다면 때에 따라 보다 정확한 계산이 필요할 수 있다.
(3)	단일의 식별가능한 자산은 사업결합에서 단일의 식별가능한 자산으로서 인식되고 측정되는 자산 또는 자산 집합을 포함한다.
(4)	만약 유형(형태가 있는)의 자산(a tangible asset)이 다른 유형의 자산(또는 기업회계기준서 제1116호 '리스'에 정의된 기초자산)에 부착되어 있고, 유의적인 원가를 들이거나 각 자산(예 토지와 건물)의 효용이나 공정가치를 유의적으로 줄이지 않고서는 다른 유형의 자산에서 물리적으로 제거하여 별도로 사용할 수 없다면, 그러한 자산들은 단일의 식별가능한 자산으로 간주된다.
(5)	복수의 자산이 비슷한지를 평가할 때, 기업은 단일의 식별가능한 개별 자산의 성격과 그 자산들의 산출물을 관리하고 창출하는 것과 관련되는 위험(즉, 위험 특성)을 고려한다.
(6)	다음은 비슷한 자산으로 간주되지 않는다. (가) 유형의 자산과 무형자산 (나) 다른 종류인 유형의 자산(예 재고자산, 제조 설비, 자동차) (이러한 자산들이 위 (4)에 따라 단일의 식별가능한 자산으로 간주되는 경우 제외) (다) 서로 다른 유형인 식별가능한 무형자산(예 브랜드명, 라이선스, 개발 중인 무형자산) (라) 금융자산과 비금융자산 (마) 서로 다른 유형인 금융자산(예 매출채권 및 지분상품 투자) (바) 자산의 유형은 동일하지만 위험특성이 유의적으로 다른 식별가능한 자산

※ 총자산의 공정가치의 대부분이 식별가능한 단일 자산 또는 비슷한 자산의 집합에 집중 → 집중테스트 통과

3) 취득법

사업결합기준서에 따른 합병은 취득법을 적용하여 회계처리한다. 취득법이란 취득자가 피취득자의 자산을 매수하고 부채를 인수하는 것으로 보고 회계처리를 하는 것으로 취득자는

105) K-IFRS §1103, B7B

식별가능한 취득자산과 인수부채를 취득일의 공정가치로 측정한다.[106]

| 합병회계처리 주제 |

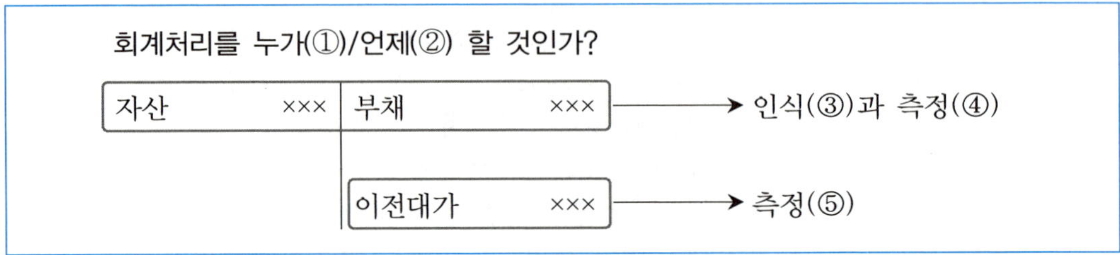

| 취득법 회계처리 절차 및 목차 |

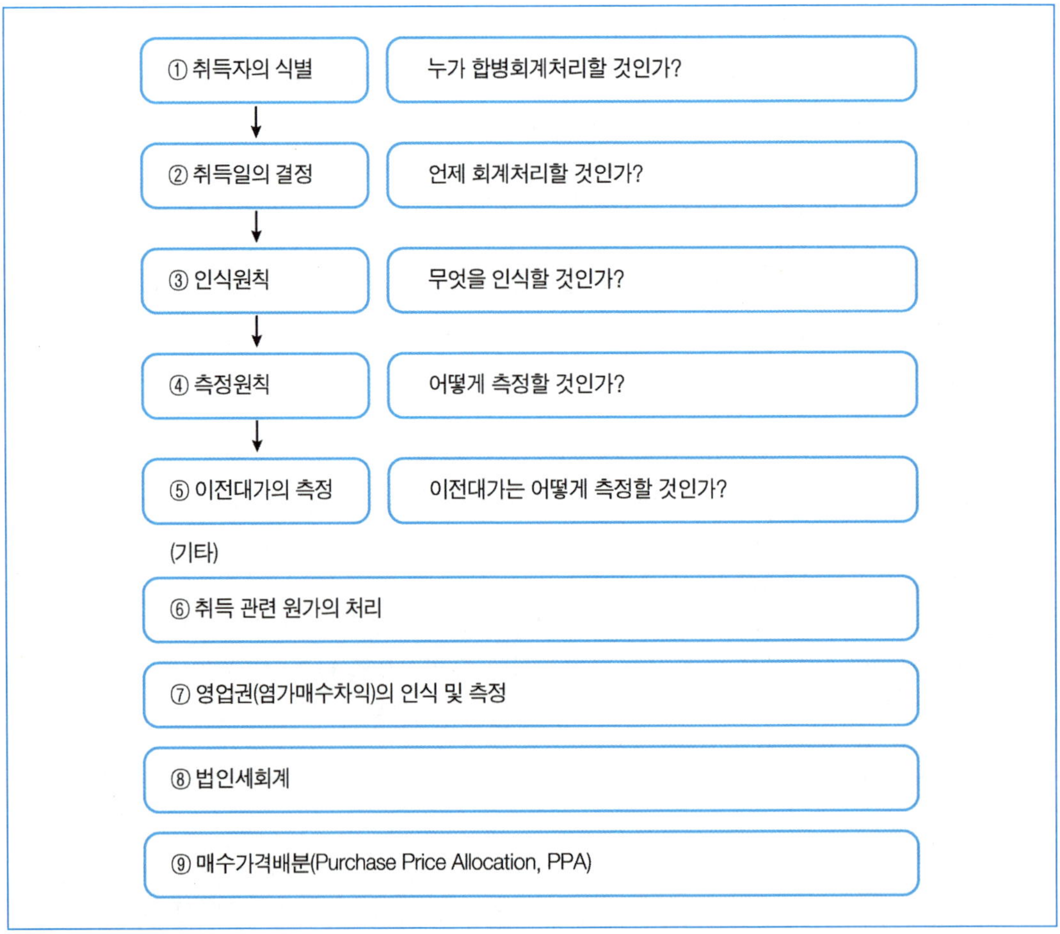

절차	내용
① 취득자의 식별	누가 합병회계처리할 것인가?
② 취득일의 결정	언제 회계처리할 것인가?
③ 인식원칙	무엇을 인식할 것인가?
④ 측정원칙	어떻게 측정할 것인가?
⑤ 이전대가의 측정	이전대가는 어떻게 측정할 것인가?

(기타)

- ⑥ 취득 관련 원가의 처리
- ⑦ 영업권(염가매수차익)의 인식 및 측정
- ⑧ 법인세회계
- ⑨ 매수가격배분(Purchase Price Allocation, PPA)

106) KFAS §12. 12.3, KFAS §12. 12.20, K-IFRS §1103. 18

| 기준서 주요 용어 |

구분	내용
취득자	피취득자에 대한 지배력을 획득한 기업
피취득자	취득자가 사업결합으로 지배력을 획득한 대상 사업이나 사업들
지배력	경제적 효익을 얻기 위하여 기업의 재무정책과 영업정책을 결정할 수 있는 능력
사업	투자자나 그 밖의 소유주, 조합원이나 참여자에게 배당, 원가절감, 그 밖의 경제적 효익의 형태로 수익을 직접 제공할 목적으로 수행되고 관리될 수 있는 활동과 자산의 통합된 집합
공정가치	합리적인 판단력과 거래의사가 있는 독립된 당사자 사이의 거래에서 자산이 교환되거나 부채가 결제될 수 있는 금액

① 취득자의 식별

합병 참여기업 중 한 기업을 취득자로 식별한다. 여기서 취득자는 법적 취득자가 아닌 회계상 취득자로 주로 현금이나 그 밖의 자산을 이전하거나 부채를 부담하여 이루어지는 사업결합의 경우에 취득자는 보통 현금이나 그 밖의 자산을 이전한 기업 또는 부채를 부담하는 기업이며, 주로 지분을 교환하여 이루어지는 사업결합의 경우에 취득자는 보통 지분을 발행하는 기업이다.[107)]

일반적으로 법적 취득자는 회계상 취득자와 일치하지만 역합병 및 SPAC존속합병의 경우에는 일치하지 않는다.

| 회계상 취득자 |

이전대가	회계상 취득자
현금의 경우	현금을 부담하는 기업
현금 이외의 경우	지분을 발행하는 기업 또는 부채를 부담하는 기업
※ 역합병 · SPAC존속합병의 경우 : 회계상 취득자 ≠ 법적 취득자	

② 취득일의 결정[108)]

취득자는 취득일을 식별하며 취득일은 피취득자에 대한 지배력을 획득한 날이다. 한편, 취득자가 피취득자에 대한 지배력을 획득한 날은 일반적으로 취득자가 법적으로 대가를 이전하여 피취득자의 자산을 취득하고 부채를 인수한 날인 종료일이다. 그러나 취득자가 종료일보다

107) KFAS §12. 9, K-IFRS §1103. B14-15
108) KFAS §12. 12, K-IFRS §1103. 8~9

이른 날 또는 늦은 날에 지배력을 획득하는 경우도 있으므로 취득자는 모든 관련된 사실과 상황을 고려하여 취득일을 식별한다. 한편, 동 기준서에 따른 취득일은 일반적으로는 상법상 합병기일이 될 것이다.

DART	취득일의 결정
사 례	○○㈜이 종속기업인 △△㈜를 흡수합병한 사례
공 시	○○㈜ 감사보고서
30. 합병 당사는 경영자원의 통합을 통한 시너지를 창출하고 경영의 효율성을 달성하기 위하여 2019년 2월 25일 이사회 결의에 따라 2019년 5월 1일을 합병기일로 하여, 종속기업인 △△㈜를 흡수합병 하였습니다. 당사가 동 흡수합병과 관련하여 합병기일에 승계한 자산 · 부채의 내용은 다음과 같습니다.(이하 생략)	
설 명	
자산 · 부채를 승계하는 합병회계처리는 상법상 합병기일에 한다.	

③ 인식[109)]

취득법 적용의 인식요건을 충족하려면 식별가능한 취득자산과 인수부채는 취득일에 자산과 부채의 정의를 충족하여야 한다. 또한 식별가능한 취득자산과 인수부채는 별도 거래의 결과가 아니라 사업결합 거래에서 취득자와 피취득자(또는 피취득자의 이전 소유주) 사이에 교환된 것의 일부이어야 한다.

취득자가 인식의 원칙과 조건을 적용할 경우에 피취득자의 이전 재무제표에 자산과 부채로 인식되지 않았던 자산과 부채[110)]가 일부 인식될 수도 있다.

또한, 취득자는 사업결합에서 취득한 식별가능한 무형자산을 영업권과 분리하여 인식한다. 무형자산은 분리가능성 기준이나 계약적 · 법적 기준을 충족하는 경우에 식별가능하다. 분리가능성 기준은 취득한 무형자산이 피취득자에게서 분리되거나 분할될 수 있고, 개별적으로 또는 관련된 계약, 식별가능한 자산이나 부채와 함께 매각, 이전, 라이선스, 임대, 교환할 수 있음을 의미한다.

---

109) KFAS §12. 13~17, K-IFRS §1103. 10~17
110) 기록되지는 않았지만 식별가능한 우발부채 등이 인식될 수 있다.

| 인식요건 |

<table>
<tr><td rowspan="2">① 식별가능하여야 한다.</td><td>다음 중 하나에 해당하면 식별할 수 있는 자산이다.
(1) 분리 가능한 자산이다. 즉, 기업의 의도와 무관하게 기업에서 분리하거나 분할할 수 있으며, 개별적으로 또는 관련된 계약, 자산이나 부채와 함께 매각 · 이전 · 라이선스 · 임대 · 교환을 할 수 있다.
(2) 자산이 계약상 권리나 그 밖의 법적 권리에서 생긴다. 이 경우 그러한 권리를 이전할 수 있는지 또는 기업이나 그 밖의 권리와 의무에서 분리할 수 있는지와 무관하다.</td></tr>
<tr></tr>
<tr><td colspan="2">② 자산 · 부채의 정의를 충족하여야 한다.</td></tr>
<tr><td colspan="2">③ 피합병회사에 재무제표에 인식되지 않은 자산 · 부채가 인식될 수 있다.</td></tr>
<tr><td colspan="2">④ 식별가능한 무형자산은 영업권과 분리하여 인식한다.</td></tr>
<tr><td colspan="2">⑤ 무형자산은 분리가능성 기준 또는 계약적 · 법적 기준을 충족하는 경우 식별가능하다.</td></tr>
</table>

④ 측정[111)]

가. 측정방법

취득자는 식별가능한 취득자산과 인수부채를 취득일의 공정가치[112)]로 측정한다. 일반적으로 부채는 장부가액이 공정가치를 반영하므로 장부가액을 공정가치로 볼 수 있으나 자산 중 부동산이 있는 경우는 장부가액이 취득일의 공정가치를 반영하지 못할 것이므로 감정평가 등이 필요하다. 또한 재무제표에 계상되지 않았더라도 식별가능한 무형자산이 있다면 공정가치로 측정되어야 할 것이다.[113)]

나. 측정기간[114)]

사업결합에 대한 첫 회계처리를 사업결합이 생긴 보고기간 말까지 완료하지 못한다면 취득자는 회계처리를 완료하지 못한 항목의 잠정금액을 재무제표에 보고한다.[115)]

---

111) KFAS §12. 13~19, K-IFRS §1103. 18~20

112) 공정가치의 측정은 세무목적상 피합병회사의 양도손익 계산을 위해서도 필요하다(적격합병에 해당되더라도 사후관리를 위한 자산조정계정 금액 산정을 위하여 필요할 수도 있다).

113) 기준서에서는 사업결합으로 취득하는 무형자산이 분리가능하거나 계약상 또는 기타 법적 권리에서 발생한다면, 그 자산의 공정가치를 신뢰성 있게 측정하기에는 충분한 정보가 존재한다고 본다(K-IFRS §1038. 35). 하기 ⑨ 매수가격배분(Purchase Price Allocation, PPA) 부분을 참조하기 바란다.

114) KFAS §12. 45~50, K-IFRS §1103. 45~50

115) 실무상 결산기말에 근접하여 사업결합이 이루어진 경우 당기에는 잠정금액으로 인식하고, 차기에 PPA를 통하여 잠정금액을 조정하여 인식하는 경우가 있다.

측정기간[116]에 취득일 현재 존재하던 사실과 상황에 대하여 새롭게 입수한 정보가 있는 경우에 취득자는 취득일에 이미 알고 있었다면 취득일에 인식한 금액의 측정에 영향을 주었을 그 정보를 반영하기 위하여 취득일에 인식한 잠정금액을 소급하여 조정한다.

취득자가 취득일 현재 존재하던 사실과 상황에 대하여 찾으려는 정보를 얻게 되거나 더는 정보를 얻을 수 없다는 것을 알게 된 시점에 측정기간은 종료한다. 그러나 측정기간은 취득한 날부터 1년을 초과할 수 없으며 측정기간이 종료된 후에는 기준서상 오류수정의 경우에만 사업결합회계처리를 수정한다.

| 측정기간과 잠정금액의 조정 |

① 측정기간 내 & 취득일 현재 존재하던 사실과 상황에 대하여 새롭게 입수한 정보가 있는 경우
- 취득일에 인식한 잠정금액을 소급하여 자산과 부채를 인식하고, 동 자산(부채)으로 인식한 잠정금액의 증가(감소)를 영업권의 감소(증가)로 인식함.
- 즉, 측정기간에 마치 사업결합의 회계처리가 취득일에 완료되었던 것처럼 잠정금액의 조정을 인식함.
- 재무제표에 표시된 과거기간의 비교정보를 필요한 경우 수정하며, 이러한 수정에는 최초 회계처리를 완료하면서 기인식된 감가상각, 상각 또는 그 밖의 수익효과의 변경을 포함함.

② 측정기간 종료 후(취득일로부터 1년 후)
- 기준서상의 오류수정의 경우에만 사업결합회계처리를 수정함.

다. DART 사례

DART	잠정금액의 조정
사 례	측정기간 내에 잠정금액을 조정한 사례
공 시	㈜○○ 연결감사보고서

(2) 인수회계처리

당기 중 취득일에 존재하였던 사실과 상황에 대한 새로운 정보를 입수하여 취득일에 인식한 식별가능 순자산의 잠정금액을 소급하여 조정하였습니다.

116) 측정기간이란 사업결합에서 인식한 잠정금액을 사업결합 후 조정할 수 있는 기간을 말한다.

(단위 : 천 원)

구분	조정 전 금액	소급조정액	조정 후 금액
Ⅰ. 이전대가	53,211,061		53,211,061
Ⅱ. 식별가능한 자산과 부채로 인식된 금액			
현금및현금성자산	12,893,618		12,893,618
장단기금융상품	40,019,876		40,019,876
매출채권및기타채권	30,367,786		30,367,786
재고자산	16,048,900		16,048,900
유형자산	13,063,698	4,332,624	17,396,322
무형자산	20,711,924	5,154,309	25,866,233
기타자산	25,999,720		25,999,720
매입채무등	(15,275,874)		(15,275,874)
장단기차입금등	(3,408,238)		(3,408,238)
퇴직급여충당부채	(2,592,348)		(2,592,348)
기타부채	(15,463,141)	(4,982,913)	(20,446,054)
비지배지분	(83,992,709)	(3,337,400)	(87,330,109)
총 식별가능한 순자산	38,373,212	1,166,620	39,539,832
Ⅲ. 영업권(Ⅰ - Ⅱ)	14,837,849	(1,166,620)	13,671,229

(4) 측정기간

한편, 2018년 11월 30일 취득한 ㈜△△와 관련된 영업권은 기업회계기준서 제1103호 '사업결합' 문단 45에 따라 잠정금액으로 인식되었으며, 당기 중 식별가능 순자산에 대한 가치평가를 반영하여 측정기간 내에 사업결합회계처리를 완료하였습니다. 이에 연결기업은 취득일에 인식한 식별가능한 순자산의 잠정금액을 조정하였습니다.

설 명

연결회사는 2018년 결산기말에 근접한 11월 말에 사업결합이 있었으며, 2018년에는 잠정금액으로 회계처리한 후 2019년 중(측정기간 내) PPA를 통하여 잠정금액을 확정하고 이를 소급하여 반영하였다.

소급조정액의 내용을 보면 감정평가를 통한 부동산평가차액과 식별가능한 무형자산의 공정가치 반영분 또한 이에 따른 이연법인세부채의 인식 등임을 알 수 있다.

[2017-G-KQA007] 합병을 통해 취득한 관계기업주식의 최초 회계처리에 대한 질의
관련 조항 : 일반기업회계기준 제32장 문단 32.3, 32.4, 결32.6~결32.8, 제12장 문단 12.20, 12.18, 제8장 문단 8.11

【상황】

- A사(비상장)는 B사(비상장)를 합병하면서 B사가 보유하고 있던 관계기업주식 C(상장), D(상장)를 취득하게 됨.
- 합병법인 A사와 피합병법인 B사에 대한 지배는 합병거래를 전후하여 개인(갑)에게 귀속됨.

【질의】

해당 합병거래가 동일지배거래인지? 만약 동일지배거래가 아니라면, 합병법인 A사는 제12장에 따른 사업결합 회계처리와는 별도로 제8장에 따라 관계기업주식 C, D에 대한 투자차액을 산정해야 하는지?

【회신】

- 귀 질의의 경우, 합병법인 A와 피합병법인 B에 대한 지배가 합병거래를 전후하여 동일기업에 귀속되지 않으므로 일반기업회계기준 제32장 '동일지배거래'를 적용할 수 없으며, 이 두 기업의 합병은 일반기업회계기준 제12장 '사업결합'에 따라 회계처리합니다.
- 따라서 합병법인 A는 일반기업회계기준 제12장 '사업결합' 문단 12.20에 따라 합병을 통해 취득한 관계기업주식 C, D를 취득일 현재 공정가치로 측정하여 영업권을 산정합니다.
- 사업결합으로 취득한 관계기업주식 C, D의 공정가치는 일반기업회계기준 제8장 '지분법' 문단 8.11의 취득대가로 간주하며, 관계기업 C, D의 순자산 공정가치 지분해당액과의 차이를 투자차액으로 산정합니다.

[2014-G-KQA006] 사업결합 시 피합병회사가 보유하고 있는 종속기업의 공정가치 측정 (일반기업회계기준)

【질의】

- 합병법인인 A사는 사업연도 말 피합병법인인 B사를 합병하였으며, 합병대가로 B사의 주주에게 130을 지급함. B사는 합병일 시점에 종속기업인 C사의 지분을 100% 보유하고 있었음.
  - 합병 시점 B사와 C사의 식별가능한 순자산의 공정가치는 각각 15와 100이며, B사가 보유하고 있는 C사 주식의 공정가치는 120임.

- 합병법인인 A사와 피합병법인인 B사는 일반기업회계기준을 적용하고 있으며, 편의상 법인세효과는 고려하지 않음.

- A사의 개별재무제표에서 합병회계처리 시 B사가 보유하고 있는 완전종속기업 C사 지분을 C사 주식의 공정가치로 인식하는가, 아니면 C사의 식별가능한 순자산의 공정가치로 인식하는가?

【회신】

귀 질의의 경우, 일반기업회계기준 제12장 '사업결합'에 따라 피취득자 B사와 C사의 식별가능한 취득자산 및 인수부채를 인식・측정하여야 하며, 이전대가와의 차이를 영업권으로 산정합니다. 영업권은 일반기업회계기준 제20장 문단 20.18에 따라 각 현금창출단위에 배분합니다. A사 개별재무제표상의 종속기업(C)투자주식 금액은 일반기업회계기준 제8장 문단 8.35에 따라 C사의 식별가능한 순자산 금액과 C사에 배분된 영업권이 있다면 이를 합산한 금액으로 인식합니다.

[금감원 2008-047] 역합병 시 피합병회사에서 승계되는 신주인수권대가의 회계처리 방법 질의(일반기업회계기준)

【질의】

- A사(코스닥)는 B사(비상장)와 사업영역확대 및 성장성 등을 목적으로 2008. 7. 15. (합병기일) 합병을 실시
- 동 합병은 역합병에 해당하여 법률적 존속회사는 A사이나, 실질적 매수회사는 B사이므로 동사를 매수주체로 보아 매수법 회계처리
- 한편, 합병 시 A사의 신주인수권대가(A사의 자본항목)를 승계
- 합병 시 B사가 승계하는 A사의 신주인수권대가의 회계처리 방법은?

(A안) 승계하는 A회사의 신주인수권대가를 기타자본잉여금으로 계상하고 매수원가로 반영

(B안) 승계하는 A회사의 신주인수권대가는 기타자본잉여금이므로 별도의 매수원가로 반영하지 않고 자본의 일부를 승계한다고 판단하여 기타자본잉여금으로만 반영

【회신】

매수회사가 승계하는 피매수회사의 신주인수권은 매수대가의 일부이므로 합병 시점에 공정가치로 평가하여 기타자본잉여금으로 회계처리 하는 것이 타당합니다.

⑤ 이전대가[117)]

가. 이전대가의 측정

이전대가는 공정가치로 측정하며 그 공정가치는 취득자가 이전하는 자산, 취득자가 피취득자의 이전 소유주에 대하여 부담하는 부채 및 취득자가 발행한 지분의 취득일의 공정가치 합계로 산정한다. 대가의 잠재적 형태의 예에는 현금, 그 밖의 자산, 취득자의 사업 또는 종속기업, 조건부 대가,[118)] 보통주 또는 우선주와 같은 지분상품, 옵션, 주식매입권 및 상호실체의 조합원 지분을 포함한다.[119)]

한편, 이전대가가 취득자의 비화폐성자산 등인 경우 취득자는 이전된 자산이나 부채를 취득일 현재 공정가치로 재측정하고 그 결과 차손익이 있다면 당기손익으로 인식한다. 반면, 해당 자산이나 부채가 피취득자의 이전 주주가 아닌 피취득자에게 이전되어 취득자가 그에 대한 통제를 계속 보유하는 경우가 있을 수 있는데 이 경우는 취득자는 그 자산과 부채를 취득일 직전의 장부금액으로 측정하고 사업결합 전과 후에 여전히 통제하고 있는 자산과 부채에 대한 차손익을 당기손익으로 인식하지 않는다.

| 지분증권의 이전대가 측정 |

구분	내용
상장된 지분증권	• 이전대가는 합병기일의 주가[120)]
비상장된 지분증권	• 현금흐름할인모형 등 합리적인 방법을 사용함. • 합병당사자가 특수관계자인 경우에는 상기 합리적인 방법과 더불어 상속세 및 증여세법상 보충적 평가방법도 참조하여 사용함.[121)]

117) KFAS §12. 27~30, K-IFRS §1103. 37~38

118) 보통 특정 미래 사건이 일어나거나 특정 조건이 충족되는 경우에, 피취득자에 대한 지배력과 교환된 부분으로 피취득자의 이전 소유주에게 자산이나 지분을 추가적으로 이전하여야 하는 취득자의 의무를 말한다. 한편, 조건부 대가는 특정 조건이 충족될 경우에 이전대가를 돌려받는 권리를 취득자에게 부여할 수도 있다.

119) 이전대가가 현금이나 상장회사 주식의 경우 공정가치 측정이 수월하나 그 외의 경우에는 이전대가의 공정가치 측정을 위한 평가가 필요할 수 있다.

120) 합병비율 산정 시 상장회사의 주식평가는 자본시장법상 방법(기준시가)에 따르지만 회계상 이전대가는 자본시장법상 기준시가가 아닌 취득일(합병기일)의 시가이다. 합병기일의 시가는 합병기일 전일의 종가, 합병기일의 시초가, 합병기일의 종가가 가능할 것이며 실무상 합병기일 전일의 종가 또는 합병기일의 종가를 주로 사용한다.

121) 합병당사자가 특수관계자인 경우 세법상 부당행위계산부인등에 해당되지 않도록 상증세법상 보충적 평가방법을 사용하기도 하는데 금융감독원 질의회신상으로는 상증세법상 보충적 평가방법은 회계기준에 부합하는 평가방법은 아니라고 회신한 바 있다([금감원 2012-003] 참조).

나. 단계적 취득 시 기보유 지분의 측정[122)]

취득자는 때때로 취득일 직전에 지분을 보유하고 있던 피취득자에 대한 지배력을 획득할 수 있는데 이러한 거래를 단계적 취득이라고 한다. 예를 들면 기업 A가 기업 B에 대한 비지배지분 35%를 이미 보유하고 있는 상태에서 기업 B의 지분 40%를 추가로 매수하여 기업 B에 대한 지배력을 갖게 되는 경우이다.

단계적으로 이루어지는 사업결합에서 취득자는 이전에 보유하고 있던 피취득자에 대한 지분을 취득일의 공정가치로 재측정하고 그 결과 차손익이 있다면 당기손익 또는 (적절한 경우) 기타포괄손익으로 인식한다. 이전의 보고기간에 취득자가 피취득자 지분의 가치변동을 기타포괄손익으로 인식하였을 수 있다. 이 경우 기타포괄손익으로 인식한 금액은 취득자가 이전에 보유하던 지분을 직접 처분하였다면 적용할 기준과 동일하게 인식한다.[123)]

다. DART 사례

DART	이전대가가 상장회사 신주인 경우
사 례	상장회사인 ㈜○○이 상장회사인 ㈜△△를 흡수합병한 사례
공 시	㈜○○ 감사보고서

34. 사업결합

(2) 사업결합과 관련하여 지불한 이전대가와 취득일의 인수한 자산・부채의 가액은 아래와 같습니다.

구분	금액(단위 : 천 원)
이전대가	
지분상품(3,203,892주)(*1)	66,801,148
취득한 자산과 인수한 부채의 계상액	
식별가능순자산의 공정가치	137,256,599
염가매수차익(*2)	70,455,451

(*1) 이전대가인 발행 보통주식 3,203,892주의 공정가치(66,801,148천 원)는 취득일에 공시된 주가에 근거한 것입니다.

(*2) 염가매수차익은 포괄손익계산서상 기타수익으로 반영되어 있습니다.

122) KFAS §12. 30, K-IFRS §1103. 41~42

123) 이전에 보유하였던 지분을 처분하였을 때 적용되는 기타포괄손익 재분류 기준에 따른다.

설 명	

㈜○○이 ㈜△△를 흡수합병하면서 이전대가로 상장회사인 ㈜○○보통주를 발행한 사례이다. 이전대가는 합병기일의 전일 종가인 20,850원 기준으로 측정하였다.

DART	이전대가가 전환사채인 경우
사 례	연결실체가 ㈜○○를 인수한 사례
공 시	㈜△△ 연결감사보고서

연결회사는 당기 초 ㈜○○의 지분 100%를 7,000백만 원에 취득하였습니다. 인수에서 발생한 4,490백만 원의 영업권은 연결회사와 ㈜○○의 영업을 결합하여 발생하는 규모의 경제효과에 따른 것입니다. ㈜○○에 대하여 지불한 이전대가와 취득일의 인수한 자산・부채의 가액은 아래와 같습니다.

구분	금액
이전대가(전환사채)	7,000,000
취득한 자산과 인수한 부채의 계상액	
식별가능 순자산의 가액	2,510,402
영업권	4,489,598
합계	7,000,000

설 명	

본 사례에서는 부채의 부담(전환사채)이 이전대가이다.

DART	이전대가가 자기주식인 경우[124]
사 례	상장회사인 ㈜○○가 비상장사인 ㈜△△를 흡수합병한 사례
공 시	㈜○○ 감사보고서

39. 사업결합

(1) ㈜△△

2018년 3월 1일 당사는 A업 및 B업 등을 주 영업활동으로 하는 비상장기업인 ㈜△△를 흡수합병하였습니다. 동 합병은 C사업의 시너지강화 및 경영 효율성 증대를 도모하고, 이를 통한 경쟁력 강화와 주주가치 제고를 위해 이루어졌습니다. 당사는 동 기업에 대해 공정가치로 측정하는 취득법을 선택하였습니다.

사업결합과 관련된 이전대가의 내역은 다음과 같습니다. 취득일 현재 ㈜△△의 식별가능한 자산과 부채의 공정가치는 다음과 같습니다.

구분	공정가치(단위 : 천원)
총 이전대가(*)	70,145,390
(−) 순자산공정가치	112,177,831
염가매수차익	42,032,441

(*) 사업결합과 관련된 이전대가의 내역은 다음과 같습니다.

구분	공정가치(단위 : 천 원)
자기주식의 공정가치	70,111,183
현금	123
기타	34,084
합계	70,145,390

설 명

상장회사인 ㈜○○이 비상장회사인 ㈜△△를 흡수합병하면서 이전대가로 신주발행이 아닌 합병법인 ㈜○○이 보유하고 있던 자기주식을 교부하였으며 이전대가의 측정은 자기주식의 공정가치로 측정하였다.

124) 자기주식을 교부하는 경우 회사 보유 자기주식수가 감소될 것이므로 후속적으로 '자기주식처분결과 보고서'를 공시하여야 한다.

DART	이전대가에 조건부대가가 포함된 경우
사 례	지분인수 시 추가약정에 따라 조건부대가가 이전대가에 포함된 사례
공 시	㈜○○ 감사보고서

28. 사업결합

(1) 당기 중 발생한 사업결합의 내역은 다음과 같습니다.

(단위 : 천 원)

구분	주요 영업활동	취득일	취득한 지분(%)	이전대가
△△㈜	○○ 운영 등	2020. 12. 11.	100	670,383,925

(2) 당기 중 발생한 사업결합의 이전대가의 공정가치는 다음과 같습니다.

(단위 : 천 원)

구분	△△㈜
현금	575,383,925
조건부대가 약정(*)	95,000,000
이전대가 총계	670,383,925

(*) △△㈜의 증설과 관련하여 매도인과 체결한 추가약정의 실현 가능성이 매우 높다고 판단하여 지급예정금액인 950억 원을 조건부대가의 공정가치로 하여 이전대가에 가산하였습니다.

설 명	

△△㈜ 지분 100%를 인수하면서 950억 원을 조건부약정으로 보아 이전대가에 포함하였다. 한편, 해당 조건부대가는 미지급금으로 계상하였다.

DART	이전대가가 비상장 지분상품인 경우
사 례	특수관계인 비상장회사 간의 합병
공 시	㈜○○ 감사보고서

34. 사업결합

(1) ㈜△△ 합병

가. 사업결합의 주요내역은 아래와 같습니다.

구분	내역
사업결합일	2019년 3월 1일
사업결합목적	경영효율성증대 및 시너지효과극대화
이전대가	1,071,812주 신주발행

나. 합병과 관련하여 지불한 이전대가와 취득일의 인수 자산·부채의 가액은 아래와 같습니다.

(단위 : 천 원)

구분	금액
이전대가	
신주발행	814,143,644
취득한 자산과 인수한 부채의 계상액	
식별가능 순자산의 공정가치	180,389,558
영업권	633,751,086
합계	814,143,644

상기 사업결합에 의해서 재무제표에 인식한 자산과 부채의 금액은 최종 평가가 완료되지 못하여 잠정적으로 결정된 상태로서 동 금액은 향후 조정될 수 있습니다.

다. 합병과 관련하여 이전대가 산정내역은 아래와 같습니다.

구분	금 액
주당공정가치	759,595원
발행주식수	1,071,812주
이전대가 공정가치	814,143,643,816원
평가모형	현금흐름할인법
주요가정치	
-매출성장률	6.7~37.1%
-영업이익률	(-)1.2~3.9%
-영구성장률	1.00%
-할인율	10.20%

설 명	
① 비상장법인인 ㈜○○이 비상장법인인 ㈜△△을 흡수합병하면서 이전대가로 신주를 발행한 사례로 이전대가가 비상장주식이므로 이전대가의 공정가치 측정을 위하여 DCF(현금흐름할인모형)을 사용하였다. ② 한편, 동 사례는 특수관계자 간의 합병으로 합병비율 산정 시(주식가치 산정 시) 상증세법상 보충적 평가방법도 함께 참조하였다.	

질의회신

[금감원 2012-003] 합병 시 비상장주식 공정가치 평가에 대한 질의(일반기업회계기준)

【상황】

□ 비상장회사인 A사는 '11. 7. 31을 합병기일로 특수관계자(*)인 비상장회사 B사의 주주에게 신주를 발행하는 방법으로 합병

(*) 동일한 최대주주(가족 포함)가 A사의 지분 80%, B사의 지분 70% 소유

- 상속세및증여세법(이하 "상속세법")상 비상장주식 평가방법을 이용하여 합병비율을 산정하도록 합병계약을 체결하였음.

【질의】

□ 이전대가인 A사의 주식을 세법상 주식평가방법에 따라 평가하는 경우 일반기업회계기준에서 정하는 공정가치로 볼 수 있는지 여부

- 갑설 : 상속세법에 따른 비상장주식 평가방법도 일반기업회계기준에서 정하는 가치평가기법으로 인정될 수 있음.
- 을설 : 상속세법에 따른 비상장주식 평가방법은 일반기업회계기준에서 정하는 가치평가기법으로 인정될 수 없음.

【회신】

귀 질의의 경우 이전대가인 비상장주식을 상속·증여세법에 따라 평가하는 방법은 평가목적이 상이하고 회사의 특성을 고려하지 않고 일률적인 할인율 또는 가중치를 적용하는 문제점이 있어 일반기업회계기준에 부합하는 목적적합하고 신뢰성 있는 공정가치 평가방법으로 인정되지 않으므로 을설이 타당합니다.

[2014-G-KQA001] 이전대가의 공정가치 측정방법(일반기업회계기준)

【질의】

일반기업회계기준 제12장 사업결합에 따른 이전대가로 시장성 없는 주식을 발행한 경우 동 이전대가의 공정가치 측정방법은?

(가) 시장접근법, 이익접근법 및 자산접근법 등을 사용하여 가치추정치를 결정한 후 각 가치추정치의 타당성 및 신뢰성을 평가하여 이 중 하나 내지 여러 가치평가접근법 종합하여 활용하여야 하는지 여부

(나) 취득자가 발행하는 지분증권의 상기 (가)의 공정가치를 신뢰성 있게 측정할 수 없고, 피취득자의 지분증권의 공정가치를 신뢰성 있게 측정할 수 있는 경우에는 피취득자 지분증권의 공정가치 중 취득자의 지분에 해당하는 가액으로써 이전대가를 측정할 수 있는지 여부

【회신】

- 취득자와 피취득자가 지분만을 교환하는 사업결합에서 취득일에 피취득자 지분의 공정가치가 취득자 지분의 공정가치보다 더 신뢰성 있게 측정될 경우에는 일반기업회계기준 문단 12.32에 따라 취득자는 이전한 지분의 취득일의 공정가치 대신에 피취득자 지분의 취득일의 공정가치로 이전대가를 측정합니다.
- 공정가치 측정방법은 일반기업회계기준의 공정가치에 대한 정의와 문단 5.4~5.5에 따라 경영진의 판단에 의해 회계정책을 개발 및 적용하여 회계정보를 작성합니다. 이 경우 일반기업회계기준 문단 6.15~6.16(관련 실무지침인 문단 실6.25~실6.49 포함), 문단 12.32, 개념 체계 문단 149(나), 기업회계기준서 제1113호를 참조하여 평가자는 목적적합하고 신뢰성 있는 방법을 선택하며, 적절한 방법의 선택 및 각 방법에 대한 의존 정도는 평가자의 전문가적 판단에 기초하되 시장참여자들이 고려하는 요소(예 지배력에 대한 할증)를 고려하여 일관되게 적용합니다(GKQA14-001, 2014. 1. 13.).

⑥ 취득 관련 원가

취득 관련 원가는 취득자가 사업결합을 하기 위해 사용한 원가이다. 그러한 원가에는 중개수수료, 자문·법률·회계·가치평가·그 밖의 전문가나 컨설팅 수수료, 일반관리원가(예 내부 취득 부서의 유지 원가), 채무증권과 지분증권의 등록·발행원가 등이 있다.

취득자는 채무증권과 지분증권의 발행원가를 제외하고 취득 관련 원가에 대하여 원가가 발생하고 용역을 제공받은 기간에 비용으로 회계처리한다.[125]

125) KFAS §12.37

| 사업결합 관련 원가의 처리 |

구분	내용
채무(지분)증권 발행원가	발행가액에 가감
합병 관련 외부수수료(중개수수료 등)	당기 비용처리
합병 관련 내부비용	

DART	취득 관련 원가의 처리
사 례	취득 관련 원가의 처리
공 시	㈜○○ 연결감사보고서

41. 사업결합
지배기업은 2020년 4월 사업다각화를 목적으로 ㈜△△에 대한 지분율 52.41%(취득가액 1,258백만 원)를 취득하였습니다. 취득일 이후 6개월 동안 ㈜△△는 14,928백만 원의 수익과 33백만 원의 이익을 인식하였습니다.
지배기업은 식별가능한 취득 자산과 인수 부채를 취득일의 공정가치로 측정하였습니다. 또한 사업결합과 관련하여 법률 및 가치평가 수수료 등을 포함하는 취득 관련 원가 44백만 원은 당기비용으로 회계처리하였습니다.

설 명	

사업결합 이전대가는 현금으로 지분증권 관련 발행원가는 없으며, 관련 수수료는 당기 비용처리하였다.

⑦ 영업권(염가매수차익)의 인식 및 측정

가. 인식

영업권 및 염가매수차익의 인식 기준은 다음과 같다.

이전대가(100% 기준)	식별가능 자산·부채(100% 기준)
이전대가 공정가치(예 40%) (+) 기보유 지분의 공정가치(단계적 취득)(예 35%) (+) 비지배지분 공정가치(예 25%)	공정가치 측정 식별가능 자산 (−) 공정가치 측정 식별가능 부채
= 합계(A)	= 합계(B)

- A 〉 B : 초과금액을 영업권으로 인식
- A 〈 B : 초과금액을 염가매수차익(당기손익)으로 인식

상기 식은 기업실체이론 측면에서 표현한 것으로 피취득자의 자산과 부채를 100% 취득하는 것이므로 비지배지분은 이전대가 등에 포함된다. 자본주이론 측면에서 표현을 하면 비지배지분은 오른쪽에서 차감되어 표시될 것이다.

| 자본주이론 측면 |

이전대가 공정가치(예 40%) (+) 기보유 지분의 공정가치(단계적 취득)(예 35%)	공정가치 측정 식별가능 자산 (−) 공정가치 측정 식별가능 부채 (−) 비지배지분 공정가치(예 25%)
= 합계(A)	= 합계(B)
75%	75%

나. 영업권 후속측정

영업권은 일반기업회계기준에서는 경제적 효익이 유입될 것으로 기대되는 기간으로 하여 20년을 초과하지 않는 기간 내에서 정액법으로 상각하며, 한국채택국제회계기준에서는 상각하지 않으며 매년 일정시기 그리고 손상의 징후가 발생할 때마다 제1036호 '자산손상'에 따른 손상검사를 실시한다. 한편, 영업권의 감액은 후속적으로 환입이 불가능하다.

| 영업권의 후속측정 |

구분	내용	
일반기업 회계기준	• 내용연수=Min(경제적 내용연수, 20년) • 정액법 상각	감액한 영업권은 추후 환입 불가능
K-IFRS	• 매년 결산기말 손상징후과 관계없이 손상검사를 실시	

다. 염가매수차익의 재검토

기준서는 염가매수를 이례적인 거래[126]로 보고 있으며 염가매수는 소유주가 신속히 사업을 매각할 필요가 있는(예 설립자나 핵심경영자의 사망 후) 강제청산이나 투매에서 발생하며 이 경우 공정가치보다 낮은 가격이 발생할 수 있다고 언급하고 있다.

126) 일반적으로 사업기업과 그 소유주는 자산이나 사업을 공정가치보다 낮은 가격으로 의도적으로 기꺼이 매도하려고 하지 않는다(K-IFRS §1103 BC371). 이례적인 거래이므로 기준서에서는 염가매수차익이 발생한 것이 잘못 계상된 것은 아닌지 재검토를 요구하고 있다.

따라서 염가매수차익을 인식하기 전에는 취득자는 모든 취득 자산과 인수 부채를 정확하게 식별하였는지 재검토하고 이러한 재검토에서 식별한 추가 자산이나 부채가 있다면 이를 인식한다. 이때 취득자는 취득일에 이 기준서에서 인식하도록 요구한 모든 사항에 대해 그 금액을 측정할 때 사용한 절차를 재검토한다.

| 염가매수차익 발생 시 재검토사항 |

- 식별할 수 있는 취득 자산과 인수 부채
- 만약 있다면, 피취득자에 대한 비지배지분
- 단계적으로 취득한 사업결합의 경우, 취득자가 이전에 보유하고 있던 피취득자에 대한 지분
- 이전대가

⑧ 법인세회계

가. 사업결합 시 이연법인세회계[127)]

사업결합에서 이전대가는 취득한 식별가능한 자산 · 부채에 그 공정가치로 배분된다. 만일 이 사업결합의 결과 인식되는 장부금액이 해당 자산 · 부채의 세무기준액과 다른 경우에는 일시적차이가 존재한다.

예를 들어, 합병 후 재무상태표에 자산이 피취득자의 장부금액보다 높은 공정가치로 인식되고 세무기준액은 피취득자의 장부금액으로 유지된다면 가산할 일시적차이가 존재하게 되며,[128)] 취득일에 인식한 부채와 관련된 이전대가가 차기연도 이후에 세무상 손금으로 인정되거나 사업결합으로 취득한 자산의 공정가치가 세무기준액보다 적은 경우에는 차감할 일시적차이[129)]가 존재한다. 이러한 차이에 대한 이연법인세효과는 영업권의 크기에 영향을 미친다.[130)]

나. 사업결합에서 발생하는 영업권에 대한 이연법인세부채 인식 예외[131)]

사업결합에서 발생하는 영업권은 이전대가에서 취득한 식별가능한 순자산의 공정가치를 차감한 잔여금액으로 결정된다. 그런데 영업권의 상각액이 세무상 손금으로 인정받을 수

127) KFAS §22. 15 · 17, K-IFRS §1012. 19,32A

128) 세법상 자산가액(세무기준액)만이 향후 손금가능하므로 세무기준액보다 더 높은 금액을 인식한다면 세무기준액을 초과하는 금액은 가산할 일시적차이가 된다.

129) K-IFRS상 영업권의 최초인식시점에서 발생한 이연법인세자산은 차감할 일시적차이가 사용될 수 있는 과세소득의 발생가능성이 높은 경우 그 범위 안에서 사업결합에 대한 회계처리의 일부로 인식한다.

130) 영업권은 잔여금액으로 결정되므로 이연법인세부채는 영업권을 증가시키며, 이연법인세자산은 영업권을 감소시킨다.

131) KFAS §22. 13, K-IFRS §1012. 15

없다면 영업권의 장부금액과 세무기준액(0)의 차이는 가산할 일시적차이에 해당한다. 그러나 영업권은 잔여금액이기 때문에 만일 영업권과 관련하여 이연법인세부채를 인식하게 되면 순자산이 감소하게 되고 이는 영업권의 증가로 이어져 결국 이연법인세부채를 추가로 인식해야 하며 이런 과정을 순환적으로 반복하게 된다. 따라서 영업권과 관련된 일시적차이에 대해서는 이연법인세부채를 인식하지 않는다.

다. 영업권이 세무상 공제되는 경우

영업권이 세무상 공제가 되는 경우[132]로써 영업권의 최초인식 이후 세무기준액과 장부금액에서 발생하는 가산할 일시적차이는 영업권의 최초인식 예외에 해당되지 않으므로 이연법인세부채를 인식하며 차감할 일시적차이가 발생하는 경우에는 자산인식요건을 만족한다면 이에 대하여 이연법인세자산을 인식한다.

⑨ 매수가격배분(Purchase Price Allocation, PPA)

매수가격배분이란 사업결합기준서상 인식 및 측정을 방법론적으로 수행하는 것으로 취득자의 매수가격이 어떻게 구성이 되어 있는지를 그 명목에 맞게 나누는 것을 말한다.

매수가격배분 시 피합병회사 재무제표에 계상된 자산・부채뿐만 아니라 계상되지 않았더라도 식별가능한 무형자산이 있다면 이를 측정[133]하여 매수가격에 배분한다. 매수가격의 배분순서는 ① 피합병법인 자산・부채의 공정가치 → ② 계상되지 않았지만 식별가능한 무형자산 → ③ 영업권 순으로 한다.

한편, 영업권은 매수가격을 자산・부채에 우선적으로 배분하고 남은 잔여값으로 개별적으로 식별하여 별도로 인식할 수 없으나 사업결합에서 획득한 그 밖의 자산에서 생기는 미래 경제적 효익을 나타내는 자산이다.

---

132) 비적격합병 시 균등하여 손금산입하는 합병매수차손이 회계상 영업권을 구성하는 경우 등이 있을 수 있다.
133) 상기 언급한 바와 같이 기준서에서는 사업결합으로 취득하는 무형자산은 그 공정가치를 신뢰성 있게 측정하기에 충분한 정보가 있다고 봄으로 측정이 매우 불확실한 경우를 제외하고는 분리하여 측정하여야 한다.

| 영업권 및 염가매수차익의 계산 |

◉ 영업권 발생 시

이전대가 (100)	
	① 피합병법인의 순자산 장부가액(50)
	② 피합병법인의 순자산 장부가액과 공정가치 차액(30)
	③ 계상되지 않았지만 식별가능한 무형자산의 공정가치(15)
	④ 상기 ② & ③ 인식에 따른 이연법인세효과(*)(−9)
	⑤ 영업권(14)(잔여값)

◉ 염가매수차익 발생 시

이전대가 (50)	① 피합병법인의 순자산 장부가액(50)
	② 피합병법인의 순자산 장부가액과 공정가치 차액(30)
염가매수차익(36) (잔여값)	③ 계상되지 않았지만 식별가능한 무형자산의 공정가치(15)
	④ 상기 ② & ③ 인식에 따른 이연법인세효과(*)(−9)

(*) 사업결합 시 이연법인세
취득일에 식별가능한 자산과 부채로서 이연법인세자산(K−IFRS §1012 문단 24의 인식조건을 충족시키는 범위 내에서)이나 이연법인세부채를 인식하며 동 이연법인세효과는 잔여값에 해당하는 영업권금액이나 염가매수차익 금액에 영향을 미친다. 한편, 사업결합 시 최초로 인식하는 영업권에 대한 이연법인세부채는 인식하지 않는다.

| 매수가격배분 |

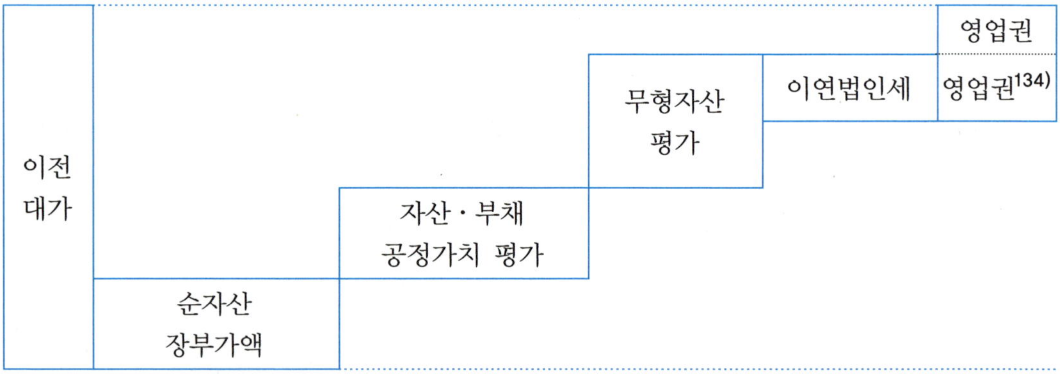

이전대가	순자산 장부가액	자산·부채 공정가치 평가	무형자산 평가	이연법인세	영업권[134)]
	①	②	③	④	⑤ (영업권)
이전대가	피합병회사 순자산 장부가액	피합병회사 순자산 장부가액과 공정가치 차액[135)]	계상되지 않았지만 식별가능한 무형자산	② & ③ 추가 인식에 따른 이연법인세	잔여값

※ 계상되지 않았지만 식별가능한 무형자산의 예(③)

구분	내용
고객 관련	고객목록, 주문잔고, 고객계약 등
마케팅 관련	등록상표, 신문 제호, 인터넷 도메인명, 비경쟁협약 등
예술 관련	그림, 책 등의 저술작품 등
계약 관련	라이선스, 로열티, 공급계약, 리스약정, 프랜차이즈 합의, 방송권 등
기술 관련	특허기술, 컴퓨터 소프트웨어, 특허받지 않은 기술

DART	매수가격배분(Purchase Price Allocation, PPA) 사례
사 례	○○㈜가 ㈜△△ 사업부문을 양수한 사례
공 시	○○㈜ 사업보고서

[A사업부 인수]

1) 일반사항

○○㈜는 A사업 진출을 통한 사업 다각화와 A사업과 연계를 통한 시너지 극대화를 위하여 2018년 10월 1일 자로 ㈜△△의 A사업부의 사업부문을 양수하였습니다.

2) 인수대가

구분	금액(단위 : 천 원)
A사업부	2,305,000

3) 사업결합 회계처리

① 사업결합과 관련된 회계처리는 다음과 같습니다.

134) 언급한 바와 같이 사업결합으로 인한 이연법인세의 인식은 잔여값인 영업권(염가매수차익)의 금액에 영향을 미친다.

135) 주로 유형자산 중 부동산이 있을 경우 장부가액과 공정가치 차액이 발생한다. 이 경우 감정평가 등을 통한 부동산의 공정가치 평가가 필요하다.

구분	㈜△△
Ⅰ. 이전대가	2,305,000
Ⅱ. 식별가능한 자산과 부채의 공정가치	
유동자산	148,542
비유동자산	55,000
자산총계	203,542
유동부채	(126,298)
비유동부채	
부채총계	(126,298)
식별가능한 순자산의 공정가치	77,244
Ⅲ. 투자차액	2,227,756

② 식별가능한 무형자산의 내역은 다음과 같습니다.

구분	㈜△△
영업권	2,066,166
고객관계	161,590
합계	2,227,756

설 명

매수가격을 ① 순자산공정가치 → ② 식별가능한 무형자산(고객관계) → ③영업권 순으로 배부하였으며, 고객관계는 PPA를 통하여 산출된 계상되지 않았지만 식별가능한 무형자산이다.

(5) 역합병

상대적으로 규모가 더 큰 비상장법인이 상장법인을 합병법인으로 하여 우회상장하는 경우가 대표적인 역합병 사례로, 이 경우 법적인 합병·피합병법인의 구분과는 관계없이 경제적 실질에 따라 취득자를 식별하여 회계처리한다.

1) 취득자 식별[136)]

주로 지분을 교환하여 이루어지는 사업결합의 경우에 취득자는 보통 지분을 발행하는 기업이다. 그러나 보통 "역취득"이라고 말하는 일부 사업결합에서는 지분을 발행하는 기업이 피취득자이다. 역취득은 증권을 발행한 기업(법적 취득자)을 회계목적상 피취득자로 식별할 때 생긴다. 지분을 취득 당한 기업(법적 피취득자)은 역취득으로 보는 거래에서 회계목적상 취득자이다.

예를 들어, 역취득은 때로 비상장기업이 상장하기를 원하지만 자신의 지분이 등록되는 것은 원하지 않을 때 생긴다. 이를 위하여 비상장기업은 상장기업이 자신의 지분과 교환하여 비상장기업의 지분을 취득하도록 상장기업과 약정을 할 것이다. 이 예에서 상장기업은 지분을 발행하기 때문에 법적 취득자이고, 비상장기업은 지분을 취득 당하기 때문에 법적 피취득자이다. 그러나 회계상으로는 비상장기업을 취득자로 식별하게 된다.

한편, 사업결합을 이루기 위하여 설립한 새로운 기업이 반드시 취득자는 아니다. 만약 사업결합을 이루기 위하여 새로운 기업을 지분을 발행하여 설립한 경우에 사업결합 전에 존재하였던 결합참여기업 중 한 기업을 회계목적상의 취득자로 식별한다. 이와 반대로, 대가로 현금이나 그 밖의 자산을 이전하거나 부채를 부담하는 새로운 기업이 취득자가 될 수 있다.

| 역취득(우회상장) 시 취득자 식별 |

구분	거래내용	법적	회계상
상장회사	지분을 발행하는 기업	취득자	피취득자
비상장회사	자산과 부채를 이전하는 기업	피취득자	취득자

| 취득자 식별판단 시 고려할 지표(K-IFRS §1103 B15, B16) |

지분교환으로 이루어진 사업결합에서 취득자를 식별하기 위하여 참고할 그 밖의 관련 사실이나 상황의 예는 다음과 같다.

① 사업결합 후 결합기업에 대한 상대적 의결권 : 취득자는 보통 결합참여기업의 소유주 중 결합기업에 대한 의결권의 가장 큰 부분을 보유하거나 받은 소유주가 속한 결합참여기업이다. 의결권의 가장 큰 부분을 보유하거나 받은 소유주 집단이 속한 기업을 결정하기 위하여, 비정상적이거나 특별한 의결약정과 옵션, 주식매입권이나 전환증권의 존재 여부를 고려한다.

② 특정 소유주나 조직화된 소유주 집단이 중요한 의결지분을 갖지 않은 경우에 결합기업에

136) K-IFRS §1103. B15~B16 · B19, KFAS §12. 11

대하여 상대적으로 큰 소수의결지분의 존재 : 취득자는 보통 결합기업에 대하여 가장 큰 소수의결지분을 보유하고 있는 단일 소유주나 소유주의 조직화된 집단이 속한 결합참여기업이다.

③ 결합기업 의사결정기구의 구성 : 취득자는 보통 결합기업 의사결정기구의 구성원 과반수를 지명하거나 임명하거나 해임할 수 있는 능력을 보유하고 있는 소유주가 속한 결합참여기업이다.

④ 결합기업 경영진의 구성 : 결합기업 경영진 대부분이 결합참여기업의 이전 경영진으로 구성되는 경우에 취득자는 보통 그 경영진이 속한 결합참여기업이다.

⑤ 지분교환의 조건 : 취득자는 보통 다른 결합참여기업(들)의 지분에 대하여 결합 전 공정가치를 초과하는 할증금을 지급해야 하는 결합참여기업이다.

※ 취득자는 보통 다른 결합참여기업이나 결합참여기업들보다 상대적 크기(예 자산, 수익, 이익으로 측정)가 유의적으로 큰 결합참여기업이다.

DART	합병으로 인한 우회상장 시 회계상 취득자
사 례	상장법인 ㈜○○이 비상장법인 ㈜△△를 흡수합병한 사례
공 시	㈜○○ 별도감사보고서

1. 일반적 사항

㈜○○과 ㈜△△ 양사는 2014년 5월 23일 자 이사회 결의 및 2014년 8월 27일 자 주주총회 합병승인을 통해 2014년 10월 1일 자로 합병하였으며, 2014년 10월 31일 자 주주총회에서 회사명을 "주식회사 ○○△△"로 변경하였습니다.

합병은 법률적으로 합병회사인 ㈜○○이 피합병회사인 ㈜△△를 흡수합병하는 형식으로 피합병회사 1주당 합병회사 주식 1.5555137주를 발행하였습니다. 그러나 회계상으로는 ㈜△△가 ㈜○○을 매수하는 역합병 형태의 사업결합 회계처리 하였습니다.

설 명

동 합병은 지분가치가 합병법인인 ㈜○○보다 피합병법인인 ㈜△△의 지분가치가 더 크며 합병 후 법인의 최대주주가 비상장법인인 피합병법인 주주로 변경되는 우회상장에 해당된다. 따라서 법적 취득자와 관계없이 회계상으로는 피합병법인인 ㈜△△를 취득자로 하여 회계처리 하였다.

DART	SPAC과 비상장법인의 합병 시 회계상 취득자
사 례	○○기업인수목적2호㈜가 ㈜△△를 흡수합병한 사례
공 시	㈜△△ 감사보고서
1. 회사의 개요 ㈜△△는 ○○기업인수목적2호 주식회사가 2020년 1월 22일 합병등기가 완료되어 상호 변경된 법인입니다. 2019년 12월 19일 합병임시주주총회에서 ○○기업인수목적2호㈜가 소멸법인인 ㈜△△와 합병 결의안을 승인하였고, 합병비율에 의한 합병신주를 2020년 2월 7일 한국거래소 코스닥 시장에 상장하였습니다. ○○기업인수목적2호㈜는 기업인수가 목적인 명목회사이며, 합병 후 존속하는 사업은 소멸법인인 ㈜△△가 영위하는 사업이므로, 실질적으로는 소멸법인인 ㈜△△가 존속법인인 ○○기업인수목적2호㈜를 흡수하는 역합병의 결과가 됩니다.	
설 명	
SPAC존속합병으로 회계상 취득자는 SPAC이 아닌 ㈜△△이다.	

2) 회계처리[137)]

역취득으로 회계처리되기 위해서는 회계상 피취득자는 사업의 정의를 충족해야 하며 영업권 인식 요구사항을 포함한 사업결합의 모든 인식원칙과 측정원칙을 적용한다.

가. 이전대가의 측정

역취득에서 회계상 취득자는 보통 피취득자에 대한 대가를 발행하지 않는다. 그 대신에 회계상 피취득자가 보통 회계상 취득자의 소유주에게 자신의 지분을 발행한다. 따라서 회계상 피취득자의 지분에 대하여 회계상 취득자가 이전한 대가의 취득일의 공정가치는 법적 지배기업의 소유주가 역취득의 결과로 결합기업에 대하여 보유하는 지분과 동일한 비율의 소유지분이 유지되도록 법적 종속기업이 법적 지배기업의 소유주에게 교부하였어야 할 법적 종속기업 지분의 수량에 기초한다. 이러한 방식으로 산정된 지분 수량에 대한 공정가치를 피취득자에 대한 교환으로 이전된 대가의 공정가치로 사용한다.

137) KFAS §12.11 · 실12.14~16, K-IFRS §1103. B19~B20

나. 연결재무제표의 작성과 표시

역취득에 따라 작성된 연결재무제표는 법적 지배기업(회계상 피취득자)의 이름으로 발행하지만 법적 종속기업(회계상 취득자)의 재무제표가 지속되는 것으로 주석에 기재하되 회계상 피취득자의 법적 자본을 반영하기 위하여 회계상 취득자의 법적 자본을 소급하여 수정한다. 이러한 수정은 법적 지배기업(회계상 피취득자)의 자본을 반영하기 위해 필요하다. 또한 연결재무제표에 표시된 비교정보도 법적 지배기업(회계상 피취득자)의 자본을 반영하기 위하여 소급하여 수정한다.

연결재무제표는 자본구조를 제외하고 법적 종속기업의 재무제표가 지속되는 것을 나타내기 때문에 연결재무제표는 다음 사항을 반영한다.

① 법적 종속기업(회계상 취득자)의 자산과 부채는 사업결합 전의 장부금액으로 인식하고 측정

② 법적 지배기업(회계상 피취득자)의 자산과 부채는 이 장에 따라 인식하고 측정

③ 사업결합 직전 법적 종속기업(회계상 취득자)의 이익잉여금과 기타 자본의 잔액

④ 법적 지배기업(회계상 피취득자)의 공정가치에 사업결합 직전에 유통되던 법적 종속기업(회계상 취득자)의 발행 지분을 더하여 결정한 연결재무제표상 발행 지분의 인식금액. 그러나 자본구조(즉, 발행된 지분의 수량과 종류)는 사업결합으로 법적 지배기업이 발행한 지분을 포함한 법적 지배기업(회계상 피취득자)의 자본구조를 반영한다. 따라서 법적 종속기업(회계상 취득자)의 자본구조는 역취득에서 발행한 법적 지배기업(회계상 피취득자)의 지분 수량을 반영하기 위하여 취득 약정에서 정한 교환비율을 이용하여 조정한다.

⑤ 법적 종속기업(회계상 취득자)의 사업결합 전 이익잉여금과 기타 자본의 장부금액에 대한 비지배지분의 비례적 몫

3) 역합병 회계처리 예시

◉ 예시

- 상장사인 P사는 비상장사인 S를 흡수합병하였다.
- P사의 합병기일 종가와 합병비율 산정 시 자본시장법상 기준주가는 동일하다고 가정한다.
- 법인세 영향은 무시한다.
- 편의상 각 사 주주는 1명으로 가정한다.

B/S(P사)

자산	100	부채	40
		자본금	60
(+공정가치 증가분 30)		(+공정가치 증가분 30)	

B/S(S사)

자산	1,000	부채	400
		자본금	600

P사	S사
• 甲이 100% 보유(60주×1=60, 액면가) • 순자산 공정가치는 90(=60+30) • 합병기일 시가총액은 120 (60주×2=120)	• 乙이 100% 보유 (60주×10=600, 액면가) • 순자산 공정가치는 순자산 장부가액과 동일한 600

합병기일에 P사는 S사의 순자산 공정가치(600)에 상응하는 대가로 P사 주식 300주(=600/2)를 신주발행하였다.

◉ 설명

① 취득자의 식별

합병 후 각 사 주주의 지분율은 다음과 같다.

구분	주식수 비율		합병 후 지분율(주식수)
甲	60(기존보유주식) / 60 + 300(합병신주)	=	16%(60주)
乙	300(합병신주) / 60 + 300(합병신주)	=	84%(300주)

합병 후 P사의 최대주주는 甲에서 乙로 변경되었으며 회계상 취득자는 P사가 아닌 S사이다.

② S사는 P사의 시가총액(이전대가)을 지불하고 P사의 순자산 공정가치를 취득한 것이며, 차액은 영업권이다.

구분	금액	내용
P사의 시가총액(이전대가)	120	P사를 취득하기 위하여 P사의 시가총액을 지불
(−) P사의 순자산 공정가치	90	취득한 P사의 순자산 공정가치
영업권	30	차액

③ 합병회계처리

S사가 P사를 취득한 것으로 회계처리하여야 하므로, 합병회계처리는 P사가 아닌 S사가 한다.

차변		대변		비고
자산(P)	100+30=130	부채(P)	40	(*1)
자본금(S)	600	자본금(P)	60 +(300주×1)=360	(*2)
영업권	30			(*3)
		자본잉여금(P)	360	(*4)

(*1) P사의 자산·부채를 공정가치로 S사에 계상한다.
(*2) 법적취득자(지분발행)는 P사이므로 S사의 자본을 없애며 P사가 지분을 발행한 회계처리를 한다.
(*3) 영업권을 계상한다.
(*4) 차액을 주식발행초과금으로 계상한다.

한편, 상기 회계처리를 상계하여 표시하면 보통의 합병회계처리와 비슷함을 알 수 있다.

차변		대변	
순자산(P)	90	자본(이전대가)	120
영업권	30		

4) DART 사례

DART	우회상장 역합병 회계처리
사 례	상장법인인 ㈜○○이 비상장법인인 ㈜△△를 흡수합병한 사례
공 시	㈜○○ 별도감사보고서

36. 사업결합

가. ㈜△△와 ㈜○○은 2014년 5월 23일 이사회 결의에 의거 2014년 10월 1일을 합병기일로 합병하였습니다.

회계상으로는 ㈜△△가 ㈜○○을 역합병하였으며, 합병과 관련하여 ㈜△△의 보통주 1주당 ㈜○○ 보통주 1.5555137주(발행한 주식 총수 : 43,000,434주)를 발행하였습니다. 회사는 이로 인해 A시장에서의 시장점유율이 상승할 것을 기대하고 있습니다. 또한 회사는 규모의 경제를 통하여 원가를 절감할 것으로 예상하고 있습니다. 합병에서 발생한 1,400,944백만원의 영업권은 합병으로 인한 규모의 경제효과와 인수한 고객기반 등에 대한 것입니다.

나. 이전대가와 취득일의 인수한 자산, 부채 가액 및 비지배지분은 다음과 같습니다. 이전대가는 취득일에 공시된 주가에 근거한 것입니다.

구분	금액(단위 : 천 원)
이전대가	2,138,826,593
(-)취득한 자산과 인수한 부채 등의 공정가치	(-)737,882,115
영업권	1,400,944,477

설 명

상기 이전대가는 ㈜△△가 ㈜○○을 인수하기 위한 이전대가로 취득일의 ㈜○○의 시가총액이며 취득한 자산 · 부채는 ㈜○○의 식별가능한 공정가치이다. 이전대가와 공정가치 차액은 영업권이다.

(6) 기업인수목적회사(SPAC) 합병

1) 회계처리

기업인수목적회사는 기업의 인수를 목적으로 설립된 명목회사로 SPAC합병은 사업결합기준서상 사업의 요건을 충족하지 못한다.[138] 따라서 SPAC합병 회계처리는 사업결합 회계처리가 아닌 주식기준보상에 의한 회계처리를 적용한다.

138) SPAC존속합병뿐 아니라 SPAC소멸합병도 사업결합기준서상 사업의 요건을 충족하지 못한다.

따라서 합병회사로 이전되는 자산과 부채의 공정가치와 주식의 부여일 시점[139]에 발행할 지분의 공정가치 차액은 영업권 또는 염가매수차익으로 반영되지 않고 당기손익[140]으로 인식한다.

2) 회계처리 예시

◉ 예시

• 비상장사인 A사는 SPAC상장사인 S사를 흡수합병하였다(SPAC소멸합병).

B/S(A사)

자산	1,000	부채	400
		자본금	600

B/S(S사)

자산	110	전환사채[141]	40
		전환권대가	10
		자본금	60

<table>
<tr><th>A사</th><th>S사</th></tr>
<tr><td>• 乙이 100% 보유
(600주 × 1 = 600, 액면가[142])

• 순자산 공정가치는 2,400원(600주 × 4)</td><td>• 소액주주들(60주 × 1 = 60, 액면가)
• S사의 공정가치는 전환사채를 제외하고는 장부가액과 일치함.
• 전환사채 공정가치내역은 다음과 같음.
<table><tr><th>구분</th><th>공정가치</th></tr><tr><td>일반사채 부분</td><td>45</td></tr><tr><td>전환권 부분</td><td>20</td></tr><tr><td>합계</td><td>65</td></tr></table>• 합병가액 산정 시 주당가액은 2원</td></tr>
</table>

합병가액 산정 시 A사는 주당 4원이며 S사는 2원이므로 합병비율 0.5에 따라 A사는 합병신주 30주(60주 × 0.5)를 발행하였다.

139) 주식기준보상 부여일은 합병 주주총회 승인일 또는 합병기일로 하는 것이 이상적이나 합병이사회에서 합병이 실질적으로 확정이 되고 계약조건이 번복될 가능성이 없다면 합병이사회를 주식기준보상일로 하여 산정하는 것이 가능할 것이다. 또는 합병비율 산정 시 SPAC의 기준시가 또는 할인(할증)율을 반영한 합병가액을 사용하는 것도 실무적으로 가능할 것으로 보인다.

140) 상장 등 별도로 식별되지 않는 무형의 서비스를 제공받기 위하여 지급된 비용으로 본다.

141) SPAC에는 일반적으로 주관사가 인수인인 전환사채가 있다.

142) SPAC소멸합병 시에는 단주처리 등의 문제로 비상장회사는 합병 전에 SPAC의 액면가액과 일치하도록 액면가를 조정한다.

◉ **설명**

① A사는 S사의 시가총액(보상원가)을 보상원가로 지불하고 S사의 순자산 공정가치를 취득한 것이며 차액은 합병비용이다.

<table>
<tr><th>구분</th><th>금액</th><th>내용</th></tr>
<tr><td>S사의 시가총액(보상원가)</td><td>120</td><td>S사를 취득하기 위하여 S사의 시가총액을 지불
(60주 × 2 = 120)</td></tr>
<tr><td>(−) S사의 순자산 공정가치</td><td>45</td><td>
<table>
<tr><th>구분</th><th>금액</th></tr>
<tr><td>자산</td><td>110</td></tr>
<tr><td>전환사채 공정가액
(일반사채 부분)</td><td>(−)45</td></tr>
<tr><td>전환사채 공정가액
(전환권 부분)</td><td>(−)20</td></tr>
<tr><td>순자산 공정가액</td><td>45</td></tr>
</table>
</td></tr>
<tr><td>합병비용</td><td>75</td><td>차액으로 당기비용처리</td></tr>
</table>

② 합병회계처리[143)]

차변		대변		비고
자산(S)	110	전환사채(S)	45	(*1)
		전환권대가(S)	20	
합병비용(당기손익)	75			(*2)
		자본금	30주 × 1 = 30	(*3)
		주식발행초과금	90	(*4)

(*1) S사의 자산·부채 및 전환권대가를 공정가치로 계상한다.
(*2) 상기 계산한 합병비용을 당기손익처리한다.
(*3) A사의 신주발행에 따른 자본금을 계상한다.
(*4) 차액을 주식발행초과금으로 계상한다.

143) SPAC존속합병의 경우 법적취득자는 S사이나 회계상 취득자는 A사이므로 여전히 합병회계처리는 A사가 한다. 다만, 법적취득자는 S사이므로 합병회계처리 시 자본금을 맞추기 위하여 A사의 자본은 제거한다.

3) DART 사례

DART	SPAC소멸합병 시 회계처리
사 례	○○㈜가 SPAC을 합병한 사례
공 시	○○㈜ 감사보고서

(4) 합병비용의 산정내역은 다음과 같습니다.

구분	금액(단위 : 천 원)
인수한 순자산의 장부가액	9,664,330
인수한 순자산의 공정가치 조정액(*1)	(2,487,851)
식별가능 순자산의 공정가치(A)	7,176,479
발행주식(보통주 자본금)(B)	276,660
발행주식(보통주 주식발행초과금)(C)	10,723,340
보상원가(D=B+C)	11,000,000
합병과 관련하여 직접 지출한 비용(E)(*2)	308,619
합병비용(D－A+E)	4,132,140

(*1) 전환사채 공정가치 평가에 따른 조정액입니다.
(*2) 상장을 위하여 자문 금융기관 등에 지급된 직접비용입니다.

(5) 인수한 순자산의 공정가치는 다음과 같습니다.

구분	금액(단위 : 천 원)
현금및현금성자산	491,023
단기금융상품	10,574,297
기타자산	163,140
전환사채	(954,169)
전환사채(전환권대가)	(2,909,387)
이연법인세부채	(188,425)
인수한 순자산의 공정가치	7,176,479

설 명	

(합병회계처리)

차변		대변	
순자산 공정가치(○○㈜)	7,176,479	자본금	276,660
합병비용	3,823,521	주발초	10,723,340
합병비용(직접비용)	308,619	현금	308,619

① SPAC의 경우 대부분 전환사채가 있으므로 합병회계처리를 위해서는 전환사채의 공정가치 평가가 미리 선행되어야 한다.
② 보상원가와 순자산 공정가치 차액을 합병비용(직접비용 포함)으로 처리하였다.
③ 보상원가의 산정은 본 사례에서는 합병가액 산정 시 가액을 기준으로 하였다.
④ 한편, 전환사채의 평가금액이 클수록 보상원가 기준가액이 높을수록 합병상장비용은 커지게 된다.

5 세무

합병 시 세무검토에 있어 가장 중요한 사항은 법인세법상 적격합병 여부를 판단하는 것이다. 적격합병이 아닌 경우[144]에는 세부담이 발생[145]할 수 있으며 이는 합병 진행 여부에 관한 의사결정에도 영향을 미치는 사항이기 때문이다. 따라서 세법상 적격합병 여부 및 사후관리 계획은 합병 의사결정 시 함께 검토되어야 한다.

| 세무상 검토사항 및 목차 |

구분	내용
(1) 과세체계의 이해	1) 예시
	2) 합병과세체계로 대입
	3) 합병세무조정
	4) 피합병법인 주주의 의제배당
(2) 적격합병의 효과	
(3) 적격합병	1) 적격간주합병
	2) 적격합병 요건
	3) 기업인수목적회사 적격합병 요건 특례
	4) 신청서 제출
(4) 피합병법인	1) 양도손익에 대한 법인세
	2) 의제사업연도 법인세 신고
	3) 증권거래세
	4) 부당행위계산부인
	5) 부가가치세

144) 이하 세법상 적격합병이 아닌 합병을 '비적격합병'이라고 한다.
145) 피합병법인의 양도차익, 피합병법인 주주들의 의제배당, 지방세 등 추가적인 세부담이 발생한다.

구분	내용
(5) 합병법인	1) 자산승계가액
	2) 합병매수차손익
	3) 승계(연대납세의무, 세무조정사항, 이월결손금, 세액공제 · 감면)
	4) 적격합병 후 손금산입 제한
	5) 취득세
	6) 등록면허세
	7) 중간예납
	8) 연말정산
(6) 피합병법인의 주주	1) 의제배당
	2) 불공정합병에 의한 이익분여
	3) 합병에 따른 상장 이익의 증여
(7) 적격합병의 사후관리	1) 과세이연 중단사유 및 중단사유의 예외(부득이한 경우)
	2) 과세이연중단의 효과

(1) 과세체계의 이해

1) 예시

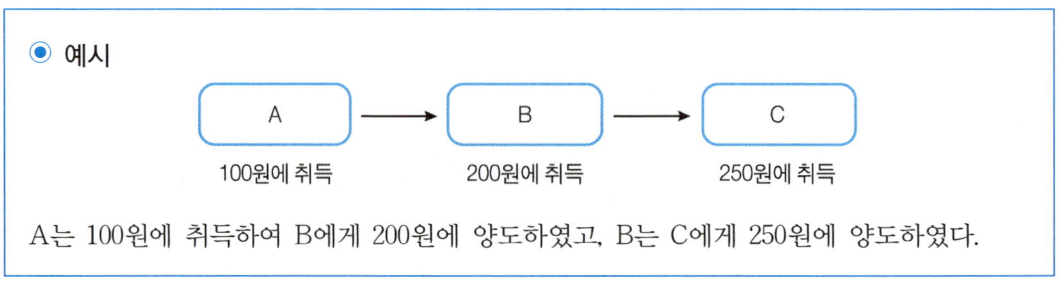

상기 거래에 있어서 각각의 양도손익을 구하면 다음과 같다.

CASE1

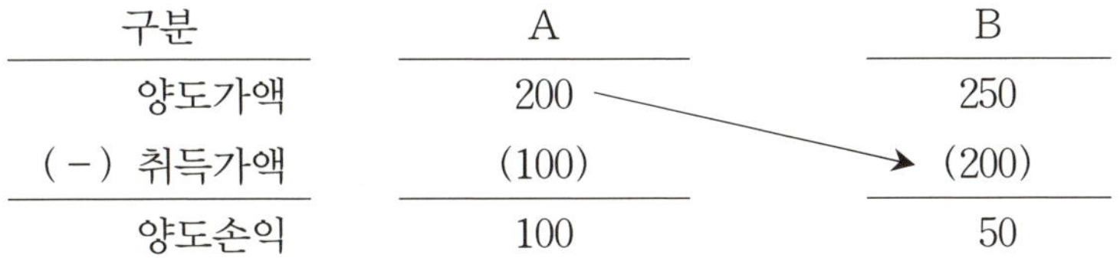

구분	A	B
양도가액	200	250
(−) 취득가액	(100)	(200)
양도손익	100	50

A의 양도손익 계산 시 취득가액으로 인정받아[146] 차감할 수 있는 가액은 A의 취득가액인 100원이며, B의 양도손익 계산 시 취득가액으로 인정받아 차감할 수 있는 가액은 A로부터 취득한 가액인 200원이다.

CASE2

만약 A의 양도손익 100원을 양도시점에서 과세하지 않고 이연하기 위해서는 어떤 방법이 가능한가?

① A의 양도손익을 영(0)으로 만들게 하려면 어떤 방법이 가능한가?

A의 양도손익을 영(0)으로 만들기 위해서는 A의 양도가액을 A의 취득가액으로 바꾸면 된다. 즉, A의 양도가액 200원을 A의 취득가액 100원으로 바꾸면 A의 양도손익은 100원이 아닌 영(0)이 된다.

② A의 양도손익이 영(0)이 된다면, 추후 B의 양도손익 계산 시 차감할 B의 취득가액은 얼마가 되어야 하는가?

B가 C에게 양도 시 차감할 취득가액은 200원이 아닌 100원이 되며 양도손익은 50원이 아닌 150원이 된다.

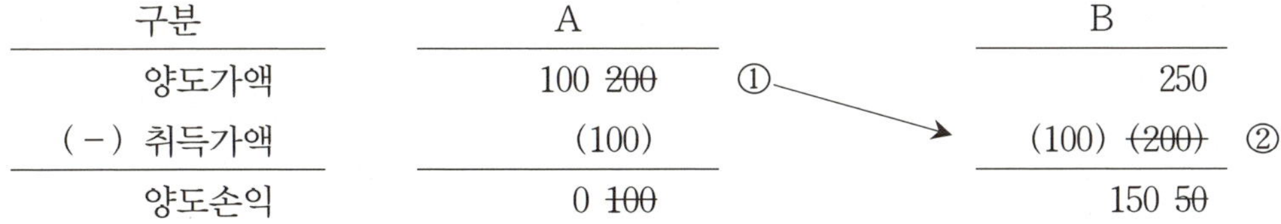

구분	A		B	
양도가액	100 ~~200~~	①	250	
(−) 취득가액	(100)		(100) ~~(200)~~	②
양도손익	0 ~~100~~		150 ~~50~~	

146) 세법상 취득가액으로 인정받는다는 것은 향후 미래에 손금산입이 가능하다는 의미이다. 따라서 세법상 취득가액이 높을수록 향후 미래 손금액은 높아진다.

양도손익의 귀속

최종 양도손익을 보면 CASE1과 CASE2 모두 A와 B의 양도손익 합계는 150원으로 동일하다. 즉, A에게 양도손익이 과세되면 B는 50원만 과세되는 것이며, A에게 양도손익이 과세되지 않았다면 B에게 150원 전체에 대한 양도손익이 과세된다. 결국 A의 양도손익이 누구에게 귀속되는지로 귀결되게 된다.

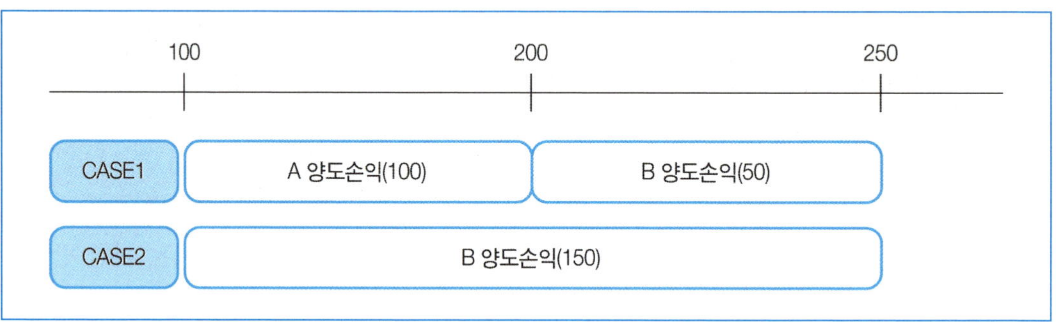

2) 합병과세체계로 대입

상기 예시를 합병과세체계에 대입하면 다음과 같다.

| 예시와 합병과세체계 대입 |

예시	대입
A	피합병법인
B	합병법인
A가 B에게 양도	B가 A를 흡수합병
A의 취득가 100	피합병법인의 순자산 장부가액
B가 지급한 200	합병이전대가
CASE1	비적격합병
CASE2	적격합병

CASE1 : 비적격합병

A(피합병법인)의 자산·부채가 B(합병법인)에 이전되는 것을 양도로 보아 양도손익 100원을 A(피합병법인)에게 과세하며, 이를 승계한 B(합병법인)는 승계받은 자산·부채를 200원으로 계상함으로 추후 양도 시 차감할 가액은 200원을 인정받게 된다.

CASE2 : 적격합병

합병을 사업 및 주주의 동질성이 유지되는 거래로 보아 이를 양도거래로 보지 않고 합병 시점의 양도손익을 이연해준다. 즉, A(피합병법인)의 양도손익 100원을 합병 시 과세되지 않도록 이연시키고 B(합병법인)가 향후 C에게 양도 시 과세가 되도록 한다.

방법론적으로는 상기 예시에서 언급한 바와 같이 A(피합병법인)의 양도가액을 조정하여 이연하게 되는데, A(피합병법인)의 양도가액을 A(피합병법인)의 순자산 장부가액으로 수정하는 것이다. 이렇게 하면 A(피합병법인)는 양도손익이 0(영)이 되어 합병 시 과세가 되지 않으며, B(합병법인)의 취득가액은 200원이 아닌 100원이 됨으로 향후 양도 시 차감할 취득가액이 줄어들게 되어 양도손익이 증가하게 된다.

결국 적격합병과 비적격합병은 A의 양도손익 100원이 누구에게 귀속되는지로 똑같이 귀결된다.

| 양도손익의 귀속 |

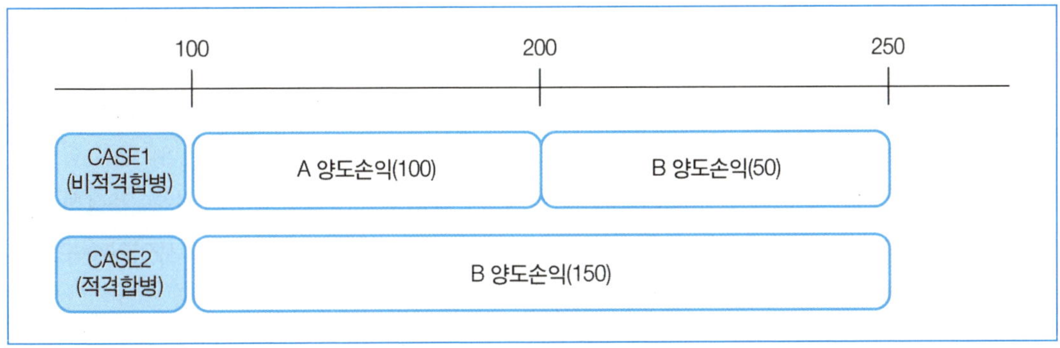

CASE3 : 적격합병 + 자산조정계정

세법에서는 적격합병 시 그 사후관리를 위하여 적격합병하는 B(합병법인)는 시가와 장부가액과의 차액을 조정하는 자산조정계정[147)]을 설정하도록 하고 있다.

상기 예시상 A(피합병법인)의 순자산시가가 140원이고 B(합병법인)가 이를 장부상 시가인 140원으로 계상했다면 자산조정계정은 40원이 되며, 향후 B가 C에게 양도 시 장부상으로는

147) 만약 적격합병 시 합병법인이 승계받은 자산을 장부가액으로 계상한다면(회계상 장부금액법에 따라 회계처리 한다면) 장부금액이 향후 손금화되므로 과세체계상 이에 대한 조정이 불필요하다. 그러나 이와 같은 방식은 향후 적격합병 요건을 충족하지 못하는 경우 이에 대한 기록이 없어 사후관리에 어려움이 있을 수 있기에 세법은 시가와 장부가액과 차액을 관리하는 자산조정계정을 설정하도록 하고 있다.

140원이 손금되지만 자산조정계정이 손금 40원을 차감시켜 100(=140 - 40)원만 손금처리가 된다.

| 자산조정계정의 효과 |

구분	A
양도가액	100 ~~200~~
(-) 취득가액	(100)
양도손익	0 ~~100~~

B(자산조정계정이 없을 때)		B(자산조정계정)
250	=	250
(100) ~~(200)~~	=	(140 - 40 = 100)
150 ~~50~~	=	150

자산조정계정 = 140 - 100 = 시가 - 회계상 장부가액

3) 합병세무조정

상기 예시금액을 회사의 순자산가액으로 보아 합병세무조정을 해보도록 한다.

◉ 예시

B사는 A사(순자산 장부가액 100원, 시가 140원)를 200원(합병이전대가)에 흡수합병하였다. 한편, B사가 시가인 140원보다 60원을 더 지급한 것은 사업상가치를 인정하여 지급한 것이다. 이후 합병 후 회사 B는 A사로부터 인수한 사업부문을 C에게 사업양수도로 250원에 처분하였다. 한편, 영업권은 장부상 5년간 상각한다.

A사 B/S

자산	500	차입금	400
		자본	100

A사 시가 변환 B/S

자산	500+40	차입금	400
		자본	100+40

B사 합병회계처리

차변	금액	대변	금액
자산	540	차입금	400
		자본	200
영업권	60	(이전대가)	

구분	A사 순자산	A사 자산
장부가	100	500
시가	140	540

CASE1 : (비적격합병) 시 B(합병법인)의 세무조정

B사 세무상 회계처리

차변	금액	대변	금액
자산	540	차입금	400
		합병대가	140
합병매수차손	60	합병대가	60

B(합병법인)의 세법상 자산취득금액는 시가인 540원이며 회계상으로도 540원으로 계상하였으므로 관련 세무조정은 없다.

한편, 사업상 가치가 있어 추가로 지급한 60원은 A로부터 승계받은 자산이 아닌 합병 시 취득한 자산이다. 세법에서는 비적격합병 시 사업상 가치가 있어서 지급한 60원은 세법상 영업권이 아닌[148] 합병매수차손으로 보아 5년간 균등하게 손금산입한다.

B(합병법인)의 세무조정					
합병 시			향후		
영업권	△60	유보	영업권	12	유보
합병매수차손	60	유보	합병매수차손	△12	유보
60원은 세법상 영업권(무형자산)이 아닌 합병매수차손이다.			• 합병매수차손은 5년간 균등산입한다. • 한편, C에게 사업양도 시에는 유보잔액을 모두 추인한다.		

CASE3 : (적격합병+자산조정계정) 시 B(합병법인)의 세무조정

B의 세무상 회계처리

차변	금액	대변	금액
자산	540	차입금	400
자산조정계정	△40	합병대가[149]	100

B(합병법인)의 세법상 취득원가는 장부가액인 500원이나 회계상 540원으로 계상하였으므로 차액인 40원을 세무조정한다.

148) 세법상 합병매수차손은 무형자산(감가상각대상)이 아니며 별도로 상각한다.
149) 적격합병 시에는 세법상 장부가액만큼만 손금으로 인정된다.

또한 적격합병 과세특례에 대한 사후관리 목적으로 시가와 장부가액인 상기 40원은 자산조정계정명세서를 작성하여 별도로 관리한다.

한편, 세법상 적격합병 시에는 합병법인은 피합병법인의 자산·부채만을 장부가액으로 승계받은 것으로 보기 때문에 추가적인 합병매수차손(합병매수차익)은 인정하지 않는다.[150)]

B(합병법인)의 세무조정					
합병 시			향후		
자산조정	△40	유보	자산조정	40	유보
자본	40	기타			
장부에 계상한 540원을 세법상 취득가액인 500원으로 만드는 세무조정을 한다.			자산조정계정 40원의 추인[151)]을 통하여 장부에 계상한 540원 전체가 손금이 되지 않고 40원을 제외한 500원(=540－40)만이 손금이 되도록 한다.		
영업권	△60	유보	영업권	12	유보
자본	60	기타			
적격합병 시 합병매수차손은 인정되지 않으므로 양편조정을 통하여 부인한다.			영업권이 장부상 비용처리될 때 익금산입 유보 처분하여 세법상 손금이 되지 않도록 한다.		

150) 적격합병 시 합병매수차손(합병매수차익)은 세법상 손금 및 익금이 아니다.
151) 자산조정계정은 장부상 처분되거나 상각하면서 추인된다.

상기 예시상에서 승계자산 중에 유보잔액이 (+)20원이 있다고 추가로 가정한 자산조정계정명세서는 다음과 같다.

사 업 연 도		자산조정계정명세서(갑)[152]	법 인 명	
			사 업 자 등 록 번 호	

1. 합병등기일 또는 분할등기일의 자산

① 자산명	② 시가	③ 세무상 장부가액	④ 세무 조정사항	⑤ 자산조정계정 [②-(③+④)]
제자산	540	520	△20	40
계	540	520	△20	40

2. 합병등기일 또는 분할등기일의 부채

⑥ 부채명	⑦ 시가	⑧ 세무상 장부가액	⑨ 세무 조정사항	⑩ 자산조정계정 [⑦-(⑧+⑨)]
제부채	400	400	-	-
계	400	400	-	-

- 자산조정계정은 세무상 유보잔액과 관계없이 시가에서 회계상 장부가액(③+④)을 차감한 금액이다.
- 자산 관련 세무조정사항이 있는 경우 익금불산입은 (+)금액을, 손금불산입액은 (-)금액을 기재한다.

4) 피합병법인 주주의 의제배당

A(피합병법인)의 주주는 A(피합병법인)주식 100원[153]을 제출하고, B(합병법인)주식 200원(합병이전대가)을 받는다.

CASE1 : 비적격합병

세법은 A(피합병법인)주주가 합병으로 인해 받은 100원(=200-100)을 이익분배 받은 것으로 보아('의제배당'이라고 한다) 합병 시 과세한다. 따라서 향후 합병교부주식 양도 시 인정받을 수 있는 주식 취득가액은 200원이 된다.

152) 자산조정계정명세서(갑)은 합병등기일 기준으로 작성하고, 자산조정계정명세서(을)을 통하여 사후관리를 한다.

153) A(피합병법인)주주의 취득가액은 주주별로 각기 다를 수 있으나 A(피합병법인)사 주식 취득가액이 100원이라고 가정한다.

구분	A주주	향후 양도 시
합병교부주식가액	200	250
(－) 취득가액	(100)	(200)
의제배당	100	50

CASE2 : 적격합병

의제배당계산 시 과세이연하여 합병교부주식가액 200원을 종전의 장부가액 100원으로 함으로 의제배당액(100－100＝0)은 영(0)이 된다. 따라서 향후 합병교부주식 양도 시 양도가액에서 차감할 취득가액은 200원이 아닌 100원이 되어 세부담이 더 발생(합병 시 이연해준 100원이 추가로 발생)하게 된다.

구분	A 주주	향후 양도 시
합병교부주식가액	100 ~~200~~	250
(－) 취득가액	(100)	(100) ~~(200)~~
의제배당	0 ~~100~~	150 ~~50~~

(2) 적격합병의 효과 및 목차

세법상 적격합병에 해당되면 피합병법인의 양도손익 및 피합병법인 주주의 의제배당은 합병 시 없는 것으로 하여 과세이연할 수 있으며 피합병법인의 이월결손금, 세무조정사항, 세액감면공제 등은 합병법인이 승계할 수 있다. 더불어 지방세 및 증권거래세 등에 있어서도 감면조항이 존재한다.

반면, 비적격합병에 해당되면 이러한 과세이연 및 감면조항이 없으므로 적격합병 여부에 따라 세법상 취급이 다름을 이해하여야 한다.

| 적격합병과 비적격합병의 주요 효과 및 목차 |

구분	목차	적격합병	비적격합병
피합병법인의 양도손익	(4) 1)	합병 시 과세 × (과세이연)	합병 시 과세 ○
피합병법인 주주의 의제배당	(6) 1)		
합병법인의 자산승계가액	(5) 1)	장부가액	시가
합병매수차손(차익)	(5) 2)	세법상 인정 ×	5년간 균등 손금(익금)산입
이월결손금 승계	(5) 3)	승계 ○	승계 ×[154]
이월세액감면·공제 승계			
세무조정사항 승계			
증권거래세 면제조항	(4) 3)	○	×
지방세 감면조항	(5) 5), 6)	○	×

(3) 적격합병

1) 적격간주합병[155]

완전모자회사[156] 간 또는 동일한 법인이 지배하고 있는 완전자회사 간 합병 시에는 적격합병 요건을 만족시키지 못하더라도 적격합병으로 봄으로 그 효과는 적격합병 요건 만족 시와 동일하며 사후관리규정 또한 적용되지 않는다.[157]

| 적격간주합병 |

구분	내용
상황	① 완전모자회사 간 합병[158](내국법인에 한함)
	② 동일한 지배하에 있는 완전자회사 간 합병(내국법인에 한함)
효과	① 적격합병 요건을 충족한 경우와 동일하게 승계 및 감면(면제)조건을 적용
	② 사후관리 규정이 적용되지 아니함.

154) 퇴직급여충당금과 대손충당금 유보는 승계함.

155) 법법 §44 ③

156) 완전자회사란 내국법인이 발행주식총수 또는 출자총액을 소유하고 있는 다른 법인을 말하므로 모회사와 손자회사 간의 합병은 적격간주합병으로 보지 않는다.

157) 법법 §44의3 ③

158) 완전모회사가 완전자회사를 합병하거나 완전자회사가 완전모회사를 합병하는 경우를 말한다.

2) 적격합병 요건[159)]

적격합병의 취지는 합병을 피합병법인의 자산·부채가 합병법인에게 양도되어 실현되는 거래로 보지 않고 피합병법인이 영위하던 사업이 그대로 유지되고 그 주주가 동질적인 경우 단순한 조직변경으로 보아 합병 시점에서 양도손익을 과세하지 않고 이연함에 있다. 따라서 적격합병 요건은 이러한 취지에 부합하는 요건들로 구성되어 있다.

한편, 과세이연 중단사유와 부득이한 사유로 과세이연중단으로 보지 않는 예외규정은 하기 (7) 적격합병의 사후관리를 참조하기 바란다.

| 적격합병 요건 Check List |

요건	과세이연 요건	
	양도손익	의제배당[160)]
가. 사업목적합병 및 사업의 계속성(법법 §44 ② (1), (3))		
① 합병등기일 현재 1년 이상 사업을 계속하던 내국법인 간의 합병일 것	✓	✓
② 합병회사가 합병등기일이 속하는 사업연도 종료일까지 피합병회사로부터 승계받은 사업을 계속할 것	✓	-
나. 지분의 연속성(법법 §44 ② (2))		
① 피합병회사의 주주등이 받은 합병대가의 총합계액 중 합병주식 등의 가액이 80% 이상일 것	✓	✓
② 피합병회사의 주주등에게 합병주식 등을 배정 시 일정 지배주주등에게는 그들의 피합병회사에 대한 지분비율 이상의 합병주식 등을 각각 배정할 것	✓	✓
③ 피합병회사의 일정 지배주주등이 합병등기일이 속하는 사업연도 종료일까지 그 교부받은 주식을 보유할 것	✓	-
다. 고용승계 요건(법법 §44 ② (4))		
① 합병등기일 1개월 전 당시 피합병회사에 종사하는 근로자를 80% 이상 승계하고, 그 비율을 합병등기일이 속하는 사업연도의 종료일까지 유지할 것	✓	-

159) 법법 §44 ②

160) 피합병법인주주의 의제배당 시 과세이연조건은 피합병법인의 양도손익에 대한 과세이연조건보다 완화되어 있다. 하기 (6) 피합병법인의 주주 부분을 참조하기 바란다.

가. 사업목적합병 및 사업의 계속성

세부 요건	내용	비고
① 사업영위기간	합병등기일 현재 1년 이상 사업을 계속하던 내국법인 간의 합병일 것	①-1 : 사업영위기간 ①-2 : 관련 예규
② 사업의 계속성	합병등기일이 속하는 사업연도의 종료일까지 피합병법인으로부터 승계받은 사업을 계속하여야 함.	②-1 : 사업을 계속하는 것으로 보지 않는 경우 ②-2 : 자기주식 관련 예규

①-1 : 사업영위기간

합병등기일 현재 1년 이상 사업을 계속하던 내국법인 간의 합병이어야 한다. 다만, 기업인수목적회사로서 일정 요건을 모두 갖춘 법인[161]인 경우에는 1년 미만이라도 사업영위조건의 예외로 인정된다.

①-2 : 관련 예규

구분	내용
사업영위기간의 의미[162]	합병등기일 현재 1년 이상 사업을 영위하였는지 여부는 합병등기일로부터 소급하여 1년 이상 휴업 등 사업을 중단한 바 없이 법인등기부상의 목적사업을 영위한 경우를 말하는 것임.
사업영위기간의 판단시점[163]	두 법인이 합병계약에 의하여 합병등기일 이전에 사실상 합병함에 따라 합병한 날 이후 피합병법인의 손익을 합병법인에게 귀속시킴으로써 피합병법인의 사업개시일로부터 합병한 날까지의 사업영위기간이 1년 미만인 경우에는 “합병등기일 현재 1년 이상 계속하여 사업을 영위하던 내국법인 간의 합병”에 해당되지 아니하는 것임.
매출액이 발생하지 않는 경우 사업영위 여부[164]	분양매출액이 발생하지 않았으나 목적사업을 영위하기 위한 일련의 활동을 수행한 경우 “합병등기일 현재 1년 이상 사업을 계속하던 내국법인”에 해당하는 것임.

161) 법령 §80의2 ②
162) 서면-2017-법인-0208, 2017. 6. 22.
163) 서이-805, 2004. 4. 17.
164) 사전법령해석법인 2018-782, 2018. 12. 12.

구분	내용
사업부문의 사업영위기간의 판단[165)]	1년 이상('지정기간') 계속하여 사업을 영위한 내국법인에 해당하는지 여부를 판단함에 있어 지정기간 중에 당해 법인의 업종이 축소되거나 확대된 경우에도 동 요건을 충족하는 것으로 보는 것이나, 지정기간 이상된 업종은 폐업하고 지정기간 미만의 업종만 합병하는 경우에는 동 요건을 충족하는 것으로 볼 수 없는 것임.
분할 후 분할신설법인이 다른 법인과 합병 시 분할신설법인의 사업영위기간의 계산[166)]	분할신설법인이 다른 법인과 합병하는 경우 1년 이상 계속하여 사업을 영위하였는지 여부는 분할법인의 분할 전 사업영위기간을 포함하여 계산하는 것임.
물적분할로 신설된 분할신설법인 간에 합병 시 사업영위기간의 계산[167)]	서로 다른 내국법인이 각각 적격물적분할하여 설립된 분할신설법인 간에 합병을 하는 경우 1년 이상 사업을 계속하였는지는 합병등기일 현재로 판단하는 것이며, 이 경우 1년 이상 사업을 계속하였는지는 분할법인의 분할 전 사업영위기간을 포함하여 계산하는 것임.
법인전환 후 합병 시 사업영위기간의 판단[168)]	현물출자방식으로 법인전환한 개인사업자의 법인전환 전의 사업기간은 「법인세법」 제44조 제1항 제1호에서 합병등기일 현재 1년 이상 계속하여 사업을 영위하는 기간의 계산에 포함하지 아니함.

②-1 : 사업을 계속하는 것으로 보지 않는 경우

합병법인이 합병등기일이 속하는 사업연도의 종료일 이전에 피합병법인으로부터 승계한 고정자산가액[169)]의 50% 이상을 처분하거나 사업에 사용하지 아니하는 경우에는 본 요건을 충족하지 못한 것으로 한다.

②-2 : 자기주식 관련 예규

구분	내용
자기주식이 승계한 고정자산에 해당되는지 여부[170)]	피합병법인으로부터 승계받은 자기주식은 사업계속성 판단 시 "피합병법인으로부터 승계한 고정자산"에 해당하는 것임.

165) 법인-2315, 2008. 9. 4.
166) 법규과-1244, 2011. 9. 21.
167) 서면법인 2019-3687, 2020. 3. 23.
168) 서면법인-4418, 2016. 11. 9.
169) 유형자산, 무형자산 및 투자자산의 가액으로 합병등기일 현재 세무상 장부가액을 말하는 것임.
170) 서면법인-4070, 2016. 8. 24., 서면법령법인-21057, 2015. 6. 18.

구분	내용
승계받은 자기주식의 범위	승계받은 자기주식이란 피합병법인이 합병 전 보유하고 있던 합병법인주식으로 합병을 통하여 승계받아 합병 후 합병법인의 자기주식이 된 것과[171] 합병 전 피합병법인이 보유하고 있는 자기주식에 대하여 합병신주를 배정하여 취득한 자기주식을 포함함.[172]
합병법인의 주식을 승계받아 자기주식을 소각하는 경우[173]	피합병법인이 보유한 합병법인 주식을 승계받아 소각하는 것은 승계한 자산의 처분에 해당하지 않는 것임.
자기주식처분 시 처분순서[174]	합병법인이 합병 후 자기주식을 처분하는 경우에는 합병 외의 다른 방법으로 취득한 자기주식부터 처분하는 것으로 보아 '승계한 고정자산가액의 2분의 1 이상 처분' 여부를 판단하는 것임.
피합병법인으로부터 승계받은 자기주식을 합병대가로 교부 시 사업의 계속성 여부의 판단[175]	합병대가로 교부하는 해당 자기주식은 제외하고 사업의 계속성 여부를 판단함.

나. 지분의 연속성

세부 요건	내용	비고
① 주식교부비율	합병대가의 80% 이상이 주식이어야 함.	①-1 : 주식교부비율 ①-2 : 포합주식이 있는 경우
② 주식배정 요건	피합병법인의 일정 지배주주에 대하여는 일정 배정기준 이상의 주식이 배정되어야 함.	②-1 : 일정 지배주주 ②-2 : 일정 배정기준 ②-3 : 주식배정 관련 예규
③ 주식보유 요건	피합병법인의 일정 지배주주가 합병등기일이 속하는 사업연도의 종료일까지 그 교부받은 주식을 보유하여야 함.	

①-1 : 주식교부비율

피합병법인의 주주등이 합병으로 인하여 받은 합병대가의 총합계액 중 합병법인의 주식등의 가액이 80% 이상이거나 합병법인의 모회사[176]의 주식등의 가액이 80% 이상이 되어야 한다.

171) 법인, 서면-2016-법인-6007 [법인세과-1064], 2017. 4. 25.
172) 서면-2016-법인-4070 [법인세과-2253], 2016. 8. 24.
173) 서면-2020-법인-4125, 2020. 10. 21.
174) 법규법인2013-471, 2014. 4. 1.
175) 법인, 서면-2019-법령해석법인-0250 [법령해석과-2242], 2019. 8. 29.
176) 합병등기일 현재 합병법인의 발행주식총수 또는 출자총액을 소유하고 있는 내국법인을 말한다(삼각합병의 경우, 합병회사가 아닌 합병회사의 완전모회사 주식을 피합병법인의 주주에게 교부한다).

한편, 상법상 주식매수청구권을 행사하는 주주들에게 지급하는 주식매수대금은 피합병법인의 주주등이 합병으로 인하여 받은 합병대가에 포함되지 않는다.[177)]

| 주식교부비율 |

$$\text{주식교부비율} = \frac{\text{교부받은 합병법인 주식가액}}{\text{합병대가 총합계액}^{178)}(=\text{합병법인 주식가액}+\text{금전 및 기타재산가액})}$$

① - 2 : 포합주식이 있는 경우

(주식교부비율 계산 시 분모인 합병대가 총합계액의 계산)

합병포합주식에 대하여 합병신주를 배정하지 않았다고[179)] 하여 이를 주식교부비율에 반영하지 않으면 배정 여부에 따라서 주식교부비율이 달라지는 문제점이 발생한다. 따라서 합병포합주식에 대해서는 합병교부주식등을 교부하지 않더라도 그 지분비율에 따라 배정한 것으로 보아 주식교부비율을 계산[180)]한다.

(주식교부비율 계산 시 분자인 교부받은 합병법인 주식가액의 계산)

합병법인이 합병등기일 전 2년 내에 취득한 합병포합주식등이 있는 경우에는 아래의 구분에 따라 금전으로 교부한 것으로 보아[181)] 주식교부비율을 계산한다.

| 금전으로 교부한 것으로 보는 합병포합주식의 금전교부금액의 산정 |

2년 내[182)] 취득한 합병포합주식의 구분	금전교부로 보는 금액
합병법인이 합병등기일 현재 피합병법인의 지배주주등[183)]인 경우	합병등기일 전 2년 이내에 취득한 합병포합주식등에 대하여 교부한[184)] 합병교부주식등의 가액
합병법인이 합병등기일 현재 피합병법인의 지배주주등이 아니면서 피합병법인의 발행주식총수의 20%를 초과하는 경우	20%를 초과하는 합병포합주식등에 대하여 교부한[184)] 합병교부주식등의 가액

---

177) 서면-2020-법령해석법인-2936, 2020. 9. 25.

178) 법령 §80 ① 2호 가목

179) 합병포합주식에 대하여 합병신주를 배정하면 합병법인의 자기주식이 되므로 이를 배정하지 않을 수 있다.

180) 주식교부비율 계산 시 분자와 분모에 각각 가산하여 분모를 100% 기준으로 만든다(주식교부비율은 올라감).

181) 주식교부비율 계산 시 분자에 금전교부액으로 보아 차감한다(주식교부비율은 내려감).

182) 분할법인이 보유하고 있던 주식을 적격인적분할에 따라 승계한 분할신설법인이 해당 주식의 발행법인을 합병하는 경우에 있어 해당주식이 2년 내 취득한 합병포합주식에 해당하는지 여부는 분할법인이 해당 주식을 취득한 때부터 합병등기일까지 보유한 기간에 의하여 판단하는 것임(서면-2020-법인-3492, 2020. 9. 28.).

| 합병포합주식이 있는 경우 주식교부비율 계산 예시 |

◉ 예시

합병법인이 피합병법인의 주주에게 합병대가 150 지급

- 피합병법인 주주(합병법인 제외) : 100 지급
- 합병법인(포합주식보유, 지배주주) : 50 지급

(합병등기일로부터 2년 이내 취득한 주식 30 + 2년 전에 취득한 주식 20 = 50)

구분	주식교부비율
합병신주 교부 시	$\frac{\text{합병대가 중 주식가액} - \text{2년 이내 취득한 포합주식가액}}{\text{합병대가}}$
	$\frac{\text{주식 150} - \text{2년 이내 포합주식 30}}{\text{합병대가 150}}$ = 80%(적격)
합병신주 미교부 시	$\frac{\text{합병대가 중 주식가액} + \text{포합주식가액} - \text{2년 이내 취득한 포합주식가액}}{\text{합병대가} + \text{포합주식가액}}$
	$\frac{\text{주식 100} + \text{교부간주 50} - \text{2년 이내 포합주식 30}}{\text{합병대가 100} + \text{교부간주 50}}$ = 80%(적격)

⇒ 합병신주 교부 여부와 관계없이 주식교부비율은 80%로 동일하다.

⇒ 2년 이내 취득한 포합주식은 금전교부액으로 보아 분자에서 차감한다.

② - 1 : 일정 지배주주

법령 제43조 제3항에 따른 지배주주등 중 일부를 제외한 주주를 말한다.[185)]

구분	내용
지배주주등	법인의 발행주식총수 또는 출자총액의 1% 이상의 주식 또는 출자지분을 소유한 주주등으로서 그와 특수관계에 있는 자와의 소유 주식 또는 출자지분의 합계가 해당 법인의 주주등 중 가장 많은 경우의 해당 주주등을 말함.
제외하는 지배주주	• 친족(국기령 §1의2 ①) 중 4촌 이상의 혈족 • 합병등기일 현재 피합병법인에 대한 지분비율이 1% 미만이면서 시가로 평가한 그 지분가액이 10억 원 미만인 자 • 기업인수목적회사와 합병하는 피합병법인의 지배주주등인 자(SPAC존속합병) • 피합병법인인 기업인수목적회사의 지배주주등인 자(SPAC소멸합병)

183) 법령 §43 ⑦

184) 교부하지 않아도 교부한 것으로 보는 경우의 그 주식등의 가액을 포함함으로 합병포합주식등에 대한 간주교부액을 포함한다.

185) 법령 §80의2 ⑤

② - 2 : 일정 배정기준

피합병법인의 일정 지배주주에게는 일정 배정기준에 따른 가액 이상의 주식을 각각 배정하여야 한다.[186] 일정 배정기준이란 일정 지배주주에게 그들의 지분율에 해당되는 가액 이상의 주식을 배정하는 것을 의미한다.

| 일정 지배주주등에게 주식으로 배정되어야 하는 최소가액(일정 배정기준) |

피합병법인의 주주등이 지급받은 합병교부주식등의 가액의 총합계액[187](법령 §80 ① 2호 가목) × $\frac{\text{일정 지배주주의 지분}}{\text{피합병법인의 전체지분[188]}}$

② - 3 : 주식배정 관련 예규

구분	내용
피합병법인의 자기주식에 합병신주를 배정하지 않는 경우 일정 배정기준의 판단[189]	피합병법인이 보유한 자기주식에 대해서는 합병신주를 교부하지 않더라도 주주별 지분비율에 따라 주식이 교부된다면 주식배정 요건은 충족됨.
피합병법인의 자기주식에 합병신주를 배정하지 않는 경우 지분비율의 계산[190]	해당 주주등의 피합병법인에 대한 지분(피합병법인의 자기주식에 대한 지분 제외)을 피합병법인 전체지분(피합병법인의 자기주식에 대한 지분 제외)으로 나눈 비율로 하는 것임.
종류주식의 주식배정 요건 판단[191]	주권상장법인이 다른 내국법인을 합병하면서 주식의 종류별로 자본시장법에 의하여 산정된 합병가액에 따라 합병교부주식을 교부하는 경우에는 해당 주식의 종류별로 지분의 연속성 요건 판단함.
자본시장법에 따른 평가액이 '영(0)'에 미달하여 합병신주를 발행하지 않는 경우[192]	합병가액이 '영(0)'에 미달하여 합병신주를 발행하지 않은 경우라 하더라도 법인세법상 적격합병 요건을 충족하지 못한 경우에는 합병과세특례를 적용할 수 없는 것임.

186) 법령 §80의2 ④

187) 금전·기타 재산가액을 제외한 주식의 가액으로만 계산하며, 합병포합주식등에 대해서는 합병교부주식등을 교부하지 않더라도 그 지분비율에 따라 합병교부주식을 교부한 것으로 보아 합병교부주식등의 가액을 계산한다.

188) 피합병법인의 전체지분은 합병포합지분을 포함한 전체지분을 말한다.

189) 법인, 서면-2021-법인-4321 [법인세과-1613], 2021. 8. 26.

190) 피합병법인이 보유한 자기주식에 대해서 합병신주를 교부하지 않는 경우 해당 '지분비율'은 해당 주주등의 피합병법인에 대한 지분(피합병법인의 자기주식에 대한 지분 제외)을 피합병법인 전체지분(피합병법인의 자기주식에 대한 지분 제외)으로 나눈 비율로 하는 것임(법인, 서면-2021-법인-4321 [법인세과-1613], 2021. 8. 26.).

191) 사전-2015-법령해석법인-0187, 2015. 8. 31.

192) 법인, 서면-2016-법인-3144, 2016. 5. 18.

다. 고용승계 요건

내용	비고
합병등기일 1개월 전 당시 피합병법인에 종사하는 법 소정의 근로자 중 합병법인이 승계한 근로자의 비율이 80% 이상이며 합병등기일이 속하는 사업연도의 종료일까지 그 비율을 유지하여야 하는 것을 말함.	①-1 : 법 소정 근로자 ①-2 : 제외되는 근로자

① - 1 : 법 소정 근로자

근로기준법에 따라 근로계약을 체결한 내국인 근로자를 말한다.

① - 2 : 제외되는 근로자[193)]

- 법령 제40조 제1항 각 호의 어느 하나에 해당하는 임원
- 합병등기일이 속하는 사업연도의 종료일 이전에 고용상 연령차별금지 및 고령자고용촉진에 관한 법률 제19조에 따른 정년이 도래하여 퇴직이 예정된 근로자
- 합병등기일이 속하는 사업연도의 종료일 이전에 사망한 근로자 또는 질병·부상 등 고용보험법 시행규칙 별표 2 제9호에 해당하는 사유로 퇴직한 근로자
- 소득세법 제14조 제3항 제2호에 따른 일용근로자
- 근로계약기간이 6개월 미만인 근로자. 다만, 근로계약의 연속된 갱신으로 인하여 분할등기일 1개월 전 당시 그 근로계약의 총 기간이 1년 이상인 근로자는 제외함.
- 금고 이상의 형을 선고받는 등 고용보험법 제58조 제1호에 해당하는 근로자

3) 기업인수목적회사[194)] 적격합병 요건 특례[195)]

기업인수목적회사가 합병 시에는 중소기업 자금조달 지원을 위하여 법인세법상 적격합병 요건을 완화하는 특례가 적용된다.

| SPAC합병 적격합병 요건 특례 |

- SPAC은 1년 이상 사업영위 요건을 배제[196)]
- SPAC존속합병 시 피합병법인의 지배주주 및 SPAC소멸합병 시 SPAC의 지배주주등에게 주식보유 요건을 적용하지 아니함.
- SPAC소멸합병 시 피합병법인으로부터 승계받은 사업을 계속하여야 하는 사업의 계속성 요건은 충족한 것으로 봄.

---

193) 법령 §80의2 ⑥, §82의2 ⑩ 및 법칙 §40의2 ①, ②
194) 자본시장령 §6 ④ 14호
195) 법법 §44, 법령 §80의2

4) 신청서의 제출

적격합병의 요건을 갖추어 양도가액을 순자산 장부가액으로 하여 양도손익을 없는 것으로 하는 과세이연을 적용받으려는 피합병법인은 과세표준 신고를 할 때 합병법인과 함께 합병과세특례신청서[197]를 납세지 관할 세무서장에게 제출하여야 하며, 합병법인은 자산조정계정에 관한 명세서[198]를 피합병법인의 납세지 관할 세무서장에게 함께 제출하여야 한다.[199]

| 제출서류 |

구분	제출서류	제출시기
합병법인	자산조정계정명세서	합병등기일이 속하는 사업연도 법인세 신고 시
피합병법인	합병과세특례신청서	의제사업연도 법인세 신고 시

한편, 피합병법인이 의제사업연도 법인세 신고 시 합병과세특례신청서를 제출하지 않았으나 법인세법상 적격합병 요건을 충족한다면 합병과세특례를 적용받을 수 있다.[200]

(4) 피합병법인

1) 양도손익에 대한 법인세

① 비적격합병

피합병법인이 합병으로 해산하는 경우에는 그 법인의 자산을 합병법인에 양도한 것으로 보며, 양도에 따라 발생하는 양도손익은 피합병법인이 합병등기일이 속하는 사업연도의 소득금액을 계산할 때 익금 또는 손금에 산입한다.[201]

| 양도손익의 계산[202] |

양도손익 = 양도가액(가.) − 피합병법인의 순자산 장부가액(나.)

196) SPAC과 합병하는 법인은 1년 이상 사업영위 요건이 적용됨.
197) 법칙 별지 제42호 서식
198) 법칙 별지 제46호 서식(갑), (을)
199) 법령 §80 ③
200) 서면-2017-법령해석법인-0910, 2018. 2. 21.
201) 법법 §44 ①
202) 법령 §80 ①, ②

가. 양도가액

피합병법인의 양도손익 계산 시 양도가액은 다음의 금액을 모두 더한 금액으로 한다.

> 양도가액 = 합병교부주식가액 및 금전이나 그 밖의 재산(㉠)
> + 포합주식에 대하여 교부한 것으로 보아 계산한 합병교부주식가액(㉡)[203)]
> + 합병법인이 납부하는 피합병법인의 법인세 등(㉢)
>
> ㉠ 합병으로 인하여 피합병법인의 주주등이 지급받는 합병법인 또는 합병법인의 모회사(합병등기일 현재 합병법인의 발행주식총수 또는 출자총액을 소유하고 있는 내국법인을 말한다)의 합병교부주식등의 가액 및 금전이나 그 밖의 재산가액의 합계액
> ㉡ 합병법인이 합병등기일 전 취득한 피합병법인의 주식등(신설합병 또는 3 이상의 법인이 합병하는 경우 피합병법인이 취득한 다른 피합병법인의 주식등을 포함한다. "합병포합(抱合)주식등"이라 한다)이 있는 경우에는 그 합병포합주식등에 대하여 합병교부주식등을 교부하지 아니하더라도 그 지분비율에 따라 합병교부주식등을 교부한 것으로 보아 합병교부주식등의 가액을 계산한다.
> ㉢ 합병법인이 납부하는 피합병법인의 법인세 및 그 법인세(감면세액을 포함한다)에 부과되는 국세와 법인지방소득세의 합계액

나. 순자산 장부가액

피합병법인의 합병등기일 현재의 자산의 장부가액 총액에서 부채의 장부가액 총액을 뺀 가액으로 하며 피합병법인의 순자산 장부가액을 계산할 때 「국세기본법」에 따라 환급되는 법인세액이 있는 경우에는 이에 상당하는 금액을 피합병법인의 합병등기일 현재의 순자산 장부가액에 더한다.

> 순자산 장부가액[204)]
> = 자산의 장부가액 총액 − 부채의 장부가액 총액 + 환급법인세액[205)]

② 적격합병[206)]

피합병법인이 합병법인으로부터 받은 양도가액을 피합병법인의 합병등기일 현재의 순자산 장부가액으로 보아 양도손익은 없는 것으로 할 수 있다. 적격합병 요건을 갖추어 양도가액을

---

203) 양도손익 계산 시 차감하는 피합병법인의 순자산 장부가액이 100% 기준이므로 이에 대응하여 교부한 것으로 보아 가산한다.

204) 순자산 장부가액은 세무상 장부가액을 의미하는 것으로 합병등기일 현재 재무상태표에 계상된 미지급법인세는 순자산 장부가액에 포함하지 아니하고, 합병법인에 승계하는 퇴직급여충당금 관련 세무조정사항(손금불산입, 유보)은 부채의 장부가액 총액에 가산한다(법인, 사전-2015-법령해석법인-0264, 2015. 10. 5.).

205) 피합병법인에게 국세환급금이 발생할 경우, 합병 후에는 합병법인에게 충당 또는 환급되므로 해당 환급액은 합병등기일 현재의 순자산 장부가액에 가산한다.

206) 법법 §44 ②, 법법 §60, 법령 §80 ③

순자산 장부가액으로 계산하여 양도손익이 없도록 하는 과세특례를 적용받으려는 피합병법인은 각 사업연도 소득에 대한 과세표준을 신고할 때 합병법인과 함께 합병과세특례신청서를 납세지 관할 세무서장에게 제출하여야 한다.

2) 의제사업연도 법인세 신고

내국법인이 사업연도 중에 합병에 따라 해산한 경우[207]에는 그 사업연도 개시일부터 합병등기일까지의 기간을 그 해산한 법인의 1사업연도로 의제하여 각 사업연도에 대한 법인세를 합병등기일이 속하는 달의 말일로부터 3개월 이내에 신고·납부하여야 한다.[208] 더불어 법인지방소득세 신고 역시 합병등기일이 속하는 달의 말일로부터 4개월 이내에 신고·납부하여야 한다.

한편, 중간예납 신고기한인 8월 말 이내에 의제사업연도에 대한 법인세를 신고하는 경우에는 중간예납신고는 적용하지 않는다.[209]

3) 증권거래세

① 비적격합병

합병으로 인하여 주권의 소유권이 이전되는 것은 증권거래법상 양도에 해당되어[210] 증권거래세 납부의무가 발생하므로 양도일이 속하는 반기의 말일로부터 2개월 이내에 증권거래세 과세표준신고서를 제출하고 납부하여야 한다. 한편, 증권거래세는 해당 주권의 상장 여부가 아닌 해당 주권이 거래된 시장에 따라 세율이 달리 적용되는데 합병에 있어 주권의 소유권 이전은 장외거래에 해당되는 세율[211]이 적용된다.

② 적격합병

증권거래세는 면제[212]되며 이에 대한 농어촌특별세도 비과세[213]된다. 한편, 증권거래세 면제를 위해서는 증권거래세 과세표준신고서와 함께 세액면제신청서[214]를 제출하여야 한다.

---

207) 합병으로 인한 해산의 경우 청산소득에 대한 법인세 대상에서 제외한다(법법 §79 ①).
208) 법법 §8
209) 법인, 서이 46012-10380, 2001. 10. 18.
210) 증권, 서면-2015법령해석부가-1191 [법령해석과-120], 2016. 1. 13.
211) 증권거래세법 §8 ①(2022년까지 0.43%, 2023년부터 0.35%)
212) 조특법 §117 ① 14호
213) 농특법 §4 7의2
214) 조칙 별지 제70호 서식(증권거래세 세액면제신청서)

4) 부당행위계산부인

특수관계인인 법인 간 합병(분할합병)함에 있어서 불공정한 비율로 합병하여 합병에 따른 양도손익을 감소시킨 경우 부당행위계산부인의 대상이 된다. 다만, 자본시장법에서 정하는 요건 및 방법에 따른[215] 합병(분할합병)은 제외한다.[216]

5) 부가가치세

① 폐업신고

법인이 합병으로 소멸하는 경우에는 합병 후 존속법인 또는 소멸법인은 존속 및 소멸법인의 인적사항, 합병 연월일 등을 기재한 법인합병신고서[217]에 사업자등록증을 첨부하여 소멸법인의 폐업사실을 소멸법인의 관할 세무서장에게 신고하여야 한다.[218]

② 최종과세기간 부가가치세 확정신고[219]

합병으로 인한 소멸법인의 최종 과세기간은 소멸법인의 과세기간 개시일로부터 합병등기일까지를 1과세기간으로 하며, 법인의 합병으로 인한 소멸법인의 최종과세기간분에 대한 확정신고는 합병 후 존속하는 법인 또는 합병으로 인하여 설립된 법인이 소멸법인을 해당 과세기간의 납세의무자로 하여 소멸법인의 사업장 관할 세무서장에게 신고하여야 한다.

③ 합병등기일 전에 실제 합병한 경우의 납부의무

법인 간의 흡수합병에 있어서 합병등기일 전 실제 합병한 경우 실제 합병일로부터 합병등기일까지 피합병법인의 사업장에서 거래된 재화의 공급 및 매입분에 대하여는 피합병법인 명의로 세금계산서를 발급하거나 발급받고 부가가치세를 신고·납부한다.[220]

---

215) 자본시장법 §165의4
216) 법령 §88 ① 3의2호
217) 부가칙 별지 제10호
218) 부가령 §13 ④
219) 부가통 5-7-1, 부가통 49-91-1
220) 부가통 3-0-7

(5) 합병법인

1) 자산승계가액

① 비적격합병

합병법인이 합병으로 피합병법인의 자산을 승계한 경우에는 그 자산을 피합병법인으로부터 합병등기일 현재의 시가로 양도받은 것으로 본다.[221]

따라서 합병으로 인하여 승계한 자산의 세법상 취득가액은 해당 자산의 시가이며, '시가'란 건전한 사회 통념 및 상거래 관행과 특수관계인이 아닌 자 간의 정상적인 거래에서 적용되거나 적용될 것으로 판단되는 가격을 기준으로 한다.[222]

② 적격합병

합병법인은 피합병법인의 자산을 피합병법인의 장부가액[223]으로 양도받은 것으로 한다. 다만, 적격합병 요건의 사후관리를 위하여 양도받은 자산 및 부채의 가액은 합병등기일 현재의 시가로 계상한 후 장부가액과 시가와의 차액을 자산별로 계상하고 자산조정계정명세서를 작성하여야 한다.[224]

③ 적격합병 시 자산조정계정

가. 자산조정계정

자산조정계정[225]이란 적격합병 시 과세이연의 사후관리[226]를 위한 것으로 시가와 장부가의 차액을 별도로 관리하는 계정이다.

합병법인은 피합병법인으로부터 승계받은 자산 및 부채의 가액을 시가로 계상하되[227] 시가에서 피합병법인의 장부가액(승계하는 세무조정사항이 있는 경우에는 그 세무조정사항 중 익금불산입액은 더하고 손금불산입액은 뺀 가액으로 한다)을 뺀 금액이 0보다 큰 경우에는 그 차액을 익금에 산입하고 이에 상당하는 금액을 자산조정계정으로 손금에 산입하며, 0보다 적은 경우에

221) 법법 §44의2 ①
222) 법령 §72 ②, 법법 §52 ②
223) 승계하는 세무조정사항 중 익금불산입액은 더하고 손금불산입액은 뺀 가액
224) 법법 §44의3 ①, 법령 §80의4
225) 자산조정계정명세서 작성 예시는 상기 (1) 과세체계의 이해 부분을 참조하기 바란다.
226) 적격합병 시 피합병법인은 양도손익에 대한 법인세를 납부하지 않고 합병 시 소멸하므로 해당 과세이연된 금액은 합병법인이 사후관리하여야 한다.
227) 적격합병 시 합병법인의 승계가액은 피합병법인의 장부가액이나 향후 사후관리 요건을 충족하지 못할 경우 그 처리를 위하여 시가로 계상한 후 장부가액과의 차액을 자산조정계정을 통하여 관리한다.

는 시가와 장부가액의 차액을 손금에 산입하고 이에 상당하는 금액을 자산조정계정으로 익금에 산입한다.[228)]

나. 자산조정계정의 사후관리

① 감가상각자산에 설정된 자산조정계정
- 상각 시
  - 시가가 장부가액보다 높은 경우에는 해당 자산의 감가상각비와 상계 (상각비 시부인 시 회사계상 상각비에 차감하여 회사계상 상각비를 감소시킴)
  - 시가가 장부가액보다 낮은 경우에는 해당 자산의 감가상각비에 가산 (상각비 시부인 시 회사계상 상각비에 가산하여 회사계상 상각비를 증가시킴)
- 처분 시
  - 해당 자산을 처분하는 사업연도에 잔액을 전액 익금 또는 손금에 산입

② 감가상각자산 외의 자산에 설정된 자산조정계정
- 해당 자산을 처분하는 사업연도에 잔액을 전액 익금 또는 손금에 산입
- 자기주식을 소각하는 경우에는 익금 또는 손금에 산입하지 아니하고 소멸

2) 합병매수차손익

① 적격합병

적격합병하에서 발생하는 양도가액과 시가 차액에 대해서는 이를 익금과 손금에 산입하지 아니한다.[229)]

② 비적격합병

가. 합병매수차손의 손금산입

합병법인이 피합병법인에게 지급한 양도가액이 합병등기일 현재의 순자산시가를 초과하는 경우로서 피합병법인의 상호·거래관계, 그 밖의 영업상의 비밀 등에 대하여 사업상 가치가 있다고 보아 대가를 지급한 경우[230)] 그 차액을 세무조정계산서에 계상하고 합병등기일부터 5년간 균등하게 나누어[231)] 손금에 산입한다.[232)] 이 경우 월수는 역에 따라 계산하되 1월

---

228) 법령 §80의4 ①

229) 법인, 서면-2015-법인-1898 [법인세과-2599], 2015. 11. 23.

230) 양도가액에서 순자산시가를 차감한 금액이 언제나 세법상 합병매수차손에 해당되어 5년간 손금산입이 가능한 것은 아니며 초과수익력 등 사업상 가치가 있어 지급한 경우 등으로 한한다.

231) 합병매수차손은 세법상 감가상각대상자산에 해당되지 않으므로 감가상각 시부인대상은 아니다.

232) 법법 §44의2 ③, 법령 §80의3

미만의 일수는 1월로 하고, 이에 따라 합병등기일이 속한 월을 1월로 계산한 경우에는 합병등기일부터 5년이 되는 날이 속한 월은 계산에서 제외한다.

$$\text{해당 사업연도의 손금산입액} = \text{합병매수차손} \times \frac{\text{해당 사업연도의 월수}}{\text{60개월(5년)}}$$

한편, 비적격합병 시 자본시장법에 따른 평가방법에 따라 합병대가를 산정함에 따라 발생한 합병매수차손은 사업상가치가 있다고 보아 대가를 지급한 것으로 본다.[233]

| 합병매수차손의 세법상 처리 예시 |

양도가액 100원, 시가 70원, 장부가액 50원이며, 추후 110원에 양도함.

구분	적격합병 시 세무회계처리				비적격합병 시 세무회계처리			
	차변	금액	대변	금액	차변	금액	대변	금액
합병 시	자산 세법상 자산 ×	50 50	이전대가 이전대가	50 50	자산 합병매수차손	70 30	이전대가	100
균등		-		-	손금	30	합병매수차손	30
처분	현금	110	자산 익금	50 60	현금	110	자산 익금	70 40

(적격합병) (비적격합병)

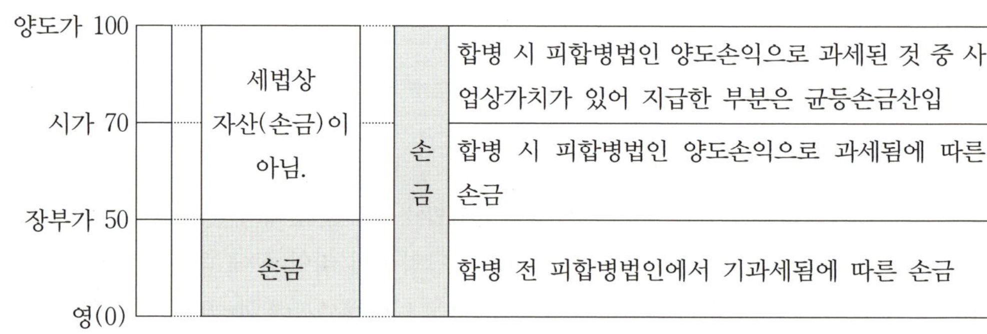

나. 합병매수차익의 익금산입

합병법인은 피합병법인에 지급한 양도가액이 피합병법인의 합병등기일 현재의 순자산시가

233) 사전-2018-법령해석법인-0789 [법령해석과-3378](2018. 12. 26.)

보다 적은 경우에는 그 차액을 세무조정계산서에 계상하고 합병등기일로부터 5년간 균등하게 익금에 산입한다. 이 경우 월수는 역에 따라 계산하되 1월 미만의 일수는 1월로 하고 이에 따라 합병등기일이 속한 월을 1월로 계산한 경우에는 합병등기일부터 5년이 되는 날이 속한 월은 계산에서 제외한다.[234)]

$$\text{해당 사업연도의 익금산입액} = \text{합병매수차익} \times \frac{\text{해당 사업연도의 월수}}{\text{60개월(5년)}}$$

| 합병매수차익의 세법상 처리 예시 |

시가 100원, 양도가액 70원, 장부가액 50원이며, 추후 110원에 양도함.

구분	적격합병 시 세무회계처리				비적격합병 시 세무회계처리			
	차변	금액	대변	금액	차변	금액	대변	금액
합병 시	자산 세법상 자산 ×	50 20	이전대가 이전대가	50 20	자산	100	이전대가 합병매수차익	70 30
균등		–		–	합병매수차익	30	익금	30
처분	현금	110	자산 익금	50 60	현금	110	자산 익금	100 10

(적격합병) (비적격합병)

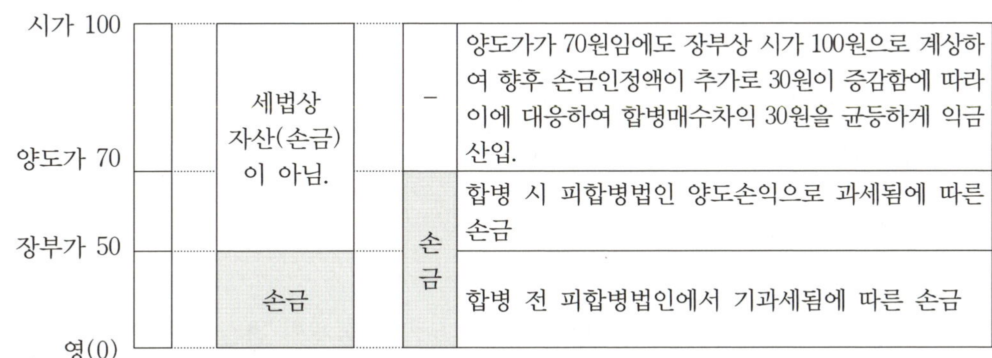

234) 법법 §44의2 ②, 법령 §80의3

3) 승계

① 연대납세의무[235)]

법인이 합병한 경우 합병 후 존속하는 법인 또는 합병으로 설립된 법인은 합병으로 소멸된 법인에 부과되거나 그 법인이 납부할 국세 및 강제징수비[236)]를 납부할 의무를 진다. 또한 법인이 합병으로 인하여 소멸한 경우 합병법인은 피합병법인이 납부하지 아니한 각 사업연도 소득에 대한 법인세[237)]를 납부할 책임을 진다.

② 세무조정사항[238)]

가. 비적격합병

퇴직급여충당금 또는 대손충당금에 한하여 합병법인이 승계한 경우만 승계되며 그 밖의 세무조정사항은 승계하지 않는다.

나. 적격합병

합병법인은 피합병법인의 모든 세무조정사항을 승계받는다.

다. 합병법인으로 승계되지 않은 세무조정의 처리[239)]

합병법인에 승계되지 아니한 세무조정사항은 피합병법인의 양도손익계산 시 장부금액에 반영되어 추인된다.

③ 이월결손금

가. 비적격합병

합병법인은 피합병법인의 이월결손금을 승계받을 수 없다. 따라서 피합병법인의 의제사업연도 법인세 신고 시 소득금액에서 공제하고 남은 이월결손금은 소멸하게 된다.

나. 적격합병

승계하는 이월결손금

적격합병을 한 합병법인은 피합병법인의 합병등기일 현재의 결손금[240)]을 승계한다.[241)]

---

235) 국기법 §23, 법령 §85의2

236) "부과되거나 납부할 국세, 체납처분비"라 함은 합병으로 인하여 소멸된 법인에게 귀속되는 국세 및 체납처분비와 세법에 정한 납세의무의 확정절차에 따라 장차 부과되거나 납부하여야 할 국세 및 체납처분비를 말한다(국기통 23-0…2).

237) 합병에 따른 양도손익에 대한 법인세를 포함한다.

238) 법령 §85

239) 법인세과-731, 2011. 10. 7., 서이46012-12277, 2002. 12. 18.

이월결손금 공제제한 및 한도[242)]

합병등기일 현재 합병법인의 이월결손금과 승계받은 피합병법인의 이월결손금은 합병 전 사업에서 발생한 소득금액과 합병으로 승계받은 사업에서 발생한 소득금액에서 각각 공제하여야 하며 서로 교차하여 공제할 수 없다.

구분	내용	한도
합병등기일 현재 합병법인의 결손금[243)]	피합병법인으로부터 승계받은 사업에서 발생한 소득금액의 범위 내에서는 공제하지 못함.	(합병법인소득금액 - 피합병법인으로부터 승계받은 사업에서 발생한 소득금액) × 80%[244)]
피합병법인으로부터 승계한 결손금	피합병법인으로부터 승계받은 사업에서 발생한 소득금액[245)]의 범위 내에서만 공제함.	피합병법인으로부터 승계받은 사업에서 발생한 소득금액 × 80%

구분경리[246)]

이월결손금 공제제한을 위해서는 피합병법인으로부터 승계받은 사업에 속하는 것과 그 밖의 사업에 속하는 것을 각각 별개의 회계로 구분하여 기록하여야 한다.

| 구분경리 유지기간 |

구분	유지기간
합병등기일 현재 합병법인의 결손금을 공제받으려는 경우	합병등기일 현재 결손금을 공제받는 기간 동안
피합병법인으로부터 승계한 이월결손금을 공제받으려는 경우	피합병법인의 승계이월결손금을 공제받는 기간 동안
그 밖의 경우	합병 후 5년간

240) 법법 §13 ① 1호의 결손금으로 공제기한이 경과한 이월결손금은 승계할 수 없다(기획재정부 법인세제과-285, 2022. 8. 16.).

241) 법법 §44의3 ②

242) 법법 §45 ①, ②, ⑤

243) 합병법인이 승계한 피합병법인의 이월결손금을 제외한 금액을 말한다.

244) 중소기업과 회생계획을 이행 중인 기업 등 대통령령으로 정하는 법인의 경우는 100분의 100

245) 합병 전 피합병법인 자기주식에 대하여 합병신주를 교부함에 따라 자기주식을 승계한 후 구분경리하는 경우에는 해당 자기주식을 처분하여 발생하는 양도손익은 피합병법인으로부터 승계받은 사업부문에 속하는 익금과 손금으로 본다(서면-2014-법령해석법인-22120(2015. 7. 28.)).

246) 법법 §113 ③, 법법 §45 ①, 법령 §81 ①

구분경리의 예외

중소기업 간 또는 동일사업을 하는 법인 간에 합병하는 경우에는 회계를 구분하여 기록하지 아니할 수 있다. 중소기업 간 또는 동일사업[247]을 하는 법인 간에 합병하는 경우에 해당되어 회계를 구분하여 기록하지 아니한 경우에는 그 소득금액을 합병등기일 현재 합병법인과 피합병법인의 사업용 고정자산가액 비율로 안분계산한 금액으로 한다.

④ 이월세액공제 · 감면

가. 비적격합병

합병등기일 현재 피합병법인의 이월세액공제 · 감면은 승계되지 않고 소멸한다.

나. 적격합병

합병법인은 피합병법인의 이월세액감면 · 공제를 승계하여 일정한 조건 및 범위 내에서 적용받을 수 있다.

| 승계한 이월세액공제 · 감면 시 제한규정 |

구분	내용
조건	법인세법 또는 다른 법률에 해당 감면 또는 세액공제의 요건 등에 관한 규정이 있는 경우에는 합병법인이 그 요건 등을 모두 갖춘 경우에만 이를 적용함.[248]
공제범위	피합병법인으로부터 승계받은 사업에서 발생한 소득금액 또는 이에 해당하는 법인세액의 범위에서 이를 적용함.[249]
외국납부세액	이월된 외국납부세액 미공제액은 승계받은 사업에서 발생한 국외원천소득을 기준으로 계산한 한도범위 내에서 합병법인이 승계하여 공제할 수 있음.
최저한세	승계받은 사업부문에 대하여 최저한세 범위 내에서 이월공제받을 수 있으며, 이 경우 공제하는 금액은 합병법인의 법인세 최저한세액을 초과할 수 없으며 합병법인 전체 소득을 기준으로 산정한 최저한세도 초과할 수 없음.
세액감면기간	각 사업연도의 소득에 대한 세액감면(일정기간에 걸쳐 감면되는 것으로 한정한다)의 경우에는 합병법인이 승계받은 사업에서 발생한 소득에 대하여 합병 당시의 잔존감면기간 내에 종료하는 각 사업연도분까지 그 감면을 적용함.[250]

247) 중소기업의 판정은 합병 전 현황에 따르며, 동일사업의 판정은 기획재정부령으로 정하는 경우(법칙 §75의2) 외에는 한국표준산업분류에 따른 세분류에 따르며 사업용 고정자산가액 중 동일사업에 사용하는 사업용 고정자산가액의 비율이 각각 100분의 70을 초과하는 경우에만 동일사업을 영위하는 것으로 본다(법령 §156 ②).
248) 법법 §44의3 ②, 법령 §80의4 ②
249) 법법 §45 ④
250) 법령 §81 ③ 1호

4) 적격합병 후 손금산입 제한

① 합병 전 보유자산의 처분손실 공제 제한[251)]

합병 이전에 이미 부실해진 자산을 처분하지 않고 합병 후에 처분을 통하여 손금으로 인식하여 소득에서 공제하는 것을 방지하기 위한 규정으로 적격합병을 한 합병법인은 합병법인과 피합병법인이 합병 전 보유하던 자산의 처분손실[252)]을 각각 합병 전 해당 법인의 사업에서 발생한 소득금액[253)]의 범위 내에서 해당 사업연도의 소득금액을 계산할 때 손금에 산입한다. 한편, 손금에 산입하지 아니한 처분손실은 자산 처분 시 각각 합병 전 해당 법인의 사업에서 발생한 결손금으로 보아 이월결손금 공제제한 규정을 적용한다.

| 합병 전 보유자산 처분손실 시부인 계산 |

시부인대상 처분손실(A) = (처분자산 장부가액 − 합병 당시의 시가)
(−) 한도액(B) = Min{처분손실공제 전 소득금액(소득금액[254)] + A), A}
= 처분손실 한도초과액 → 해당 금액을 손금불산입하고 이월결손금으로 보아 향후 추인함.

② 기부금한도초과액[255)]의 계산[256)]

가. 합병법인의 기부금한도초과액의 계산

합병법인의 합병등기일 현재 기부금한도초과액 중 적격합병에 따른 합병법인이 승계한 기부금한도초과액을 제외한 금액은 합병법인의 각 사업연도의 소득금액을 계산할 때 합병 전 합병법인의 사업에서 발생한 소득금액을 기준으로 계산한 기부금손금산입한도액의 범위 내에서 손금에 산입한다.

나. 피합병법인의 기부금한도초과액의 계산

피합병법인의 합병등기일 현재 기부금한도초과액으로서 적격합병에 따라 합병법인이 승계한 금액은 합병법인의 각 사업연도의 소득금액을 계산할 때 피합병법인으로부터 승계받은 사업에서 발생한 소득금액을 기준으로 계산한 기부금손금산입한도액의 범위 내에서 손금에 산입한다.

---

251) 법법 §45 ③

252) 합병등기일 현재 해당 자산의 법인세법 제52조 제2항에 따른 시가가 장부가액보다 낮은 경우로서 그 차액을 한도로 하며, 합병등기일 이후 5년 이내에 끝나는 사업연도에 발생한 것만 해당한다.

253) 해당 처분손실을 공제하기 전 소득금액을 말한다.

254) 구분경리한 소득금액을 말한다.

255) 합병등기일 현재 법법 제24조 제2항 제1호 및 제3항 제1호에 따른 기부금 중 같은 조 제5항에 따라 이월된 금액으로서 그 후의 각 사업연도의 소득금액을 계산할 때 손금에 산입하지 아니한 금액

256) 법법 §45 ⑥, ⑦

5) 취득세

지방세특례제한법 개정 전[257]에는 적격합병 시 취득세가 전액 면제되었으나 이후 일부 감면으로 개정됨에 따라 적격합병이라도 취득세 납부의무가 있다.

① 과세표준[258]

법인의 합병·분할 및 조직변경을 원인으로 부동산등[259]을 취득하는 경우 과세표준은 시가인정액[260]으로 한다. 다만, 시가인정액을 산정하기 어려운 경우 취득당시가액은 시가표준액으로 한다.

② 세율

원칙적으로는 지방세법에 따라 표준세율[261]및 중과세율[262]이 적용되나 일정요건을 만족한 법인 간 합병의 경우 중과에서 제외하며 적격합병 시에는 특례세율이 적용된다. 또한 일정요건을 만족하는 적격합병의 경우 지방세특례제한법상 감면비율에 따라 감면을 적용받을 수 있다.

가. 중과제외

대도시[263]에서 설립 후 5년이 경과한 법인 간 합병하는 경우 등에는 대도시 부동산취득에 따른 중과[264]에서 제외한다.[265]

---

257) 2018. 12. 24. 개정 전 지특법 §57의2

258) 지법 §10의5 ③ 2호 및 지령 §18의4 ① 2호

259) 취득세 과세대상으로 부동산, 차량, 기계장비, 항공기, 선박, 입목, 광업권, 어업권, 양식업권, 골프회원권, 승마회원권, 콘도미니엄회원권, 종합체육시설이용회원권 또는 요트회원권(지법 §7 ①호)

260) 매매사례가액, 감정가액, 공매가액 등 대통령령으로 정하는 바에 따라 시가로 인정되는 가액으로 취득일 전 6개월부터 취득일 후 3개월 이내의 기간에 부동산등에 대하여 매매, 감정, 경매(「민사집행법」에 따른 경매를 말한다) 또는 공매한 사실이 있는 경우의 가액. 자세한 내용은 지령 §14를 참조하기 바란다.

261) 지방세법 제11조(부동산취득의 세율) 및 제12조(부동산 외 취득의 세율)에 따른 세율로 지방자치단체의 장은 조례로 정하는 바에 따라 취득세의 세율을 제11조와 제12조에 따른 세율의 100분의 50의 범위에서 가감할 수 있다(지법 §14).

262) 지법 §13(과밀억제권역 안 취득 등 중과) 및 §13의2(법인의 주택 취득 등 중과)에 따른 세율

263) 「수도권정비계획법」 제6조에 따른 과밀억제권역(「산업집적활성화 및 공장설립에 관한 법률」을 적용받는 산업단지는 제외)

264) 지법 §13 ② 1호

265) 지령 §27 ⑤

| 취득세 중과세율 |

구분		세율
지법 §13 ①	과밀억제권역에서 본점이나 주사무소의 사업용 부동산을 취득하는 경우	표준세율 + 중과기준세율 × 2
지법 §13 ②	대도시에서 법인을 설립하거나 지점 또는 분사무소를 설치하는 경우 및 대도시 밖에서 대도시로 전입함에 따라 대도시의 부동산을 취득하는 경우 등	표준세율 × 3 − 중과기준세율 × 2
상기 ①과 ②가 동시에 적용되는 과세물건		표준세율 × 3
지법 §13 ⑤	회원제골프장 · 고급주택 등 사치성재산 취득 시	표준세율 + 중과기준세율 × 4
상기 ②와 ⑤가 동시에 적용되는 과세물건		표준세율 × 3 + 중과기준세율 × 2
지법 §13의2 ① 1호	법인이 주택을 취득하는 경우	표준세율 + 중과기준세율 × 4

| 합병 시 취득세 중과(지법 §13 ② 1호) 제외 |

구분	내용
대도시에서 설립 후 5년 경과 법인 간 합병	중과에서 제외함.
대도시 내 5년 경과 법인과 5년 미만 법인이 합병하여 5년 미만 법인이 존속법인이 되거나 새로운 법인을 신설하는 경우	합병 당시 대도시 내 5년 경과 법인에 대한 자산비율[266]에 해당하는 부분은 중과대상이 아님.

나. 합병 시 부동산 취득에 대한 표준세율

합병 시 부동산 취득에 대한 세율은 23년 개정 전에는 명시적인 규정이 없어 해석 및 예규에 따라 무상취득세율 3.5% 또는 유상취득세율 4%를 실무적으로 적용하였으나 개정 후[267] 합병 시 취득하는 부동산에 대하여 유상세율[268]을 적용하는 것으로 명시됨에 따라 유상취득세율인 4%[269]가 적용된다.

266) 자산비율은 자산을 평가하는 때에는 평가액을 기준으로 계산한 비율로 하고, 자산을 평가하지 아니하는 때에는 합병 당시의 장부가액을 기준으로 계산한 비율로 한다.

267) 2023. 3. 14. 이후 법인이 합병 또는 분할에 따라 부동산을 취득하는 경우부터 적용한다.

268) 합병에 따른 자산취득과 교부하는 주식을 대가관계로 보아 유상취득으로 보았다.

269) 지법 §11 ⑤ 및 ① 7호(가. 농지 : 1천분의 30, 나. 농지 외의 것 : 1천분의 40)

다. 적격합병 시 특례세율

적격합병[270] 시에는 표준세율[271]에서 중과기준세율[272]을 차감한 특례세율이 적용된다.[273]

다만, 법인의 합병으로 인하여 취득한 과세물건이 합병 후에 지방세법 제16조에 따른 과세물건에 해당하게 되는 경우[274] 또는 합병등기일로부터 3년 이내에 과세이연 중단사유[275]가 발생하는 경우에는 특례세율을 적용하지 않으며, 합병으로 취득한 부동산이 지방세법 제13조 제2항[276]에 해당되는 경우에는 특례세율의 100분의 300을 적용한다.

한편, 법인세법은 적격간주합병[277]에 대해서는 사후관리 요건을 적용하지 않으나 지방세법은 적격간주합병에 대한 사후관리배제 조항이 없으므로 법인세법상 적격간주합병이라도 사후관리 요건을 충족하지 못한다면 특례세율을 적용받을 수 없는 것으로 보인다.[278]

| 적격합병 시 적용세율 |

구분	내용
특례세율	• 특례세율 = 표준세율 − 중과기준세율(2%)
특례세율 배제	• 지방세법 제16조에 따른 과세물건에 해당하게 된 경우 • 합병등기일부터 3년 이내 과세이연 중단사유가 발생하는 경우
과밀억제권역 안 취득 등 중과에 해당되는 경우	• 특례세율 × 3

라. 적격합병등에 대한 감면[279]

법인세법상 적격합병[280]으로 업종 요건 등을 만족하는 경우에는 취득세의 100분의 50을

---

270) 법법 §44 ② 또는 ③에 해당하는 법인의 합병

271) 지법 제11조(부동산취득의 세율) 및 제12조(부동산 외 취득의 세율)에 따른 세율로 지방자치단체의 장은 조례로 정하는 바에 따라 취득세의 세율을 제11조와 제12조에 따른 세율의 100분의 50의 범위에서 가감할 수 있다(지법 §14).

272) 중과기준세율이란 §11 및 §12에 따른 세율에 가감하거나 §15 ②에 따른 세율의 특례 적용기준이 되는 세율로서 1천분의 20을 말한다(지법 §6 ⑲).

273) 지법 §15 ① 3호

274) 취득한 후 5년 이내에 중과대상이 되는 경우를 말한다.

275) 법법 §44의3 ③ 각 호의 어느 하나에 해당하는 사유가 발생하는 경우(같은 항 각 호 외의 부분 단서에 해당하는 경우는 제외한다)

276) 과밀억제권역 안 취득 등 중과

277) 법법 §44 ③에 따른 합병

278) 법제처 법령해석(22-0398, 2022. 11. 7.)상 적격간주합병 후 과세중단사유 발생 시에는 경감된 취득세를 추징한다는 해석 참조

279) 지특법 §57의2

감면한다. 다만, 해당자산이 과세이연 중단사유 등이 발생하는 경우 등[281)]에는 일정금액[282)]을 차감하고 산출한 취득세를 감면한다. 한편, 회원제골프장・고급주택 등 사치성재산[283)]은 감면 대상에서 제외된다.

| 상황별 감면율 |

법법 제44조의	요건	감면율[284)]
제2항 또는 제3항에 따른 합병	합병일 현재 「조세특례제한법 시행령」 제29조 제3항에 따른 소비성서비스업[285)] 제외한 사업을 1년 이상 계속하여 영위한 법인 간의 합병이며 사업용재산[286)]에 해당될 것	50%
	「중소기업기본법」에 따른 중소기업 간 합병	60%
	기술혁신형사업법인[287)]과 합병을 하는 경우	60%
제2항에 따른 금융회사 간의 합병	「금융산업의 구조개선에 관한 법률」 제4조에 따른 금융위원회의 인가를 받은 금융회사 간의 합병	50%
제2항에 따른 합병	「농업협동조합법」 등에 따라 설립된 조합[288)] 간의 합병 등	85%[289)]
「지방세특례제한법」 제177조에 따른 감면 제외 대상(회원제골프장・고급주택 등 사치성재산[290)])에 해당되는 경우		-% (감면배제)

280) 법법 §44 ② 또는 ③에 해당하는 법인의 합병

281) 법인의 합병으로 인하여 취득한 과세물건이 합병 후에 지법 §16에 따른 과세물건에 해당하게 되는 경우 또는 합병등기일부터 3년 이내에 법법 §44의3 ③ 각 호의 어느 하나에 해당하는 사유가 발생하는 경우(상기 적격합병 시 특례세율 배제 사유와 동일)

282) 1. 「지방세법」 제13조 제1항에 따른 취득 재산에 대해서는 같은 조에 따른 중과기준세율(이하 "중과기준세율"이라 한다)의 100분의 300을 적용하여 산정한 금액
2. 「지방세법」 제13조 제5항에 따른 취득 재산에 대해서는 중과기준세율의 100분의 500을 적용하여 산정한 금액

283) 지특법 §177

284) 법인세법상 적격합병 요건을 충족하고 추가적인 요건을 만족하는 합병이므로 특례세율(2%)에 감면율을 적용한 세율이 취득세 세율이다.

285) 소비성서비스업과 다른 사업을 겸영하고 있는 경우에는 합병일이 속하는 사업연도의 직전 사업연도의 사업별 수입금액이 가장 큰 사업을 기준으로 판단하며, 피합병법인이 1년 이상 소비성서비스업을 영위한 경우로서 합병 후에는 합병법인이 소비성서비스업을 영위하지 않는 경우에는 감면적용이 가능하다(지특령 §28의2 ①).

286) 직원에게 제공하는 사택 및 콘도미니엄회원권 등은 사업용재산에 해당되지 않는다는 예규 등(지방세특례제도과-1787, 2022. 8. 12., 지방세특례제도과-1046, 2019. 10. 24.)을 고려하면 사업용재산은 복리후생차원이 아닌 사업에 있어 필수적인 기능을 위한 재산으로 한정하고 있는 것으로 보인다.

287) 기술혁신형사업법인이란 다음 각 호의 어느 하나에 해당하는 법인을 말한다(지특령 §28의2 ②).
1. 합병등기일까지 「벤처기업육성에 관한 특별조치법」 제25조에 따라 벤처기업으로 확인받은 법인
2. 합병등기일까지 「중소기업 기술혁신 촉진법」 제15조와 같은 법 시행령 제13조에 따라 기술혁신형 중소기업으로 선정된 법인
3. 합병등기일이 속하는 사업연도의 직전 사업연도의 「조세특례제한법」 제10조 제1항 각 호 외의 부분 전단에 따른 연구・인력개발비가 매출액의 100분의 5 이상인 중소기업

| 합병 시 취득세 감면신청 제출서류 |

- 취득세 신고서
- 지방세 감면신청서
- 합병계약서
- 합병 후 존속하는 법인의 정관
- 법인세법상 적격합병임을 입증하는 하기 서류
  - 존속법인 및 소멸법인 각각의 법인등기부등본(사업영위기간 1년 이상 내국법인 확인용)
  - 합병에 따라 소멸하는 법인의 주주명부(합병 전 주주명부 및 주식비율 확인용)
  - 합병 후 존속하는 법인의 주주명부(합병 전·후 주주명부 및 주식비율 확인용)
  - 합병등기일 1개월 전 당시 피합병법인에 종사하는 대통령령으로 정하는 근로자 중 합병법인이 승계한 근로자의 비율이 100분의 80 이상임을 입증하는 서류
- 존속법인 및 소멸법인의 재무상태표 및 손익계산서[291)](소비성서비스업 여부 확인용)

---

4. 합병등기일까지 다음 각 목의 어느 하나에 해당하는 인증 등을 받은 중소기업
   가. 「보건의료기술 진흥법」 제8조 제1항에 따른 보건신기술 인증
   나. 「산업기술혁신 촉진법」 제15조의2 제1항에 따른 신기술 인증
   다. 「산업기술혁신 촉진법」 제16조 제1항에 따른 신제품 인증
   라. 「제약산업 육성 및 지원에 관한 특별법」 제7조 제2항에 따른 혁신형 제약기업 인증
   마. 「중견기업 성장촉진 및 경쟁력 강화에 관한 특별법」 제18조 제1항에 따른 중견기업 등의 선정

288) 1. 「농업협동조합법」, 「수산업협동조합법」 및 「산림조합법」에 따라 설립된 조합 간의 합병
2. 「새마을금고법」에 따라 설립된 새마을금고 간의 합병
3. 「신용협동조합법」에 따라 설립된 신용협동조합 간의 합병

289) 최소납부제에 따라 15%는 납부하여야 한다(지특법 §177의2).

290) 1. (삭제, 2023. 3. 14. ; 지방세법 부칙)
2. 골프장 : 「체육시설의 설치·이용에 관한 법률」에 따른 회원제 골프장용 부동산 중 구분등록의 대상이 되는 토지와 건축물 및 그 토지 상(上)의 입목. 이 경우 등록을 하지 아니하고 사실상 골프장으로 사용하는 부동산을 포함한다.
3. 고급주택 : 주거용 건축물 또는 그 부속토지의 면적과 가액이 「지방세법 시행령」 제28조 제4항에 따른 기준을 초과하거나 해당 건축물에 67제곱미터 이상의 수영장 등 「지방세법 시행령」 제28조 제4항에 따른 부대시설을 설치한 주거용 건축물과 그 부속토지
4. 고급오락장 : 도박장, 유흥주점영업장, 특수목욕장, 그 밖에 이와 유사한 용도에 사용되는 건축물 중 「지방세법 시행령」 제28조 제5항에 따른 건축물과 그 부속토지
5. 고급선박 : 비업무용 자가용 선박으로서 「지방세법 시행령」 제28조 제6항에 따른 기준을 초과하는 선박

291) 합병기일 직전 사업연도 및 합병기일 시점에 작성된 것

③ 지방교육세 등

가. 지방교육세[292]

구분	적격합병	비적격합병
과세표준	취득세 과세표준 × (제11조[293] 및 제12조에 따른 세율[294] - 2%)	
세율	20%	
감면	(1 - 감면율[295])	해당사항 없음.

나. 농어촌특별세

구분	적격합병	비적격합병
과세표준	비과세[296]	취득세 과세표준 × 2%[297]
세율		10%

④ 신고 · 납부기한

취득일[298]로부터 60일과 소유권이전등기 접수일 중 빠른날이 신고 · 납부기한이므로[299] 합병기일 후 부동산이전등기일에 신고 · 납부가 완료되어야 한다.

⑤ 합병 시 부동산 취득세 세율

구분	취득세 과세표준 기준	
	적격합병	비적격합병
취득세	(4% - 2%) × (1 - 50%) = 1%	4%
지방교육세	(4% - 2%) × (1 - 50%) × 20% = 0.2%	(4% - 2%) × 20% = 0.4%
농어촌특별세	비과세	2% × 10% = 0.2%
합계	1.2%	4.6%

292) 지법 §151
293) 지법 제11조 제1항 제1호부터 제7호까지의 세율
294) 지법 §14에 따라 조례로 세율을 달리 정하는 경우에는 그 세율
295) 취득세 계산 시 적용된 감면율
296) 농특령 §4 ③에 따라 특별세율적용에 따른 세액이 비과세되며 농특령 제4조 제6항 제5호에 따라서 감면분에 대한 세액 역시 비과세된다.
297) 지법 §11 및 §12의 표준세율을 100분의 2로 적용하여 산출한 취득세액
298) 합병의 경우 취득일은 합병기일임(서울행법 1999. 9. 30. 선고 99구5152 판결, 부동산세제과-428, 2019. 9. 16.).
299) 지법 §20 ①

6) 등록면허세

농업협동조합등[300)]이 적격합병[301)]으로 양수받아 3년 이내에 등기하는 재산 등에 대해서는 등록면허세의 100분의 50을 경감한다.[302)]

| 상황별 감면율 |

구분	요건	감면율
법법 제44조의 제2항에 따른 금융회사 간의 합병	「금융산업의 구조개선에 관한 법률」 제4조에 따른 금융위원회의 인가를 받은 금융회사 간의 합병으로 합병으로 양수받아 3년 이내에 등기하는 재산	25%
법법 제44조의 제2항에 따른 합병	「농업협동조합법」 등에 따라 설립된 조합[303)] 간의 합병으로 합병으로 양수받아 3년 이내에 등기하는 재산	50%
「지방세특례제한법」 제177조에 따른 감면 제외 대상(회원제골프장 · 고급주택 등 사치성재산[304)])에 해당되는 경우		- % (감면배제)

한편, 대도시 내 법인의 자본금 증가에 대한 자본등록세 중과규정[305)]은 대도시에서 설립 후 5년이 경과한 법인 간에 합병하는 경우에는 중과세대상으로 보지 않는다.[306)]

---

300) 1. 「농업협동조합법」, 「수산업협동조합법」 및 「산림조합법」에 따라 설립된 조합 간의 합병
　2. 「새마을금고법」에 따라 설립된 새마을금고 간의 합병
　3. 「신용협동조합법」에 따라 설립된 신용협동조합 간의 합병

301) 법법 §44 ②에 따른 합병으로 적격간주합병은 제외한다.

302) 지특법 §57의2 ②

303) 1. 「농업협동조합법」, 「수산업협동조합법」 및 「산림조합법」에 따라 설립된 조합 간의 합병
　2. 「새마을금고법」에 따라 설립된 새마을금고 간의 합병
　3. 「신용협동조합법」에 따라 설립된 신용협동조합 간의 합병

304) 1. (삭제, 2023. 3. 14. ; 지방세법 부칙)
　2. 골프장 : 「체육시설의 설치 · 이용에 관한 법률」에 따른 회원제 골프장용 부동산 중 구분등록의 대상이 되는 토지와 건축물 및 그 토지 상(上)의 입목. 이 경우 등록을 하지 아니하고 사실상 골프장으로 사용하는 부동산을 포함한다.
　3. 고급주택 : 주거용 건축물 또는 그 부속토지의 면적과 가액이 「지방세법 시행령」 제28조 제4항에 따른 기준을 초과하거나 해당 건축물에 67제곱미터 이상의 수영장 등 「지방세법 시행령」 제28조 제4항에 따른 부대시설을 설치한 주거용 건축물과 그 부속토지
　4. 고급오락장 : 도박장, 유흥주점영업장, 특수목욕장, 그 밖에 이와 유사한 용도에 사용되는 건축물 중 「지방세법 시행령」 제28조 제5항에 따른 건축물과 그 부속토지
　5. 고급선박 : 비업무용 자가용 선박으로서 「지방세법 시행령」 제28조 제6항에 따른 기준을 초과하는 선박

305) 대도시 내 법인 설립 후 5년 내 자본금을 증가하는 경우 등은 기존세율의 3배가 중과된다(지법 §28 ②).

306) 지령 §45 ③

| 자본등록세 세율 |

구분	법인등기(증자등기)
등록면허세	0.4%
지방교육세	0.4% × 20% = 0.08%
합계	0.48%[307)]

7) 중간예납

가. 합병등기일이 중간예납기간인 6월 말 이후인 경우

중간예납기간 내에 합병이 이루어지지 않았으므로 법인의 일반적인 중간예납신고와 동일하다.

나. 합병등기일이 중간예납기간인 6월 말 이전이면서 직전연도 기준으로 신고 시

직전 사업연도 산출세액을 기준으로 신고 시 직전 사업연도의 산출세액은 합병법인과 피합병법인의 산출세액을 합산한 금액으로 한다.[308)]

8) 연말정산

법인이 합병함에 있어서 피합병법인의 임직원이 합병법인에 계속 취업하고 현실적인 퇴직을 하지 아니한 경우에는 당해 임직원에 대한 연말정산은 합병법인이 하는 것이며, 근로소득원천징수영수증에 피합병법인이 지급한 근로소득과 원천징수내역을 전근무지의 소득과 기납부세액으로 구분기재하여야 한다.[309)]

(6) 피합병법인의 주주

1) 의제배당

① 비적격합병

피합병법인의 주주가 합병으로 취득하는 주식 또는 출자의 가액과 금전, 그 밖의 재산가액의 합계액이 그 합병으로 소멸한 법인의 주식등을 취득하기 위하여 사용금액을 초과하는 금액은 의제배당으로 법인세 또는 소득세가 과세된다.[310)]

---

307) 대도시 내 3배 중과 규정에 해당되면 1.44%가 적용된다.
308) 법법 §63의2 ③
309) 소기통 137-0-2, 법인46013-2960, 1998. 10. 12.
310) 법법 §16 ① 5호, 소법 §17 ②

| 의제배당 |

합병으로 인하여 취득하는 합병법인의 주식등의 가액
(+) 합병으로 인하여 취득하는 금전[311] 또는 그 밖의 재산가액
(−) 피합병법인의 주식을 취득하기 위하여 소요된 금액[312]
= 의제배당

② 적격합병

가. 적격합병 요건완화[313]

의제배당의 과세이연을 위한 적격합병 요건은 적격합병 요건 중 일부를 완화하여 적용한다.[314] 상기 (3) 적격합병의 요건 부분을 참조하기 바란다.

나. 합병교부주식가액의 산정

의제배당 계산 시 합병교부주식가액을 시가가 아닌 종전의 주식 장부가액으로 하므로 합병교부대가 중 금전 또는 그 밖의 재산가액이 없다면 피합병법인의 주주의 합병 시 의제배당액은 "0(영)"으로 과세이연된다. 다만, 합병대가 중 일부를 금전이나 그 밖의 재산으로 받은 경우로서 합병교부주식의 시가가 종전의 장부가액보다 적은 경우에는 시가로 한다.[315]

| 합병교부주식가액의 산정 |

구분		합병교부주식가액
적격합병(또는 요건을 모두 갖춘 외국법인 간 합병[316])	합병대가가 전부 합병교부주식인 경우	종전 장부금액
	합병대가의 일부가 합병교부주식이 아닌 경우 & 합병교부주식 시가 < 종전의 장부가액	시가
자본시장법상 투자회사[317] 등이 취득한 합병교부주식		영(0)

311) 피합병법인의 주주가 합병구주를 반환하고 합병대가로 합병교부금을 받은 경우 합병구주의 반환은 증권거래세 과세대상에 해당하지 아니함(사전-2019-법령해석재산-0070, 2020. 8. 31.).

312) 결손누적으로 자본이 전액 잠식된 자회사('피합병법인')가 다른 자회사에 무증자합병(합병비율 1:0)됨에 따라 모회사가 보유한 피합병법인 주식이 전부 소멸된 경우 피합병법인 주식의 취득가액은 합병등기일이 속하는 사업연도에 손금에 산입하는 것임(기획재정부 법인세제과-344, 2022. 8. 29.).

313) 법령 §14 ① 1호 나목

314) 법법 §44 ② 1호 및 2호(주식등의 보유와 관련된 부분은 제외)만 모두 갖추면 된다.

315) 시가가 장부가액보다 적은 경우에도 합병교부주식가액을 종전의 장부가액으로 하게 되면 주식의 시가미달액의 상쇄효과가 사라져 의제배당액이 높아지게 됨으로 이를 방지하기 위함이다.

316) 가. 외국법인이 다른 외국법인의 발행주식총수 또는 출자총액을 소유하고 있는 경우로서 그 다른 외국법인에 합병되거나 내국법인이 서로 다른 외국법인의 발행주식총수 또는 출자총액을 소유하고 있는 경우로서 그 서로 다른 외국법인 간 합병될 것(내국법인과 그 내국법인이 발행주식총수 또는 출자총액을 소유한

2) 불공정합병에 의한 이익분여

① 법인[318)]

특수관계인 법인 간 합병을 함에 있어 주식등을 시가보다 높거나 낮게 평가하여 불공정한 비율로 합병하여 특수관계에 있는 주주 간에 현저한 이익이 분여되는 경우에는 부당행위계산부인 규정이 적용된다. 다만, 자본시장법에 따른 합병[319)]은 제외한다. 한편, 특수관계의 판정은 합병등기일이 속하는 사업연도의 직전 사업연도의 개시일부터 합병등기일까지의 기간에 의한다.

② 개인[320)]

특수관계에 있는 법인 간 합병에 있어 합병당사회사의 대주주[321)]가 일정한 규모[322)] 이상의 이익을 얻는 경우 그 합병등기일을 증여일로 하여 그 이익에 상당하는 금액을 그 대주주 등이 증여재산가액으로 한다. 다만, 자본시장법에 따른 합병은 제외한다.

3) 합병에 따른 상장 이익의 증여[323)]

최대주주 등과 특수관계 있는 자가 최대주주 등으로부터 당해 법인의 주식등을 증여받거나 유상으로 취득한 경우 등으로서 증여·취득일부터 5년 이내에 당해 법인 또는 다른 법인과 특수관계에 있는 주권상장법인 등과 합병됨에 따라 그 가액이 증가된 경우, 증여·취득 시점과 정산기준일[324)]의 주식가액이 일정금액 이상 차이가 나는 경우[325)]에는 해당 이익을 그 이익을 얻은 자의 증여재산가액으로 한다.

외국법인이 각각 보유하고 있는 다른 외국법인의 주식등의 합계가 그 다른 외국법인의 발행주식총수 또는 출자총액인 경우로서 그 서로 다른 외국법인 간 합병하는 것을 포함한다)

나. 합병법인과 피합병법인이 우리나라와 조세조약이 체결된 동일 국가의 법인일 것

다. 나목에 따른 해당 국가에서 피합병법인의 주주인 내국법인에 합병에 따른 법인세를 과세하지 아니하거나 과세이연할 것

라. 가목부터 다목까지의 사항을 확인할 수 있는 서류를 납세지 관할 세무서장에게 제출할 것

317) 법령 §51의2 ① 2호의 법인

318) 법령 §88 ① 8호 가목

319) 자본시장법에서 정하는 요건 및 방법 등의 기준에 따른 합병을 말한다.

320) 상증법 §38

321) 해당주주등의 지분 및 그의 특수관계인의 지분을 포함하여 해당 법인의 발행주식총수등의 100분의 1 이상을 소유하고 있거나 소유하고 있는 주식등의 액면가액이 3억 원 이상인 주주등을 말한다(상증령 §28 ②).

322) 합병 후 신설 또는 존속하는 법인의 주식등의 평가가액의 100분의 30에 해당하는 가액과 3억 원 중 적은 금액

323) 상증법 §41의5

324) 주식등의 상장 등에 따른 이익의 증여(상증법 §41 ③~⑨) 규정을 준용하며 이 경우 상장일은 합병등기일로 본다.

325) 증여·취득일시점과 상장 후 주식가액이 30% 또는 3억 원 이상의 차이가 있는 경우

(7) 적격합병의 사후관리

적격합병 후 일정기간 내에 과세이연 중단사유가 발생하는 경우에는 그 사유가 발생한 사업연도에 적격합병 관련 세무사항을 모두 조정한다. 또한 적격합병에 따른 감면받은 취득세 등은 추징된다.

1) 과세이연 중단사유 및 중단사유의 예외[326)]

과세이연 중단사유 및 사유발생기간[327)]	과세이연 중단사유의 예외 (부득이한 것으로 보는 경우)
합병법인이 피합병법인으로부터 승계받은 사업을 폐지하는 경우 ※ 사유발생기간 : 2년 이내 ※ 합병법인으로부터 승계한 자산가액[328)]의 2분의 1 이상[329)]을 처분하거나 사업에 사용하지 아니하는 경우에는 피합병법인으로부터 승계받은 사업을 폐지한 것으로 본다.[330)]	(법법 §44 ② (3)에 대한 부득이한 사유) ⓐ 합병법인이 파산함에 따라 승계받은 자산을 처분한 경우 ⓑ 합병법인이 적격합병(법 §44 ② 및 ③에 따른 적격합병)·적격분할(법 §46 ②에 따른 적격분할)·적격물적분할(법 §47 ①에 따라 양도차익을 손금에 산입한 물적분할) 또는 적격현물출자(법 §47의2 ① 각 호의 요건을 모두 갖추어 양도차익에 해당하는 금액을 손금에 산입하는 현물출자)에 따라 사업을 폐지한 경우 ⓒ 합병법인이 기업개선계획의 이행을 위한 약정(조특령 §34 ⑥ 1호) 또는 기업개선계획의 이행을 위한 특별약정(조특령 §34 ⑥ 2호)에 따라 승계받은 자산을 처분한 경우 ⓓ 합병법인이 채무자 회생 및 파산에 관한 법률에 따른 회생절차에 따라 법원의 허가를 받아 승계받은 자산을 처분한 경우

326) 법법 §44의3 ③, 법령 §80의4 ⑦, 법령 §80의2 ①
327) 합병등기일이 속하는 사업연도의 다음 사업연도 개시일부터 기산한다.
328) 피합병법인으로부터 승계한 자산가액은 유형자산, 무형자산 및 투자자산의 가액을 말한다.
329) 50% 미만을 처분하는 경우에는 사업을 폐지한 것으로 보지 않는다.
330) 다만, 피합병법인이 보유하던 합병법인의 주식을 승계받아 자기주식을 소각하는 경우에는 해당 합병법인의 주식을 제외하고 피합병법인으로부터 승계받은 자산을 기준으로 사업을 계속하는지 여부를 판정하되, 승계받은 자산이 합병법인의 주식만 있는 경우에는 사업을 계속하는 것으로 본다(법령 §80의4 ⑧).
331) 일정 지배주주가 합병신주와 그 외의 방법으로 취득한 합병법인의 주식이 함께 있는 경우
332) 이 경우에는 합병법인은 납세지 관할 세무서장이 해당법인이 선택한 주식처분순서를 확인하기 위하여 필요한 자료를 요청하는 경우에는 그 자료를 제출하여야 한다(법령 §80의2 ⑧).

<table>
<tr><th>과세이연 중단사유 및
사유발생기간[327]</th><th>과세이연 중단사유의 예외
(부득이한 것으로 보는 경우)</th></tr>
<tr><td>피합병법인의 일정 지배주주 등이 합병법인으로부터 받은 주식 등을 처분하는 경우

※ 사유발생기간 : 2년 이내</td><td>(법법 §44 ② (2)에 대한 부득이한 사유)

ⓐ 일정 지배주주가 합병으로 교부받은 전체 주식의 50% 미만을 처분한 경우
<table><tr><th>구분</th><th>내용</th></tr><tr><td>주식보유 요건의 판단기준</td><td>모든 개별 주주가 아닌 일정 지배주주 전체를 기준으로 판단함.</td></tr><tr><td>일정 지배주주가 합병으로 교부받은 주식 등을 서로 간에 처분하는 경우</td><td>그 주식은 처분한 것으로 보지 않음.</td></tr><tr><td>일정 지배주주가 합병법인주식 처분 시 순서[331]</td><td>합병법인이 선택[332]한 주식 등을 처분한 것으로 봄.</td></tr></table>ⓑ 일정 지배주주가 사망하거나 파산하여 주식을 처분한 경우
ⓒ 일정 지배주주가 적격합병, 적격분할, 적격물적분할 또는 적격현물출자에 따라 주식을 처분한 경우
ⓓ 일정 지배주주가 주식을 현물출자, 교환·이전하고 과세이연 받으면서 주식을 처분한 경우
ⓔ 일정 지배주주가 회생절차에 따라 법원의 허가를 받아 주식을 처분하는 경우
ⓕ 일정 지배주주가 기업개선계획의 이행을 위한 약정 또는 기업개선계획의 이행을 위한 특별약정에 따라 주식 등을 처분하는 경우
ⓖ 일정 지배주주가 법령상 의무를 이행하기 위하여 주식을 처분하는 경우</td></tr>
<tr><td>각 사업연도 종료일 현재 합병법인에 종사하는 근로자 수가 합병등기일 1개월 전 당시 피합병법인과 합병법인에 각각 종사하는 근로자 수의 합의 80% 미만으로 하락하는 경우

※ 사유발생기간 : 3년 이내</td><td>(법법 §44 ② (4)에 대한 부득이한 사유)

ⓐ 합병법인이 채무자 회생 및 파산에 관한 법률 제193조에 따른 회생계획을 이행 중인 경우
ⓑ 합병법인이 파산함에 따라 근로자의 비율을 유지하지 못한 경우
ⓒ 합병법인이 적격합병, 적격분할, 적격물적분할 또는 적격현물출자에 따라 근로자의 비율을 유지하지 못한 경우
ⓓ 합병등기일 1개월 전 당시 피합병법인에 종사하는 「근로기준법」에 따라 근로계약을 체결한 내국인 근로자가 5명 미만인 경우</td></tr>
</table>

2) 과세이연중단의 효과

① 자산조정계정 등의 익금산입 등[333)]

합병법인은 그 사유가 발생한 날이 속하는 사업연도의 소득금액을 계산할 때 계상된 자산조정계정 잔액의 총합계액[334)]과 피합병법인으로부터 승계받은 결손금 중 공제한 금액 전액을 익금에 산입한다. 이 경우 적격합병 시 계상된 자산조정계정은 소멸하는 것으로 한다.[335)]

익금산입액 = 자산조정계정 잔액 + 승계받은 결손금의 누적공제액

한편, 비적격합병이라면 피합병법인의 이월결손금은 피합병법인의 양도손익에서 공제되었을 것이므로 합병법인이 피합병법인으로부터 승계한 이월결손금 중 과세이연중단에 따라 합병법인이 부담하는 자산양도차익 상당의 이월결손금은 합병법인의 소득에서 공제한다.[336)]

② 합병매수차손익의 조정

과세이연 중단사유가 발생하는 경우에는 처음부터 비적격합병을 한 것처럼 그 효과를 조정해야 하는데 비적격합병 시 합병매수차손은 사업상 가치 등이 있어 지급한 경우 5년간 균등손금하고 합병매수차익은 5년간 균등익금함을 고려하여 그동안의 누적효과를 조정한다.

| 합병매수차손의 조정 예시 |

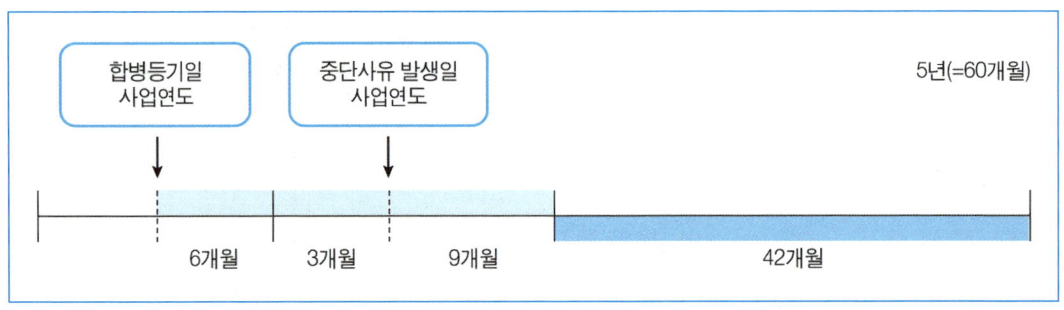

333) 자산조정계정의 일시 익금산입은 합병 당시 이연한 피합병법인의 양도손익을 합병법인에게 과세하기 위해서이다.

334) 총합계액이 0보다 큰 경우에 한정하며, 총합계액이 0보다 적은 경우에는 없는 것으로 본다.

335) 법령 §80의4 ④

336) 서면 – 2022 – 법인 – 2193(2022. 12. 30.)

① 중단사유 발생 사업연도 누적손금 산입액

$$합병매수차손 \times \frac{합병등기일부터\ 해당사업연도\ 종료일까지\ 월수(18개월)}{60개월}$$

② 중단사유 발생 사업연도부터 합병등기일로부터 5년이 되는 날이 속하는 사업연도까지 각 사업연도의 손금산입액

$$합병매수차손 \times \frac{해당\ 사업연도의\ 월수^{337)}}{60개월}$$

③ 승계한 세무조정사항의 처리[338)]

사유가 발생하는 사업연도의 소득금액 및 과세표준을 계산할 때 승계한 세무조정사항 중 익금불산입액은 더하고 손금불산입액은 차감하여 승계한 세무조정사항을 모두 제거한다.

④ 공제한 세액감면 · 공제의 가산

피합병법인으로부터 승계받아 공제한 감면 · 세액공제액 등을 해당 사업연도의 법인세에 더하여 납부하고 해당 사업연도부터 관련 감면 또는 세액공제를 적용하지 아니한다.

⑤ 감면 취득세의 추징

합병등기일부터 3년 이내에 과세이연 중단사유 중 어느 하나에 해당하는 사유가 발생하는 경우(부득이한 사유가 있는 경우 제외)에는 경감된 취득세를 추징한다.[339)]

한편, 법인세법에서는 적격간주합병에 대하여 사후관리 요건을 적용하지 않으나 지방세법은 적격간주합병에 대한 사후관리배제 조항이 없으므로 적격간주합병이라도 사후관리 요건을 충족하지 못한다면 감면 취득세는 추징된다.[340)]

337) 합병등기일이 속하는 월의 일수가 1월 미만인 경우 합병등기일부터 5년이 되는 날이 속하는 월은 없는 것으로 한다.

338) 법령 §80의4 ⑥

339) 지특법 §57의2 ①

340) 법제처 법령해석(22-0398, 2022. 11. 7.)

Ⅲ 절차

합병 시에는 다양한 이해당사자들이 존재하므로 당사 회사 간의 합병계약 체결만으로는 법적효력이 발생[341]하지 않으며 법률상 정하는 절차들을 따라야 한다. 따라서 상기 'Ⅱ. 사전검토' 후에는 합병일정표를 작성하여야 하는데 일정표에는 상법에서 정하는 절차뿐만 아니라 상장회사인 경우에는 자본시장법 및 거래소 등에서 요구되는 공시관련사항도 함께 반영하여 절차상 누락[342]이 없도록 하여야 한다.

| 합병일정과 목차(상장회사는*) |

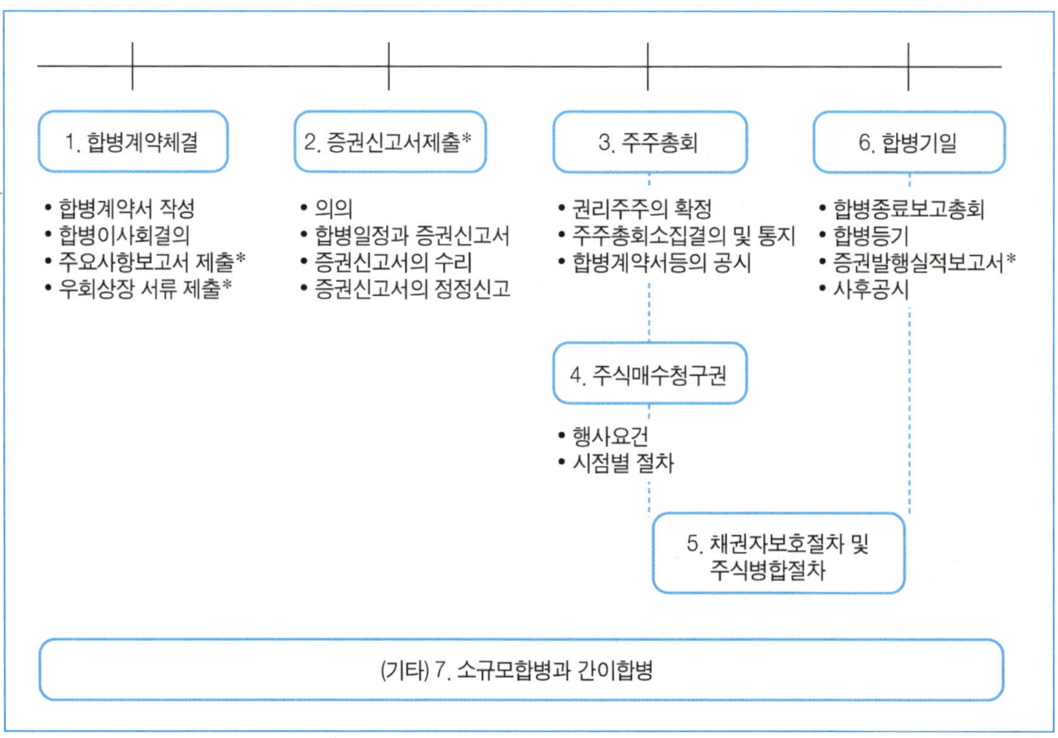

341) 합병의 법적인 효력발생 요건은 합병등기이며, 합병등기는 상법상 절차가 모두 이행되어야 가능하다.
342) 상법상 절차상 흠결이 있는 경우에는 '합병무효의 소'의 원인이 될 뿐만 아니라 등기가 불가능할 수도 있어 법적효력이 발생하지 않을 수 있다.

❶ 합병계약체결

합병계약서를 작성하고 이사회 결의를 통하여 합병계약을 체결한다. 또한 이사회기일에 맞추어 사업보고서 제출대상법인은 주요사항보고서를 금융위원회(금융감독원)에 제출하여야 한다.

(1) 합병계약서 작성

합병당사회사들은 상법상 필수적 사항이 기재된 합병계약서를 작성한다. 한편, 사업보고서 제출대상법인인 경우 합병계약서는 주요사항보고서상 첨부서류 중 하나로 공시가 됨에 유념하여야 한다.

| 흡수합병계약서 필수적 기재사항(상법 §523) |

① 존속하는 회사가 합병으로 인하여 그 발행할 주식의 총수를 증가하는 때에는 그 증가할 주식의 총수, 종류와 수
→ 존속회사가 합병을 하면서 존속회사의 수권주식수(발행할 주식의 총수)를 증가시키고자 할 때에는 합병계약서에 기재하여 합병주주총회에서 함께 결의 후 합병등기 시에 동 사항을 등기한다.

② 존속하는 회사의 자본금 또는 준비금이 증가하는 경우에는 증가할 자본금 또는 준비금에 관한 사항
→ 존속회사가 신주를 발행하는 경우에 기재한다.

③ 존속하는 회사가 합병을 하면서 신주를 발행하거나 자기주식을 이전하는 경우에는 발행하는 신주 또는 이전하는 자기주식의 총수, 종류와 수 및 합병으로 인하여 소멸하는 회사의 주주에 대한 신주의 배정 또는 자기주식의 이전에 관한 사항
→ 합병비율과 동 합병비율에 따라 발행하는 신주(또는 이전하는 자기주식)에 관한 사항을 기재한다.

④ 존속하는 회사가 합병으로 소멸하는 회사의 주주에게 신주발행(또는 자기주식이전) 대신 그 대가의 전부 또는 일부로서 금전이나 그 밖의 재산을 제공하는 경우에는 그 내용 및 배정에 관한 사항
→ 합병대가가 신주발행(또는 자기주식이전) 이외인 경우 기재하며 해당사항이 없는 경우 합병교부금이 없다는 사실을 기재한다.

⑤ 각 회사에서 합병의 승인결의를 할 사원 또는 주주의 총회의 기일
→ 각 합병당사회사의 합병주주총회 기일을 기재한다.

⑥ 합병을 할 날

→ 합병을 할 날은 실질적인 합병일로 '합병기일'이다.

⑦ 존속하는 회사가 합병으로 인하여 정관을 변경하기로 정한 때에는 그 규정

→ 존속회사가 합병으로 인하여 사업목적을 추가하거나 상호를 변경하는 경우 등 정관기재 사항의 변경이 발생하는 경우에는 합병계약서에 기재하여 합병주주총회에서 결의 후 합병등기 시에 동 사항을 함께 등기한다.

⑧ 각 회사가 합병으로 이익배당을 할 때에는 그 한도액

→ 합병당사회사가 합병 전에 이익배당(중간배당 포함)을 할 때에는 당사자들의 이해관계에 영향을 미치므로 그 한도액을 합병계약서에 기재하여야 한다.

⑨ 합병으로 인하여 존속하는 회사에 취임할 이사와 감사 또는 감사위원회의 위원을 정한 때에는 그 성명 및 주민등록번호

→ 합병으로 인하여 소멸하는 회사의 이사진을 존속회사 이사진으로 새롭게 취임하고자 할 때에는 합병계약서에 기재하고 합병등기 시에 동 사항을 등기한다.

→ 한편, 상법 제527조의4에 따르면 합병 전에 취임한 존속회사의 이사와 감사는 합병계약서에 다른 정함이 있는 경우를 제외하고는 합병 후 최초로 도래하는 결산기의 정기총회가 종료되는 때에 퇴임하도록 되어 있으므로 합병 후 이사와 감사를 다시 선임하는 번거로움을 피하기 위해서는 합병계약서에 존속회사의 이사와 감사에 대한 임기를 합병 전 임기만료일까지로 함을 별도로 기재하여야 한다.

| 합병계약서 예시(상장회사 간 합병) |

합병계약서

서울시 서초구 사평대로 △△에 본점을 둔 주식회사 사평(이하 "사평")과 서울시 강남구 남부순환로 △△에 본점을 둔 주식회사 남부(이하 "남부")(이하 사평과 남부를 개별적으로 "당사자", 총칭하여 "당사자들"이라고 함)는 2019년 6월 19일 다음과 같이 합병계약(이하 "본 계약" 또는 "본 계약서")을 체결한다.

- 전 문 -

본 계약 체결일 현재 사평의 수권주식 총수는 액면가 500원의 300,000,000주이고, 이 중 기명식 보통주식 20,563,934주 및 기명식 전환우선주식 2,219,749주가 각각 발행되어 있으며 남부의 수권주식 총수는 액면가 500원의 100,000,000주이고, 이 중 기명식 보통주식 6,516,249주가 발행되어 있다.[343)]

343) 합병 전 발행주식수는 합병신주 및 합병 후 회사의 지분율을 결정하므로 이를 명확하게 하기 위하여 계약체결일 현재 수권발행주식과 발행한 주식수를 각각 기재한 것이다.

사평과 남부는 사평을 존속회사로 하고 남부를 소멸회사로 하는 흡수합병을 진행하고자 하는바, 이에 사평과 남부는 다음과 같이 합의한다.

제1조 합병의 방법

1.1. 본 계약의 조건과 관련 법령이 정하는 바에 따라 제3.1조에서 정하는 합병기일(이하 "합병기일")에 사평과 남부는 흡수합병의 방법으로 합병하며, 사평은 존속하고 남부는 소멸한다(이하 "본건 합병").

1.2. 본건 합병 이후 존속법인의 상호는 주식회사 강남(Gangnam, Inc.)으로 한다.[344)]

제2조 합병의 내용

2.1. 합병비율

사평은 합병기일 현재 남부의 주주에게 다음과 같이 신주(이하 "합병신주")를 배정한다.

(1) 합병신주의 종류 : 사평의 기명식 보통주식

(2) 합병신주의 액면금액 : 금 500원

(3) 합병비율 : 남부의 기명식 보통주식 1주당 사평의 합병신주 1.2062866주의 비율로 합병신주를 배정한다. 본 계약 체결일 현재 남부가 보유하고 있는 자기주식과 본 건 합병에 반대하는 주주들의 주식매수청구권 행사로 인하여 남부가 보유하게 되는 자기주식에 대하여는 합병신주를 배정하지 아니한다.

2.2. 단주(端株)의 처리

제2.1조 제(3)항의 합병비율에 따라 합병신주를 배정할 때, 1주 미만의 단주는 발행하지 아니하고 1주 미만의 단주에 대해서는 합병신주가 상장되는 초일의 종가를 기준으로 계산된 금원을 합병신주의 주권상장일로부터 1개월 이내에 현금으로 지급한다.

2.3. 기타 합병교부금

사평은 합병기일 현재 남부의 주주명부상 주주에게 제2.2조 이외에는 본건 합병과 관련하여 어떠한 금원도 교부하지 않는다.[345)]

2.4. 이익배당 기산일

합병신주에 대한 이익배당 기산일은 2019년 1월 1일로 한다.

제3조 합병에 관한 절차 및 기타 합의사항

3.1. 합병기일

제8조에서 정한 선행조건이 모두 충족되는 것을 전제로 합병기일은 2019년 8월 31일로 하되 제10조에서 정한 요건을 갖춘 때에는 당사자들 간의 합의로 변경할 수 있다.

---

344) 흡수합병 후 존속회사 상호변경 시 계약서에 기재하여 합병주주총회에서 결의 후 합병등기 시에 동 사항을 함께 등기한다.

345) 합병교부금이 없는 경우 이를 명확하게 하기 위해서 합병교부금이 없다는 사실을 기재한다.

3.2. 합병승인 주주총회

본건 합병의 승인에 관한 당사자들의 주주총회(이하 "합병승인 주주총회")는 2019년 7월 30일에 각 개최한다. 다만, 합병절차 진행상 필요한 때에는 당사자들이 협의하여 그 개최일을 조정할 수 있다.

3.3. 채권자보호

당사자들은 채권자보호를 위하여 법적으로 요구되거나 달리 필요한 조치를 취한다.

3.4. 보고총회

본건 합병에 관한 보고총회는 상법 제526조 제3항에 따라 사평 이사회의 본건 합병에 관한 사항의 공고로써 그 소집 및 개최를 갈음한다.[346)]

3.5. 합병의 효력발생

본건 합병은 합병등기를 마침으로써 그 효력이 발생한다.

3.6. 주식매수청구권 행사에 따른 해제[347)]

본건 합병에 반대하는 주주들의 주식매수청구권 행사로 인하여 사평이 지급하여야 하는 매수대금이 금 1,300억 원을 초과하거나 남부가 지급하여야 하는 매수대금이 금 500억 원을 초과하는 경우, 사평 또는 남부는 사전 상호 협의를 거친 후 이사회 결의를 거쳐 상대방 당사자에 대한 서면 통지로 본건 합병을 계속 진행하지 않고 본 계약을 해제할 수 있다.

제4조 합병 이후 사평에 관한 사항

4.1. 자본에 관한 사항

(1) 사평은 본건 합병을 위하여 합병신주 7,821,259주를 발행한다.
(2) 사평은 제(1)항에 따라 납입자본금을 금 3,910,629,500원 증가시켜, 합병 직후 사평의 납입자본금은 금 15,302,471,000원이 된다.
(3) 사평의 준비금은 합병기일 현재 남부의 자산상태를 기준으로 관련 법령 및 적용되는 회계기준에 따라 본건 합병으로 인하여 조정될 수 있다.
(4) 제(1)항의 발행주식 및 제(2)항의 자본금은 당사자들이 본건 합병에 반대하는 주주들의 주식매수청구권 행사에 응하여 이들로부터 주식을 매수하는 경우 조정될 수 있다. 다만, 이러한 조정은 합병비율에 영향을 미치지 아니한다.
(5) 남부가 그 임직원에게 기부여한 주식매수선택권에 관한 법률관계는 사평이 포괄적으로 승계하되 그 부여 수량은 합병비율에 따라 조정되고 그 행사가액은 합병비율 산정의 기초가 된 각 당사자의 합병가액 비율에 따라 조정된다.

4.2. 정관에 관한 사항

본건 합병으로 사평의 정관은 별첨1.과 같이 변경하기로 하며 사평은 합병승인주주총회에서

346) 상법상 존속회사 이사는 채권자보호절차 및 합병신주의 효력발생 후 지체 없이 주주총회를 소집하고 합병에 관한 사항을 보고하여야 하나 이는 이사회 공고로 갈음할 수 있다.

347) 주식매수청구권 금액이 일정 금액을 초과하는 경우 계약을 해제할 수 있다는 문구를 선택적으로 기재한다.

정관 변경 안건을 처리하기로 한다. 다만, 당사자들은 합의에 의하여 별첨1. 기재 정관 개정안을 변경할 수 있다.[348)]

제5조 재산, 권리의무 및 임직원의 승계

5.1. 남부는 합병기일에 그의 자산, 부채 및 권리의무 일체를 사평에 인계하고, 사평은 이를 승계한다. 남부는 그 승계 내역을 명확히 하기 위하여 사평이 요구하는 경우 합병기일 현재의 재무상태표 및 합병계약 체결일로부터 합병기일까지의 자산, 부채 및 기타 재산관계의 변동상황을 구체적으로 사평에게 제시하여야 한다.

제6조 이사 및 감사

6.1. 남부의 등기 이사 및 감사의 임기는 본건 합병의 효력발생일로 만료된다.
6.2. 사평의 각 등기 이사 및 감사의 임기는 선임 당시에 정한 임기 만료일까지 계속되며 본건 합병으로 인해 단축되거나 변경되지 아니한다.[349)]
6.3. 사평은 합병승인 주주총회에서 별첨2. 기재 이사 4명 및 감사 1명을 선임하여야 한다. 위 이사의 임기는 합병기일부터 3년으로 하되 그 임기가 최종의 결산기 종료 후 당해 결산기에 관한 정기주주총회 전에 만료될 경우에는 그 총회의 종결 시까지 그 임기를 연장하고, 위 감사의 임기는 합병기일부터 3년 내에 최종의 결산기에 관한 정기주주총회 종결 시까지로 하다. 사평은 본 항에 따른 주주총회 직후 이사회를 개최하여 별첨2. 기재 이사 1명을 공동대표이사로 선임하여야 한다.[350)]

제7조 진술 및 보장

각 당사자는 본 계약 체결일 및 합병기일 현재 상대방 당사자에 대하여 별첨3. 기재사항을 진술하고 보장한다.

제8조 선행조건

8.1. 사평의 본 계약에 따른 의무이행의 선행조건
본 계약에 따라 합병을 하여야 하는 사평의 의무는 다음과 같은 조건이 합병기일 또는 그 이전에 성취될 것을 선행조건으로 한다. 다만, 사평은 서면으로 아래에서 규정하고 있는 선행조건의 일부 또는 전부를 포기, 면제할 수 있다.
(1) 본 계약을 체결하고 본 계약에 예정된 거래들을 이행하기 위하여 요구되는 사평의 이사회 및 주주총회의 승인, 모든 필요한 감독기관의 승인들이 취득되고 대한민국 관련 법령에

348) 존속회사가 합병으로 인하여 사업목적을 추가하거나 상호를 변경하는 경우 등 정관 변경기재사항이 발생하는 경우 합병계약서에 기재하여 합병주주총회 승인 후 합병등기 시에 동 사항을 함께 등기한다.

349) 상법상 합병 전에 취임한 존속회사의 이사와 감사는 합병계약서에 다른 정함이 있는 경우를 제외하고는 합병 후 최초로 도래하는 결산기의 정기총회가 종료되는 때에 퇴임하도록 되어 있으므로 합병 후에도 연임하는 경우 별도로 계약서에 기재하여야 한다.

350) 합병으로 인하여 존속하는 회사에 새롭게 취임할 이사와 감사 또는 감사위원회의 위원을 정한 때에는 이를 계약서에 기재하고 합병주주총회에서 함께 안건으로 처리하여야 한다.

따라 모든 요건들이 충족되어야 한다.

(2) 본 계약에 따른 남부의 모든 진술 및 보장들이 본 계약 체결일은 물론 합병기일에도 중요한 점에서 사실과 다름이 없어야 한다.

(3) 제9조에 따른 이행사항이 중요한 점에서 이행되어야 한다.

8.2. 남부의 본 계약에 따른 의무이행의 선행조건

본 계약에 따라 합병을 하여야 하는 남부의 의무는 다음과 같은 조건이 합병기일 또는 그 이전에 성취될 것을 선행조건으로 한다. 다만, 남부는 서면으로 아래에서 규정하고 있는 선행조건의 일부 또는 전부를 포기, 면제할 수 있다.

(1) 본 계약을 체결하고 본 계약에 예정된 거래들을 이행하기 위하여 요구되는 남부의 이사회 및 주주총회의 승인, 모든 필요한 감독기관의 승인들이 취득되고 대한민국 관련 법령에 따라 모든 요건들이 충족되어야 한다.

(2) 본 계약에 따른 사평의 모든 진술 및 보장들이 본 계약 체결일은 물론 합병기일에도 중요한 점에서 사실과 다름이 없어야 한다.

(3) 제9조에 따른 이행사항이 중요한 점에서 이행되어야 한다.

제9조 기타 이행사항

당사자들은 합병기일까지 다음의 사항이 이행될 것임을 합의한다.

(1) 실사

각 당사자는 (i) 상대방 당사자의 재산이나 경영상태에 대한 중대한 부정적인 영향 또는 (ii) 사실상 또는 법률상 장애, 관계 당국의 요구 등으로 인하여 본건 합병의 실행이 제한될 수 있는 사정 등을 최종적으로 확인하기 위하여, 상대방 당사자에 대한 실사를 진행하기로 하고 상대방 당사자의 실사 진행에 적극 협조하여야 한다.

(2) 중대한 변경금지

당사자들은 종전의 관행에 따라 통상적으로 수행되어 온 영업과정에 따라 업무를 영위하며 재무상황, 사업실적, 영업 또는 본 계약에 따른 의무이행 능력에 대한 중대한 부정적인 영향을 미치는 행위는 하지 아니한다.

(3) 자본변동금지

당사자들은 자신의 자본구조에 변동을 야기하는 행위는 하지 아니한다.

(4) 합병을 제한 또는 금지하는 사항의 제거

당사자들은 자신과 제3자와의 계약관계에 의해 본건 합병의 이행을 제한하거나 금지하는 사항이 존재하는 경우, 합병기일 이전까지 당해 제3자로부터 본건 합병의 이행에 동의한다는 확인을 받아야 한다.

(5) 주식매수선택권

각 당사자들은 상대방 당사자의 사전 서면 동의 없이는 주식매수선택권을 부여하지 아니한다.

(6) 중요사항에 대한 사전협의

당사자들은 본 계약 체결 후 합병기일에 이르기까지 선량한 관리자의 주의의무로써 업무를 집행하고 모든 재산을 관리 운영하여야 하며, 인계대상 재산의 처분, 의무의 부담, 특별한 지출 및 기타 중요사항에 대해서는 상대방 당사자와 사전 협의를 하여야 한다.

(7) 합병과 관련된 각종 신고사항의 성실 이행

당사자들은 합병과 관련하여 관련 법령에 따라 이행하여야 하는 각종 신고, 공시 또는 등록사항을 성실히 이행하며 정부승인이 조속히 완료되도록 하기 위하여 필요한 일체의 조치를 취하고 서로 협력을 제공하여야 한다.

제10조 합병조건의 변경

본 계약 체결일로부터 합병기일에 이르기까지 천재지변 기타의 사유에 의하여 사평 또는 남부의 재산이나 경영상태에 중대한 변동이 발생하거나 사실상 또는 법률상의 장애, 관계 당국의 요구 등으로 합병의 실행이 제한되거나 금지되는 경우 또는 합병절차 진행상 부득이한 사유가 발생한 때에는 당사자들은 합의에 의하여 본 계약에서 정하는 합병 조건을 변경할 수 있다. 이러한 변경은 당사자들의 이사회 결의에 의하되, 이사회가 특정인에게 명시적으로 합병조건 변경 권한을 위임한 때에는 해당 권한을 위임받은 자가 위임 범위 내에서 해당 당사자를 대리하여 본 계약의 변경 계약을 체결할 수 있다.

제11조 합병비용의 부담

본 계약의 체결 및 이행과 관련하여 각 당사자에게 부과되는 세금, 각 당사자에게 발행한 제반비용(회계 또는 세무에 필요한 비용, 변호사 비용 등 포함)은 각자 부담한다.

제12조 본 계약의 해제

12.1. 본 계약은 다음과 같은 사유에 의해 합병기일 이전에 해제될 수 있다.

(1) 당사자들이 본 계약을 해제하기로 서면으로 상호 합의하는 경우

(2) 어느 당사자가 본 계약상의 진술 및 보장 또는 확약, 약정 또는 이행사항을 중대하게 위반하거나 선행조건이 충족되지 아니하고 상대방 당사자로부터 이를 시정할 것을 서면으로 요청받고도 30일 내에 시정하지 못하는 경우, 그 상대방 당사자는 위반 당사자에게 서면 통지하고 본 계약을 해제할 수 있다.

(3) 어느 당사자가 제3.2조에 따른 합병승인 주주총회에서 본건 합병에 대한 승인을 받지 못하는 경우, 상대방 당사자에게 서면통지하고 본 계약을 해제할 수 있다.

(4) 어느 당사자가 제3.6조에 의하 본 계약을 해제하기로 결정한 경우, 상대방 당사자에게 서면통지하고 본 계약을 해제할 수 있다.

(5) 어느 당사자가 제9조 제(1)항에 따른 실사를 통하여 본건 합병의 실행이 제한될 수 있는 사정 등을 확인한 경우, 상대방 당사자에게 서면통지하고 본 계약을 해제할 수 있다.

12.2 해제의 효과

(1) 본 계약이 해제되는 경우 본 계약에 달리 규정된 경우를 제외하고는 당사자들은 더 이상 본 계약에 따른 권리를 가지거나 의무를 부담하지 아니한다.

(2) 본 계약이 해제되는 경우 당사자들은 원상회복의무를 부담하고 본 계약의 해제로 인하여 일방 당사자가 손해를 입은 경우 귀책 당사자는 그 손해를 배상하여야 한다.

(3) 본 계약의 해제에 따라 원상회복을 하여야 하는 경우로서 원상회복이 불가능한 경우 그 가액을 배상하기로 한다.

(4) 본 계약의 해제에도 불구하고 본 항, 제13조 및 기타 본 계약에 명시적으로 또는 그 성질상 해제 이후에도 존속하는 것으로 예정된 조항들은 계속 그 효력을 유지한다.

제13조 기타사항

13.1. 본 계약이 정하는 것 이외에 합병을 추진함에 있어서 필요한 사항은 당사자들이 상호 협의하여 정한다.

13.2. 본건 합병에 대하여는 본 계약상의 합의내용이 가장 우선하여 적용되며 본 계약 체결 이전에 이루어진 당사자들 간의 어떠한 합의내용도 본 계약의 내용에 우선하지 못한다. 본 계약의 내용은 당사자들 간의 서면합의에 의하지 않고서는 수정, 변경될 수 없다.

13.3. 당사자들은 본 계약의 체결 및 이행과정에서 알게 된 상대방 당사자의 영업비밀을 상대방 당사자의 사전 서면 동의 없이 제3자에게 공개하거나 본 계약 이외의 목적으로 사용하지 아니한다. 다만, 관계법령, 감독기관 등에 의하여 요구되는 경우에는 상대방 당사자의 사전 동의를 요하지 아니하나 해당내용을 상대방 당사자에게 사전통지하여야 한다.

13.4. 본 계약에 따른 당사자 간의 분쟁이 발생할 경우 당사자들은 신의와 성실로써 상호원만한 합의에 의하여 해결하고자 노력하여야 하며 위 분쟁이 원만히 해결될 수 없을 때에는 □□지방법원을 제1심 전속관할로 하는 소송으로 해결한다.

13.5. 본 계약은 당사자들이 기명날인함과 동시에 그 효력을 발생한다.

13.6. 본 계약에 따른 모든 통지, 요청, 요구 등은 등기우편, 인편을 통한 전달, 팩스 또는 전자우편을 통하여 이루어지며 그 도달한 시점에서 효력을 갖는다. 다만, 전자우편의 경우 상대방 당사자의 수신확인을 필요로 한다.

이상의 계약사항을 증명하기 위하여 주식회사 사평과 주식회사 남부는 본 계약서 2부를 작성하여 기명날인한 후 각자 1부씩 보관하기로 한다.

2019년 6월 19일

주식회사 사평	주식회사 남부
대표이사 김사평 ________	대표이사 박남부 ________

별첨1. 정관

현행	개정안
제1조(상호) 이 회사는 주식회사 사평이라 한다. 영문으로는 Sapyeong, Inc라 표기한다.	제1조(상호)………………강남…………………… ……………Gangnam, Inc.……………….
제2조(목적) 회사는 다음의 사업을 영위함을 목적으로 한다. 1.부터 20.(생략) 21. 위 각 호에 연관되는 부대사업 일체	제2조(목적)……………………………………. 1.부터 20.(현행과 같음) ↳ 21~28까지 추가할 목적사업을 기재한다. 29. 위 각 호에 연관되는 부대사업 일체
제4조(공고방법) 회사의 공고는 회사의 인터넷 홈페이지(www.Sapyeong.Inc.com)로 한다. 다만, 전산장애 또는 그 밖의 부득이한 사유………	제4조(공고방법) 회사의 공고는 회사의 인터넷 홈페이지(www.Gangnam.Inc.com)로 한다. 다만, 전산장애 또는 그 밖의 부득이한 사유……….
〈신설〉	부칙 제1조 이 정관은 2019년 8월 31일부터 시행한다.

별첨2. 본건 합병으로 인하여 신규 취임할 이사와 감사

1. 이사

성명	주민등록번호	구분
○○○	****** _ *******	[사내이사]
○○○	****** _ *******	[기타비상무이사]
○○○	****** _ *******	[기타비상무이사]
○○○	****** _ *******	[사외이사]

2. 감사

성명	주민등록번호
○○○	****** _ *******

별첨3. 진술 및 보장

당사자는 본 계약 체결일 및 합병기일 현재 상대방 당사자에 대하여 아래의 사항을 진술하고 보장한다.

1. 당사자는 적법하게 설립되어 존속하는 법인으로서 본 계약을 체결하고 본 계약이 정하고 있는 의무를 이행하는 데에 필요한 권한을 가지고 있다.
2. 당사자는 본 계약을 체결하고 이행하는 데에 필요한 상법 및 정관, 기타 회사 내부규정상 필요한

모든 요건을 갖추었으며 본 계약은 당사자가 적법하게 기명날인하였고 본 계약의 제반조항은 실행가능한 것으로서 당사자에게 법적 구속력이 있다.

3. 본 계약에 따른 당사자의 의무 이행에 영향을 미칠 수 있는 소송, 행정심판, 정부기관 기타 위원회의 심의 또는 조사, 청구사건, 중재 등이 계속 중에 있거나 계속될 위험이 없다.
4. 당사자는 (i) 대한민국의 법령에 따라 적법하게 설립되고 유효하게 존속하며 (ii) 본 계약 체결일 및 합병기일 현재 영위하고 있는 사업을 수행하는데 필요한 회사법상의 자격을 가지고 있다.
5. 당사자의 모든 발행주식은 적법, 유효하게 발행, 완납되었고 추가 납입의무는 없다.
6. 당사자의 본 계약 체결일 현재 주식매수선택권 부여현황은 별첨4.와 같다.
7. 당사자의 2018년 12월 31일 자 및 2019년 3월 31일 자 재무제표는 관계 법령 및 회계처리기준에 따라 작성되었으며 해당 일자 현재 해당 기간 동안의 당사자의 재무상태를 적정하게 표시하고 있고 거래종결일 현재 당사자에는 재무제표에 반영된 것, 재무제표 기준일 이후에 당사자의 통상적인 사업활동으로 인하여 발생한 정상적인 것 이외에 우발채무나 부외부채는 존재하지 않는다. 또한, 우발채무나 부외부채의 발생원인이 되거나 될 수 있는 것으로 합리적으로 예상되는 조건, 사실 또는 정황이 존재하지 아니한다. 당사자는 제3자를 위하여 보증채무를 부담하고 있지 아니한다.
8. 당사자는 현재 영위하고 있는 사업을 영위함에 있어 관련 법령을 준수하고 있다.
9. 당사자는 현재 영위하고 있는 사업과 관련하여 소유하거나 사용하고 있는 모든 부동산 및 중요한 유형자산에 대하여 적법한 소유권을 가지고 있거나 임차권 기타 적법한 사용권을 가지고 있으며 동 부동산 및 중요한 유형자산에는 어떠한 부담이 설정되어 있지 아니하다.
10. 당사자는 관련 법령에 따라 요구되는 세무신고 및 납부의무를 모두 이행하였고 거래종결일 이전의 사유로 인하여 추가로 납부하여야 할 조세는 존재하지 아니하며 당사자에 대하여 세무조사가 진행 중이거나 세무조사가 예정되어 있지 아니하다.
11. 당사자의 고용계약, 취업규칙 및 단체교섭은 관련 법령에 부합하고 당사자는 인사 및 노무와 관련된 법령, 고용계약, 취업규칙 및 단체교섭을 준수하여 왔으며 당사자는 이러한 고용계약, 취업규칙, 단체교섭 및 관련 법령에 따라 임직원에게 지급할 의무가 있는 임금, 각종 수당, 상여금, 퇴직금 및 관련 법령에 따라 지급하여야 하는 분담금 또는 출연금을 모두 지급하였다.
12. 당사자는 사업을 영위하기 위하여 필요한 특허권, 상표권, 실용신안권, 디자인권, 저작권 및 기타 지식재산권(이하 총칭하여 "지식재산권")에 대하여 적법한 소유권 또는 사용권을 확보하고 있다. 당사자는 제3자의 지식재산권을 침해한 사실이 없고 침해할 위험도 없으며 지식재산권과 관련하여 제3자로부터 소송 및 분쟁이 제기되거나 기타 책임을 부담할 우려가 없다.
13. 당사자가 현재 영위하고 있는 사업과 관련하여 당사자 또는 그 임원을 상대로 계속 중이거나 진행 중인 소송, 신청, 중재, 수사, 조사 등의 사법상 또는 행정상 절차로서 그 결과가 당사자에게 중대하게 부정적인 영향을 주는 절차는 존재하지 아니하며 그러한 소송 및 분쟁이 예상되지 아니한다.
14. 당사자가 계약당사자인 계약, 합의 및 약속(이하 본항에서 "계약")은 당사자의 대표권이 있는

자 또는 그 대리인에 의하여 적법하게 체결되었거나 수정, 변경 또는 갱신되어 존속하고 있으며 각 계약의 당사자에 대하여 완전한 효력을 가진다. 당사자가 계약당사자인 중요한 계약은 유효하고 동 계약의 당사자가 당해 계약을 중대하게 위반하거나 이행하지 아니한 사항은 존재하지 아니한다.

15. 당사자는 제3자의 영업비밀을 침해한 사실이 없다. 경쟁업체로 전직한 임직원을 포함하여 당사자에게 퇴직한 직원이 당사자의 영업비밀을 유출할 위험은 존재하지 아니하고 경쟁업체에서 당사자로 전직한 임직원이 경쟁업체의 영업비밀을 누설할 위험은 존재하지 아니한다. 그리고 당사자는 경쟁업체 및 제3자의 영업비밀을 침해하지 않기 위해 필요한 조치를 다하였다.
16. 당사자와 그 특수관계인 사이에 체결된 계약(서면 및 구두계약 불문) 및 이에 따른 거래는 유효한 계약에 따른 거래로서 특수관계 없는 제3자와의 거래에서와 같은 공정한 거래조건으로 체결되고 그에 따라 이행되었다.

(2) 합병이사회 결의

합병은 합병당사회사 이사회에서 계약체결을 결의하므로 일반적으로 합병계약체결일과 이사회결의일은 일치한다.

또한 상법상 합병은 주주총회 특별결의사항[351)]으로 임시주주총회 소집결의도 필요한데 이는 일반적으로 합병계약체결 이사회 시 함께 의안으로 다룬다.

| 일반적인 합병이사회 의안 |

구분	내용
① 합병계약체결의 건	합병계약서상 합병의 개요 · 방법 · 합병비율 · 합병 일정 · 주식매수청구권에 대한 사항 등
② 합병승인 임시주주총회 소집의 건	주주총회의 소집은 이사회에서 하므로 합병승인주주총회를 소집
③ 주주확정기준일 및 주주명부 폐쇄기간 설정의 건	주주총회 시 권리주주를 확정하기 위함.

351) 상법 §522 ③

| 존속회사 합병이사회 의사록 예시[352)] |

<u>이사회 의사록</u>

1. 일시 : 2019년 6월 19일 오전 10시
2. 장소 : ㈜사평 본사 회의실
3. 출석이사수 : 이사총수 6명(사외이사 1인 포함), 출석한 이사 6명(사외이사 1인 포함)

<u>제1호 의안. 합병계약 체결의 건</u>

의장 대표이사 김사평은 상기 의안을 상정하고 합병계약 체결의 건에 대하여 보고 후 심의를 요청한 바 출석이사 전원의 찬성으로 다음과 같이 가결되었음을 선포하다.

- 다 음 -

1. 합병의 개요
   1) 합병 당사회사
      가. 합병회사(존속회사) : 주식회사 사평
      나. 피합병회사(소멸회사) : 주식회사 남부
      다. 합병 후 존속회사의 상호는 주식회사 강남(영문명 : Gangnam, Inc.)으로 한다.

   2) 합병의 방법
      ㈜사평이 ㈜남부를 흡수합병하여 존속하고 ㈜남부는 해산한다.

   3) 합병의 목적
      주식회사 사평과 남부는 양사의 인적·물적 자원의 결합을 통한 시너지효과를 극대화하여 사업경쟁력을 향상시키고자 함.

2. 합병계약사항
   1) 합병비율
      가. 주식회사 사평 : 주식회사 남부 = 1 : 1.2062866
      나. 산출근거 : 자본시장과 금융투자업에 관한 법률 시행령 제175조의5 제1항 제1호에 따라 합병을 위한 이사회결의일(2019년 6월 19일)과 합병계약을 체결한 날(2019년 6월 19일) 중 앞서는 날의 전일(2019년 6월 18일)을 기산일로 하여 최근 1개월간의 거래량 가중산술평균종가, 최근 1주일간의 거래량 가중산술평균종가, 최근일의 종가를 산술평균한 가액으로 산정하였음. 합병가액 산정 시 산술평균 가액에 할증 또는 할인을 적용하지 아니함.
      다. 외부평가에 관한 사항 : 본 합병은 유가증권시장 주권상장법인 간의 합병으로 자본시장과 금융투자업에 관한 법률 제165조의4, 동법 시행령 제176조의5 제1항

352) 상기 합병계약서 예시에 대한 합병이사회 의사록 예시이다.

제1호에 의거하여 합병가액을 산정한 후 이를 기초로 합병비율을 산출하였으며 외부 평가기관의 평가는 받지 아니함.

2) 주식매수청구권에 관한 사항

가. 합병결의에 반대하는 주주는 주주총회 전에 회사에 대하여 서면으로 그 결의에 반대하는 의사를 통지하는 경우 주주총회의 결의일로부터 20일 이내에 주식의 종류와 수를 기재한 서면으로 회사에 대하여 자기가 소유하고 있는 주식의 매수를 청구 가능

나. 매수예정가격 : ○,○○○원

다. 합병반대의사통지접수기간 : 2019년 7월 15일~2019년 7월 29일

라. 주식매수청구권 행사기간 : 2019년 7월 30일~2019년 8월 19일

마. 주식매수대금은 주식매수의 청구기간이 종료하는 날부터 1월 이내에 지급 예정

바. 주주들이 본건 합병에 반대하여 주식매수청구권을 행사하게 되는 경우 주식회사 사평이 지급해야 하는 매수대금이 금 1,300억 원을 초과하거나 주식회사 남부가 지급하여야 하는 매수대금이 500억 원을 초과하는 경우 합병계약은 해제 가능

3) 합병의 주요 예정일정

가. 합병계약체결일 : 2019년 6월 19일

나. 합병반대의사통지기간 : 2019년 7월 15일~2019년 7월 29일

다. 합병승인 주주총회 : 2019년 7월 30일

라. 주식매수청구권 행사기간 : 2019년 7월 30일~2019년 8월 19일

마. 채권자 이의제출기간 : 2019년 7월 31일~2019년 8월 30일

바. 구주권 제출기간 : 2019년 7월 31일~2019년 8월 30일

사. 합병기일 : 2019년 8월 31일

아. 합병등기일 : 2019년 9월 5일

4) 기타

가. 합병일정은 관계 법규의 개정 및 기타 관계기관의 협의 과정에서 일부 변경할 수 있음.

나. 합병계약에 정하지 아니한 사항에 대해서는 대표이사에게 위임함.

<u>제2호 의안. 임시주주총회 소집의 건</u>

의장은 다음과 같이 합병 계약 승인을 위한 임시주주총회를 소집할 필요가 있음을 설명하고 심의를 요청한 바, 출석이사 전원의 찬성으로 가결되었음을 선포하다.

\- 다 음 -

1\. 일시 : 2019년 7월 30일 오전 11시

2. 장소 : ㈜사평 본사 회의실
3. 결의 안건
 1호 의안 : ㈜사평과 ㈜남부의 합병승인의 건
 2호 의안 : 정관 일부 변경의 건
 3호 의안 : 이사 선임의 건

세부안건번호	후보자 성명	주민등록번호	선임 형태	임기
3-1호 의안	○○○	****** _ *******	사내이사	3년
3-2호 의안	○○○	****** _ *******	사내이사	3년
3-3호 의안	○○○	****** _ *******	사내이사	3년
3-4호 의안	○○○	****** _ *******	사외이사	3년

 4호 의안 : 감사 선임의 건

후보자 성명	주민등록번호	선임 형태	임기
○○○	****** _ *******	비상근	3년

<u>제3호 의안. 기준일 및 주주명부 폐쇄기간 설정의 건</u>

의장은 임시주주총회 소집을 위해 다음과 같이 기준일과 주주명부 폐쇄기간을 설정할 필요가 있음을 설명하고 심의를 요청한 바, 출석이사 전원의 찬성으로 가결되었음을 선포하다.

- 다 음 -

1. 주주확정기준일 : 2019년 7월 5일
2. 주주명부 폐쇄기간 : 2019년 7월 6일~2019년 7월 10일

※ 공고일자 : 2019년 6월 21일

의장은 이상으로 금일 안건 심의가 종결되었음을 알리고 폐회를 선포하다.

위 결의내용을 명확히 하기 위하여 의사록을 작성하고 의장 및 출석의사 전원이 아래와 같이 기명날인하다.

2019년 6월 19일

대표이사 : 김 사 평
이사 :
이사 :
이사 :
이사 :
이사 :

(3) 주요사항보고서 제출

1) 대상 및 시기

사업보고서 제출대상법인은 합병에 관한 계약을 체결하거나 이사회결의가 있는 때에는 3일 이내에 그 내용을 기재한 보고서('주요사항보고서'라 함)를 금융위원회에 제출하여야 한다.[353]

한편, 합병계약 체결 공시는 유통공시이면서 거래소 수시공시 대상[354]으로 수시공시는 해당 사유가 발생하는 당일 공시가 원칙이므로 이사회 당일에 공시를 하면 주요사항보고와 거래소 수시공시의무를 동시에 이행하게 된다.

| 사업보고서 제출대상법인(자본시장법 §159 ① 및 영 §167 ①) |

- 주권상장법인
- 주권 외의 지분증권, 무보증사채권, 전환사채권・신주인수권부사채권, 이익 참가부사채권 또는 교환사채권, 신주인수권이 표시된 것, 증권예탁증권, 파생결합증권을 증권시장에 상장한 발행인
- 주권 및 주권 외의 상기 증권을 모집 또는 매출한 적이 있는 발행인(상장이 폐지된 발행인 포함)
- 외부감사대상 법인으로서 증권(주권 및 상기 증권)별로 그 증권의 소유자 수가 500인 이상인 발행인

2) 주요사항보고서

주요사항보고서에는 해당 합병에 관한 개략적인[355] 내용이 포함되어 있다. 한편, 기업인수목적회사가 합병 시에는 추가기재사항이 있으며, 증권신고서 또는 소액공모공시서류를 제출하지 않는 합병의 경우에는 별도로 증권신고서를 제출하지 않으므로 「합병 관련 주요사항 상세기재[356]」가 추가된다.

353) 자본시장법 §161
354) 유가증권시장 공시규정 §7 ① 3호 및 코스닥시장 공시규정 §6 ① 3호
355) 합병 추진경위, 합병추진의 타당성 및 합병비율의 적정성 등에 대한 이사회의 검토의견이 보다 구체적으로 공개되도록 하는 공시강화가 23년 개정 예정에 있다(금융위, 기업 M&A 지원방안, 2023. 5.).
356) 합병의 개요와 합병 상대방회사에 관한 사항을 기재한다.

| 주요사항보고서(회사합병) 서류목록 |

문서명	제출조건	공시 여부
주요사항보고서(회사합병결정)	본문으로 첨부	○
대표이사 등의 확인	필수 첨부	○
이사회의사록 등 증빙서류	필수 첨부	○
합병계약서	해당 시 필수 첨부	○
외부평가기관의 평가의견서	해당 시 필수 첨부	○
기타공시 첨부서류	선택 첨부	○
기타 첨부서류	선택 첨부	×

| 주요사항보고서(회사합병결정) 본문 |

항목	내용
1. 합병방법 -합병형태	"합병방법"은 "A사가 B사를 흡수합병", "A사와 B사의 신설합병" 등 해당 방법을 기재한다.
2. 합병목적	(예시) "경영효율성 증대 및 사업경쟁력 강화 목적". "시너지 창출로 인한 기업가치 극대화", "기업지배구조 개선을 통한 기업가치 극대화" 등
3. 합병의 중요영향 및 효과	합병이 회사의 경영, 재무, 영업 등에 미치는 중요한 영향 및 효과 등을 기재한다. (예시) ① 회사의 경영에 미치는 효과 ㈜○○와 ㈜△△는 합병비율 1 : 0.3333333으로 흡수합병하며 합병 완료 시 ㈜○○가 존속회사로 남으며 본 합병 완료 후 ㈜○○의 최대주주 변경은 없음. ② 재무 및 영업에 미치는 영향 본 합병을 통해 경영자원 자원낭비를 줄이고 인적·물적 자원을 효율적으로 활용함으로써 경영효율성 증대가 예상됨.
4. 합병비율	"합병비율"은 흡수합병의 경우 소멸회사 주식 1주당 교부할 존속회사 주식수를 소수점 이하 7자리까지 기재하고, 신설합병의 경우 소멸회사 주식 1주당 교부할 신설회사의 주식수를 소수점 이하 7자리까지 기재한다. (예시) ○○회사 : ㈜△△=1.0000000 : 0.3333333

<table>
<tr><td colspan="2">5. 합병비율 산출근거</td><td colspan="4">“합병비율 산출근거”에는 비율 · 가액 등을 산출하는데 사용한 방법, 주요가정, 산출내용, 기준시점 등을 구체적으로 기재한다(기준주가 · 자산가치 · 수익가치 등 포함). 또한 자본시장법 시행령 제176조의5 제1항 제2호 가목의 단서 미적용 등 비율산출과 관련된 특이사항이 있는 경우 이를 상세히 기재한다.</td></tr>
<tr><td colspan="2">6. 외부평가에 관한 사항[357]</td><td colspan="4">외부평가 여부 및 그 근거 및 사유, 외부평가기관의 명칭, 평가기간, 외부평가의견</td></tr>
<tr><td rowspan="2">7. 합병신주의 종류와 수</td><td>보통주식</td><td colspan="4">본 합병으로 존속회사가 발행할 보통주식의 수를 기재한다.</td></tr>
<tr><td>종류주식</td><td colspan="4">본 합병으로 존속회사가 발행할 종류주식의 수를 기재한다. 종류주식은 이익의 배당, 잔여재산의 분배, 주주총회에서의 의결권 행사, 상환 및 전환 등에 관하여 내용이 다른 종류의 주식을 말하며 종류주식은 ‘우선주’, ‘전환주’, ‘상환주’ 등으로 구분하여 그 세부내용을 “기타 투자판단과 관련한 중요사항”란에 기재한다.</td></tr>
<tr><td rowspan="7">8. 합병상대회사</td><td>회사명</td><td colspan="4">“회사명”란은 법인의 한글명을 기재 후 ( )에 영문명을 추가 기재한다.</td></tr>
<tr><td>주요사업</td><td colspan="4">합병상대회사의 목적사업을 기재한다.</td></tr>
<tr><td>회사와의 관계</td><td colspan="4">“회사와의 관계”란은 최대주주나 그 특수관계인, 주요주주, 계열회사, 기타 등을 기재한다.</td></tr>
<tr><td rowspan="3">최근 사업연도 재무내용 (원)</td><td>자산총계</td><td></td><td>자본금</td><td></td></tr>
<tr><td>부채총계</td><td></td><td>매출액</td><td></td></tr>
<tr><td>자본총계</td><td></td><td>당기순이익</td><td></td></tr>
<tr><td>외부감사 여부</td><td>기관명</td><td></td><td>감사의견</td><td></td></tr>
<tr><td>9. 신설합병회사</td><td colspan="5">보고서 양식에는 있으나 신설합병은 실무상 거의 발생하지 않는다. 항목 중 신설합병회사의 “재상장신청 여부”가 있는데 “재상장신청 여부”에서 “예”를 선택하는 경우 “기타 투자판단과 관련한 중요사항”란에 재상장 여부는 거래소 심사가 필요하다는 내용을 기재한다.</td></tr>
</table>

357) 외부평가를 받은 경우에 한하여 기재하며 외부평가를 받지 않은 경우 “근거 및 사유”만 기재한다. “외부평가의견”은 적정 여부를 기재하되, 평가결과가 적정이 아닌 경우에는 그 근거를 요약해서 기재한다.

	(예시) 신설합병회사인 ㈜***는 유가증권시장(코스닥시장) 상장규정에 따라 유가증권시장(코스닥시장)에 재상장을 신청한다. 한국거래소는 유가증권시장(코스닥시장) 상장규정에 따라 심사를 하며, 요건이 충족될 경우 재상장이 허용된다.
10. 합병 일정[358]	합병계약일, 주주확정기준일, 주주명부폐쇄기간, 합병반대의사통지접수기간, 주주총회 예정일, 주식매수청구권행사기간, 구주권제출기간,[359] 매매거래정지예정기간, 채권자이의제출기간, 합병기일, 종료보고총회일, 합병등기예정일자, 신주권교부예정일, 신주의 상장예정일

11. 우회상장 해당 여부	"우회상장 해당 여부" 및 "타법인의 우회상장 요건 충족 여부"는 「유가증권시장 상장규정」 및 「코스닥시장 상장규정」의 우회상장 요건 해당 여부를 기준으로 이를 기재한다. 다만, 코넥스시장 상장법인은 우회상장과 관련한 서식(11, 12번) 항목을 '해당사항 없음'으로 기재한다.
12. 타법인의 우회상장 요건 충족 여부	
13. 주식매수청구권에 관한 사항	행사요건, 매수예정가격, 행사절차 · 방법 · 기간 · 장소, 지급예정시기 · 지급방법, 주식매수청구권 제한 관련 내용, 계약에 미치는 효력[360]
14. 이사회결의일(결정일)	합병승인 이사회결의일, 사외이사참석 여부, 감사참석 여부
15. 풋옵션 등 계약 체결 여부	"풋옵션 등 계약체결 여부" 및 "계약내용"에는 거래상대방 또는 제3자와 풋옵션 · 콜옵션 · 풋백옵션 등 계약을 체결한 경우 계약상대방, 계약일, 계약내용(대상, 행사가격, 행사기간 등) 등을 기재한다.
- 계약내용	
16. 증권신고서 제출대상 여부	증권신고서 제출대상 여부를 기재한다.
- 제출을 면제받은 경우 그 사유	"증권신고서 제출면제의 경우 면제사유"를 가급적 자세하게 기재한다. (예시) 본 합병은 합병신주를 발행하지 않는 무증자합병 방식으로 진행하므로, 본 합병의 과정에서는 증권신고서 제출이 필요한 증권의 모집이나 매출이 이루어지지 않음.

358) 소규모합병 또는 간이합병의 경우에는 주주총회 예정일자 등과 같은 관련 없는 사항의 기재는 생략한다.
359) 주권상장법인 등 주식을 전자등록한 법인은 '10. 합병일정 중 구주권 제출기간'은 기재를 생략할 수 있다.
360) "주식매수청구권에 관한 사항"은 행사요건, 예상가격 등 표에 기재된 주요사항을 기재한다. 계약에 미치는 효력에는 합병계약서상 주식매수청구권 금액이 일정금액을 초과하는 경우 계약해제가 가능하다는 문구를 기재한다.

17. 향후 회사구조개편에 관한 계획	합병등이 완료된 후 1년 내에 또 다른 합병등 회사의 구조개편에 관한 계획(물적분할 후 설립회사 또는 출자대상 회사 등 관련회사 경영권 양도 등 구조개편에 관한 계획, 합의 또는 약정을 포함한다)이 있는 경우에는 그 목적과 계획의 개요를 기술하고, 상대회사나 추진시기가 예정되어 있는 경우 그 회사명과 추진일정을 기재한다. 아울러 1년 내에 추진되지는 않더라도 당해 합병 등이 보다 넓은 차원에서의 구조개편의 일환으로 추진되는 경우에도 그 계획의 전체적 개요를 기재한다. 다만, 이러한 계획내용의 기재가 당해 계획의 추진을 어렵게 하거나 경쟁회사와의 관계에서 회사에 불이익을 줄 수 있는 경우에는 그 이유를 설명하고 계획내용의 전부 또는 일부를 생략할 수 있다.
18. 기타 투자판단에 참고할 사항	"기타 투자판단과 관련한 중요사항"은 상기 기재사항과 관련한 사항이거나 상기 기재사항 이외의 사항 중 해당 공시와 관련한 이행요건, 부대요건, 제약요건, 옵션사항, 기타 참고사항 등 투자판단과 관련한 중요사항을 자세하게 기재한다.

| 주요사항보고서(회사합병결정) 기업인수목적회사 관련 사항 예시[361] |

18. 합병가액 또는 최근 사업연도 말 현재 재무상태표상 자산총액이 증권금융회사 또는 신탁업자에 예치·신탁된 금액의 100분의 80 미만	아니오
19. 합병상대회사인 주권상장법인의 관리종목 지정 여부	아니오
20. 기업인수목적회사와 합병상대회사인 주권상장법인이 특별한 이해관계가 있어 합병이 제한되는 경우에 해당하는지의 여부	아니오
21. 합병으로 인하여 회사를 설립하거나 당해 기업인수목적회사인 유가증권시장주권상장법인이 소멸하는 방식(주권비상장법인과 합병하는 경우에 한함)으로 합병하는지의 여부	예[362]

361) 기업인수목적회사가 「유가증권시장 공시규정」 및 「코스닥시장 공시규정」에 따라 주권상장법인과 합병하는 경우에 한하여 "기업인수목적회사 관련 사항"을 기재한다. 이 경우 "관리종목 지정 여부"는 신고시점에 주권상장 법인이 「유가증권시장 상장규정」 및 「코스닥시장 상장규정」에 따라 관리종목으로 지정되었는가를 기준으로 하며, "특별한 이해관계가 있어 합병이 제한되는 경우에 해당하는지의 여부"는 기업인수목적회사와 합병상대회사인 주권상장법인이 「유가증권시장 상장규정」에 따라 합병이 제한되는가를 기준으로 한다.

362) SPAC존속합병의 경우 아니오로 기재한다.

(4) 우회상장서류 제출[363)]

1) 유가증권시장

상장법인이 주권비상장법인과 합병의 계약을 체결하거나 그 결의 또는 결정을 한 경우에는 지체 없이 우회상장확인서와 첨부서류[364)]를 거래소에 제출하여야 한다. 또한 거래소는 해당 거래를 우회상장이라고 판단하는 경우에는 지체 없이 해당 상장법인에 알려야 하며 해당 상장법인은 지체 없이 상장예비심사를 신청하여야 한다.[365)]

2) 코스닥시장

코스닥시장 상장법인이 주권비상장법인과 합병하고자 하는 경우에는 우회상장 해당 여부, 심사요건 및 절차 등에 대하여 불가피한 사유가 없는 한 당해 합병의 주요사항보고서 제출일 이전에 미리 거래소와 협의하여야 하며 우회상장확인서와 첨부서류[366)]를 주요보고사항제출일까지 제출하여야 한다.[367)]

 증권신고서 제출

(1) 의의

자본시장법은 증권의 모집 또는 매출은 발행인이 그 모집 또는 매출에 관한 신고서를 금융위원회에 제출하여 수리되지 아니하면 이를 할 수 없다라고 규정하고 있으므로[368)] 이를 위하여 금융위원회에 제출하는 신고서를 증권신고서라고 한다.

따라서 합병회사가 합병(분할합병)의 대가로 주식을 발행하는 행위가 자본시장법상 모집 및 매출에 해당한다면 합병회사는 금융위원회(금융감독원)에 증권신고서를 제출하여야 한다.

---

363) 우회상장과 관련된 자세한 사항은 Ⅱ. 1. (3)을 참조하기 바란다.

364) 유가증권시장 상장규정 §29 ②에 따른 별지 제6호에서 제12호까지의 서식 및 첨부서류를 말한다.
1. 주권비상장법인의 주요출자자가 소유한 보통주권 상장법인의 주식 소유현황 명세서
2. 주권비상장법인의 주주명부 요약표
3. 보통주권 상장법인의 최대주주등의 주식 소유현황 명세서
4. 그 밖에 제27조에 따른 경영권 변동 여부의 판단을 위하여 거래소가 필요하다고 인정하는 서류

365) 유가증권시장 상장규정 §33 및 시행세칙 §29

366) 코스닥시장 상장규정 시행세칙 별지 제15호부터 제21호까지의 서식

367) 코스닥시장 상장규정 §34 및 시행세칙 §32

368) 자본시장법 §119 ①

한편, 증권신고서는 형식상 불비가 없고 증권의 모집 및 매출이 법령에 위배되지 않으면 수리가 되며 수리 후 일정한 효력발생기간이 지나면 효력이 발생하여 이후 증권신고서를 바탕으로 작성하는 청약권유문서인 투자설명서를 통하여 청약의 권유[369] 및 승낙이 가능하다.

| 증권신고서의 효력발생기간(자본시장법 §120, 규칙 §12) |

구분	주주배정 · 제3자배정	일반공모 · 주주우선공모
주권상장법인	7영업일(*)	10영업일
비상장법인		15영업일

(*) 합병신주의 배정대상이 특정인으로 한정된다는 점에서 제3자배정과 동일하게 7영업일을 효력발생기간으로 적용

(2) 합병일정과 증권신고서

증권신고서 제출기한은 따로 정해진 바는 없으나 합병일정 · 정정신고 · 인허가일정 등을 고려하여 제출하되 주주총회 소집통지일이 투자설명서를 통한 '청약의 권유일'임을 감안하면 투자설명서를 직접 교부하지 않는 이상 늦어도 주주총회 소집통지 및 공고 전에는 증권신고서의 효력이 발생되도록 하여야 한다. 따라서 주주총회 소집통지 및 공고일는 증권신고서 효력발생일과 같거나 그 이후로 하여야 한다.

| 합병일정과 증권신고서 |

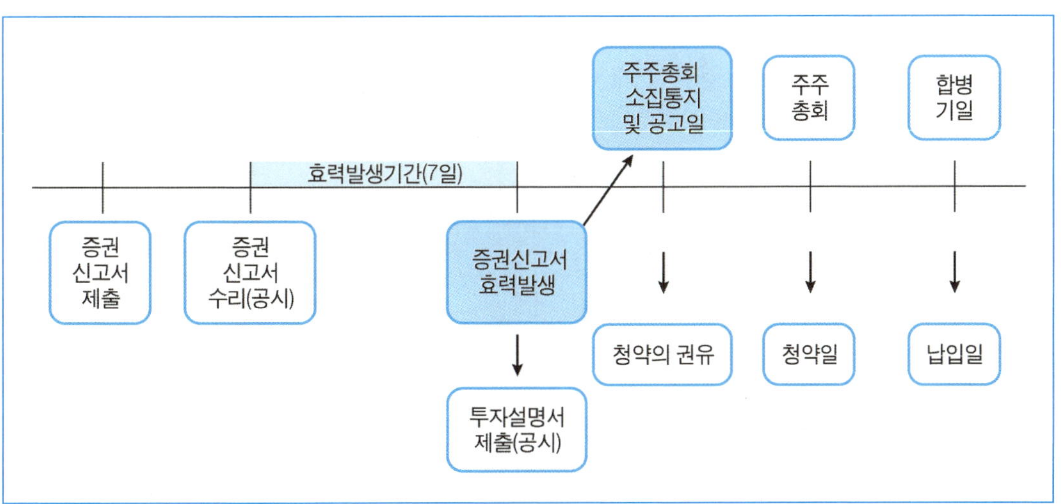

369) 권유를 받는 자에게 증권을 취득하도록 하기 위해 증권을 발행 또는 매도한다는 사실을 알리거나 취득절차를 안내하는 활동(자본시장법령 §2.2, 규정 1-3)이며, 청약의 권유는 투자설명서, 예비투자설명서 또는 간이투자설명서를 사용해야 한다(자본시장법 §124 ②).

(3) 증권신고서의 수리

증권신고서는 금융감독원에 접수절차에 따라 접수 후 수리가 되어야 공시가 이루어지며 공시시점부터 효력발생일이 기산된다. 또한 제출할 필수 첨부서류 중에는 해당 합병과 관련하여 인허가가 필요한 경우 승인서류를 필수로 첨부해야 하므로 관련 인허가가 모두 승인된 이후 증권신고서를 접수하여야 한다.

다만, 해당 합병이 공정위 사전신고 대상 중 간이신고에 해당되는 경우 경쟁제한성이 없는 것으로 추정하므로 간이심사 인허가 서류는 증권신고서 제출 이후(효력발생 이전) 사후적으로 첨부정정할 수 있다.[370)]

| 증권신고서 필수 첨부서류 목록(증발공 2-9. ②) |

• 정관	• 최근 분반기보고서
• 이사회 의사록	• 비상장법인인 경우 주주명부
• 법인등기부등본	• 합병계약서
• 인 · 허가서류[371)]	• 외부평가보고서
• 3개년 개별 및 연결감사보고서[372)]	• 예비 · 간이투자설명서 등

(4) 증권신고서 정정신고

정정신고서는 증권신고서에 형식상의 불비가 있거나 기재할 중요한 사항의 기재가 불충분한 경우 또는 해당 신고에 의한 청약일 개시 전에 기재사항에 변경이 있는 경우 증권신고서를 수정하여 제출하는 신고서이다.

370) 합병 등 특수공시 관련 실무안내서, 금융감독원
371) 합병에 관하여 행정관청의 허가 · 인가 또는 승인 등을 필요로 하는 경우에는 그 허가 · 인가 또는 승인 등이 있었음을 증명하는 서류
372) 피합병회사 재무제표를 포함하며 감사(검토)보고서가 없을 경우 재무제표를 첨부한다.

| 정정신고서 제출사유 |

구분	내용	관련 법령
법규에 의한 정정신고서	• 신고서 기재사항 중 중요한 사항(발행 관련)을 정정하고자 하는 경우 • 투자자 보호를 위해 신고서의 기재내용을 정정할 필요가 있는 경우	자본시장령 §130, 증발공 §2-13
회사의 자발적인 정정신고서	• 증권신고서에 기재된 청약일 전일까지 기재사항에 변경이 있는 때에는 회사는 정정신고서를 제출할 수 있음.	자본시장법 §122 ③
금융위의 정정요구	• 금융위는 증권신고서의 형식을 제대로 갖추지 않은 경우 또는 중요 사항에 관하여 거짓의 기재가 있거나 중요사항의 기재가 누락된 경우에는 청약일 전일까지 그 이유를 제시하고 정정신고서의 제출을 요구할 수 있음.	자본시장법 §122 ①

금융위의 정정요구에 의한 정정신고서의 경우 제출요구가 있는 날부터 해당 증권신고서는 수리되지 않은 것으로 간주되며 정정신고서 제출 시 정정신고서 수리일에 당해 증권신고서가 수리된 것으로 간주되고 효력발생기간도 원칙적으로 정정신고서 수리일로부터 재기산된다. 따라서 금융위 정정요구가 있을 경우에는 증권신고서의 효력발생일이 미루어지기 때문에 이를 미리 감안[373]하여 합병주주총회 일정을 잡을 수도 있다. 한편, 정정요구를 받은 후 3개월 이내에 정정신고서를 제출하지 아니하는 경우에는 해당 증권신고서는 철회된 것으로 본다.[374]

| (정정)증권신고서와 효력발생 사례 |

유	임시주주총회결과	2019. 4. 29.
유	주주총회 소집공고	2019. 4. 12.
유	투자설명서	2019. 4. 12.
유	[기재정정]증권신고서(합병)	2019. 4. 2.

증권신고서가 정정되어 2019년 4월 2일에 정정공시되었으므로 7영업일 이후인 2019년 4월 12일이 효력발생일(=투자설명서공시일)이며 동일자로 주주총회 소집공고(청약권유일)가 되었다.

373) 향후 증권신고서 정정을 감안하여 합병계약체결일과 주주총회일의 간격을 넓게 가지면 기존 합병일정의 변경없이 진행할 수 있다.

374) 자본시장법 §122 ⑥

| 정정신고서 제출요구 공시 |

DART	정정신고서 제출요구 공시
공 시	제출된 증권신고서에 대한 금융감독원의 정정신고서 제출요구

◇ 정정신고서 제출 요구

2022. 7. 19. 제출된 증권신고서(주식의 포괄적 교환·이전)에 대한 심사결과 증권신고서의 형식을 제대로 갖추지 아니한 경우 또는 그 증권신고서 중 중요사항에 관하여 거짓의 기재 또는 표시가 있거나 중요사항이 기재 또는 표시되지 아니한 경우와 중요사항의 기재나 표시내용이 불분명하여 투자자의 합리적인 투자판단을 저해하거나 투자자에게 중대한 오해를 일으킬 수 있는 경우에 해당되어 2022. 7. 21. 정정신고서 제출요구를 하였습니다.

◇ 투자참고사항

동 증권신고서는 본 건 요구를 한 날로부터 수리되지 아니한 것으로 보며 그 효력이 정지됩니다. 이에 따라 청약일 등 증권 발행과 관련한 전반적인 일정이 변경될 수 있으니 투자 판단에 참고하시기 바랍니다. 아울러 본 정정신고서 제출요구를 받은 후 회사가 3개월 이내에 정정신고서를 제출하지 아니하는 경우에는 해당 증권신고서는 자본시장법 제122조 제6항에 따라 철회된 것으로 간주됩니다.

◇ 근거 법규 : 자본시장과 금융투자업에 관한 법률 제122조

설 명	

제출한 증권신고서에 대하여 금융위원회(금융감독원)가 정정요구를 하였으며 정정요구일로부터 그 효력이 정지된다. 또한 이에 따라 관련된 전반적인 향후 일정이 변경될 수 있음을 공시하고 있다.

| 증권신고서(합병) 작성 Check List[375] |

주요 점검항목	점검결과

Ⅰ. 형식요건 점검

□ 시식사용의 적정성

○ 최근 증권신고서 서식에 따라 작성되었는가?

□ 첨부서류의 적정성(규정 §2-9)

○ 합병당사회사의 정관・합병 주총 소집을 위한 이사회의사록・법인등기부등본・최근 3사업연도 (연결)감사보고서(분・반기검토보고서 포함, 외부감사의무법인이 아닌 경우는 회사제시 재무제표), 합병계약서, 주권비상장법인의 주주명부 등

○ 시행령 §176의5 ⑦에 따라 합병가액의 적정성에 대해 외부평가를 받은 경우 외부평가기관의 평가의견서를 첨부하였는가?

○ 법 §124 ②에 따른 예비투자설명서나 간이투자설명서를 사용하려는 경우 예비투자설명서나 간이투자설명서를 첨부하였는가?

○ 합병이 행정관청의 인・허가 또는 승인 등을 받아야 하는 경우 관련 인・허가 또는 승인 서류를 첨부하였는가?

□ 부당한 자기주식 거래 여부

○ 주권상장법인인 경우 합병 이사회 결의일로부터 과거 1개월간 자기주식의 취득 또는 처분(신탁계약 체결・해지 포함) 금지의무를 준수하였는가?

* 주권상장법인의 합병가액은 과거 주가를 기준으로 산정하고 있어 합병가액에 영향을 미치는 자기주식매매 금지(시행령 §176의2 ②)

Ⅱ. 증권신고서 기재내용에 관한 점검

1. 합병요건의 준수 여부

□ 주권상장법인이 주권비상장법인과 합병하여 주권상장법인이 되는 경우

○ 비상장법인이 직전 사업연도 기준으로 자산총액, 자본금 및 매출액 중 2가지 이상이 큰 경우 법령 및 규정에서 정한 상장요건 충족 여부에 대한 거래소의 상장심사결과를 기재하였는가?(시행령 §176의5 ④, 유상장규정 §37, 코상장규정 §19)

□ 법률의 규정에 따른 합병의 경우(시행령 §176의5 ⑬)

○ 합병회사가 계열회사의 관계에 있고, 합병가액이 기준시가에 의해 산정되지 않는 경우 외부평가기관의 평가를 받았는가?

* 법률의 규정에 따른 합병의 경우 법령상 합병가액 산정 및 외부평가 등 합병요건 적용이 배제되는 것이 원칙임.

□ 외부평가기관의 적격성 여부(시행령 §176의5, 규정 §5-14, 공인회계사법 §21, §33)

○ 외부평가기관이 평가대상 회사와 특수관계 등에 해당되어 평가 제한대상에

375) 금융감독원 '합병 등 증권신고서 체크리스트' 안내 2019. 1. 24.

주요 점검항목	점검결과
해당되지 않는가? ○ 외부평가기관이 평가제한 조치기간 중에 있지 않는가? 2. 합병가액 산정기준의 준수 여부(시행령 §176의5) □ 주권상장법인 간의 합병 시 ○ 합병가액을 기준주가의 30/100(계열회사 간 합병의 경우에는 100분의 10)의 범위에서 할인 또는 할증한 가액으로 산정하였는가?(시행령 §176의5 ①) □ 주권상장법인(코넥스상장법인 제외)과 비상장법인 간의 합병 시 ○ 상장법인 : 합병가액을 기준주가의 30/100(계열회사 간 합병의 경우에는 100분의 10)의 범위에서 할인 또는 할증한 가액으로 산정하였는가?(단, 기준주가가 자산가치에 미달하는 경우에는 자산가치로 평가 가능)(시행령 §176의5 ①) ○ 비상장법인 : 합병가액을 자산가치와 수익가치를 가중산술평균(1 : 1.5)한 가액으로 산정하였는가?(규정시행세칙 §4~§8) ○ 증권신고서에 주권비상장법인의 합병가액과 상대가치를 비교하여 기재하였는가? □ 합병가액 산정 시 적용한 재무제표 ○ 주권상장법인이 가장 최근 제출한 사업보고서에서 채택하고 있는 회계기준으로 산정하였는가?(규정 §5-13 ②) 〈외부평가 의무대상인 경우〉 □ 평가의견서 내용을 요약하여 기재 ○ 수익가치 산정을 위해 사용한 평가방법 및 적용타당성에 대한 검토의견을 기재하였는가? ○ 가치평가에 적용한 가정과 동 가정의 타당성에 대한 검토의견을 기재하였는가? ○ 미래효익 추정을 위한 재무정보 및 비재무적 정보의 분석내용을 기재하였는가? ○ 상대가치 산정 시 유사회사의 선정과정 및 주력업종 판단근거를 기재하고, 최근 1년 이내 유상증자 발행가액 등의 가중평균한 금액을 반영한 가액으로 기재하였는가? 3. 합병의 주요일정 및 요령 □ 합병일정이 상법에서 정하고 있는 기간을 준수하고 있는가? ○ 주주명부폐쇄공고일 : 주주명부 폐쇄초일 2주 전(상법 §354 ④) ○ 주주명부폐쇄기준일 : 주총일 기준으로 이전 3월 이내(상법 §354 ③) ○ 주주명부폐쇄기간 : 3월 이내(상법 §354 ②) ○ 주총소집통지 또는 공고 : 주총 2주 전(상법 §363, 542의4, 법 §165의5 ⑤) ○ 채권자 이의제출기간 : 주총 2주 내 1월 이상(상법 §527의5) ○ 합병계약서등 공시서류 비치기간 : 주총 2주 전부터 합병 이후 6개월간	

주요 점검항목	점검 결과
(상법 §522의2) ☐ 합병 관련 비용 ○ 법률·회계 비용, 외부평가 비용, 컨설팅 비용, 합병 권유비용, 신고서 제출 비용, 인쇄비 등 합병과 관련하여 이미 발생하였거나 향후 예측되는 비용을 항목별로 기재하였는가? 4. 합병계약에 관한 기본사항 등 ☐ 신고서상 합병에 관한 주요 내용이 관련 이사회 결의내용 및 합병계약서의 내용과 일치하는가? ☐ 합병계약서에 상법에서 정하고 있는 필수 기재사항(*)이 기재되어 있는가? (상법 §523, §524) (*) 흡수합병계약서 : 존속회사가 발행할 주식의 총수 및 종류와 수, 증가할 자본금과 준비금의 총액, 소멸회사의 주주에 대한 신주배정에 관한 사항, 주주총회의 기일 및 합병기일 등 (*) 신설합병계약서 : 신설회사가 발행할 주식의 총수 및 종류와 수, 신설회사의 본점 소재지, 증가할 자본금과 준비금의 총액, 소멸회사의 주주에 대한 신주배정에 관한 사항, 주주총회의 기일 및 합병기일 등 5. 모집·매출 주식수 및 총금액 ☐ 합병대가로 신주모집 외에 자기주식을 매출하는 경우 모집·매출 주식수 및 금액을 합산하여 기재하였는가? ☐ 합병대가로 교부금 또는 존속회사의 모회사 주식을 지급하는 경우 그 지급내용 및 배정 등에 관한 사항을 기재하였는가? 6. 주식매수청구권에 관한 사항 ☐ 주식매수청구제시가격이 관련 법규에 따라 산정되었는가?(상장법인은 법 §165의5, 시행령 §176의7, 비상장법인은 상법 §522의3, §530 ②, §374의2 ②~⑤) ☐ 매수청구권 행사기간을 주총일로부터 20일간으로 설정하였는가? ☐ 매수기간을 매수청구기간 종료일로부터 1개월(비상장법인은 2개월) 이내로 설정하였는가? ☐ 이사회의 합병결의에 대한 반대의사 표시방법, 기간 및 장소를 포함하여 주식매수청구권의 행사 또는 철회절차, 대상자, 방법, 기간 및 장소 등에 관한 사항이 기재되었는가? ○ 상장법인의 경우 합병이사회 결의사실이 공시되기 전에 취득(또는 공시 다음 영업일까지 주식취득 등에 관한 법률행위가 있었음을 증명할 수 있는 경우)한 주주에 한함을 기재하였는가? ☐ 주식매수청구권 행사로 취득한 자기주식을 관련 법규에 따라 처리할 예정임을 기재하였는가?(법 §165의5 ④, 시행령 §176의7 ④)	

주요 점검항목	점검 결과
7. 투자위험요소 및 투자자 유의사항 □ 합병성사를 어렵게 하는 위험요소의 내용 및 이에 대한 회사의 대책을 기재하였는가? □ 합병신주의 향후 상장추진 또는 상장폐지가능성에 대하여 기재하였는가? ○ 우회상장에 해당하는 경우 거래소의 상장예비심사 결과를 기재하였는가? (유상장규정 §34, 코상장규정 §18의4) ○ 상장법인이 합병 후 비상장법인이 되는 경우 주주보호 대책 등을 기재하였는가? □ 합병이 성사될 경우 고려하여야 할 위험요소를 사업위험, 회사위험, 기타투자위험 등으로 구분하여 기재하였는가? □ 합병과 관련하여 풋옵션 등의 계약을 체결한 경우 계약상대방, 내용 등을 기재하였는가? **8. 소규모·간이합병의 요건 해당 여부** □ 소규모합병 요건 해당 여부(상법 §527의3) ○ 합병신주 및 이전하는 자기주식 총수가 존속회사 주식의 10% 이하이고 합병교부금이 존속회사 최종 대차대조표상 순자산액의 5% 이하인가? ○ 합병계약서 및 신고서에 존속회사의 주총승인 없이 이사회 결의로 합병한다는 뜻을 기재하였는가?(다만, 합병계약 체결사실의 통지 또는 공고일로부터 2주 내에 20% 이상을 소유한 주주의 반대 시 주총 특별결의 필요) ○ 소규모합병 시 존속회사 주주에게 주식매수청구권이 부여되지 않음을 기재하였는가? □ 간이합병 요건 해당 여부(상법 §527의2) ○ 소멸회사의 총주주 동의를 받았거나 존속회사가 소멸회사의 주식 90% 이상을 소유하였는가? ○ 소멸회사는 합병계약서 작성일로부터 2주 내에 주주총회의 승인을 얻지 않고 이사회 결의로 합병한다는 뜻을 기재하였는가? ○ 주식매수청구권 부여 사실을 기재하였는가? **9. 기타** □ 합병계약서의 내용 중 특약사항(*)이 있는 경우 해당 내용을 기재하였는가? (*) 계약해지 요건, Stock option 조정내역 등 ○ 소멸법인이 발행한 주식관련사채 등(CB, BW, EB, 신주인수권증서 포함)의 전환 또는 행사조건 등 조정내역(조정가액, 조정주식수 등)을 기재하였는가? □ 비상장법인의 최대주주(특수관계인 포함) 등이 소유한 주식 등(CB, BW, EB, 신주인수권증서 등 포함)에 대해 보호예수 의무가 있는 경우 보호예수의무기간(*) 등 관련 사항을 기재하였는가?	

주요 점검항목	점검 결과
(*) 유가증권상장법인과 비상장법인의 합병 시 우회상장에 해당하는 경우(유가증권시장 상장규정 §35) - 최대주주 등 : 상장일로부터 6월간 (*) 코스닥상장법인과 비상장법인이 합병하는 경우 상장일로부터 일정기간 (코스닥시장 상장규정 §22) - 최대주주 등 : 6월 - 벤처금융(투자기간이 주요사항보고서제출일로부터 2년 미만) : 1월간 - 전문투자자(투자기간이 주요사항보고서제출일로부터 2년 미만) : 1월간	
□ 「법인세법」 등 관련 법규에 따라 과세이연을 위한 적격요건 충족 여부 및 미충족 시 그 사실, 투자자에게 미치는 영향 등 관련 위험 내용을 기재하였는가?(법인세법 §44)	

3 주주총회

상법상 회사가 합병을 함에는 합병계약서를 작성하여 주주총회 특별결의로 승인을 얻어야 한다.[376)]

한편, 합병승인 주주총회는 임시주주총회가 될 것이므로 일반적으로 정관에 주주명부기준일 및 폐쇄기간을 정하고 있는 정기주주총회와 달리 권리주주 확정을 위한 주주명부기준일 및 주주명부 폐쇄에 관한 절차가 필요하다.

| 권리주주의 확정과 주주총회소집 · 결의 |

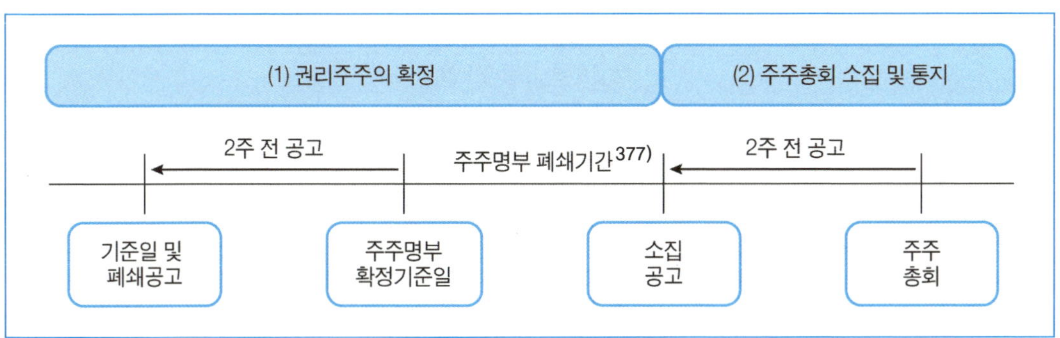

376) 상법 §522 ③
377) 전자증권법 적용회사는 생략함.

(1) 권리주주의 확정

1) 상법

회사는 의결권을 행사하거나 배당을 받을 자 기타 주주 또는 질권자로서 권리를 행사할 자를 정하기 위하여 일정한 기간을 정하여 주주명부의 기재변경을 정지하거나 일정한 날에 주주명부에 기재된 주주 또는 질권자를 그 권리를 행사할 주주 또는 질권자로 볼 수 있으며 주주명부기준일 및 폐쇄기간을 정한 때에는 2주 전에 이를 공고하여야 한다. 그러나 정관으로 그 기간 또는 날을 지정한 때에는 그러하지 아니하다.[378)]

상법상 권리주주를 확정하는 방법에는 기준일을 정하여 해당되는 날 현재 주주에게 권리를 행사할 주주로 확정하는 기준일 제도와 일정기간 동안 명의개서를 정지하여 주주를 확정하는 폐쇄기간제도가 있다. 한편, 전자증권법 도입 전에는 상장회사와 같이 주주가 많은 경우 두 가지 방법을 병행하였으나 전자증권법이 도입됨에 따라 기준일제도만으로도 손쉽게 주주확정이 가능하다. 또한 언급한 바와 같이 정기주주총회 주주명부 확정기준일은 일반적으로 정관에 정하고 있으므로 별도의 공고가 필요 없으나 임시주주총회의 경우에는 기준일 또는 폐쇄기간 초일 2주 전에 정관에서 정한 방법에 따라 공고하여야 한다.

| 주주명부폐쇄기간 및 기준일 설정 공고 예시 |

상법 제354조 및 당사 정관 제○○조에 의거하여 2019년 7월 5일 현재 주주명부에 기재되어 있는 주주에게 의결권을 부여하며 권리주주 확정을 위해 2019년 7월 5일부터 2019년 7월 10일까지 주식의 명의개서, 질권의 등록 및 말소, 신탁 재산의 표시와 말소 등 주주명부의 기재사항변경을 정지함을 공고합니다.

2019년 6월 21일

주식회사 사평
대표이사 김사평

---

378) 상법 §354

권리주주 확정일인 2019년 7월 5일, 2주 전인 2019년 6월 21일이 주주확정기준일 및 주주명부폐쇄기간 공고일이다.

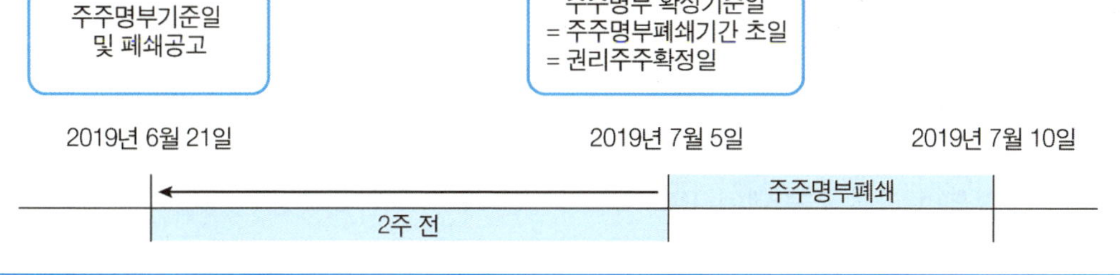

2) 전자증권법[379)]

2019년 전자증권법의 도입에 따라 주주확정기준일에 주식 소유자명세가 바로 확인가능하므로 상장회사는 주주명부폐쇄기간은 불필요하다.

(2) 주주총회 소집 및 통지

1) 주주총회의 소집

총회의 소집은 상법에 다른 규정이 있는 경우 외에는 이사회가 이를 결정한다.[380)] 따라서 합병을 위한 임시주주총회 소집 역시 이사회에서 총회의 일시 · 장소 · 회의의 목적사항에 대하여 결의하여야 하는데 일반적으로 합병주주총회 소집을 위한 이사회는 합병계약체결 승인 이사회에서 함께 의안으로 다루게 된다.

2) 주주총회 소집통지

① 대상 및 방법

주주총회를 소집할 때에는 주주총회일의 2주 전에 각 주주에게 서면으로 통지를 발송하거나 각 주주의 동의를 받아 전자문서로 통지를 발송하여야 한다. 통지는 주주명부상 의결권 있는 주주에게 하는 것이나 합병에 있어 반대주주의 주식매수청구권이 인정되는 사항이 포함되는 경우에는 주식매수청구권 행사를 위해서 의결권이 없는 주주(무의결권 우선주주 등)에게도 소집통지를 하여야 한다.[381)]

379) '주식 · 사채 등의 전자등록에 관한 법률'로 실물증권을 발행하는 대신 전자등록 방법으로 증권의 발행 · 유통 · 권리행사 등 증권사무를 처리하는 제도이다.

380) 상법 §362

381) 상법 §363 ①, ⑦

소집통지는 발신주의이므로 그 도달 여부와 관계없이 발송절차는 완료된다. 다만, 기한의 말일이 토요일 또는 공휴일에 해당되는 때에는 그 전날에 소집통지를 발송해야 한다. 예를 들어 주주총회일이 2007년 3월 16일인 경우 그 2주 전은 2007년 3월 1일이 기한이지만 3월 1일은 삼일절 공휴일이므로 그 전날인 2007년 2월 28일까지 소집통지를 발송해야 한다.[382]

② 소집통지 특례

상장회사 의결권 있는 발행주식수의 1% 이하 소액주주에 대하여는 공고함으로써 소집통지를 갈음할 수 있으며 자본금 총액이 10억 원 미만인 소규모회사의 경우 주주 전원의 동의가 있을 경우에는 소집절차 없이 주주총회를 개최할 수 있다.

| 소집통지 특례조항 |

구분	내용	관련 법령
상장 회사	• 의결권 있는 발행주식수의 1% 이하 소액주주에 대하여는 정관으로 정하는 바에 따라 둘 이상의 일간신문에 각각 2회 이상 공고하거나 금융감독원 또는 거래소가 운용하는 전자공시시스템에 공고함으로써 소집통지를 갈음할 수 있음. • 상장회사 소집공고기한은 소집통지에 갈음하여 하는 것이므로 상기 언급한 소집통지기한과 동일함.	상법 §542의4, 상령 §31
소규모 회사	• 자본금 총액이 10억 원 미만인 회사는 주주 전원의 동의가 있을 경우에는 소집절차 없이 주주총회를 개최할 수 있음. • 서면에 의한 결의로써 주주총회의 결의를 갈음할 수 있음.[383]	상법 §363 ④

③ 소집통지 내용

일반적인 주주총회 소집통지에는 총회의 일시・장소뿐만 아니라 회의의 목적사항(의안)이 기재되어야 하는데 합병계약서 승인에 관한 의안 등과 같이 중요한 의안의 경우에는 의안의 요령[384]도 아울러 기재하도록 하고 있다.

382) 서울북부지방법원 2007. 2. 28. 자 2007카합215 결정
383) 결의의 목적사항에 대하여 주주전원이 서면으로 동의를 한 때에는 서면에 의한 결의가 있는 것으로 본다.
384) 목적사항이란 총회에서 결의할 의안을 의미하며, 의안의 요령이란 총회에서 결의해야 할 의안의 주된 내용을 말한다.

| 상법상 의안의 요령을 기재하여야 하는 의안 |

- 합병계약서 승인에 관한 의안(상법 §522 ②)
- 분할계획서 · 분할합병계약서 승인에 관한 의안(상법 §530의3 ④)
- 정관의 변경에 관한 의안(상법 §433 ②)
- 자본금 감소에 관한 의안(상법 §438)
- 정관에 규정이 없는 경우에 주주 외의 자에 대하여 전환사채 · 신주인수권부사채 · 이익참가부사채 발행에 관한 의안(상법 §522 ②)
- 주주제안권에 따라 당해 주주가 제출하는 의안(상법 §363의2)

한편, 상장회사는 소집공고 시 주식매수청구권에 대한 내용 및 경영참고사항을 기재하는 특례조항이 추가로 존재한다.

| 상장회사 소집공고 특례 내용 |

구분	내용	관련 법령
주식매수청구권	• 주식매수청구권의 내용 및 행사방법	자본시장법 §165의5 ⑤
경영참고사항	• 사외이사 등의 활동과 보수에 관한 사항 • 사업개요 등 경영참고사항 • 특수관계인 등과의 거래내역	상법 §542의4 ③, 상령 §31

| 상장회사 합병 소집공고 목차 예시 |

Ⅰ. 사외이사 등의 활동내역과 보수에 관한 사항	
Ⅱ. 최대주주 등과의 거래내역에 관한 사항	
Ⅲ. 경영참고사항	
1. 사업의 개요	
2. 주주총회 목적사항별 기재사항	
① 회사의 합병의 건	해당 합병의 개요, 목적, 일정, 계약서상의 주요 내용, 합병의 요령, 합병비율 및 산출근거, 주식매수청구권의 내용 및 행사에 관한 내용 등을 기재한다.
② 정관 일부 변경의 건	합병 후 상호변경 및 목적사업추가 등으로 정관변경 시 정관변경 전후의 내용을 기재한다.
③ 이사의 선임의 건	후보자의 인적사항과 최대주주와의 관계 및 해당법인과의 최근 3년간의 거래내역을 기재한다.

| 비상장회사 임시주주총회 소집통지서 예시 |

<u>임시주주총회 소집통지서</u>

주주님의 건승과 댁내의 평안을 기원합니다.
당사는 상법 제 363조와 정관 제○○조에 의거 임시주주총회를 아래와 같이 개최하오니 참석하여 주시기 바랍니다.

\- 아 래 -

1. 일시 : 20○○년 ○월 ○○일(○요일) 오전(후) ○○ : ○○
2. 장소 : 서울시 ○○구 ○○동 ○○ ○층 강당
3. 회의의 목적사항
   가. 부의안건
      제1호 의안 : 합병승인 결의의 건(별첨1 참조)
      제2호 의안 : 정관일부 변경의 건(별첨2 참조)
4. 의결권 행사방법에 관한 사항
   가. 본인 또는 대리인의 참석에 의한 행사
      주주님께서는 본인이 직접 주주총회에 참석하시거나 대리인을 대신 참석하게 하는 방식으로 의결권을 행사하실 수 있습니다.

      ▷ 본인이 직접 의결권 행사 시 : 주주총회 참석장, 신분증 지참
      ▷ 대리인을 통한 의결권 행사 시 : 주주총회 참석장, 위임장(주주와 대리인의 인적사항 기재, 기명날인), 대리인의 신분증

   나. 전자투표에 의한 행사(*<u>전자투표를 도입한 경우</u>*)
      주주님께서는 이번 주주총회에서 아래에서 정한 방법에 따라 주주총회에 참석하지 아니하고 상법 제368조의4에 따른 전자투표 방식으로 의결권을 행사[385)]하실 수 있습니다.

      ▷ 전자투표시스템 인터넷 주소 :
      ▷ 전자투표 행사기간 : 20○○년 ○월 ○일~20○○년 ○월 ○일
      (기간 중 오전 9시부터 오후 10시까지 투표 가능하나 행사기간 마지막 날은 오후 5시까지만 가능)
      ▷ 전자투표 행사방법 : 전자투표시스템에서 공인인증을 통해 주주 본인 여부 확인 후 의안별 의결권 행사(주주확인용 공인인증서 : 증권거래전용 공인인증서, 은행 개인용도제한용 공인인증서 또는 은행·증권 범용 공인인증서)

---

385) 전자투표 방식으로 의결권을 행사한 주식에 대하여는 의결권 행사의 철회 또는 변경이 불가능하다(상령 §13 ③).

다. 서면투표에 의한 행사(*서면투표를 도입한 경우*)

당사는 정관 제○조에 의하여 서면투표제도를 실시하고 있습니다. 주주님께서는 첨부하여 드린 서면투표 의결권 행사 서면에 의안별 찬·반을 표기하시어 주주총회 전일인 20○○년 ○월 ○일까지 당사에 제출하는 방식으로 의결권을 행사하실 수 있습니다.

서면투표를 위한 참고자료를 첨부하오니 의결권 행사 시 참조해주시기 바랍니다.

▷ 서면투표 의결권 행사서면 제출기한 : 20○○년 ○월 ○일(주주총회일 전일)까지
▷ 의결권 행사서면 제출처 : 서울시 ○○구 ○○동 ○○ ㈜○○○○

5. 주식매수청구권의 내용과 행사방법

제1호 의안에 반대하는 주주는 임시주주총회 개최 전에 회사에 대하여 서면으로 반대의사를 통지하여야 합니다. 반대의사통지를 한 주주는 임시주주총회에서 제1호 의안이 가결된 경우, 매수 청구하고자 하는 주식의 종류 및 수를 정하여 매수를 청구할 수 있습니다. 자세한 내용에 관하여는 별첨 ○○ [주식매수청구권 행사안내문]을 참조하시기 바랍니다.

▷ 별첨

1. 합병의 개요
2. 정관변경 비교대조표
3. 주식매수청구권 행사 안내문
4. 서면투표에 의한 의결권 행사서
5. 주주총회 참석장 및 위임장

20○○년 ○○월 ○○일
서울시 ○○구 ○○동 ○○ ㈜○○○○
대표이사 ○○○

| 별첨1 : 합병의 개요 목차 예시 |

[별첨1] 합병의 개요
1. 합병의 목적 및 배경
2. 합병의 방법
3. 합병의 요령
   (1) 신주배정에 관한 사항
   (2) 합병비율
   (3) 합병으로 인하여 발생되는 신주의 종류와 수
   (4) 채권자보호절차
   (5) 합병계약서상의 계약 해지조건
   (6) 주식매수청구권에 대한 사항
   (7) 주요일정

(3) 주주총회 결의

주주총회는 주주들이 모여 회사의 중요한 사안을 결정하는 주식회사의 최고 의사결정기관으로 결산기마다 정기적으로 개최하는 정기주주총회와 수시로 소집하는 임시주주총회로 분류되며 정기주주총회와 임시주주총회는 소집시기의 차이만 있을 뿐 그 권한은 동일하다.

합병승인주주총회는 일반적으로 임시주주총회가 될 것이며 결의사항은 특별결의사항으로 출석한 주주의 의결권의 3분의 2 이상의 수와 발행주식총수의 3분의 1 이상의 수로써 결의하여야 한다.[386] 또한 합병으로 인하여 어느 종류의 주주에게 손해를 미치게 될 경우[387]에는 종류주주총회의 결의[388]가 필요하다.

한편, 의결권은 정관에 따라 의결권이 배제되거나 특정 안건에 대하여 의결권이 제한되는 종류주식을 발행한 경우 동 주식은 주주총회에서 의결권이 제한되지만 분할계획서 및 분할합병계약서 승인결의인 경우에는 의결권이 배제되는 주주도 의결권이 있다.[389]

386) 상법 §522 ③
387) 상법 §436
388) 종류주주총회 결의요건은 출석한 주주의 의결권의 3분의 2 이상의 수와 그 종류의 발행주식총수의 3분의 1 이상의 수로써 하여야 하며(상법 §435 ②) 무의결권주식도 그들의 종류주주총회에서는 의결권행사가 가능하다.
389) 상법 §530의3 ③

| 주주총회 의결정족수 요건 |

구분	내용
보통결의	출석한 주주 의결권의 과반수 & 발행주식총수의 1/4 이상 찬성
특별결의	출석한 주주 의결권의 2/3 이상 & 발행주식총수의 1/3 이상 찬성
특수결의	총주주의 동의(의결권이 없는 주식 포함)

자본금 총액이 10억 원 미만인 소규모 회사는 서면에 의한 결의로써 주주총회의 결의를 갈음할 수 있으며 결의의 목적사항에 대하여 주주 전원이 서면으로 동의를 한 때에는 서면에 의한 결의가 있는 것으로 본다.[390] 또한 상장회사의 경우에는 임시주주총회 종료 후 당일에 임시주주총회 결과를 공시하여야 한다.

| 합병등 승인(임시) 주주총회 |

- 합병승인 주주총회는 특별결의사항임.
- 종류주식이 불이익을 받게 되는 경우, 당해 종류주주총회의 결의가 필요함.
- 분할 및 분할합병의 경우, 의결권이 배제되는 주주도 본건 주주총회에서 의결권이 있음.
- 소규모회사(자본금총액 10억 원 미만)의 경우 서면결의가 가능함.
- 상장회사는 합병주주총회 종료 후 당일에 주주총회 결과를 공시하여야 함.

(4) 합병계약서 등의 공시

합병 당사회사의 이사는 주주총회 회일의 2주 전부터 합병을 한 날 이후 6개월이 경과하는 날까지 합병계약서 등의 서류를 본점에 비치하여야 하며 주주 및 회사채권자는 영업시간 내에는 언제든지 해당 서류의 열람을 청구하거나 회사가 정한 비용을 지급하고 그 등본 또는 초본의 교부를 청구할 수 있다.[391]

| 합병계약서 등의 공시(본점 비치서류) |

- 합병계약서
- 합병을 위하여 신주를 발행하거나 자기주식을 이전하는 경우에는 합병으로 인하여 소멸하는 회사의 주주에 대한 신주의 배정 또는 자기주식의 이전에 관하여 그 이유를 기재한 서면
- 각 회사의 최종 대차대조표와 손익계산서

390) 상법 §363 ④
391) 상법 §522의2

4 주식매수청구권

주식매수청구권이란 주주의 이익에 중대한 영향을 미치는 결의사항에 대하여 다수결로 결의가 이루어질 경우 이에 반대하는 소액주주를 보호하기 위하여 그 주주에게 자기가 소유한 주식을 공정한 가격으로 매수해 줄 것을 회사에 대하여 청구할 수 있도록 부여한 상법상의 권리이다.

한편, 단순분할의 경우에는 주주권리에 변화가 없으므로 원칙적으로 인정되지 않으며,[392] 소규모합병 시 존속회사 주주에게는 해당 합병이 미치는 영향이 미미하므로 인정되지 않는다.

| 주식매수청구권 인정 여부 |

구분	인정 여부
• 중요한 영업양수도, 합병 · 분할합병, 주식의 포괄적 교환 및 이전 • 상장회사가 분할 후 분할신설회사가 재상장을 하지 않는 경우 • 상장회사가 물적분할 하는 경우	○
• 단순분할, 소규모합병 시 존속회사 주주	×

(1) 행사요건

합병승인 결의사항에 관하여 이사회의 결의가 있는 때에 그 결의에 반대하는 주주[393]가 주주총회 전에 회사에 대하여 서면으로 그 결의에 반대하는 의사를 통지한 경우에는 그 총회의 결의일부터 20일 이내에 주식의 종류와 수를 기재한 서면으로 회사에 대하여 자기가 소유하고 있는 주식의 매수를 청구할 수 있다.[394]

주식매수청구권을 행사할 수 있는 주주란 비상장회사는 주주확정 기준일 현재 주주명부에 등재된 주주이며 상장회사는 합병이사회 결의 사실이 공시되기 이전에 취득하였음을 증명한 주식 혹은 이사회결의 사실이 공시된 이후에 취득하였으나 이사회결의 사실이 공시된 다음 날[395]까지 해당 주식의 취득계약이 체결되었음을 증명한 주주에 한한다.[396]

392) 다만, 상장회사의 분할로 인하여 분할신설회사가 상장폐지가 되는 경우 등에는 주주권리에 실질적으로 변동이 있으므로 주식매수청구권이 인정된다.
393) 의결권이 없거나 제한되는 주주도 포함한다.
394) 상법 §522의3 ①
395) 다음 날이란 역력에 따른 날이며, 영업일을 의미하는 것은 아니다.
396) 자본시장법 §165의5 ① 및 자본시장령 §176의7 ②

| 주식매수청구권 행사요건 |

<table>
<tr><th colspan="2">구분</th><th>내용</th></tr>
<tr><td colspan="2" rowspan="2">주주 요건</td><td>(비상장회사)
• 주주확정 기준일 현재 주주명부에 등재된 주주</td></tr>
<tr><td>(상장회사)
• 합병에 관한 이사회결의 사실이 공시되기 이전에 취득하였음을 증명한 주식
• 이사회결의 사실이 공시된 이후에 취득하였지만 이사회결의 사실이 공시된 날의 다음 날까지 해당 주식에 관한 매매계약의 체결, 해당 주식의 소비대차계약의 해지, 그 밖에 해당 주식의 취득에 관한 법률행위가 있는 경우에 해당함을 증명한 주식
• 이사회결의 사실이 공시된 날의 다음 날부터 주식매수청구권 행사일까지 계속 보유한 주주에 한하여 부여되며, 동 기간 내에 매각 후 재취득한 주식에 대해서는 주식매수청구권이 상실됨.</td></tr>
<tr><td rowspan="2">행위 요건</td><td>사전</td><td>• 주주총회 이전에 회사에 대하여 서면으로 이사회결의에 반대하는 의사통지를 하여야 함.</td></tr>
<tr><td>사후</td><td>• 총회의 결의일부터 20일 이내에 주식의 종류와 수를 기재한 서면으로 주식의 매수청구를 행사하여야 함.</td></tr>
</table>

(2) 시점별 절차

주식매수청구권 관련 절차는 합병일정 전반에 걸쳐 관련 내용 및 절차가 존재한다. 합병계약 시 선택적으로 주식매수청구금액이 일정금액을 초과할 경우 합병계약을 해제한다는 요건을 명시할 수 있으며 합병주주총회 소집통지 시에는 주식매수청구권의 내용에 관한 통지의무가 있다. 그 외에도 서면반대 통지접수 및 청구권행사절차 등이 있다.

| 주식매수청구권의 합병절차별 내용 |

절차	내용
1. 합병계약서 작성 시	합병계약서상 일정금액을 초과하는 주식매수청구권 발생 시 계약해제 요건 선택적으로 기재함.
2. 주주총회 소집통지 시	주식매수청구권의 내용과 행사방법을 통지하여야 함.
3. 사전 서면반대 통지접수	주주총회 전까지 접수
4. 주주총회 시	주주총회 참석 여부는 주식매수청구요건이 아님.
5. 회사의 주식매수	주식매수청구기간이 종료하는 날로부터 2개월 이내에 주식을 매수하여야 함(상장회사는 1개월 이내에 매수).
6. 매수한 주식의 처리	상장회사는 5년 이내에 처분하여야 함.

1) 합병계약서 작성 시

합병계약 시에는 사전적으로 주식매수청구금액을 예측할 수 없기 때문에 합병계약서상 주식매수청구금액이 일정금액을 초과하는 경우에는 일방 또는 상호협의하에 합병계약을 해제할 수 있는 조항을 선택적으로 명시한다.

| 합병계약서상 주식매수청구권 행사에 따른 계약해제 예시 |

> 본건 합병에 반대하는 주식매수청구권 행사로 인하여 합병법인이 지급해야 하는 매수대금이 금 ○○○억 원을 초과하거나 피합병법인이 지급하여야 하는 매수금액이 ○○억 원을 초과하는 경우 합병법인 또는 피합병법인은 사전 상호 협의절차를 거친 후 이사회결의를 거쳐 상대방에 대한 서면 통지로 본 건 합병을 계속 진행하지 않고 본 계약을 해제할 수 있다.

DART	주식매수청구권에 따른 합병계약의 해제 사례
사 례	○○㈜과 △△㈜ 간 합병계약 해제
공 시	기타 주요경영사항(자율공시)

1. 제출 사유
   - △△㈜와의 합병계약 해제

2. 주요 내용
   - 당사(○○㈜)는 2014년 9월 1일, △△㈜의 기명식 보통주 1주당 △△㈜의 기명식 보통주 2.3590390주의 비율로 교환하는 합병계약을 체결하였고, 2014년 10월 27일 임시주주총회

에서 승인받았으나, 합병계약서 제17조 (4)항에 의거하여 2014년 11월 19일 이사회의 의결로 본 합병계약을 해제함.

□ 합병계약서 제17조 (4)
본건 합병과 관련하여 "△△㈜"에게 주식매수청구권이 행사된 주식에 대한 주식매수가액이 금 사천일백 억(410,000,000,000) 원을 초과한 경우(주식매수가액에 대하여 "△△㈜"의 주주와 "△△㈜" 간에 매수가액이 합의되지 않더라도 매수예상가액이 금 사천일백억 (410,000,000,000) 원을 초과할 것이 합리적으로 예상되는 경우 포함), 어느 "일방 당사회사"는 상대방 "일방 당사회사"에 대한 서면통지에 의하여 본 계약을 해제할 수 있다.

□ 주식매수청구권 행사 내용(△△㈜)
- 주식매수청구 신청주식수
  • 보통주 : 10,793,934주
- 주식매수청구가격
  • 보통주 : 65,439원/주
- 주식매수청구금액 합계 : 706,344,247,026원

□ 주식매수청구권 행사 내용(○○㈜)
- 주식매수청구 신청주식수
  • 보통주 : 34,193,211주
  • 우선주 : 7,650주
- 주식매수청구가격
  • 보통주 : 27,003원/주
  • 우선주 : 28,354원/주
- 주식매수청구금액 합계 : 923,536,184,733원

설 명

본건 합병은 주주총회에서 합병승인을 받았으나 주식매수청구금액이 계약서상 금액을 상회하여 합병계약서 조항에 근거하여 본건 합병계약은 해제되었다. 만약 합병이사회 공시 후에 주가가 하락하여 회사의 주식매수가격을 하회하게 되면 주주입장에서는 주식매수청구권을 행사하여야 손실을 보지 않기에 공시 후 주가가 하락하면 주식매수청구행사가 많아질 가능성은 높아진다.

2) 주주총회 소집통지 시

주주총회 소집통지는 주주명부상 의결권 있는 주주에게 하는 것이나 합병 등과 같이 반대주주의 주식매수청구권이 인정되는 사항이 포함되는 경우에는 의결권이 없는 주주(무의결권 우선주주 등)에게도 소집통지를 하여야 한다.[397] 또한 소집통지 시에는 주식매수청구권의 내용 및 행사방법을 함께 통지하여야 한다.

3) 사전 서면반대 통지접수

합병에 관한 이사회의 결의에 반대하는 주주는 주주총회 전까지 회사에 대하여 서면으로 그 결의에 반대하는 의사를 통지하여야 하며, 통지는 주주총회 전에 회사에 도달하여야 한다.[398]

| 이사회결의 반대의사 통지서(주주총회 소집통지서상 별첨 양식) 예시 |

이사회결의 반대의사 통지서

아래 본인은 주식매수청구권 행사를 위하여 귀사의 이사회결의사항(합병)에 대하여 아래와 같이 반대합니다.

소유주식수	주
반대의사 주식수	주

- 아 래 -

주소 :
주민(사업자)등록번호 :
성명 : (인)
연락처 :

주식회사 ○○ 대표이사 귀하

4) 주주총회 시

주식매수청구는 서면에 의한 사전반대통지만이 그 요건이므로 주식매수청구를 위한 주주총회 출석은 필요하지 않다. 다만, 사전에 서면으로 합병에 관한 이사회결의에 반대하는 의사를 통지한 주주가 주주총회에서 합병에 찬성한 경우에는 사전 반대의사를 철회한 것이므로 주식매수청구권을 행사할 수 없다.

397) 상법 §363 ⑦
398) 상장회사의 경우 증권사에 제출하거나 회사에 직접 제출한다.

5) 주식매수청구

사전에 반대의사 통지를 한 주주는 주주총회 결의일부터 20일 이내에 주식의 종류와 수를 기재한 서면과 함께 보유하고 있는 주권을 회사에 제출함으로써 주주가 소유하고 있는 주식 전부 또는 일부의 매수를 청구할 수 있다.

주주명부에 등재된 주주는 주식매수청구서를 접수장소에 제출하여야 하며 주권을 증권회사에 위탁하고 있는 주주는 해당 증권회사에 주식매수청구권 행사신청서를 제출[399]하여야 한다. 또한 상장회사는 주식매수청구기간이 종료되면 '주식매수청구권 행사결과안내'를 자율공시한다.

한편, 주식매수청구권은 형성권으로 청구권자가 그 요건을 갖추어 매수를 청구하는 일방적 의사표시를 함으로써 주식양도계약을 성립시키는 것이므로 주주의 주식매수청구가 이루어지면 이를 철회할 수 없는 것이 원칙이다.[400]

| 주식매수청구서(주주총회 소집통지서상 별첨 양식) 예시 |

주 식 매 수 청 구 서

아래 본인은 귀사의 합병에 반대하여 아래와 같이 주식매수를 청구합니다.

소유주식수	주
반대의사 주식수	주

\- 아 래 -

주소 :
주민(사업자)등록번호 :
성명 : (인)
연락처 :

주식회사 ○ ○ 대표이사 귀하

399) 해당 주식을 한국예탁결제원에 예탁한 증권회사는 주식매수청구기간 종료일 전 영업일까지 한국예탁결제원에 권리행사를 신청하여야 하므로 실무상 그 종료일 2영업일 전까지 증권회사에 주식매수청구를 하여야 한다. 다만, 주권을 한국예탁결제원에 위탁하고 있는 주주의 경우에는 종료일 전 영업일까지 한국예탁결제원에 바로 신청한다.

400) 주주와 회사 간의 합의를 통하여 주식양도계약을 해제하는 것은 가능하다.

6) 회사의 주식매수

주식매수청구를 받은 회사는 매수청구기간(주주총회 결의일로부터 20일 이내)이 종료하는 날부터 2개월 이내에 그 주식을 매수하여야 하며[401] 상장회사는 1개월 이내에 그 주식을 매수하여야 한다.[402]

주식의 매수가격은 원칙적으로 주주와 해당법인 간의 협의로 결정한다. 협의가 이루어지지 아니하는 경우에 상장회사는 이사회결의일 직전일로부터 직전일부터 2개월 · 1개월 · 1주일 가중평균종가를 산술평균한 금액으로 하며, 해당 법인이나 매수를 청구한 주주가 그 매수가격에 대하여도 반대하면 법원에 매수가격의 결정을 청구할 수 있다.

비상장회사는 매수청구기간이 종료하는 날부터 30일 이내에 협의가 이루어지지 아니한 경우에는 회사 또는 주식의 매수를 청구한 주주는 법원에 매수가액의 결정을 청구할 수 있다.[403]

한편, 일부 주식에 대하여 주식매수가격에 대하여 합의에 이르지 못하여 소가 진행될 예정이라면 동 절차 진행기간 동안 주주에게 지급해야 할 지연손해금이 누적될 수 있으므로 주식매수대금은 공탁하는 것이 유리하다.[404]

| 주식의 매수가격 |

<table>
<tr><th>구분</th><th>상장회사</th><th>비상장회사</th></tr>
<tr><td>원칙</td><td colspan="2">주주와 회사 간의 협의가격</td></tr>
<tr><td rowspan="2">예외</td><td>① 자본시장법에서 정하는 방법[405]</td><td rowspan="2">법원에 매수가액의 결정청구</td></tr>
<tr><td>② 법원에 매수가액의 결정청구</td></tr>
</table>

7) 매수한 주식의 처리

① 주식매수청구권과 자기주식

합병회사 주주의 주식매수청구로 인하여 매수한 주식은 합병회사의 자기주식이 되며 피합병회사 주주의 주식매수청구로 인하여 매수한 자기주식은 동 자기주식에 대하여 합병신주를 배정하면 합병회사의 자기주식이 되며 배정하지 않으면 피합병회사의 해산과 함께 소멸한다.

401) 상법 §530 ②, 상법 §374의2 ②
402) 자본시장법 §165의5 ②
403) 상법 §530 ②, 상법 §374의2 ⑤
404) 당사자 간 약정이 없으므로 법정이자인 6%가 적용된다.
405) 자본시장법령 §176의7 ③

| 주식매수청구권과 자기주식 |

<table>
<tr><th>행사주체</th><th colspan="3">매수한 주식</th></tr>
<tr><td>합병회사 주주</td><td colspan="3">• 합병법인의 자기주식이 됨.</td></tr>
<tr><td rowspan="2">피합병법인
주주</td><td rowspan="2">① 피합병법인의 자기주식이 됨. →</td><td rowspan="2">②</td><td>(신주배정하는 경우)
합병법인의 자기주식이 됨.</td></tr>
<tr><td>(신주를 배정하지 않는 경우)
피합병법인 해산과 함께 소멸</td></tr>
</table>

② 주식매수청구권 행사로 취득한 자기주식의 처리

상장회사는 자기주식 매수일로부터 5년 내에 처분하여야 하며[406] 비상장회사는 제한규정[407]이 없다.

 채권자보호절차와 주식병합절차

주주총회에서 합병이 승인된 이후에는 채권자보호절차와 주식병합에 따른 구주권제출공고를 하여야 한다. 상법상 두 절차 모두 1달 이상의 기간을 정하도록 되어 있으므로 주주총회 승인 후 동일한 기간으로 정하여 함께 진행하면 된다.

한편, 채권자보호절차는 합병당사회사 공히 해야 되는 절차이나 주식병합 등의 절차는 소멸하는 피합병회사에게만 적용된다.

| 채권자보호절차와 주식병합절차 |

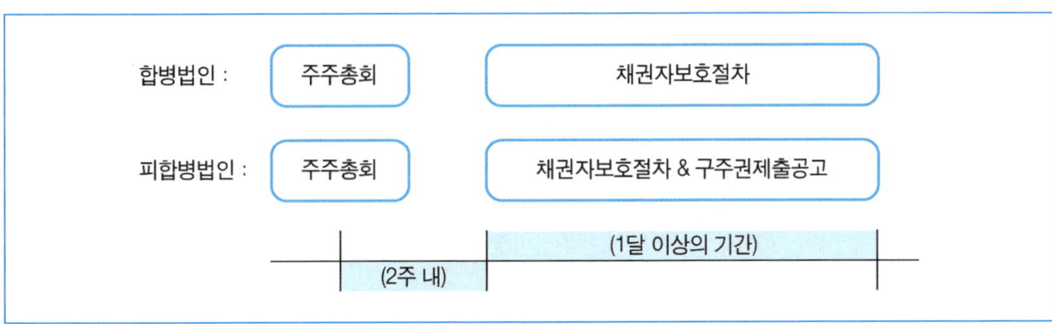

406) 자본시장법 §165의5 ④, 자본시장령 §176의7 ④

407) 개정 전 상법에서는 주식매수청구권으로 취득한 자기주식을 상당한 시기에 처분하도록 규정하였으나 2012년 개정상법에서 자기주식의 처분시기가 삭제되었으므로 제한규정이 없다.

(1) 채권자보호절차

상법상 회사는 주주총회의 승인결의가 있은 날부터 2주 내에 채권자에 대하여 합병에 이의가 있으면 1월 이상의 기간 내에 이를 제출할 것을 공고하고 알고 있는 채권자[408]에 대하여는 따로따로 이를 최고하여야 한다.

채권자가 기간 내에 이의를 제출하지 아니한 때에는 합병을 승인한 것으로 보며 이의를 제출한 채권자가 있는 때에는 회사는 그 채권자에 대하여 변제 또는 상당한 담보를 제공하거나 이를 목적으로 하여 상당한 재산을 신탁회사에 신탁하여야 한다.[409]

합병은 합병등기로 그 법적효력이 발생하는데 합병등기 시에 채권자보호 공고 및 최고를 한 사실과 이의를 진술한 채권자가 있는 경우 회사가 변제, 담보제공, 신탁을 한 사실을 증명하는 서면[410]을 제출하여야 한다.[411]

공고는 회사의 정관상 공고 방법에 따라 채권자이의 제출공고를 하며 회사가 알고 있는 채권자에게는 개별적으로 최고[412]하여야 하는데 추후 발송 여부 확인차원에서 내용증명우편 또는 공문으로 발송[413]하는 것이 적절하며, 회사의 주요 채권자들(은행, 보증기관[414] 및 사채권자 등)에게는 채권자가 이의를 제기할 가능성을 사전적으로 파악하기 위하여 합병계약 이전에 조율하는 것이 바람직하다.

한편, 피합병회사 재무제표상 채무가 없다는 이유로 채권자보호절차의 생략이 가능할 것으로 생각할 수 있으나 합병 시 회사 채권자의 보호절차는 반드시 밟아야 하는 것으로서 합병 후 소멸하는 회사의 재무제표상 채무가 없다는 이유만으로는 그 절차를 생략하거나 보다 간이한 방법으로 채권자의 보호절차를 밟을 수는 없다.[415]

---

408) '회사가 알고 있는 채권자'에는 "회사 대표이사 개인이 알고 있는 채권자"도 포함된다(대법원 2011. 9. 29. 선고 2011다38516 판결).

409) 상법 §527의5 ③, 상법 §232 ②, ③

410) 채권자의 이의제기 유무, 이의제기가 있는 채권자에 대해서는 변제, 담보제공, 신탁설정 등의 조치를 취하였다는 내용을 기재한 대표이사 진술서를 합병등기 시에 함께 제출한다.

411) 상업등기규칙 §148 ⑧

412) 공고와 최고는 모두 하여야 한다. 어느 한 가지 방법만 사용하는 것은 허용되지 않는다.

413) 공고일과 같은 날에 발송한다.

414) 회사가 부담하고 있는 보증채무가 있을 경우 합병 전에 미리 별도의 보증채무 인수약정 등을 통하여 이를 해소하는 것이 바람직하다.

415) 상업등기선례 제1-228호

| 채권자 이의제출 공고 예시 |

<u>합병에 관한 채권자 이의제출 공고</u>

당사는 2019년 7월 30일 개최한 임시주주총회에서 상법 제522조에 의거 당사를 존속회사로 하고 주식회사 남부를 소멸회사로 하는 합병계약의 승인을 결의하였습니다.

위 합병(합병기일 : 2019년 8월 31일)에 따라 당사는 주식회사 남부의 모든 권리와 의무를 포괄적으로 승계하며 주식회사 남부는 소멸하는바 위 합병에 대하여 이의가 있는 당사의 채권자께서는 2019년 7월 31일부터 2019년 8월 30일까지 당사에 이의를 제출하여 주시길 바랍니다.

2019년 7월 30일

서울특별시 서초구 사평대로 ○○
주식회사 사평
대표이사 김사평

주주총회일(7/30)에 채권자이의제출기간(7/31~8/30)을 공고하였다.

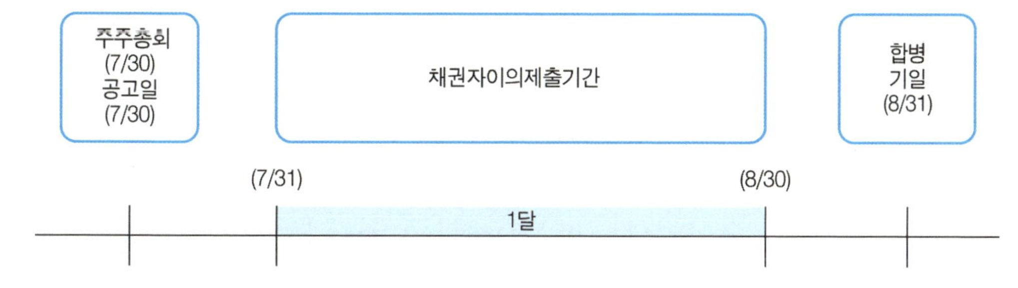

(2) 주식병합절차

1) 상법

상법상 회사의 합병으로 인한 주식병합 또는 주식분할 시에는 주식병합의 절차를 준용하도록 되어 있으므로[416] 피합병회사는 상법상 주식병합절차를 밟아야 한다.

주식을 병합할 경우에는 회사는 1월 이상의 기간을 정하여 그 뜻과 그 기간 내에 주권을 회사에 제출할 것을 공고하고 주주명부에 기재된 주주와 질권자에 대하여는 각별로 그 통지를

416) 상법 §530 ③

하여야 한다.[417] 보통 주권제출의 공고는 회사가 주권을 발행하지 아니하였다는 이유로 생략할 수 없으며 주주 전원이 공고기간의 단축에 동의하고 이미 주권 전부의 제출이 있다고 하더라도 그 기간을 단축할 수 없다고 본다.[418]

| 피합병회사의 채권자 이의제출 공고 및 구주권 제출공고 예시 |

<u>합병에 따른 구주권 제출 및 채권자 이의제출 공고</u>

당사는 2019년 7월 30일 개최한 임시주주총회에서 상법 제522조에 의거 당사를 소멸회사로 하고 주식회사 사평을 존속회사로 하는 합병계약의 승인을 결의하였습니다.

위 합병(합병기일 : 2019년 8월 31일)에 따라 주식회사 사평은 당사의 모든 권리와 의무를 포괄적으로 승계하며 당사는 소멸합니다.

이에 다음과 같은 사항을 공고하는 바입니다.

\- 다 음 -

1. 채권자 이의제출 공고
   위 합병에 대하여 이의가 있는 당사의 채권자께서는 다음과 같이 이의를 제출하여 주시길 바랍니다.
   (1) 채권자 이의제출기간 : 2019년 7월 31일부터 2019년 8월 30일
   (2) 채권자 이의 제출장소 : 서울특별시 강남구 남부순환로 ○○

2. 구주권 제출공고
   당사의 주권을 가지고 계신 주주들께서는 다음과 같이 주권을 제출하여 주시길 바랍니다.
   (1) 구주권 제출기간 : 2019년 7월 31일부터 2019년 8월 30일
   (2) 구주권 제출장소 : 서울특별시 강남구 남부순환로 ○○

2019년 7월 30일

서울특별시 강남구 남부순환로 ○○
주식회사 남부
대표이사 박남부

417) 상법 §440
418) 상업등기선례 제1-196호

2) 전자증권법

2019년 9월부터 「주식 · 사채 등의 전자등록에 관한 법률(전자증권법)」이 시행됨에 따라 상장회사 주식은 모두 전자등록대상이므로 구주권 제출은 전자적으로[419] 이루어지며 실물주권을 제출할 필요가 없다.[420]

또한, 상법상 주식병합 공고기간은 1개월임에도 불구하고 전자증권법상 특례[421]에 따라 회사가 정한 일정한 날('병합기준일'이라고 함) 2주 전[422]에 공고등[423]을 하도록 되어 있다.

한편, 전자증권법상 주식병합의 효력은 병합기준일에 효력이 발생[424]하므로 병합기준일은 합병기일과 일치하도록 한다.

| 병합기준일과 합병기일 |

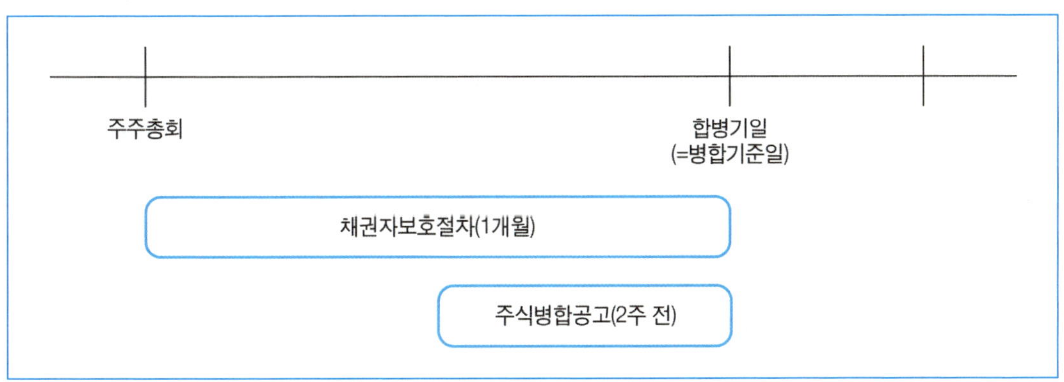

419) 회사는 예탁원이 증권회사들로부터 취합한 주주정보를 전달받아 피합병회사 주식을 말소하고 합병신주를 신규발행한다.

420) 전자등록계좌부에 전자등록된다.

421) 전자증권법 §65 ①

422) 채권자보호절차는 여전히 1달 이상이므로 해당 2주는 일정상으로 단축효과는 없다. 따라서 주주총회 후 채권자 이의제출 공고 시 전자증권법에 따른 주식병합공고를 함께 하면 된다.

423) 주주명부에 기재된 주주와 질권자에게는 개별적으로 통지를 하여야 한다.

424) 다만, 상법상 채권자보호절차가 종료되지 아니한 경우에는 그 종료된 때에 효력이 생긴다.

| 채권자 이의제출 공고 및 주식병합공고 예시(전자증권법) |

<u>합병에 따른 채권자 이의제출 및 주식병합공고</u>[425)]

주식회사 ○○(이하 "존속회사")와 △△주식회사(이하 "소멸회사")는 2020년 5월 13일 개최된 각 회사의 임시주주총회 특별결의에 따라 존속회사가 소멸회사를 흡수합병하는 것(이하 "본건 합병")을 승인하였습니다.

존속회사는 소멸회사의 액면금 5,000원인 보통주식 1주에 대하여 존속회사의 액면금 5,000원인 보통주식 0.4516274주를 배정하고, 소멸회사의 액면금 5,000원인 상환전환우선주식 1주에 대하여 존속회사의 액면금 5,000원인 상환전환우선주식 0.4516274주를 배정합니다. 위 합병비율에 따라 존속회사는 액면금 5,000원인 보통주식 6,873,518주 및 상환전환우선주식 1,254,520주를 발행합니다.

본건 합병에 따라 존속회사는 합병기일(2020년 7월 1일) 현재 소멸회사의 모든 자산과 부채, 권리의무 일체를 승계하고 소멸회사는 소멸합니다. 이에, 다음과 같은 사항을 공고하는 바입니다.

<u>1. 채권자 이의제출 공고</u>
상법 제527조의5에 따라, 본건 합병에 이의가 있는 채권자는 아래의 기간 내에 이의를 제출하여 주시기 바랍니다

\- 아 래 -

(1) 이의제출 대상 채권자 : 존속회사 또는 소멸회사에 대한 채권을 보유하신 분
(2) 이의제출 기간 : 2020년 5월 20일부터 2020년 6월 30일까지
(3) 이의제출 장소
  \- 존속회사 : 서울특별시 ___________ 주식회사 ○○
  \- 소멸회사 : 경기도 ___________ △△주식회사

<u>2. 주식병합 공고</u>
주식·사채 등의 전자등록에 관한 법률 제65조에 따라 주식의 병합에 관한 사항을 아래와 같이 공고합니다.

\- 아 래 -

(1) 대상주식 : 소멸회사 기명식 보통주식 및 기명식 상환전환우선주식
(2) 주식병합 권리 확정 기준일 : 2020년 6월 30일
(3) 주식 병합기준일 : 2020년 7월 1일[426)]
(4) 합병신주 상장 예정일 : 2020년 7월 21일

일자 : 2020년 5월 20일

"존속회사"	"소멸회사"
주식회사 ○○	△△주식회사
서울특별시 _______________	경기도 _______________
대표이사 ______	대표이사 ______

425) 채권자이의 제출공고를 존속회사와 소멸회사가 함께 하였으며 주식병합공고는 전자증권법에 따른 공고이다.
426) 효력발생일인 주식병합기준일은 합병기일인 2020년 7월 1일과 일치한다.

6 합병기일

상법상 합병기일이란 '합병을 할 날[427]'로 실질적인 합병일이다. 합병기일 전에 상법상 절차는 모두 완료되어야 하므로 합병기일은 채권자 이의제출 및 구주권 제출기한 이후의 날이 되어야 한다.

합병기일 이후에는 합병종료보고총회와 합병등기를 완료하고 관련 서류를 6개월간 사후공시하여야 하며, 상장회사는 증권발행실적보고서(또는 합병등종료보고서)를 공시하여야 한다.

| 합병기일 절차 |

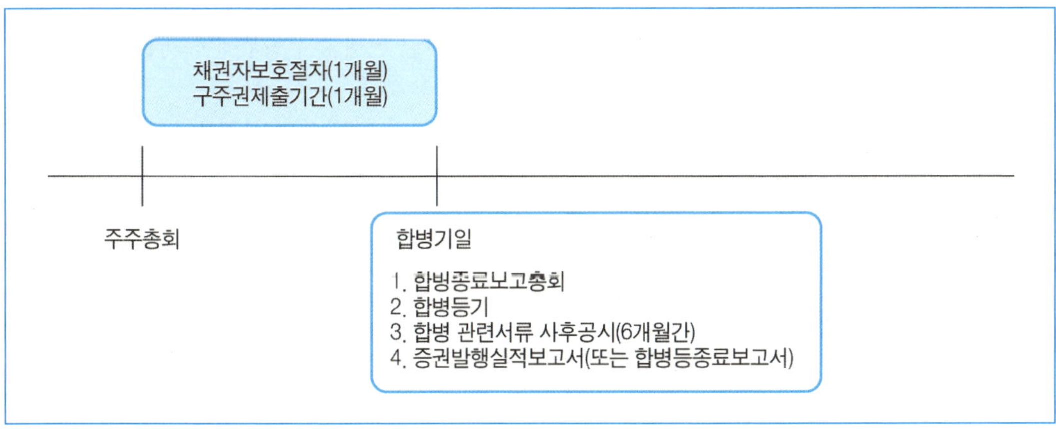

(1) 합병종료보고총회[428]

합병 후 존속하는 회사의 이사는 채권자보호절차 종료 후, 합병으로 인한 주식의 병합이 있을 때에는 그 효력이 생긴 후, 병합에 적당하지 아니한 주식이 있을 때에는 합병 후 존속하는 회사에 있어서는 단주를 처분한 후 지체 없이[429] 주주총회를 소집하고 합병에 관한 사항을 보고하여야 한다. 또한 합병 당시 발행하는 신주의 인수인은 합병종료보고총회에서 주주와 동일한 권리가 있다.

한편, 합병종료보고총회는 이사회결의 및 공고로써 주주총회에 대한 보고에 갈음할 수 있다.

427) 상법상 합병계약서의 필수적 기재사항이다.
428) 상법 §526
429) 소규모합병의 경우 소규모합병공고의 절차가 종료한 후

| 합병종료보고총회 이사회 갈음 공고 예시 |

<u>합병보고총회에 갈음하는 공고</u>

주식회사 사평과 주식회사 남부는 합병하여 주식회사 사평은 존속하고 주식회사 남부는 해산하는 흡수합병의 절차를 종료하였으므로 상법 제526조의 제3항의 규정에 의거 주주총회에 갈음하여 이사회의 결의와 공고로서 주주들께 아래와 같이 보고합니다.

1. 합병의 내용
   가. 합병당사회사
      존속회사 : 주식회사 사평(본점 소재지 : 서울특별시 서초구 사평대로 ○○○)
      소멸회사 : 주식회사 남부(본점 소재지 : 서울특별시 강남구 남부순환로 ○○○)
   나. 합병비율 : 1 : 1.2062866
   다. 합병 시 교부하는 주식의 총수 : 합병회사는 합병기일 현재 주주명부에 등재된 주주들에 대하여 보통주식 7,821,259주를 배정
   라. 자본의 총액 : 사평은 금 3,910,629,500원을 증가시켜 합병직후 사평의 납입자본금은 금 15,302,471,000원이 됨.

2. 흡수합병 진행경과
   가. 합병계약서 체결일 : 2019년 6월 19일
   나. 합병승인 주주총회 : 2019년 7월 30일
   다. 합병공고 및 채권자 이의제출 공고 및 최고 : 2019년 7월 31일
   라. 채권자 이의제출 기간 만료 : 2019년 8월 30일
   마. 합병기일 및 합병보고 이사회 개최 : 2019년 8월 31일
   바. 합병등기예정일 : 2019년 9월 2일
   사. 합병신주교부예정일 : 2019년 9월 25일

2019년 8월 31일

주식회사 사평
서울특별시 서초구 사평대로 ○○○
대표이사 김사평

(2) 합병등기[430)]

회사가 합병을 한 때에는 합병주주총회가 종결한 날 또는 보고에 갈음하는 공고일부터 본점 소재지에서는 2주 내, 지점 소재지에서는 3주 내에 합병 후 존속하는 회사에 있어서는 변경의 등기, 합병으로 인하여 소멸하는 회사에 있어서는 해산의 등기, 합병으로 인하여 설립된

430) 상법 §528

회사에 있어서는 설립등기를 하여야 한다. 또한, 합병 후 존속하는 회사 또는 합병으로 인하여 설립된 회사가 합병으로 인하여 전환사채 또는 신주인수권부사채를 승계한 때에는 사채의 등기도 함께 하여야 한다.

| 등기사항 및 등기신청[431] |

구분	내용
변경 등기	• 소멸회사의 상호·본점과 합병을 한 뜻도 함께 등기 • 지점 소재지에서 합병으로 인한 변경등기를 할 때에는 합병 연월일도 등기하여야 함.
해산 등기	• 존속회사 및 소멸회사의 상호·본점과 합병을 한 뜻 및 그 연월일도 함께 등기 • 존속회사의 대표자가 소멸회사를 대표하여 신청함.[432]
※ 본점 소재지에서 하는 변경등기·해산등기의 신청은 존속회사의 본점 소재지를 관할하는 등기소에 동시에 하여야 함.	

한편, 합병의 효력발생 요건은 합병등기이므로 등기 시 필요한 서류에 누락이나 오류가 없도록 하여야 한다.

| 합병 변경등기[433] 시 첨부서류(상업등기규칙 §148) |

- 합병계약에 대한 정보(합병계약서)
- 소멸회사의 주주총회 또는 이사회의 의사록이나 사원총회의 의사록 또는 총사원의 동의가 있음을 증명하는 정보
- 합병으로 인하여 소멸회사의 어느 종류주주에게 손해를 미치게 될 경우에는 그 회사의 종류주주총회의사록
- 흡수합병 보고총회 공고(주주총회 갈음)를 한 경우에는 이를 증명하는 정보
- 간이합병 또는 소규모합병에 따른 공고 또는 통지를 한 경우에는 이를 증명하는 정보
- 소규모합병에 따른 합병의 경우에 소멸하는 회사의 주주에게 지급할 금액을 정한 때에는 존속하는 회사의 최종 대차대조표에 관한 정보
- 소규모합병 시 이에 반대의사를 통지한 주주가 있는 경우에는 그 주주가 소유하는 주식의 총수를 증명하는 정보

431) 상업등기법 §62, §63

432) 소멸회사 본점 소재지 내에 존속회사의 본점이 없을 때에는 소멸회사 본점 소재지를 관할하는 등기소를 거쳐야 한다.

433) 신설합병에 따른 설립등기 첨부서류는 상업등기규칙 §149를 참조하기 바란다.

434) 채권자의 이의제기 유무, 이의제기가 있는 채권자에 대해서는 변제, 담보제공, 신탁설정 등의 조치를 취하였다는 내용을 기재한 대표이사 진술서를 함께 제출한다.

• 채권자보호절차에 따른 공고 및 최고한 사실과 이의를 진술한 채권자가 있는 때에는 이에 대하여 변제 또는 담보를 제공하거나 신탁을 한 사실을 증명하는 정보[434]
• 합병으로 주식의 병합 또는 분할을 한 경우에는 상법상 주식병합절차를 증명할 수 있는 정보(구주권 제출공고 및 주주(질권자) 통지의무)

(3) 합병 관련서류 사후공시[435]

이사는 채권자보호절차의 경과, 합병을 한 날, 합병으로 인하여 소멸하는 회사로부터 승계한 재산의 가액과 채무액 기타 합병에 관한 사항을 기재한 서면을 합병을 한 날부터 본점에 6개월간 비치하여야 하며, 주주 및 회사채권자는 영업시간 내에는 언제든지 해당 서류의 열람을 청구하거나 회사가 정한 비용을 지급하고 그 등본 또는 초본의 교부를 청구할 수 있다.

(4) 증권발행실적보고서 등의 공시

증권신고서의 효력이 발생한 증권의 발행인은 발행실적에 관한 보고서를 금융위원회에 제출하여야 하므로[436] 해당 합병이 모집 및 매출에 해당되어 증권신고서를 제출한 경우에는 합병기일 후 지체 없이 증권발행실적보고서를 제출하여야 한다.

또한, 주권상장법인이 합병 등의 사유로 주요사항보고서를 제출한 이후 합병 등을 사실상 종료한 때(합병등기를 한 때)에는 지체 없이 그 사항을 금융위원회에 제출하여야 한다.[437] 다만, 증권발행실적보고서를 제출한 경우에는 합병 등의 종료보고서 제출의무는 면제된다.

| 증권발행실적보고서와 합병종료보고서 |

구분	증권발행실적보고서	합병 등 종료보고서
의무자	증권신고서를 제출한 발행인	합병이 종료된 주권상장법인 (단, 증권발행실적보고서 제출 시에는 면제)
시기	합병기일 이후 지체 없이 제출	합병등기신청 등 합병이 사실상 종료된 때

435) 상법 §527의6
436) 자본시장법 §128
437) 증발공 §5-15

7 소규모합병과 간이합병

소규모합병 및 간이합병이란 상법상 정한 일정한 요건에 해당되는 경우 합병절차를 간소화하여 존속회사 또는 소멸회사 중 어느 일방의 주주총회 승인을 이사회 승인으로 갈음하는 것을 말한다.

즉, 존속회사 대비 소멸회사의 규모가 상대적으로 작아서 해당 합병이 존속회사 주주들에게 미치는 영향이 미미한 경우 존속회사 주주총회를 이사회 승인으로 갈음하는 것을 소규모합병이라고 하며, 존속회사가 소멸회사의 지분을 이미 대부분 보유하고 있어 존속회사의 의사만으로 합병이 결정될 수 있는 경우 소멸회사 주주총회를 이사회 승인으로 갈음하는 것을 간이합병이라고 한다.

한편, 소규모합병 및 간이합병은 주식회사 간 합병에만 적용되며 신설합병에 있어서는 소규모합병 및 간이합병이 개념상 불가능하다.

| 주주총회 이사회 승인 갈음 |

이사회 갈음 주체	종류	이유
존속회사	소규모합병	존속회사 주주에 미치는 영향이 미미함.
소멸회사	간이합병	존속회사의 의사만으로 합병이 결정됨.

(1) 소규모합병(상법 §527의3)

1) 요건 및 절차

합병 후 존속하는 회사가 합병으로 인하여 발행하는 신주 및 이전하는 자기주식의 총수가 그 회사의 발행주식총수의 100분의 10을 초과하지 아니하는 경우에는 존속회사 주주총회의 승인을 이사회 승인으로 갈음할 수 있다.

다만, 합병으로 인하여 소멸하는 회사의 주주에게 제공할 금전이나 그 밖의 재산을 정한 경우에 그 금액 및 그 밖의 재산의 가액이 존속하는 회사의 최종 대차대조표상으로 현존하는 순자산액의 100분의 5를 초과하는 경우에는 그러하지 아니하다.

소규모합병을 하는 경우에는 합병계약서에 주주총회의 승인을 얻지 아니하고 합병을 한다는 뜻을 기재하여야 하며, 존속회사는 합병계약서를 작성한 날부터 2주 내에 소멸하는 회사의 상호 및 본점의 소재지, 합병을 할 날, 주주총회의 승인을 얻지 아니하고 합병을 한다는 뜻을 공고하거나 주주에게 통지하여야 한다.

한편, 합병 후 존속하는 회사의 발행주식총수의 20% 이상에 해당하는 주식을 소유한 주주가 소규모합병 공고 또는 통지를 한 날부터 2주 내에 회사에 대하여 서면으로 소규모합병에 반대하는 의사를 통지한 때에는 이사회의 승인으로 주주총회를 갈음하는 소규모합병은 할 수 없다. 하지만 이는 주주총회를 이사회 승인으로 갈음하는 절차만 불가능한 것이므로 합병계약서상 20% 이상에 해당하는 주주가 반대 시에도 주주총회 소집을 통하여 진행한다는 문구로 합병을 계속 진행할 수도 있다.[438]

| 요건 · 절차 · 효과 |

요건	• 존속회사의 합병신주(또는 이전하는 자기주식)총수가 발행주식총수의 10%를 초과하지 않아야 함. • 합병교부금 등이 있는 경우 해당가액은 존속회사 순자산액의 5% 이하이어야 함.
절차	• 합병계약서에 소규모합병의 뜻을 기재하여야 함. • 합병계약일로부터 2주 내에 소규모합병 공고[439]를 하여야 함.
효과[440]	• 존속회사 주주총회 승인을 이사회 승인으로 갈음 가능 • 존속회사 주주의 주식매수청구권 불인정

| 소규모합병 절차로 합병을 진행할 수 없는 경우 |

① 합병교부금 등이 순자산액의 5%를 초과하는 경우
② 합병회사의 발행주식수의 20% 이상 소유주주가 서면으로 반대의사를 통지하는 경우

| 합병계약서상 '소규모합병의 뜻' 기재 예시 |

제○○조(소규모합병 승인을 위한 이사회)

존속회사는 상법 제527조의3 규정에 의한 소규모합병 절차에 따라 합병계약에 대한 주주총회의 승인에 갈음하여 2020년 7월 30일에 이사회를 개최하여 본 계약의 승인 및 합병에 따른 필요한 사항에 대하여 결의하기로 한다.

---

438) 반대로 20% 이상 주주가 반대 시에는 합병계약을 해제한다는 문구로 합병을 철회할 수도 있다.
439) 소규모합병 공고문은 소규모합병을 통한 합병등기 시 첨부서류 중 하나이다.
440) 주주총회 승인을 이사회 결의로 갈음하고 주식매수청구에 대한 부담도 없으므로 상장회사의 경우 소규모합병은 기업인수나 조직개편에 있어 유용한 방안 중 하나이다.

| 소규모합병 시 20% 이상 소유주주 반대 시 계약서 예시 |

제○○조(계약의 해제)
(주주총회 개최를 통하여 합병을 계속 진행하는 경우)
존속회사의 발행주식총수의 20% 이상을 소유한 주주가 공고 또는 통지일로부터 2주 내에 회사에 대하여 서면으로 소규모합병에 대한 반대의사를 통지하는 경우에는 본 계약이 해제되지 않는 한 존속회사는 반대의사 통지를 받은 날로부터 3개월 이내로 주주총회를 개최하여야 한다.

(합병계약을 해제하는 경우)
존속회사의 발행주식총수의 20% 이상을 소유한 주주가 공고 또는 통지일로부터 2주 내에 회사에 대하여 서면으로 소규모합병에 대한 반대의사를 통지하는 경우에는 본 계약 그 효력을 상실한다.

| 소규모합병 공고 예시[441] |

소규모합병 공고

주식회사 ○○○는 다음과 같이 피합병회사와 합병계약을 체결하고 상법 제527조의3 규정에 의하여 이사회결의로 합병 주주총회승인을 갈음하기로 하였으므로 이에 반대하는 주주는 아래와 같이 반대의사를 제출하여 주실 것을 공고합니다.

\- 아 래 -

1. 합병방법 : 주식회사 ○○○가 주식회사 △△△를 흡수합병
2. 피합병회사(소멸회사) : 주식회사 △△△(본점 소재지 : ______)
3. 합병비율 : 주식회사 ○○○ : 주식회사 △△△ = 1 : 0.××××××
4. 합병기일 : 2020년 9월 1일(예정)
5. 소규모합병 반대의사표시 행사에 관한 안내
   (1) 행사절차 : 2020년 7월 13일 현재 주주명부에 기재되어 있는 주주는 합병승인을 이사회결의로 갈음하는 것에 반대하는 주주는 아래 소규모합병 반대의사표시 통지서를 기재하여 제출
   (2) 행사기간 : 2020년 7월 14일~2020년 7월 29일
   (3) 행사방법 및 장소
      ① 명부주주 : 2020년 7월 29일까지 주식회사 ○○○ 재경팀에 제출(우편 또는 팩스)
      제출처 : ___________ (FAX : ○○○)
      ② 실질주주 : 2020년 7월 28일까지 거래 증권회사에 제출

441) 하기 DART 사례상의 소규모합병 공고 예시이다.

6. 주식매수청구권 : 상법 제527조의3 규정에 의하여 인정되지 않음.

2020년 7월 14일

서울특별시 ○○○ ○○○
주식회사 ○○○ 대표이사 ○○○

| 소규모합병 반대의사 통지서 |

<u>소규모합병 반대의사 통지서</u>

수신 : 주식회사 ○○○ 대표이사

본인은 주식회사 ○○○의 주주로서 주식회사 ○○○이 주식회사 △△△와의 합병에 있어 상법 제527조의3에 따른 소규모합병 절차에 의하는 것에 반대함을 본 서면으로 통지합니다.

주주번호		주주명	
소유주식의 종류		소유주식수	

20○○년 월 일

주주명 : (인)
주민등록번호(앞 6자리 기재) :
주소 :

2) 주식매수청구권 불인정

소규모합병 절차에 따라 합병 시에는 존속회사의 주주에게 미치는 영향이 미미하므로 존속회사 주주들에게는 주식매수청구권이 인정되지 않는다.[442)]

3) 일정

소규모합병 시 반대의사표시를 서면접수받기 위해서는 주주명부가 확정되어야 하므로 주주명부기준일이 필요한데 주주명부기준일은 적어도 소규모합병공고일과 동일하거나 그 전이 되어야만 확정된 주주명부상 주주들로부터 소규모합병반대의사 접수가 가능하다.

더불어 주주명부기준일과 소규모합병공고일 공히 2주 내[443)]에 주주명부기준일 지정공고

442) 상법 §527의3 ⑤
443) 주주명부기준일 공고는 기준일 2주 전이며, 소규모합병공고일은 합병계약일로부터 2주 내이다.

및 합병계약체결이 이루어져야 하므로 주주명부기준일 지정공고는 합병계약일과 동일하거나 그 전일이 되어야 한다.

| 주주명부기준일과 소규모합병공고일 |

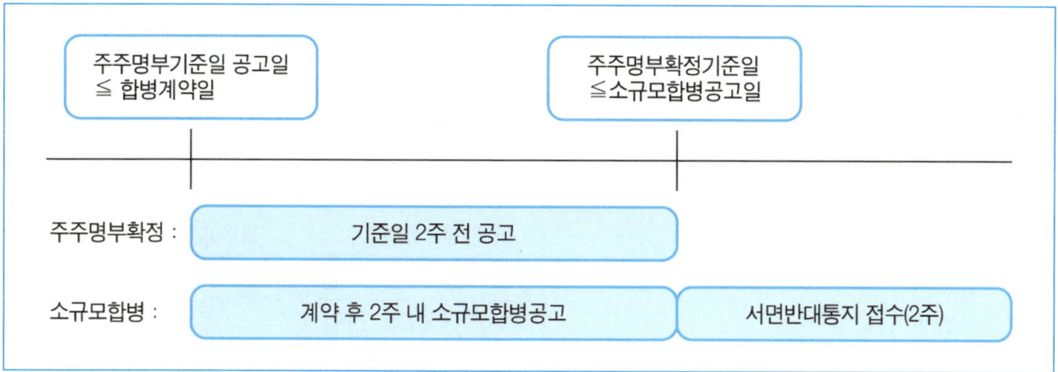

| 소규모합병 일정 |

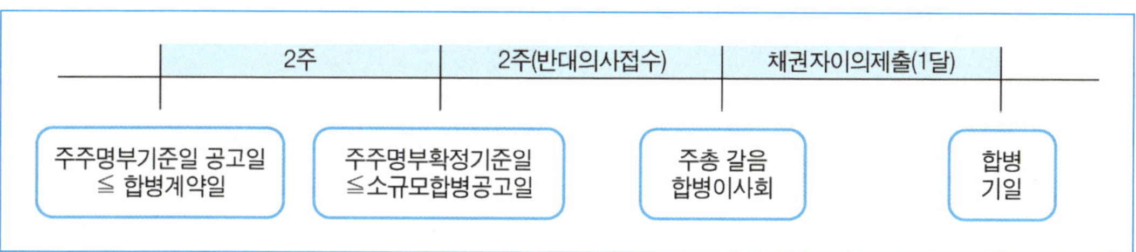

일정	내용
합병이사회 결의	주요사항보고서 제출(사업보고서제출대상법인)
주주명부확정기준일 및 폐쇄 공고	주주명부기준일 2주 전에 공고
합병계약체결일	합병계약 체결 후 2주 내 소규모합병을 공고
주주명부기준일	소규모합병에 반대의사를 표시할 수 있는 주주확정일
소규모합병 공고	공고 후 2주간 서면반대 통지접수
주총갈음 합병승인이사회	반대통지접수 후 주주총회를 갈음하는 합병승인 이사회결의
채권자이의제출 공고	합병승인이사회 결의 후 채권자이의제출기간(1달)
합병기일	채권자보호절차 종료 후 합병등기 및 합병보고 공고

DART	소규모합병 일정
사 례	신주발행하는 소규모합병
공 시	합병등 종료보고서

Ⅰ. 일정

구분	(주)○○(존속회사)	△△(주)(소멸회사)
합병이사회 결의일	2020년 06월 22일	2020년 06월 22일
주주확정기준일 지정 및 주주명부 폐쇄 공고	2020년 06월 26일	-
합병 계약일	2020년 06월 30일	2020년 06월 30일
주주확정기준일(주2)	2020년 07월 13일	-
소규모합병 공고일	2020년 07월 14일	-
주주명부 폐쇄기간 시작일	2020년 07월 14일	-
주주명부 폐쇄기간 종료일	2020년 07월 29일	-
합병반대의사 통지 접수기간 시작일	2020년 07월 14일	-
합병반대의사 통지 접수기간 종료일	2020년 07월 29일	-
합병승인을 위한 주총갈음 이사회승인(주1)	2020년 07월 30일	2020년 07월 30일
채권자 이의제출 공고일	2020년 07월 31일	2020년 07월 31일
채권자 이의제출기간 시작일	2020년 07월 31일	2020년 07월 31일
채권자 이의제출기간 종료일	2020년 08월 31일	2020년 08월 31일
구주권 제출기간 시작일	-	2020년 07월 31일
구주권 제출기간 종료일	-	2020년 08월 31일
합병기일	2020년 09월 01일	2020년 09월 01일
합병종료보고 주주총회 갈음 이사회 결의일	2020년 09월 02일	-
합병종료보고 공고일	2020년 09월 02일	-
합병등기 예정일(해산등기 예정일)	2020년 09월 02일	2020년 09월 02일
주권교부예정일	-	-
신주상장예정일	2020년 09월 25일	-

주1) 합병회사인 (주)○○의 경우, 본 합병이 소규모합병에 해당하므로 합병승인을 위한 주주총회를 이사회결의로 갈음합니다.

주2) 주주확정기준일은 소규모합병에 대한 반대의사표시를 위한 주주확정기준일이며, 합병계약승인을 위한 주총 갈음 이사회 승인은 합병승인 주주총회에 갈음하는 이사회 승인일입니다.

주3) 존속회사인 (주)○○의 경우 소규모합병 절차로 합병을 진행함에 따라 주식매수청구권이 인정되지 아니합니다.

주4) (주)○○의 합병종료보고 주주총회는 이사회 결의를 통해 정관에서 정한 홈페이지 공고로 갈음합니다.

주5) 상기 합병일정은 공시시점 현재의 예상 일정이며, 관계기관과의 협의 및 승인 과정 등에 의해 변경될 수 있습니다. 주6) 본 합병은 전자증권제도 시행에 따라 신주권 교부가 이루어지지 않는 점 투자자들께서는 참고해주시기 바랍니다.

설 명	
본건 합병은 소규모합병이면서 간이합병은 아닌 사례로 합병이사회로 시작한 일정은 합병기일까지 대략 2개월 정도 걸렸다. 또한 소규모합병 공고일 이전에 반대의사표시를 위한 주주명부가 확정되었다.	

(2) 간이합병(상법 §527의2)

1) 요건 및 절차

합병할 회사의 일방이 합병 후 존속하는 경우에 합병으로 인하여 소멸하는 회사의 총주주의 동의가 있거나 그 회사의 발행주식총수의 100분의 90 이상을 합병 후 존속하는 회사가 소유하고 있는 때에는 합병으로 인하여 소멸하는 회사의 주주총회의 승인을 이사회 승인으로 갈음할 수 있다. 이때 합병으로 인하여 소멸하는 회사는 합병계약서를 작성한 날부터 2주 내에 주주총회의 승인을 얻지 아니하고 합병을 한다는 뜻을 공고[444]하거나 주주에게 통지하여야 한다. 다만, 총주주의 동의[445]가 있는 때에는 그러하지 아니하다.

따라서 총주주의 동의가 있는 경우에는 간이합병 공고등은 생략 가능하며 주식매수청구권은 개념상 존재하지 않는다. 한편, 총주주의 동의가 있는 경우가 아니라면 간이합병 공고를 하여야 하며 주식매수청구권 행사를 위한 서면반대의사표시는 주주총회를 갈음하는 합병승인이사회일 전까지 하여야 한다.

| 요건 · 절차 · 효과 |

요건	• 소멸회사 주식의 90% 이상을 존속회사가 소유하고 있는 경우
절차	• 합병계약일로부터 2주 내에 간이합병 공고등을 하여야 함. (단, 총주주의 동의가 있는 경우는 예외)
효과	• 소멸회사 주주총회 승인을 이사회 승인으로 갈음 가능

444) 간이합병공고문은 간이합병을 통한 합병등기 시 첨부서류 중 하나이다.
445) 간이합병 시 '소멸회사 총사원의 동의가 있음을 증명하는 정보'는 합병등기 시 첨부서류 중 하나이다.

| 총주주 동의 여부에 따른 절차 |

구분	총주주의 동의 ○	총주주의 동의 ×
간이합병공고	불필요	필요
주식매수청구권	개념상 ×	인정 ○

2) 일정

① 총주주의 동의가 있는 경우

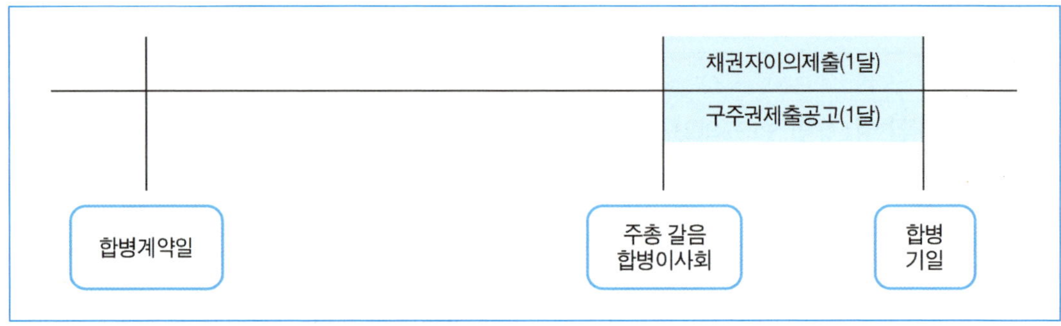

② 총주주의 동의가 없는 경우

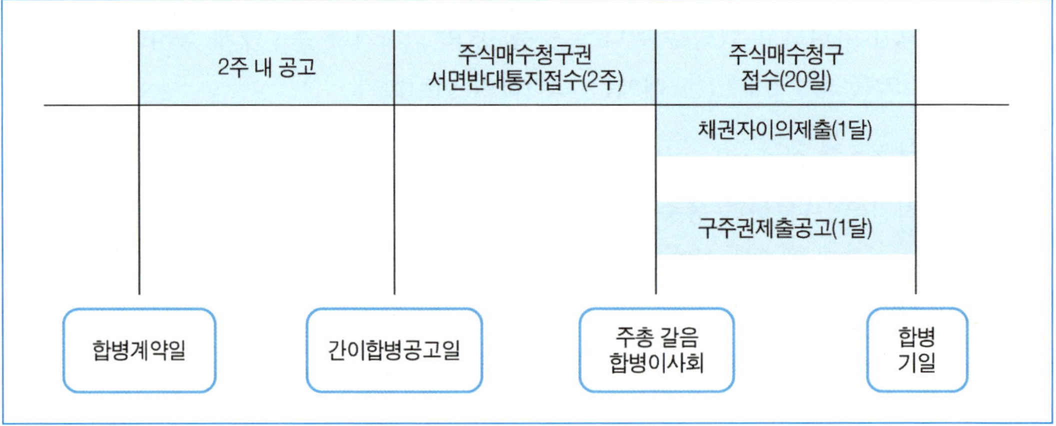

| 간이합병 공고 예시 |

간이합병 공고

주식회사 △△△("이하 당사")는 주식회사 ○○○와 합병계약을 체결하고 상법 제527조의2 규정에 의하여 이사회결의로 합병승인을 갈음하기로 하였으므로 아래와 같이 공고합니다.

- 아 래 -

1. 합병방법 : 주식회사 ○○○가 당사를 흡수합병
2. 합병회사(존속회사) : 주식회사 △△△(본점 소재지 : ______)
3. 합병비율 : 주식회사 ○○○ : 주식회사 △△△ = 1 : 0.×××××
4. 합병기일 : 2020년 9월 1일(예정)
5. 존속회사인 주식회사 ○○○이 당사 발행주식의 95%를 소유하고 있으므로 상법 제527조의2 규정에 의거하여 당사는 합병계약에 대한 주주총회의 승인을 이사회의 승인으로 갈음하는 바 주주총회의 승인을 얻지 아니하고 합병을 진행함.
6. 반대의사표시 행사에 관한 안내
   (1) 행사절차 : 2020년 7월 13일 현재 주주명부에 기재되어 있는 주식회사 △△△의 주주 중 합병에 반대하는 주주는 "합병반대의사통지서"(별첨양식 #1 참조)를 기재하여 당사에 제출할 수 있음.
   (2) 제출기간 : 2020년 7월 14일~2020년 7월 29일
   (3) 행사방법 및 장소
      ① 명부주주 : 2020년 7월 29일까지 주식회사 △△△ 재경팀에 제출(우편 또는 팩스)
      제출처 : ____________ (FAX : ○○○)
      ② 실질주주 : 2020년 7월 28일까지 거래 증권회사에 제출
7. 주식매수청구권에 관한 안내
   (1) 행사절차 : 합병에 관한 반대의사를 회사에 서면으로 사전 통지한 주주는 합병승인을 위한 주주총회 갈음 이사회승인일로부터 20일 이내에 "주식매수청구서"(별첨양식 #2 참조)와 함께 보유하고 있는 주권을 제출함으로써 본인이 소유하고 있는 주식의 매수를 청구할 수 있음.
   (2) 제출기간 : 2020년 7월 30일~2020년 8월 18일
   (3) 행사방법
      ① 명부주주 : 2020년 8월 18일까지 당사에 제출
      제출처 : ____________ (FAX : ○○○)
      ② 실질주주 : 2020년 8월 17일까지 거래 증권회사에 제출
   (4) 매수예정가격 : 주당 ____,______원
   (5) 매수대금 지급예정일 : 주식매수청구기간 종료일로부터 1개월 이내 지급 예정

8. 상기 사항 및 일정은 관계기관과의 협의, 승인 및 계약당사자 간의 협의 등을 통해 변경될 수 있음.

2020년 7월 14일

서울특별시 ○○○ ○○○
주식회사 △△△
대표이사 ○○○

[별첨양식[446)]]

(3) 소규모합병과 간이합병 비교

소규모합병과 간이합병 모두 합병승인 주주총회를 이사회결의로 갈음하는 공통점이 있으나 그 대상 · 주식매수청구권 · 절차 등에서 차이가 있다.

| 소규모합병과 간이합병 비교 |

구분	소규모합병	간이합병
대상	합병법인(존속회사)	피합병법인(소멸회사)
요건	합병으로 인하여 발행하는 신주 및 이전하는 자기주식의 총수가 그 회사의 발행주식총수의 100분의 10을 초과하지 아니하는 경우	소멸하는 회사의 총주주의 동의가 있거나 그 회사의 발행주식총수의 100분의 90 이상을 합병 후 존속하는 회사가 소유하고 있는 경우
통지 의무	합병 계약체결 후 2주 내 소규모합병 공고 및 통지의무가 있음.	총주주의 동의가 아닌 경우에는 합병계약체결 후 2주 내 간이합병 공고 및 통지의무가 있음.
견제 장치	존속회사 주주의 20% 이상이 반대 시 소규모합병으로는 진행할 수 없음.	해당사항 없음.
주식매수 청구권	존속회사 주주에게 주식매수청구권은 인정되지 아니함.	소멸회사 주주에게 주식매수청구권이 인정되나 총주주(또는 단독주주)의 동의가 있는 경우에는 불필요.

446) 합병반대의사통지서 및 주식매수청구서 예시는 Ⅲ. 4. 주식매수청구권 부분을 참조하기 바란다.

(4) 간이합병이면서 소규모합병

간이합병이면서 동시에 소규모합병인 경우는 일반적으로 완전모회사가 완전자회사를 무증자합병하는 경우이다. 자회사 발행주식총수의 100%를 모회사가 보유하고 있으므로 총주주(단독주주) 동의로 진행하는 간이합병이며, 모회사 입장에서는 무증자합병을 하므로 소규모합병이 된다.

한편, 간이합병이면서 소규모합병인 경우 일정은 소규모합병 공고일정을 감안하여 소규모합병 일정을 먼저 정하고 간이합병은 소규모합병 일정에 맞추어 진행한다.

| 간이합병이면서 소규모합병인 경우 계약서 일부 예시 |

> 제○조(합병법인의 증가할 자본금과 준비금 총액)
> 합병법인의 자본금은 본건 합병으로 인하여 증가하지 아니한다.
>
> 제○조(합병비율)
> 본건 합병의 합병비율은 합병법인과 피합병법인이 1 : 0으로 한다.
>
> 제○조(합병신주의 발행 및 배정)
> 합병법인은 피합병법인의 발행주식 전부를 소유하고 있는바 합병법인은 피합병법인의 주주에게 본건 합병에 따른 신주를 추가적으로 발행 및 교부하지 아니한다(무증자합병).
>
> 제○조(합병승인 결의)
> ① 합병법인은 상법 제527의3에 의거, 합병계약에 대한 주주총회의 승인을 얻지 아니하고 합병한다. 합병법인은 2020년 ○월 ○일 합병계약에 대한 주주총회 승인을 갈음할 이사회를 개최하여 본 계약의 승인과 합병에 대한 필요사항을 결의한다.
> ② 피합병법인은 상법 제527조의2에 의거, 합병계약에 대한 주주총회의 승인을 얻지 아니하고 합병한다. 피합병법인은 2020년 ○월 ○일 합병계약에 대한 주주총회 승인을 갈음할 이사회를 개최하여 본 계약의 승인과 합병에 대한 필요사항을 결의한다.

| 간이합병(총주주 동의)이면서 소규모합병인 경우 일정 사례 |

<table>
<tr><th>구분</th><th>합병법인(소규모합병)</th><th>피합병법인(간이합병)</th></tr>
<tr><td>이사회결의일</td><td colspan="2">2023년 4월 24일</td></tr>
<tr><td>주요사항보고서제출</td><td colspan="2">2023년 4월 24일</td></tr>
<tr><td>주주명부 확정기준일 공고</td><td colspan="2">2023년 4월 24일</td></tr>
<tr><td>합병계약일</td><td colspan="2">2023년 4월 25일</td></tr>
<tr><td>주주확정기준일</td><td>2023년 5월 9일</td><td rowspan="3">해당사항 없음.</td></tr>
<tr><td>소규모합병 공고</td><td>2023년 5월 9일</td></tr>
<tr><td>합병반대의사
통지접수기간</td><td>2023년 5월 9일~2023년 5월 23일</td></tr>
<tr><td>주총갈음 합병이사회</td><td colspan="2">2023년 5월 24일</td></tr>
<tr><td>채권자이의제출기간</td><td colspan="2">2023년 5월 24일~2023년 6월 26일</td></tr>
<tr><td>합병기일</td><td colspan="2">2023년 7월 1일</td></tr>
<tr><td>주총갈음 합병종료보고이사회
및 공고</td><td>2023년 7월 3일</td><td>해당사항 없음.</td></tr>
<tr><td>합병(해산)등기예정일</td><td>2023년 7월 3일</td><td>2023년 7월 3일</td></tr>
</table>

제2장

분 할

I 개요

의의

분할이란 회사가 회사의 재산, 사원등 일부분을 분리하여 다른 회사에 출자하거나 새로 회사를 설립함으로써 한 회사를 복수의 회사로 만드는 것을 말한다. 분할신설회사등은 분할회사의 권리와 의무를 분할계획서 · 분할합병계약서에서 정하는 바에 따라 승계한다.[1)]

| 분할의 의의 |

분할 전	분할 후
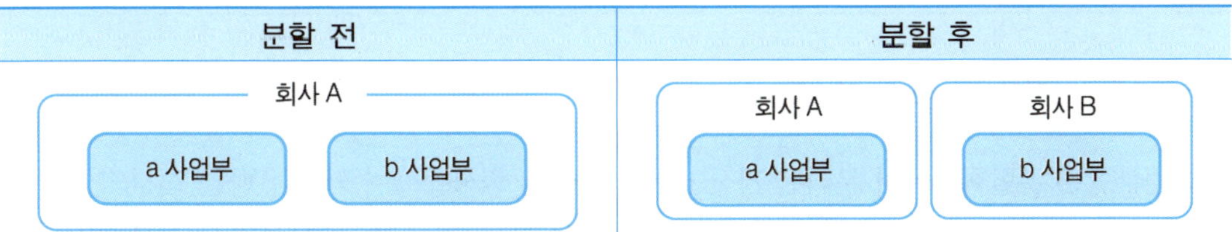	

분할회사(회사 A)가 분할계획서에 따라 b사업부 관련 자산 · 부채를 분할신설회사(회사 B)로 이전함에 따라 회사 A는 회사 A와 회사 B로 분할된다.

한편, 상법에서는 단순분할에 있어서 분할하는 회사를 '분할회사', 분할을 통하여 새로 설립되는 회사를 '단순분할신설회사'라고 하며, 세법에서는 과세구조가 동일한 유형을 묶어 '분할법인등', '분할신설법인등'이라고 한다.

| 법령상 명칭 |

구분	세법[2)]	상법[3)]
분할법인등	• 분할법인 • 소멸한 분할합병의 상대방법인[4)]	• 분할회사
분할신설법인등	• 분할신설법인 • 분할합병의 상대방법인[5)]	• 단순분할신설회사 • 분할승계회사[6)] • 분할합병신설회사

1) 상법 §530의10
2) 법인세 집행기준 46-0-1를 참조하기 바란다.
3) 상법 §530의5, §530의6
4) 신설분할합병에 있어 분할신설법인에게 자산 · 부채를 이전하고 소멸하는 법인
5) 흡수분할합병에 있어 분할법인으로부터 분할사업부문을 이전받는 법인
6) 분할합병의 상대방 회사로서 존속하는 회사

2 유형

분할은 분할회사에서 분리된 자산·부채가 다른 회사의 사업부문과 결합하는지 여부에 따라 단순분할과 분할합병으로 나누어지며, 분할대가를 받은 주체에 따라 인적분할과 물적분할로 나눈다.

| 분할의 유형 |

유형	구분의 기준
단순분할·분할합병	분할회사에서 분리된 영업재산이 다른 회사와 결합하는지 여부
인적분할·물적분할	분할대가를 누구(분할법인의 주주 or 분할법인)에게 교부하는지 여부

(1) 단순분할과 분할합병

단순분할은 분할회사에서 분리된 자산·부채가 다른 회사에 흡수되거나 다른 회사의 사업부문과 결합하지 않고 독립된 법인의 설립으로 존속하는 것이며, 분할합병은 분할회사에서 분리된 자산·부채가 다른 회사에 흡수되거나 다른 회사의 사업부문과 결합하여 새로운 회사를 설립하는 것을 말한다.

분할합병은 분할회사에 있어서는 단순분할과 동일하며 분할승계회사(또는 분할합병신설회사)에 있어서는 합병과 동일하다. 이하 본서 분할에 있어서 별도 언급이 없는 한 단순분할을 가정하고 기술하기로 한다.

(2) 인적분할과 물적분할

분할회사는 분할사업부문의 자산·부채를 분할신설회사에 이전하고 분할대가를 교부하는데 해당 분할대가를 분할법인의 주주[7]가 교부받는 경우를 인적분할, 분할법인이 전부 교부받는 경우를 물적분할이라고 한다.

한편, 인적분할 시 분할회사 주주는 분할 전 분할회사에 대한 지분율에 비례하여 주식을 배정받게 되므로 분할신설회사는 분할회사의 주주구성과 동일하게 되며 분할회사와 분할신설회사는 수평구조를 형성하게 된다. 반면, 물적분할 시에는 분할회사가 분할신설회사 발행주식 전부를 배정받게 되므로 분할회사와 분할신설회사는 수직구조, 즉 완전모자관계가 된다.

7) 신설분할합병에 있어서는 소멸한 분할합병의 상대방법인의 주주를 포함한다.

| 인적분할과 물적분할 |

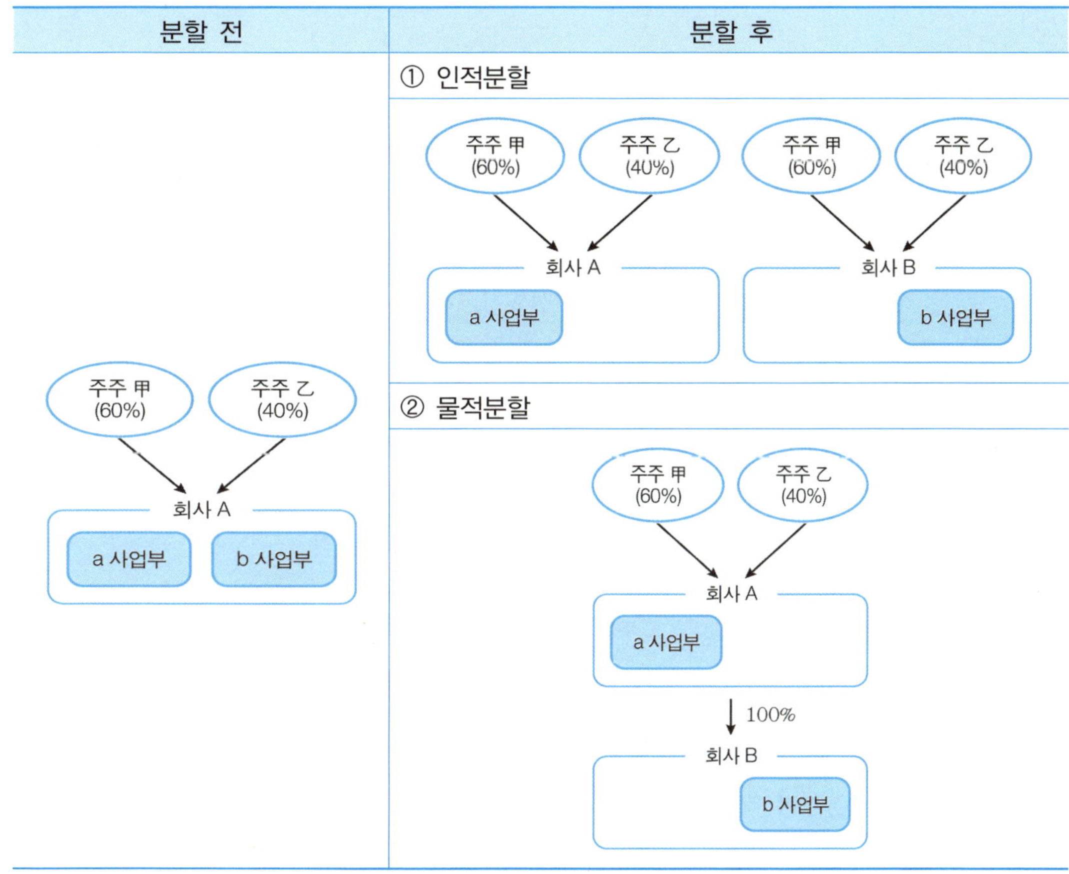

3 활용

분할은 하나의 회사를 둘 이상으로 나누는 것으로 목표 지배구조로 가기 위한 사전절차로 활용이 가능하며, 인적분할 및 물적분할은 회사의 사업부문을 분할한다는 점에서는 동일하나 분할신설회사의 주주구성은 그 방법에 따라 차이가 발생하므로 지배구조 개편을 위한 목적에 따라 다양하게 활용될 수 있다.

(1) 인적분할

인적분할을 통한 지주회사 전환은 ① 인적분할 → ② 현물출자 방식으로 이루어지며, 그룹 내 계열분리는 ① 인적분할 → ② 지분교환 방식으로 이루어진다. 또한 상장회사가 인적분할을 하고 해당 분할신설회사를 재상장[8)]하는 경우에는 보다 간소한 절차를 통할 수 있는 장점이 있다.

| 지배구조 개편의 전 단계로서의 인적분할 |

전 단계	후속 단계
인적분할	• 지주회사 전환을 위한 인적분할 후 (공개매수방식의) 현물출자
	• 그룹 내 대주주 계열 분리를 위한 지분교환
	• 분할회사 또는 분할신설회사 지분 매각

| 인적분할의 활용 |

1. 지주회사 전환(인적분할 후 현물출자)

① 인적분할

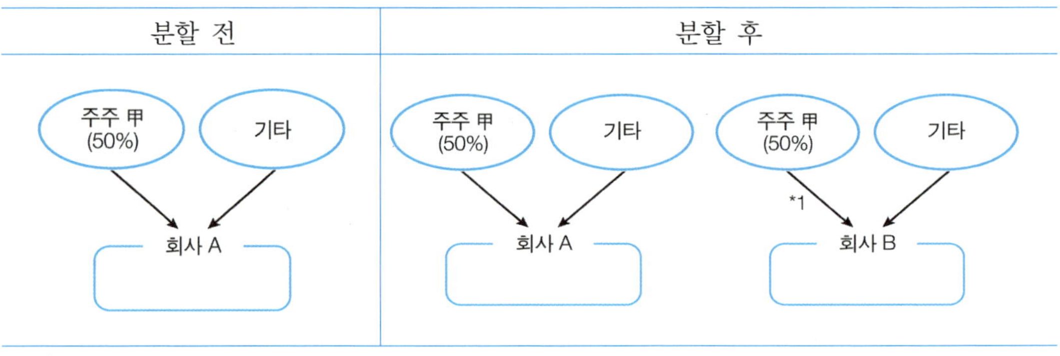

② 현물출자

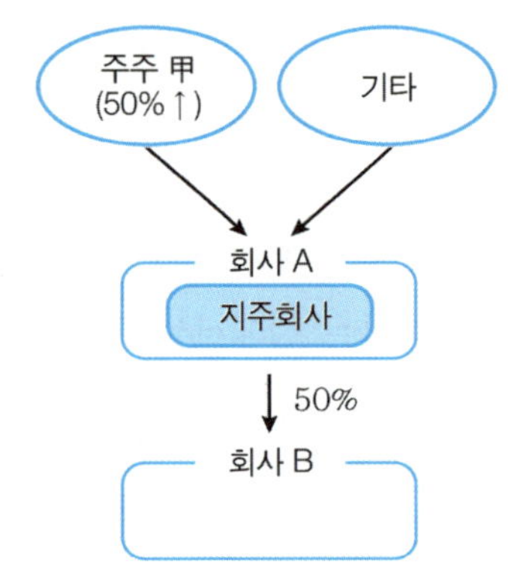

- 분할신설회사 B주식에 대하여 분할존속회사 A가 공개매수 방식의 현물출자(유상증자)를 한다.
- 주주 甲은 회사 B 주식[(*1)]을 회사 A에 현물출자하고 회사 A의 주식을 추가로 확보한다.
- 회사A는 주주 甲이 현물출자한 회사 B 주식으로 B에 대한 지분율을 확보하여 지주회사가 된다.

8) Ⅱ. 1. (3) 거래소 규정을 참조하기 바란다.

2. 그룹 내 계열분리

① 인적분할

분할 전	분할 후

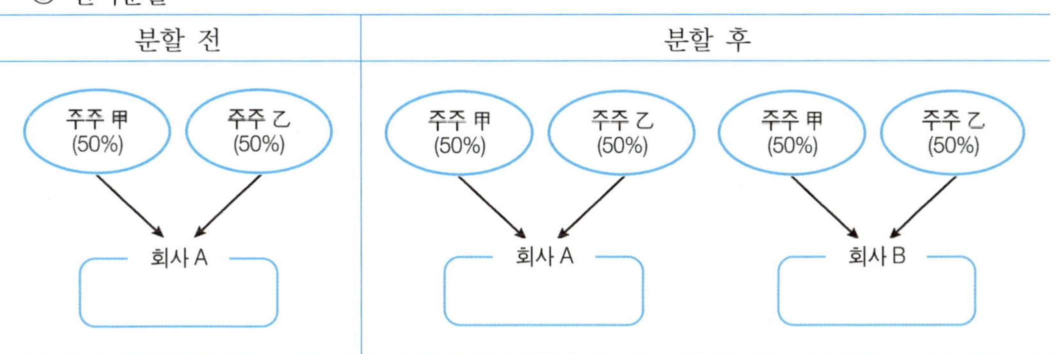

② 지분교환

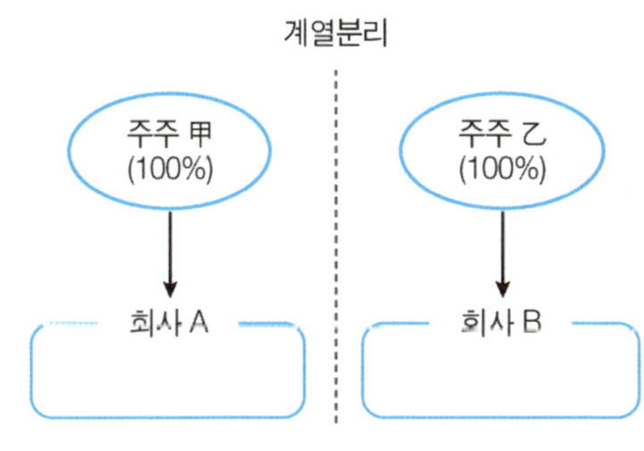

甲은 인적분할 후 보유한 B주식을 乙에게 주고 乙이 보유한 A주식을 받는다(=乙은 인적분할 후 보유한 A주식을 甲에게 주고 甲이 보유한 B주식을 받는다).

구분	회사A	회사B
甲	50% → 100%	50% → 0%
乙	50% → 0%	50% → 100%

인적분할 후 지분교환을 통하여 계열분리가 되었다.

(2) 물적분할

물적분할은 물적분할 후 제3자 배정 유상증자 · 지분양도 · 분할자회사 상장 · 다른 회사와의 합병 · 청산 등 지배구조 개편의 전 단계로 주로 사용된다. 물적분할 후에는 분할회사의 분할신설회사에 대한 지분율이 100%이므로 일부 지배지분의 희석이 발생하여도 제3자 배정 유상증자를 통하여 분할신설회사로 외부자금유입이 가능하며, 보유지분양도를 통하여 분할회사(모회사)로의 자금유입도 가능하다. 또한, 물적분할 이후에는 분할회사가 분할신설회사의 단독주주이므로 신속한 의사결정이 가능하다는 장점도 있다.

한편, 상장회사가 물적분할을 하는 경우에는 분할회사가 분할신설회사의 지분을 모두 소유하게 되는 비공개회사가 되므로 분할 시에는 분할신설회사는 상장회사가 될 수 없다.[9]

9) 물적분할 후 자회사를 상장하려는 경우 강화된 상장심사제도가 적용된다. Ⅱ. 1. (2) 거래소 규정을 참조하기 바란다.

| 지배구조 개편의 전 단계로서의 물적분할 |

전 단계	후속 개편
물적분할	• 지분(일부)매각을 통한 자금 유입
	• 제3자 배정 유상증자를 한 외부자금 유입
	• 분할자회사 지분을 다른 회사로 현물출자
	• 분할자회사와 다른 회사 간 합병
	• 분할자회사 상장
	• 청산

| 물적분할의 활용 |

물적분할 후 유상증자(①) 및 지분양도(②)

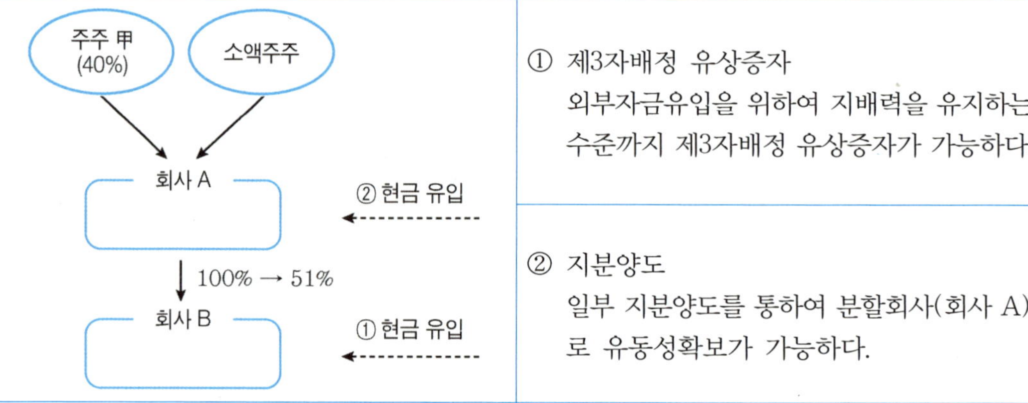

① 제3자배정 유상증자
외부자금유입을 위하여 지배력을 유지하는 수준까지 제3자배정 유상증자가 가능하다.

② 지분양도
일부 지분양도를 통하여 분할회사(회사 A)로 유동성확보가 가능하다.

물적분할 후 ①의 경우는 분할신설회사(회사 B)로, ②의 경우는 분할회사(회사 A)로 자금이 유입된다.

4 당사자

단순분할은 회사 외부의 거래상대방이 없으나 분할합병은 합병과 마찬가지로 분할합병의 상대방회사 및 그 주주들이 존재하므로 거래상대방이 있는 계약이다. 단순분할 시에는 상법상 '(분할)계획서'라 하며, 분할합병 시에는 '(분할합병)계약서'라 명명하는 것은 이와 같은 이유이다. 따라서 단순분할 당사자는 분할회사 및 분할회사의 주주이며, 분할합병 당사자는 분할회사 및 분할회사의 주주 및 채권자뿐만 아니라 분할승계법인 및 분할승계법인의 주주 및 채권자도 분할합병당사자이다.

한편, 상법상 분할회사 채무에 관하여는 분할당사회사들이 연대하여 변제할 책임이 있으므로 이를 달리 정하지 않는 이상 채권자는 분할당사자는 아니다. 또한, 분할당사자는 아니지만 법률상 요구되는 유관기관의 인허가가 있을 수 있으며, 상장회사의 경우에는 이해관계자가 많으므로 각종 공시의무도 존재한다.

| 단순분할의 당사자 |

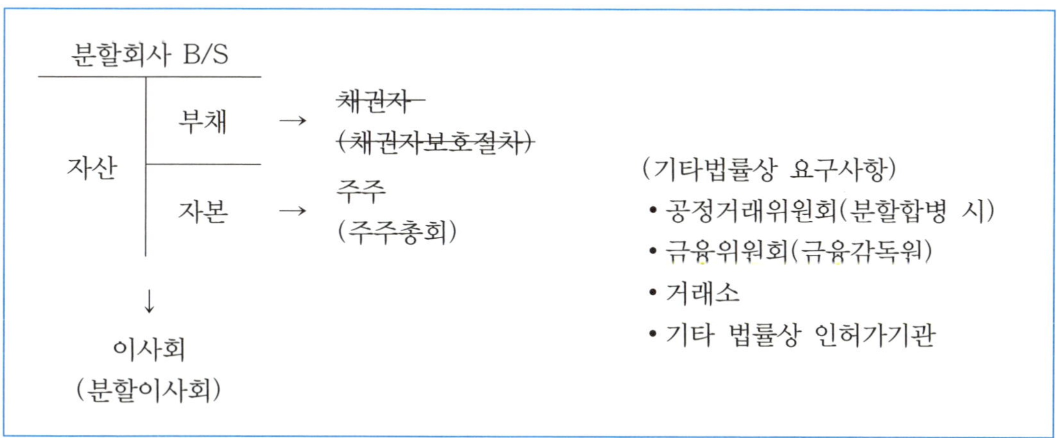

| 단순분할 당사자의 이해관계 |

구분	내용	
① 분할회사	• 분할사업부문의 자산·부채를 분할신설회사에 이전함. • 물적분할 시에는 분할신설회사의 단독주주가 됨.	
② 분할신설회사	분할회사로부터 자산·부채를 승계함.	
③ 분할회사의 주주	인적분할	동일한 지분율로 분할신설회사의 주주가 됨.
	물적분할	변동사항 없음.

5 합병과 비교

분할은 합병과 반대되는 개념이나 거래의 방향을 생각해보면 자산 · 부채를 이전하고 그 대가로 주식을 받는 측면에서 유사하다. 즉, 합병에 있어 피합병회사의 자산 · 부채를 이전하고 그 대가로 합병회사 주식을 배정받는 것은 분할에 있어서는 분할사업부문 자산 · 부채를 이전하고 그 대가로 분할신설회사 주식을 배정받는 것과 동일[10)]하다.

반면, 합병의 경우에는 합병 전후에 주주구성에 변동이 생기지만 단순분할의 경우에는 분할 전후 주주구성에 변동이 없다는 점과 분할에 있어서는 원칙적으로 채권자보호절차가 생략된다는 점에서는 차이가 있다.

| 거래의 방향에 따른 분할과 합병 |

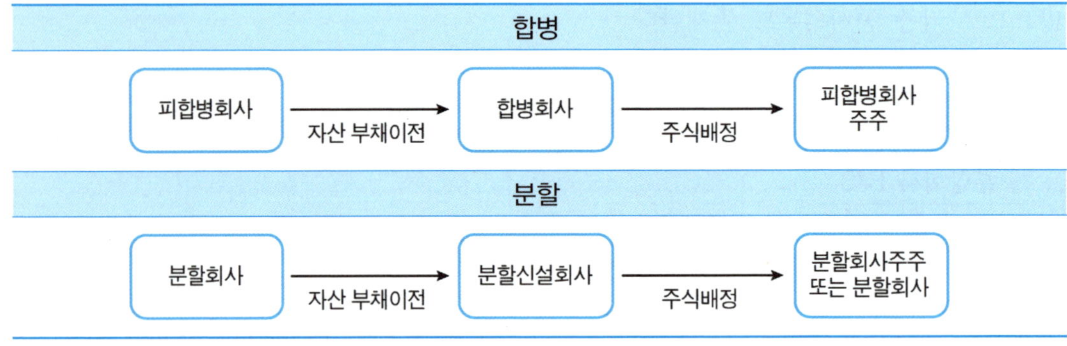

10) 같은 이유로 세법상 과세체계 역시 합병과 분할은 유사하다.

6 목차의 구성

실무상 분할업무의 대부분은 분할계획서 이사회승인 전에 이루어지는 사전검토이며, 절차적인 부분은 미리 계획된 일정표에 따라서 진행하게 된다. 따라서 본서 목차 역시 업무의 흐름에 따라 사전검토와 절차로 구분하여 기술하기로 한다. 한편, 분할회사가 상장회사이면 자본시장법 및 거래소에서 추가로 요구되는 사항이 있으므로 함께 검토가 이루어져야 한다.

| 분할실무와 목차 |

<table>
<tr><th colspan="2">구분</th><th colspan="2">내용</th><th>목차</th></tr>
<tr><td rowspan="9">Ⅱ.
사전
검토</td><td rowspan="6">법률
검토</td><td>상법</td><td>절차 · 제한</td><td>Ⅱ.1.(1)</td></tr>
<tr><td>자본시장법</td><td>공시 · 물적분할 관련 규정</td><td>Ⅱ.1.(2)</td></tr>
<tr><td>거래소 규정</td><td>분할재상장</td><td>Ⅱ.1.(3)</td></tr>
<tr><td>공정거래법</td><td>기업결합신고 · 지주회사 관련 규정</td><td>Ⅱ.1.(4)</td></tr>
<tr><td>기타법률 규정</td><td>기타법률상 제한 규정</td><td>Ⅱ.1.(5)</td></tr>
<tr><td>상업등기선례</td><td>분할 관련 · 부동산등기 관련</td><td>Ⅱ.1.(6)</td></tr>
<tr><td>자기주식</td><td colspan="2">자기주식과 분할신주배정 · 분할 시 자기주식이 이전</td><td>Ⅱ.2</td></tr>
<tr><td>회계</td><td colspan="2">손익의 귀속 · 분할비율 · 장부금액법 · 소유주에 대한 비현금자산의 분배 · 매각예정비유동자산과 중단영업</td><td>Ⅱ.3</td></tr>
<tr><td>세무</td><td colspan="2">과세체계 · 적격분할 효과 및 요건 · 분할법인의 세무 · 분할신설법인의 세무 · 분할법인 주주의 세무 · 적격분할 사후관리 · 물적분할 · 지주회사 설립 및 전환 시 과세특례</td><td>Ⅱ.4</td></tr>
<tr><td rowspan="6">Ⅲ.
절차</td><td>분할승인
이사회</td><td colspan="2">분할계획서 · 분할이사회결의 · 주요사항보고서 · 재상장절차 · 상장예비심사</td><td>Ⅲ.1</td></tr>
<tr><td>증권신고서</td><td colspan="2">의의 · 분할일정과 증권신고서</td><td>Ⅲ.2</td></tr>
<tr><td>주주총회</td><td colspan="2">분할주주총회 · 분할계획서 등의 공시</td><td>Ⅲ.3</td></tr>
<tr><td colspan="3">주식매수청구권</td><td>Ⅲ.4</td></tr>
<tr><td>채권자
보호절차</td><td colspan="2">채권자보호절차 · 주식병합절차</td><td>Ⅲ.5</td></tr>
<tr><td>분할기일</td><td colspan="2">분할종료보고총회 · 분할등기 · 사후공시 · 증권발행실적보고서</td><td>Ⅲ.6</td></tr>
</table>

Ⅱ 사전검토

❶ 법률검토

(1) 상법

1) 절차

분할은 분할당사자들의 이해관계에 중대한 영향을 미칠 수도 있기 때문에 상법은 분할 시 분할당사자들을 보호하는 절차를 요구하고 있다. 대차대조표 중심으로 설명하면 회사의 자본을 구성하는 분할회사 주주들을 위하여 주주총회를 개최하여 승인을 득하여야 하며 분할 전 분할회사 채무에 대하여 구분하여 책임을 지기로 한 경우에는 회사의 부채를 구성하는 채권자들을 위한 채권자보호절차를 거쳐야 한다. 즉, 상법상 분할을 하기 위해서는 주주총회에서 승인을 얻고 연대책임을 지지 않는 경우에는 채권자보호절차가 종료되어야 상법상 분할기일로 실제로 분할을 할 날[11]이 된다.

한편, 분할 시에는 원칙적으로 분할 전 회사 채무에 대하여 분할회사와 분할신설회사가 연대하여 변제할 책임이 있으므로 관련 채무를 구분하여 달리 정하지 않는 이상 채권자보호절차는 생략된다.

11) 분할의 법적인 효력발생 요건은 분할기일이 아니라 분할등기일이며 분할등기를 위한 첨부서류에는 상법에서 요구하는 절차이행에 관한 서류를 포함한다. 등기 시 첨부서류 목록은 Ⅲ. 6. (2)를 참조하기 바란다.

| 상법상 분할절차 |

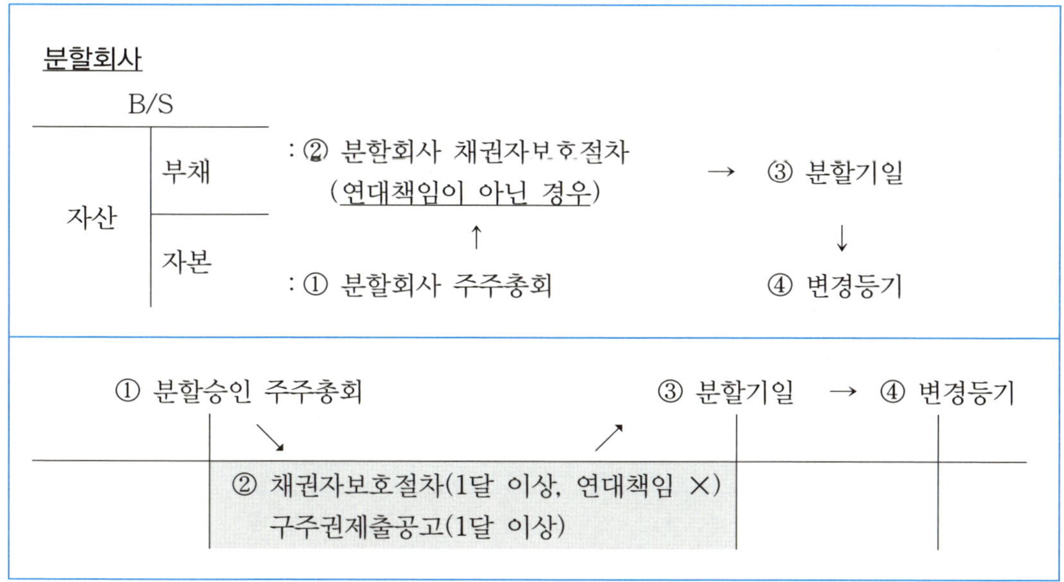

2) 제한[12)]

회사는 분할에 의하여 1개 또는 수 개의 회사를 설립할 수 있다. 또한 1개 또는 수 개의 존립 중의 회사와 합병(분할합병)할 수 있다.[13)] 또한 분할회사의 주주가 아닌 분할회사가 분할로 인하여 설립되는 회사 주식의 총수를 취득할 수 있다.[14)]

다만, 해산 후의 회사는 존립 중의 회사를 존속하는 회사로 하거나 새로 회사를 설립하는 경우에 한하여 분할 또는 분할합병할 수 있으며, 분할은 상법상 주식회사만 가능하므로 주식회사가 아닌 회사가 분할의 효과를 얻기 위해서는 다른 방법(양업양도, 현물출자 등)을 통하여야 한다.

| 상법상 제한 |

구분	내용
해산 후의 회사의 분할(분할합병)	존립 중인 회사를 존속하는 회사로 하거나 신설회사를 설립하는 경우에 한하여 분할(또는 분할합병)이 가능함.
주식회사가 아닌 회사의 분할	분할은 상법상 주식회사만 가능함.

12) 상법 §530의2, §530의12
13) 1개 또는 수 개의 회사를 설립함과 동시에 분할합병할 수 있다.
14) 물적분할은 분할회사의 출자만으로 회사가 설립된다.

(2) 자본시장법

분할회사가 사업보고서제출대상법인[15](주권상장법인 등)인 경우에는 자본시장법상 관련 규정을 검토하여야 한다. 합병 시에 적용되는 합병비율 산정을 위한 주식가액의 산정방법 및 외부평가기관의 평가의무는 단순분할에 있어서는 합병과 달리 거래상대방이 없기 때문에 적용되지 않는다.

| 자본시장법상 관련 규정의 적용 |

구분	단순분할	분할합병[16]	합병
1) 공시	○	○	○
2) 주식가액 산정방법	×	○	○
3) 외부평가기관 평가의무	×	○	○

| 자본시장법 분할 관련 주요 내용과 목차 |

구분		인적분할	물적분할	목차
1) 공시	주요사항보고서	○	○	Ⅲ.1.(3)
	증권신고서	○	×	Ⅲ.2.
	증권발행실적보고서 등	○	○	Ⅲ.6.(4)
2) 주식가액 산정방법		×	×	-
3) 외부평가기관 평가의무				-

1) 공시

사업보고서 제출대상법인이 분할이사회 결의를 한 때에는 그 분할내용을 공시하는 주요사항보고서를 제출하여야 한다. 상장회사가 인적분할을 하면서 분할신주를 배정하는 것은 자본시장법상 모집에 해당될 것이므로 증권신고서 및 투자설명서를 제출하여야 하며, 분할이 종료된 때에는 증권발행실적보고서 등을 제출하여야 한다. 한편, 물적분할 시에는 분할회사가 분할신설회사의 단독주주가 되므로 증권신고서 · 투자설명서 · 증권발행실적보고서는 불필요하며, 분할이 종료된 때에 합병등종료보고서(분할)를 제출한다.

15) 자본시장령 §167
16) 분할합병은 합병과 마찬가지로 거래상대방이 있는 계약이므로 합병과 마찬가지로 주식가액 산정방법과 외부평가기관 평가의무가 적용된다. 관련 내용은 제1장 합병을 참조하기 바란다.

| 절차에 따른 공시 |

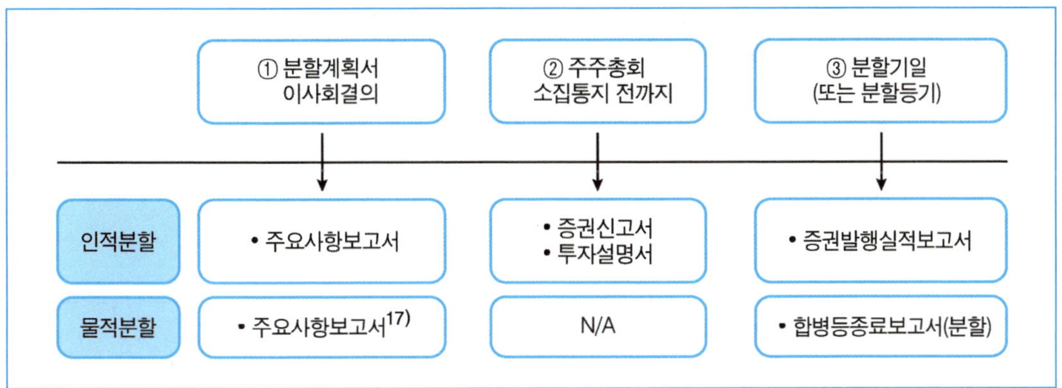

| 분할 관련 주요 공시 |

구분		내용
주요 사항 보고서	의무자	분할하려는 사업보고서제출대상 법인
	시기	① 금융위원회 : 이사회결의일로부터 3일 이내 제출 ② 한국거래소 : 사유 발생 당일 ※ 두 보고서 서식이 동일하므로 사유발생 당일 제출하여야 함.
	제출처	금융위원회(금융감독원) 및 한국거래소
	규정	자본시장법 §161, 자본시장령 §171, 자본시장규정 §4-5
증권 신고서	의무자	분할대가로 인한 신주발행이 모집에 해당하는 경우 해당 분할법인
	시기	주주총회 일정과 증권신고서 효력발생 기간을 감안[18]하여 제출
	제출처	금융위원회(금융감독원)
	규정	자본시장법 §119, 자본시장규정 §2-9
투자 설명서	의무자	증권신고서를 제출한 발행인
	시기	증권신고서 효력이 발생한 날
	제출처	금융위원회(금융감독원)
	규정	자본시장법 §123, 자본시장령 §131, 자본시장칙 §12·§13
증권발행 실적보고	의무자	증권신고서를 제출한 발행인
	시기	분할기일 이후 지체 없이 제출
	제출처	금융위원회(금융감독원)
	규정	자본시장법 §128, 자본시장규정 §2-19

17) 물적분할 시에는 물적분할의 구체적인 목적, 기대효과 및 주주보호방안 등을 추가로 공시하여야 한다. 자세한 내용은 Ⅲ. 1. (3) 부분을 참조하기 바란다.

구분	내용	
합병등 종료보고 (분할)	의무자	분할이 종료된 주권상장법인(증권발행실적보고서 제출 시 면제)
	시기	분할등기 신청 등 분할이 사실상 종료한 때
	제출처	금융위원회(금융감독원)
	규정	자본시장규정 §5-15

※ 출처 : 합병 등 특수공시 관련 실무안내서 일부 수정, 금융감독원

DART	물적분할 시 증권신고서의 면제
사 례	상장회사인 ㈜○○이 물적분할한 사례
공 시	주요사항보고서 〉 회사분할결정

1. 분할방법	(1) 상법 제530조의2 내지 제530조의12의 규정 및 본 분할계획서에서 정하는 바에 따라 분할회사가 영위하는 사업 중 분할대상 사업부문을 분할하여 분할신설회사를 설립하되, 분할회사가 존속하면서 분할신설회사의 발행주식총수를 배정받는 단순·물적분할 방식으로 분할한다. 분할 후 분할회사는 상장법인으로 존속하고 분할신설회사는 비상장법인으로 설립한다
4. 분할비율	본건 분할은 단순·물적분할로 분할신설회사가 설립 시에 발행하는 주식의 총수를 분할회사에 100% 배정하므로 분할비율을 산정하지 않음.
(중략)	
12. 증권신고서 제출대상 여부	아니오
- 제출을 면제받은 경우 그 사유	물적분할

설 명

단순물적분할로 분할회사가 분할신설회사의 단독주주가 되므로 증권신고서 제출대상이 아니며, 그 사유로 물적분할을 기재하였다.

18) 인적분할 후 분할신설회사가 재상장하는 경우 증권신고서는 거래소의 예비심사승인 후 바로 제출하며 증권신고서의 효력발생은 주주총회 소집통지 전까지는 이루어져야 한다.

2) 물적분할 관련

물적분할 후 해당 자회사 상장 시 일반주주의 권리보호 수단이 미흡하다는 지적에 따라 2022년 10월부터 상장회사의 물적분할 시 강화된 규정이 신설되었다.

| 상장회사 물적분할 관련 규정 |

구분	내용
자회사 상장심사강화[19]	• 물적분할 이후 5년[20] 내 자회사를 상장하려는 경우 거래소는 모회사 일반주주에 대한 보호노력[21]을 심사하고 미흡한 경우 상장이 제한됨.[22]
주식매수청구권 도입[23]	• 물적분할을 추진하려는 상장회사의 주주가 물적분할에 반대하는 경우 해당 주주에게 주식매수청구권을 부여
공시강화[24]	• 주요사항보고서를 통하여 물적분할의 구체적인 목적, 기대효과 및 주주보호방안을 충실히 공시 • 분할 자회사의 상장을 계획 중이라면 예상일정을 공시하여야 하며, 추후 상장계획이 변경되는 경우 정정공시하여야 함.

(3) 거래소 규정

1) 분할재상장

분할재상장[25]이란 상장회사로부터 분할이나 분할합병을 함에 따라 설립된 법인이 발행한 주권을 상장하는 것을 말하며, 분할재상장은 신규상장 시에 비해 조건을 다소 완화하여 상장편의를 도모하고 있다.

분할재상장 시에는 상장주선인을 선임하고 거래소와 미리 재상장 일정 등을 협의하여야 하며, 분할회사는 분할이사회 결의 후 지체 없이 재상장예비심사신청서등을 제출하고 재상장예비심사가 통과되면 재상장신청서등을 제출하여야 한다.[26] 한편, 재상장예비심사에서 재상장예

19) 유가증권시장 상장규정 시행세칙 별표 2의2(질적심사기준), 코스닥시장 상장규정 시행세칙 별표6(질적심사기준)
20) 22년 10월 개정 이전에 이미 물적분할을 완료한 기업도 분할 후 5년이 경과하지 않았다면 해당 기준이 적용된다.
21) 주주 간담회, IR 개최 등 모회사의 소통노력 및 그 결과를 제시하여야 하며, 스튜어드십 코드에 참여하는 주주와의 소통도 주주와의 소통노력 중에 하나로 평가될 수 있다. 또한, 주식 현물배당, 주식교환, 배당확대 및 자사주 취득 등을 주주보호방안 중 하나로 예시하고 있다.
22) 물적분할 이후 모회사가 변경되거나 상장신청인의 주된 영업부문이 변경된 경우 등에는 이를 적용하지 않는다.
23) 자본시장령 §176의7 ① 2호
24) 기업공시서식 작성기준 §12-1-1, §12-8-7, §12-8-8 및 별지38-45호 서식
25) 유가증권시장 상장규정 §38, 코스닥시장 상장규정 §2
26) 유가증권시장 상장규정 §39, §41 ① 및 코스닥시장 상장규정 §40, §42 ①

비승인을 받았으나 경영상의 중대한 사실 등[27]이 발생하는 경우에는 거래소는 재상장예비심사 결과의 효력을 불인정할 수 있다.

| 분할(분할합병) 형식적 분할재상장 요건 |

구분		유가증권시장 요건[28]	코스닥시장 요건[29]
규모		상장예비심사신청일 현재 자기자본이 100억 원 이상이며 재상장예정인 보통주식총수가 100만 주 이상일 것[30]	재상장신청일 현재 자기자본이 30억 원(벤처기업[31]의 경우 15억 원이상) 이상이며 재상장예정인 보통주식총수가 100만 주 이상일 것[32]
주식	양도제한	양도제한이 없을 것	
	액면가액	해당사항 없음.	1주당 액면가액이 100원, 200원, 500원, 1,000원, 2,500원 또는 5,000원일 것
분할 사업 부문 경영 성과	요건	아래 요건을 모두 충족할 것	법인세비용차감전계속사업이익이 있으며 아래 요건 중 하나에 해당될 것
	① 매출액	이전될 영업부문의 최근[33] 매출액 300억 원 이상이며	이전될 영업부문의 최근 매출액 100억 원 이상 (벤처기업의 경우 50억 원 이상)
	② 당기 순이익	이전될 영업부문의 최근 당기순이익[34]이 25억 원 이상일 것	이전될 영업부문의 최근 당기순이익이 20억 원 이상 (벤처기업의 경우 10억 원 이상)
	③ 자기 자본 이익률	해당사항 없음.	이전될 영업부문에 대한 자기자본 이익률이 100분의 10 이상 (벤처기업의 경우 100분의 5 이상)

---

27) 유가증권시장 상장규정 §23 ①(및 코스닥시장 상장규정 §8)
   가. 경영상 중대한 사실이 생긴 경우
   나. 투자자 보호에 중요한 사항이 상장예비심사신청서에 거짓으로 적혀있거나 빠져있는 사실이 발견된 경우
   다. 세칙으로 정하는 재무서류와 관련하여 국내회계기준 위반으로 증권선물위원회로부터 검찰 고발, 검찰 통보, 증권발행 제한 또는 과징금 부과 조치를 받은 경우. 이 경우 신규상장신청인이 외국기업인 때에는 외국회계기준과 본국 감독당국의 조치(이 목 전단의 조치에 상응하는 것을 말한다)를 기준으로 한다.
   라. 투자설명서, 예비투자설명서, 간이투자설명서의 내용이 상장신청서와 다른 경우
   마. 상장예비심사 결과를 통지받은 날부터 6개월 이내에 신규상장신청서나 재상장신청서를 제출하지 않은 경우. 다만, 해당 신규상장신청인이나 재상장신청인이 유가증권시장의 상황 급변 등 불가피한 사유로 제출기한의 연장을 요청하여 거래소가 승인하는 경우에는 6개월 이내에서 제출기한을 연장할 수 있다.
   바. 그 밖에 상장심사 결과에 중대한 영향을 미친다고 거래소가 인정하여 세칙으로 정하는 경우

28) 유가증권시장 상장규정 §42

29) 코스닥시장 상장규정 §43

30) 이 경우 재상장신청인의 최대주주등이 분할이나 분할합병으로 소유하게 되는 주식 수는 제외한다.

구분		유가증권시장 요건[28]	코스닥시장 요건[29]
안정성 및 건전성	영업 영위기간	분할 등으로 이전된 주된 사업부문의 영업기간이 3년 이상일 것[35]	해당사항 없음.
	자본상태	해당사항 없음.	분할기일 현재 자본잠식이 없을 것
	감사의견	이전될 영업부문에 대한 최근 3사업연도 개별(연결)재무상태표·개별(연결)손익계산서에 대한 감사인의 감사의견이 적정	분할 또는 분할합병기일의 (연결)재무제표에 대한 감사인의 감사의견이 적정일 것
		이전될 영업부문에 대한 당해 사업연도 반기 개별재무상태표·개별손익계산서에 대한 감사인의 검토의견이 적정(다만, 당해 사업연도의 반기 종료 후 45일 경과한 경우에 한함)	아래사항에 대한 감사인의 검토보고서상 검토의견이 적정일 것 • 이전될 영업부문에 대한 분할이사회 결의일 전 최근 사업연도의 매출액 및 이익현황 • 이전될 영업부문에 대한 당해 사업연도 반기에 대한 매출액 및 이익 현황(다만, 당해 사업연도의 반기 종료 후 45일 경과한 경우에 한함)
	사외이사	• 사외이사 1/4 이상 (자산 2조 원 이상 : 3명 & 과반수)	• 사외이사 1/4 이상 (자산 2조 원 이상 : 3명 & 과반수)
	감사 (위원회)	• 감사위원회 설치 또는 감사위원 2/3 이상 사외이사 (자산 2조 원 이상)	• 상근감사 1명 이상 (1천억 원 이상)

31) 코스닥시장 상장규정 §2 38호에 따른 벤처기업

32) 최대주주등이 소유한 주식은 제외한다.

33) 당해 분할 또는 분할합병에 관한 이사회 결의일이 속하는 사업연도의 직전 사업연도를 말한다.

34) 이 경우 종속회사가 있는 법인(지주회사가 아닌 경우에는 한국채택국제회계기준을 적용한 사업연도만 해당한다)은 연결재무제표상 금액으로 한다.

35) 이전대상 영업 부문이 2개 이상인 때에는 매출액 비중이 가장 큰 영업 부문("주된 영업 부문"이라 한다)을 기준으로 하며, 지주회사는 주요 자회사 중 매출액 비중이 가장 큰 자회사의 주된 영업 부문을 기준으로 한다.

(4) 공정거래법

1) 기업결합신고

단순분할은 공정거래법상 기업결합에 해당되지 않으므로 기업결합신고의무는 없다.[36] 다만, 분할합병은 공정거래법상 기업결합의 유형 중 하나이므로 당사회사 규모가 일정기준 금액 이상이거나 거래금액이 일정금액 이상 등인 경우에는 공정거래위원회에 신고하여야 한다. 기업결합신고 관련 내용은 제1장 합병을 참조하기 바란다.

2) 지주회사 관련

① 지주회사 성립요건 및 행위제한

공정거래법상 지주회사로 전환하기 위해서는 성립요건을 충족하여야 하며 지주회사전환 이후에는 공정거래법상 지주회사 행위제한의 규제를 받게 된다.

| 지주회사 성립요건 및 행위제한 |

구분	내용	공정거래법(영)
성립요건	자산총계가 5,000억 원 이상	영 §3
	총자산 중 자회사 지분가액 비율이 50% 이상[37]	
행위제한[38]	부채비율 200% 초과 불가	법 §18 ② 1호
	자회사 지분율 규제(상장 30%, 비상장 50% 이상)	법 §18 ② 2호
	계열회사가 아닌 국내회사의 지분율 5% 초과 보유 행위 불가[39]	법 §18 ② 3호
	자회사의 손자회사 주식보유에 대한 지분율 규제 (상장 30%, 비상장 50% 이상)	법 §18 ③ 1호
	자회사의 손자회사 이외 국내계열회사 지분 보유 불가	법 §18 ③ 2호
	손자회사의 국내계열회사 주식소유 제한	법 §18 ③ 4호
	지주회사 내 금융회사 지분 소유 금지	법 §18 ② 5호
	증손회사의 국내계열회사 주식소유 제한	법 §18 ⑤

36) 분할과정에서 발생하는 자산의 분할 및 승계에 대하여 별도의 신고의무가 없으므로 분할과정에서 분할된 회사가 분할 전 회사의 주식을 승계받더라도 기업결합신고의무는 발생하지 않는다.
37) 본 요건 충족을 위하여 보통 인적분할 후 분할신설회사 지분을 대상으로 하는 분할존속회사의 공개매수방식의 현물출자 및 분할존속회사의 여유 자금을 활용한 차입금 상환(분모의 총자산 감소) 등을 활용한다.
38) 지주회사 전환일로부터 2년 이내에 행위제한 요건을 충족하지 못할 경우 과징금을 부과받을 수 있다.
39) 단, 국내회사의 주식가액의 합계액이 자회사의 주식가액의 합계액의 100분의 15 미만인 지주회사에는 적용하지 아니함.

② 지주회사 설립 · 전환 신고

공정거래법상 지주회사를 설립 · 전환하는 경우에는 공정거래위원회에 신고하여야 한다.[40)]

| 지주회사 관련 신고기한[41)] |

구분	신고기한
지주회사를 설립하는 경우	설립등기일로부터 30일 이내
다른 회사의 주식취득, 자산의 증감 또는 그 밖의 사유로 지주회사로 전환하는 경우	자산총액산정기준일[42)]로부터 4개월 이내
다른 회사와의 합병 또는 회사의 분할을 통해 지주회사로 전환하는 경우	합병등기일 또는 분할등기일부터 30일
사모집합투자기구 또는 투자목적회사[43)] 등 다른 법률에 따라 지주회사 규정 적용이 제외되는 회사의 경우	그 다른 법률에서 정하고 있는 제외기간이 지난날부터 30일

| 지주회사 설립 · 전환 시 구비서류[44)] |

- 지주회사 설립 · 전환 사유서
- 지주회사의 계열사 현황
- 지주회사 · 자회사 · 손자회사 · 증손회사 정관
- 지주회사 · 자회사 · 손자회사 · 증손회사 주주현황
- 지주회사 · 자회사 · 손자회사 · 증손회사 소유주식명세서
- 지주회사 · 자회사 · 손자회사 · 증손회사 직전 사업연도 감사보고서
- 위임장(대리인이 지주회사의 설립, 전환 신고를 하는 경우)

(채무보증제한기업집단 소속회사가 지주회사로 전환하는 경우[45)] 추가서류)
- 채무보증해소실적 신고서
- 지주회사 및 자회사가 계열회사에 대하여 제공한 채무보증명세서
- 지주회사 및 자회사가 계열회사로부터 제공받은 채무보증명세서
- 최근 1년간 지주회사 및 자회사가 계열회사에 제공한 채무보증 및 계열회사로부터 제공받은 채무보증의 해소실적

---

40) 공정거래법 §17, 공정거래령 §26
41) 공정거래령 §26 ②
42) 직전 사업연도 종료일(사업연도 종료일 전의 자산총액을 기준으로 지주회사 전환신고를 하는 경우에는 해당 전환신고 사유의 발생일)
43) 공정거래법 §249의19
44) 지주회사의 설립 · 전환의 신고 및 지주회사등의 사업내용 등의 보고에 관한 요령(공정거래위원회고시)
45) 상호출자제한기업집단의 동일인 또는 해당 동일인의 특수관계인에 해당하여 공정거래령 §26 ①에 따른 채무보증

(5) 기타법률 규정

특정 산업을 영위하는 회사가 분할하는 경우 관련 법률에 따라 유관기관의 인가 또는 승인이 요구되는 경우가 있다.

금융기관 등이 분할 시에는 금융위원회, 방송사업자 등이 분할 시에는 방송통신위원회 등으로부터 인허가를 받아야 하며, 회생계획 중에 있는 채무자가 분할을 정한 경우에는 「채무자 회생 및 파산에 관한 법률」에서 정하는 바에 따라야 한다.

| 기타 법률상 제한규정 |

구분		법령
금융위원회	은행의 분할(분할합병)	은행법 §55
	금융투자업자의 분할(분할합병)	자본시장법 §147
	전자등록기관의 분할(분할합병)	주식·사채 등의 전자등록에 관한 법률 §11
방송통신위원회 또는 과학기술부장관	방송사업자·중계유선방송사업자·음악유선방송사업자 및 전광판방송사업자의 분할	방송법 §15
산업통산자원부령에 따른 허가권자	전기사업자의 분할	전기사업법 §10
회생계획 중 채무자가 분할(분할합병) 시에는 동법에 정하는 바에 따라야 함.		채무자 회생 및 파산에 관한 법률 §212, §213, §272

(6) 상업등기선례

분할의 법적인 효력은 분할등기로 발생하므로 일반적인 분할 등이 아닌 경우에는 상업등기선례를 검토하여 해당사항이 등기에 미치는 영향을 검토할 필요가 있다.

1) 분할 관련

주식회사 분할 시 피분할회사의 자본감소절차가 반드시 필요한지 여부

제정 2001. 12. 4. [상업등기선례 제1-242호, 시행]

주식회사의 분할 및 분할합병 시 분할되는 것은 회사의 재산, 즉 특정영업을 위하여 조직화되고

해소실적을 제출하는 때

유기적 일체를 이루는 적극 및 소극재산이므로, 피분할회사가 존속하는 불완전분할의 경우 분할로 피분할회사의 재산이 감소한다고 해서 필요적으로 자본감소를 수반하는 것은 아니며, 자본감소에 관한 사항이 분할계획서 또는 분할합병계약서에 포함된 때에 한하여 자본감소 절차가 필요하다.
(2001. 12. 4. 등기 3402－781 질의회답)

회사 분할 시 제3자의 출자 가능 여부(적극)

제정 2003. 9. 1. [등기선례 제200309－16호, 시행]

주식회사를 분할하여 새로운 회사를 설립하는 경우에 분할되는 회사의 출자 이외에 새로운 주주를 모집하여 설립할 수도 있다.
(2003. 9. 1. 공탁법인 3402－207 질의회답)

신설회사가 분할회사의 상호로 변경등기를 할 수 있는지 여부

제정 2009. 8. 4. [상업등기선례 제2－84호, 시행]

주식회사(분할회사)가 영업을 분할하여 다른 주식회사(신설회사)를 설립하면서 신설회사의 상호를 분할회사의 상호로 하여 설립등기를 하고, 분할회사에 대하여는 본래의 상호에 '홀딩스'를 붙여 변경등기를 하는 것은, 분할회사의 변경 후의 상호가 동일한 특별시 · 광역시 · 시 또는 군 내에서 동일한 영업을 위하여 다른 사람이 등기한 것과 동일한 상호가 아니라면 가능하다.
(2009. 8. 4. 사법등기심의관－1763 질의회답)

주식회사 분할 시 신주인수권부사채나 전환사채의 승계가 있는 경우 승계에 따른 등기를 하여야 하는 시점

제정 2003. 11. 14. [상업등기선례 제1－247호, 시행]

1. 주식회사를 분할하는 경우에 신주인수권부사채(전환사채도 동일)의 승계가 있는 때에는 원칙적으로 상법 제528조 제2항, 제530조의11 제1항의 규정에 따라 사채의 승계사실을 증명하는 서면(예 분할계획서 · 분할계획서 승인의 주주총회의사록 등)을 첨부하여 분할에 따른 각 등기신청과 동시에 사채의 등기신청을 하여야 할 것이다.
2. 그러나 신주인수권부사채의 승계에 관한 등기가 분할에 따른 각 등기신청과 동시에 경료되지 못한 경우에는 등기해태의 책임 여부는 별론으로 하고 사채의 승계가 있었다는 사실을 증명하는 서면(예 분할 당시의 분할계획서와 분할계획서 승인의 주주총회 의사록 · 승계에 따른 세부사항을 정한 이사회의사록 · 채권자보호절차의 이행을 증명하는 서면 등)을 첨부하여 분할에 따른 각 등기의 종료 후에라도 등기신청을 할 수는 있을 것이다.
3. 이때 등기관은 신청인이 제출한 신청서와 각 첨부서면, 당해 등기부 등을 심사자료로 하여 분할의 효력 발생시점을 기준으로 신주인수권부사채가 분할계획서에 따라 이전 승계되는 적극 · 소극재산에 포함되었는지를 조사하여 수리 여부를 결정하여야 할 것이다.
(2003. 11. 14. 공탁법인 3402－270 질의회답)

주주총회의 해산 결의에 의하여 해산한 주식회사가 물적분할 또는 인적분할의 방법으로 회사를 설립할 수 있는지 여부(적극)

제정 2006. 5. 24. [상업등기선례 제2-79호, 시행]

1. 주주총회의 해산 결의에 의하여 해산한 주식회사(이하, '청산회사'라 한다)는 재산의 환가처분(상법 제542조 제1항, 제254조 제1항 제3호)의 한 방법으로서 물적분할 또는 인적분할을 통하여 새로 회사를 설립할 수 있으나(상법 제530조의2 제4항), 분할 후 청산절차를 계속 진행하여야 하며 회사 계속의 결의(상법 제519조) 없이 해산 전의 영업을 할 수는 없다.
2. 물적분할과 인적분할은 절차상 차이가 없고(상법 제530조의12) 채권자보호도 해산 전의 회사분할과 동일한 절차에 따르면 충분하다. 따라서 청산회사는 동시에 물적분할과 인적분할의 방법으로 수 개의 회사를 설립할 수 있고, 그에 따라 각 신설 회사는 본점 소재지 관할 등기소에서 설립등기를 함으로써 성립한다(상법 제530조의11 제1항, 제528조, 제317조, 제234조)

(2006. 5. 24. 공탁상업등기과-445 질의회답)

회사 분할에 따른 등기 시 채권자보호절차를 거쳤음을 증명하는 서면의 첨부 요부

제정 2007. 5. 3. [상업등기선례 제2-82호, 시행]

분할에 의하여 회사를 설립하면서(상법 제530조의2 제1항) 분할되는 회사(이하, '분할회사'라 한다)는 자본을 감소하고, 그에 따라 분할회사의 변경(자본감소 등)등기 및 분할로 인하여 설립되는 회사(이하, '신설회사'라 한다)의 설립등기를 신청하는 경우, ① 그 자본 감소가 주주에 대한 출자의 환급이 없는 명목상의 것이고 ② 분할 후 분할회사의 자본과 신설회사의 자본의 합계액이 분할 전 분할회사의 자본액 이상이며 ③ 신설회사가 분할회사의 채무에 관하여 연대하여 변제할 책임(상법 제530조의9 제1항)을 부담한다면, 그 신청서에 채권자보호절차를 거쳤음을 증명하는 서면(비송사건절차법 제211조 제1호, 제215조 제3호, 제216조의2 제2항)은 첨부할 필요가 없다.

(2007. 5. 3. 공탁상업등기과-468 질의회답)

갑 주식회사가 일부를 분할하여 갑 주식회사의 출자만으로 을 주식회사를 설립하는 경우 을 주식회사의 설립등기신청서에 첨부되는 정관에 서명할 발기인 여하 등

제정 1999. 4. 26. [상업등기선례 제1-240호, 시행]

1인이 발행주식의 총수를 소유하고 있는 갑 주식회사가 그 일부를 분할하여 갑 주식회사의 출자만으로 을 주식회사를 설립하고자 하는 경우,

가. 을 주식회사의 설립을 위해 발기인을 두어야 하는 것은 아니며, 정관에는 갑 주식회사의 대표이사가 서명 또는 기명날인하여야 할 것이다.

나. 설립등기신청서에 첨부되는 을 주식회사의 정관은 공증인의 인증을 요하지 아니하나, 창립총회의사록 등에는 을 주식회사의 본점 소재지를 관할하는 지방검찰청에 소속된 공증인의 인증을 받아야 한다.

다. 이 경우 신설되는 을 주식회사의 설립등기신청은 분할되는 갑 주식회사에 대한 변경등기 신청과 동시에 갑 주식회사의 관할 등기소에 하여야 한다.
(1999. 4. 26. 등기 3402-452 질의회답)

2) 부동산 및 근저당 관련

분할계획서에 분할로 인하여 이전되는 근저당권이 구체적으로 특정되지 않은 경우 분할되는 회사와 분할로 인하여 설립되는 회사가 작성한 근저당권이전확인서를 첨부하여 분할로 인한 근저당권이전등기를 신청할 수 있는지 여부(적극)

제정 2010. 12. 2. [등기선례 제201012-1호, 시행]

1. 회사분할로 인하여 부동산에 관한 권리의 이전등기신청을 하는 경우 원칙적으로 등기원인을 증명하는 서면으로서 이전의 대상이 된 권리를 부동산의 표시, 접수연월일, 접수번호 등으로 구체적으로 특정하여 기재한 분할계획서를 첨부하여야 한다.
2. 다만, 갑 회사가 ○○ 사업부분을 분할하여 을 회사를 설립하면서 분할로 인하여 이전되는 근저당권에 대하여 "○○ 사업으로 인하여 발생한 계약관계와 그에 따른 권리·의무관계를 담보하기 위하여 설정된 근저당권"이라고 기재한 분할계획서를 작성한 경우, 위 분할계획서와 당해 등기신청의 대상이 되는 근저당권이 회사 분할로 인하여 이전되는 권리임을 소명하는 서면(갑 회사와 을 회사가 작성한 근저당권이전확인서 등)을 첨부하고 근저당권이전등기 신청을 할 수 있다.

(2010. 12. 2. 부동산등기과-2275 질의회답)

분할하는 회사로부터 분할로 설립되는 회사로의 부동산물권의 이전

제정 1999. 7. 7. [등기선례 제6-230호, 시행]

갑 회사가 그 일부를 분할하여 을 회사를 설립하는 경우, 분할계획서에 분할로 인하여 이전할 재산으로 기재된 부동산에 관한 물권은 분할의 효력이 발생한 때에 을 회사에 승계되는 것이므로, 을은 등기 없이도 그 부동산에 관한 물권을 취득하게 된다.
(1999. 7. 7. 등기 3402-696 질의회답)

회사 분할의 경우 근저당권이전등기 등

제정 2005. 7. 22. [등기선례 제200507-3호, 시행]

1. 갑 회사가 그 일부를 분할하여 을 회사를 설립한 경우, 분할로 인하여 설립되는 을 회사는 분할계획서가 정하는 바에 따라서 분할되는 갑 회사의 권리와 의무를 포괄적으로 승계하는바(상법 제530조의10), 분할계약서에 분할로 인하여 설립되는 회사에 이전될 재산으로 기재된 근저당권에 대하여는 근저당권이전등기를 거치지 아니하고서도 그 권리행사를 할 수 있으나, 분할 후 그 근저당권에 대하여 말소원인이 발생하거나 양도 기타의 처분행위를 하기 위해서는 분할을 원인으로 한 근저당권이전등기를 마쳐야만 그에 따른 등기를 할 수 있다.

2. 분할로 인한 근저당권이전등기를 신청함에 있어서 채무자 또는 근저당권설정자에 대한 통지는 그 요건이 아니며, 또한 이전된 근저당권등기에 대하여 말소등기를 할 경우의 등기의무자는 분할로 인하여 신설된 을 회사가 된다.
(2005. 7. 22. 부동산등기과-1001 질의회답)

회사가 수차 분할된 경우 최초 분할 전 회사로부터 최후 분할된 회사로 바로 근저당권이전등기를 신청할 수 있는지 여부(적극)

제정 2016. 9. 1. [등기선례 제201609-1호, 시행]

회사가 분할된 경우 분할에 의하여 설립되는 회사는 분할회사의 권리와 의무를 분할계획서에서 정하는 바에 따라 승계하므로, 회사가 수차 분할된 경우에도 순차로 작성된 각 분할계획서에 근저당권이 분할에 의하여 설립되는 회사에 이전될 재산임이 각각 기재되어 있다면 최초 분할회사로부터 최후 분할에 의하여 설립된 회사로 바로 근저당권이전등기를 신청할 수 있다.
(2016. 9. 1. 부동산등기과-1925 질의회답)

자기주식

(1) 자기주식과 분할신주배정

인적분할 시 분할회사에 자기주식이 있는 경우 동 자기주식에 대하여도 분할신주를 배정할 것인가에 대한 문제가 발생할 수 있는데 법률상 명시적으로 금지[46]하고 있지 않으므로 실무적으로는 신주배정이 이루어지고 있다.

한편, 분할회사 보유 자기주식에 대한 분할신주배정은 인적분할을 통한 지주회사 전환 시에 의미가 있는데 분할 전 의결권이 없는 분할회사 자기주식은 분할 후에는 분할회사가 보유하는 분할신설회사 지분으로 전환되어 의결권이 부활하기 때문이다. 이는 향후 지주회사 전환 후 지주회사의 행위제한 요건 중 하나인 자회사에 대한 지분율 요건[47]을 비교적 용이하게 충족하게 할 뿐만 아니라 지배주주의 분할신설회사에 대한 지배력도 강화되는 효과[48]가 있다.

46) 분할 시 자기주식에 대하여 분할신주배정을 제한하는 내용의 법안이 국회에 계류 중에 있다.
47) 지주회사는 자회사에 대한 지분율을 상장사 30%, 비상장사 50% 이상 보유하여야 한다(공정거래법 §18 ② 2호).
48) 지배주주의 분할회사를 통한 사업회사(분할신설회사) 지배력이 강화된다.

| 자기주식에 대한 분할신주배정 |

구분	분할 전(A)	분할 후(분할비율 0.9)	
		분할회사(A)	분할신설회사(B)
주주 甲	30	3	27
기타주주	60	6	54
자기주식	10	1	9*
합계	100	10	90

* 분할회사 보유 자기주식에 분할신주를 배정하게 되면 분할회사보유 자기주식(10주)은 분할비율을 반영하여 분할신설회사주식(B주식) 9주로 전환된다. 즉, 분할 전 자기주식비율인 10%(10/100)는 분할회사의 분할신설회사에 대한 지분율로 전환된다.

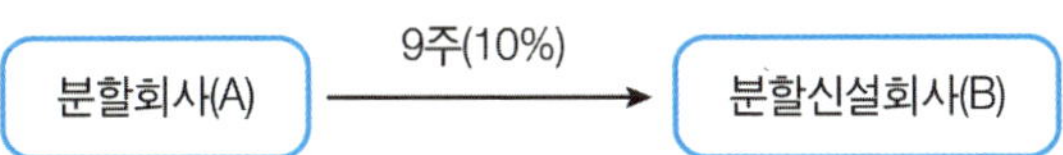

해당 지분율은 분할회사(A)가 향후 지주회사로 전환 시 지주사 행위제한 요건을 용이하게 하며 분할회사(A) 지배주주의 분할신설회사(B)에 대한 (간접)지배력을 높이는 효과도 있다.

DART 자기주식에 대한 분할신주 배정

공 시	분할회사 및 분할신설회사 감사보고서

(분할 전)

㈜ A사		
주주명	주식수	지분율
갑	24,335,507	16%
을	10,798,251	7%
병	8,817,786	6%
정	5,431,802	4%
무	4,082,693	3%
자기주식	7,000,000	5%
기타	91,723,890	60%
합계	152,189,929	100%

(분할 후, 분할비율 : 0.8139505)

㈜ A사			㈜ B사		
주주명	주식수	지분율	주주명	주식수	지분율
갑	4,527,609	16%	갑	19,807,898	16%
을	2,009,009	7%	을	8,789,242	7%
병	1,640,545	6%	병	7,177,241	6%
정	1,010,584	4%	정	4,421,218	4%
무	759,583	3%	무	3,323,110	3%
자기주식	1,302,347	5%	㈜A사	5,697,654	5%
기타	17,065,184	60%	기타	74,658,706	60%
합계	28,314,860	100%	합계	123,875,069	100%

설 명	

분할 전 자기주식 5%는 분할 후 분할회사(A)의 분할신설회사(B)에 대한 지분이 되었다(이는 분할비율과는 관계가 없다). 더불어 자기주식의 의결권이 부활됨에 따라 분할신설회사 주주의 의결권이 분할 전 회사의 자기주식비율만큼 희석되는 효과가 발생하게 된다.

(2) 자기주식의 이전

분할회사가 자기주식을 보유한 상태에서 동 자기주식을 분할대상사업부문에 포함하여 분할신설회사로 이전하는 경우 동 자기주식은 분할 후 분할신설회사가 보유하는 분할회사 지분으로 전환된다.[49] 또한, 동 자기주식에 대하여 분할신주를 배정하게 되면 분할신설회사의 자기주식이 된다.

DART	자기주식의 분할대상사업부문 포함
공 시	주요사항보고서

(7) 자기주식 관련 사항

분할되는 회사는 자기주식을 10.28%(8,120,000주) 보유하고 있는바, 본 건 분할 후 분할신설회사 ㈜○○홀딩스(가칭)는 분할 전 자기주식(분할신주 포함)을 승계받음으로써 분할존속회사인 ㈜△△의 주식과 ㈜○○홀딩스(가칭)의 자기주식을 각각 10.28%만큼 보유하게 됩니다.

49) 상기 분할회사가 자기주식을 보유한 상태에서 신주배정을 하는 경우와는 지분보유 방향이 반대가 된다.

설 명	

① 분할신설회사(㈜○○홀딩스)는 분할회사의 자기주식을 승계받아 분할회사 주식을 보유하게 된다.
② 상기 승계받은 분할회사 주식에 대하여도 분할신주를 배정하여 분할신설회사(㈜○○홀딩스)는 자기주식을 보유하게 된다.

이에 분할신설회사는 분할존속회사와 자기주식을 분할 전 자기주식비율인 10.28%만큼 각각 보유하게 된다. 동 사례는 분할신설회사가 지주회사가 되며 분할회사를 공정거래법상 자회사로 편입할 예정이었으므로 자회사에 대한 지분율 요건을 용이하게 충족하기 위하여 지주회사가 될 분할신설회사에 자기주식을 이전하였다.

3 회계

분할 회계검토에 있어 핵심은 분할비율 산정을 위하여 분할대상 사업부문의 순자산가액을 확정하는 것과 해당 분할에 부합하는[50]기준서에 따라 분할회계처리를 하는 것이다.

분할비율은 분할대상 사업부문에 해당하는 자산・부채를 귀속 및 배분하여 순자산가액을 확정하여 산정한다. 한편, 분할비율은 주주들에게 있어 중요한 이해관계에 해당되는데 이는 분할비율에 따라 분할회사 및 분할신설회사 주식수가 결정되기 때문이다.

일반기업회계기준서상 분할은 '동일지배거래' 기준서에 따라 장부금액법으로 회계처리하나 한국채택국제회계기준은 인적분할과 관련된 해석서 '소유주에 대한 비현금 자산의 분배'를 제외하고는 분할회계처리 및 동일지배거래[51]에 대한 명시적인 기준을 제시하고 있지 않으므로[52] 회사의 경영진은 회계정보이용자들의 의사결정에 좀 더 목적적합한 회계정책을 개발[53]하여 일관성 있게 적용하는 것이 가능할 것이다.

더불어 분할대상사업부문의 구분표시와 관련하여 일반기업회계기준서 제28장 '중단사업'

50) 적용기준서에 따라 회계처리가 달라지기 때문이다.
51) 동일지배거래에 대한 자세한 내용은 제1장 합병부문을 참조하기 바란다.
52) 국제회계기준위원회는 동일지배거래 회계처리에 대한 기준 제정 초기 단계로 토론서를 발표한 상태이며(20년 11월), 해당 토론서에서는 원칙적으로 동일지배거래 기준서상 기준인 장부금액법이 아닌 취득법 적용을 제안하고 있다(사업을 이전받는 기업에 비지배주주가 있는 경우 공정가치법을 적용하되, 해당기업을 지배주주가 100% 보유하는 예외적인 경우 등에는 장부금액법을 적용함).
53) K-IFRS §1008 10~12

및 한국채택국제회계기준 제1105호 '매각예정비유동자산과 중단영업' 기준서도 추가로 검토하여야 한다.

| 분할회계처리 검토 및 목차 |

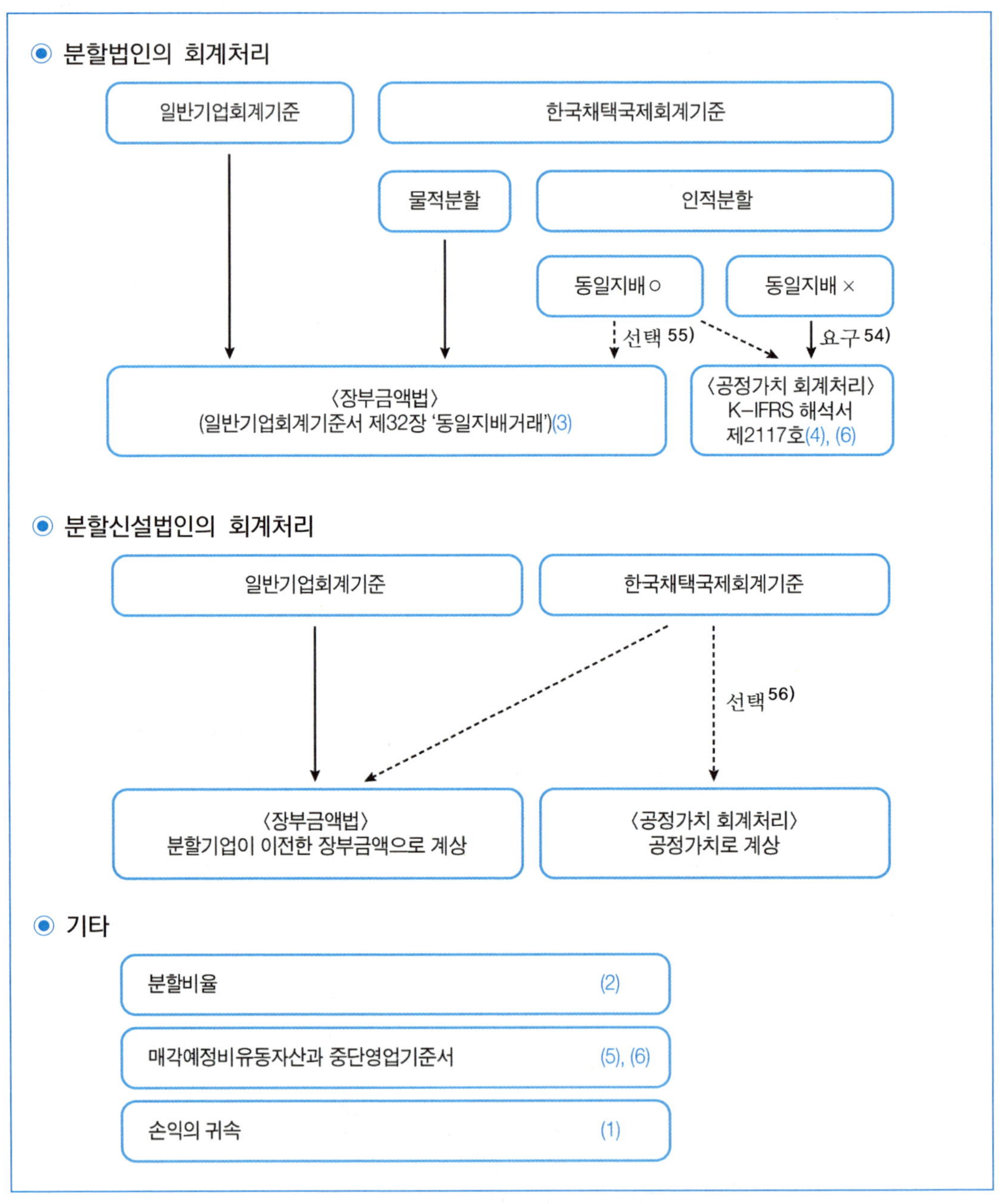

54) 동일지배거래가 아닌 분할로 K-IFRS 해석서 제2117호의 적용범위에 해당된다면 해당 해석서상 회계처리가

(1) 손익의 귀속

분할회사의 분할기일이 속한 회계연도 손익은 분할기일[57]을 기준으로 달라진다. 분할기일을 기준으로 분할사업부문의 분할 전의 손익은 분할회사로, 분할 후의 손익은 분할신설회사로 귀속된다. 따라서 계절적 요인이 있는 업종을 영위하는 분할사업부문인 경우에는 분할시점에 따라 분할회사 및 분할신설회사의 분할회계연도 손익은 크게 변동될 수 있다.

| 분할사업부문 손익의 귀속 |

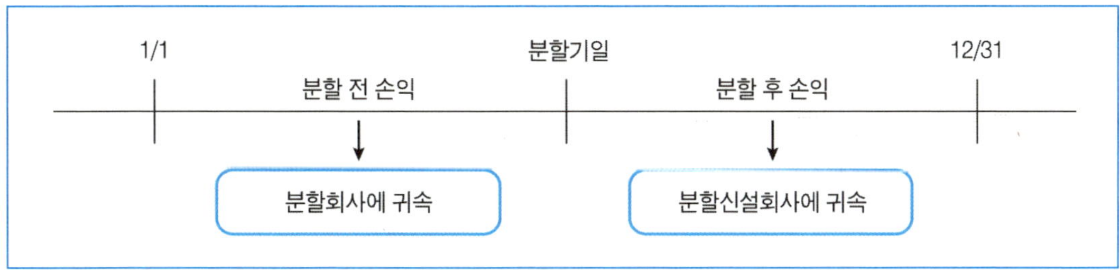

(2) 분할비율[58]

1) 의의

분할비율은 분할회사 주식 1주에 대하여 배정[59]할 분할신설회사 주식수를 의미한다. 만약 분할비율이 0.7이라면 분할회사 100주를 보유하고 있는 주주는 분할신설회사 주식 70주를 배정받게 되며 기존 분할회사 주식 100주는 30주(1－분할비율)로 병합된다.

한편 분할신설회사 교부주식수는 분할비율에 따라 결정되므로 사업회사의 분할등에 있어서 분할비율은 주주들에게 중요한 이해관계에 해당된다. 즉, 분할비율은 분할당시의 순자산장부가

요구된다.

55) K－IFRS 해석서 제2117호는 동일지배인 경우에는 적용하지 않는다고 언급하고 있으나 그렇다고 하여 동일지배인 경우에는 장부금액법에 따른 회계처리가 요구되는 것으로 보이지는 않는다. 따라서 회사의 경영진은 회계정보이용자들의 의사결정에 좀 더 목적적합한 회계정책을 선택하는 것이 적절할 것이다.

56) K－IFRS상 명시적인 규정이 없으므로 회사의 경영진은 회계정보이용자 관점에서 그들의 의사결정에 좀 더 목적적합한 회계정책을 선택할 수 있을 것이다. 예를 들면, 분할신설회사 개별재무제표에 대한 이용자들의 정보요구가 크다면 취득법을, 경제적 실질에 변화가 없는 단순한 조직변경에 해당된다면 장부금액법을 선택할 수 있을 것이다.

57) 분할기일과 분할등기일은 며칠 차이가 발생할 수 있으나, 회계상 기준일은 분할기일이다.

58) 물적분할 시에는 분할신설회사 주식은 모두 분할존속회사에 배정되므로 분할비율은 개념상 발생하지 않는다.

59) 일반적으로 분할신설회사의 액면가는 분할회사 액면가와 일치시키므로 분할비율은 배정비율과 동일하게 된다. 한편, 분할회사와 분할신설회사의 주식액면가액이 다른 경우에는 액면가액 비율을 추가로 고려하여야 한다.

액을 기준으로 산정되므로 해당 분할사업부문의 가치를 반영하고 있지 않다[60]는 점은 지배주주를 포함한 주주들에게 시사점이 있다고 할 것이다.

| 분할 및 배정비율 |

배정비율= 분할비율 × 주당액면가액 비율(분할회사 액면가/분할신설회사 액면가)

| 분할비율과 교부주식수 예시(분할비율 = 0.7) |

① 분할회사

구분	분할 전			분할 후		
	주식수	액면가	자본금	주식수	액면가	자본금
주주 갑	30	5,000	150,000	9	5,000	45,000
주주 을	20	5,000	100,000	6	5,000	30,000
합계	50	5,000	250,000	15	5,000	75,000

② 분할신설회사

구분	분할 후					
	액면가 5,000원으로 동일한 경우			액면가 500원인 경우		
	주식수	액면가	자본금	주식수(*)	액면가	자본금
주주 갑	21	5,000	105,000	210	500	105,000
주주 을	14	5,000	70,000	140	500	70,000
합계	35	5,000	175,000	350(*)	500	175,000

(*) 분할회사 주식수 × 분할비율 × 액면가 비율(분할회사 액면가/분할신설회사 액면가)
=50 × 0.7 × (5,000/500)

2) 산정방법

분할비율의 산정방법은 정해진 바가 없으나 실무상 순자산가액비율[61]을 사용하고 있다. 분할 전 회사의 순자산에서 분할대상사업부문의 순자산이 차지하는 비율로 산정하며 자기주식이 있는 경우에는 자산으로 보아 순자산에 가산하여 산정한다.

60) ROE만 큰 사업부문이 분할사업부문인 경우 분할 전 이익의 상당부분이 해당 분할사업부문에서 발생하지만 순자산가액을 기준으로 하는 분할비율은 작을 수 있다.
61) 거래소 업무규정상 분할 후 재상장 기준가격 결정 시 주주총회에서 결의한 분할비율을 사용하는데 해당 분할비율은 순자산가액을 기준으로 산정됨을 상정하고 있다.

| 분할비율의 산정방법 |

$$\frac{\text{분할대상사업부문의 순자산} + (② \text{ 자기주식})}{\text{분할회사의 순자산} + (① \text{ 자기주식})} = \text{분할비율}$$

① 분할회사의 지기주식은 분할회사의 자산으로 보아 분모에 가산
② 분할회사의 자기주식을 분할대상사업부문에 포함하여 이전하는 경우 분모뿐만 아니라 분자에도 가산

3) 순자산 장부가액

분할대상사업부문의 순자산 장부가액은 분할대상자산에서 분할대상부채를 차감하여 산정한다. 분할대상사업부문에 직접 귀속되는 항목은 직접 귀속시키고, 귀속되지 않는 항목은 경영진이 판단한 배부기준에 따라 배부한다.

| 사업부문 배부기준 예시[62) |

구분	배부기준
현금및현금성자산	사업부문별로 귀속 가능한 것은 직접 귀속 후 향후 자금소요계획[63) 등에 따라 배부
차입금	직접 추적되는 차입금(예 유산스, 담보부차입금 등)은 사업부문별로 귀속시키되 공동부문의 경우는 배부기준에 따라 배부
기타자산 · 부채	직접 추적되는 사업부문별로 귀속시키되 공동부문의 경우에는 배부기준에 따라 배부
순확정급여채무	인원 분할계획에 따라 귀속 및 배부
당기법인세부채 등	귀속 및 배분된 자산 · 부채의 발생원천에 따라 귀속 및 배부

4) 시기

분할비율 산정기준일 역시 분할비율 산정방법과 마찬가지로 달리 정해진 바는 없으나 분할이사회에서 승인할 분할계획서에는 주식배정에 관한 사항이 포함되어야 하므로 분할승인 이사회일에 근접한 결산 재무제표[64)를 기준으로 산정한다. 한편, 분할대상사업부문 자산 · 부채

62) 지주회사 설립을 위한 인적분할의 경우 지주회사는 현금과 투자자산 등을, 사업회사는 매출채권, 유형자산, 재고자산 등과 같은 영업용자산을 귀속시킨다.
63) 분할존속회사를 지주회사로 하는 인적분할을 추진시에는 지주회사 성립요건인 총자산 중 지배목적보유회사지분 합계 비중 50% 요건 충족 등을 위한 향후 차입금 상환 등 지주회사 성립요건 충족을 위한 자금소요계획도 함께 고려하여야 한다.
64) 중간재무보고(분 · 반기)재무제표를 포함한다.

는 분할기일에 분할회사에서 제거되므로 분할계획서상 분할비율은 분할기일 현재 순자산 장부가액비율과는 일치하지 않을 수 있다.[65)]

(3) 장부금액법

1) 의의

장부금액법은 분할을 경제적 실질의 변화가 없는 거래로 보아 손익을 인식하지 않는 회계처리를 한다. 한편, 일반기업회계기준서상 장부금액법에 대한 결론도출근거는 다음과 같다.

| 일반기업회계기준서상 장부금액법에 대한 결론도출근거[66)] |

과거 분할에 관한 회계처리는 분할을 물적분할과 인적분할로 구분하여 물적분할의 경우 공정가치법, 인적분할의 경우 분할신설기업이 주식을 발행하여 주주에게 지분율에 비례하여 배분하는 경우는 장부금액법으로 회계처리하도록 요구하였었다. 그러나 한국채택국제회계기준에서는 동일지배 분할의 회계처리에 대한 기준을 명시적으로 제공하고 있지 않음에 따라 한국채택국제회계기준을 적용하는 기업들은 동일지배 분할 회계처리에 대하여 거의 대부분 장부금액법을 사용하고 있다.

회계기준위원회는 경제적 실체의 변화가 없는 거래인 물적분할과 불비례적 인적분할을 공정가치로 회계처리하도록 요구하면, 동일하게 경제적 실체의 변화가 없는 거래인 비례적 인적분할의 회계처리 규정과 일관되지 않는다는 점에 주목하였다. 또한, 이러한 공정가치 회계처리가 한국채택국제회계기준을 적용하는 기업들의 대부분이 적용하는 장부금액법과 상이하여 일반기업회계기준을 적용하는 기업의 실무상 부담을 가중시킬 수 있다고 보았다. 회계기준위원회는 이를 해소하기 위해 분할의 법적 형식(물적분할, 인적분할)에 따라 회계처리를 달리하지 않기로 하였다. 즉, 기업이 자신의 사업 전부나 일부 사업을 분할하여 새로운 기업에게 이전할 때 자신의 장부금액으로 이전하도록 하였으며, 새로운 기업에게는 이전받은 사업을 분할한 기업의 장부금액으로 인식하도록 하였다.

2) 회계처리[67)]

기업은 자신의 사업 전부나 일부 사업을 분할하여 새로운 기업에 이전할 때 자신의 장부금액으로 이전한다. 새로운 기업은 이전받은 사업에 대하여 분할한 기업의 장부금액으로 인식하고,

---

65) 분할기일 현재 자산・부채(계약에 대한 권리・의무를 포함)의 확정은 분할비율 산정 시 정한 기준에 따라 분할사업부문에 귀속 및 배부한다.
66) KFAS §32 결32.21-22
67) KFAS §32. 15,16

이전대가로 발행한 주식의 액면금액과의 차이는 적절한 자본 항목으로 반영한다.

기업이 분할대가로 새로운 기업이 발행한 주식의 총수를 수령하여 자신의 주주에게 배분하는 경우 감자의 회계처리[68]를 준용한다.

| 분할회계처리(장부금액법) |

<table>
<tr><th>구분</th><th colspan="2">내용</th></tr>
<tr><td rowspan="4">분할
회사</td><td colspan="2">• 분할로 이전할 자산·부채를 장부금액으로 이전</td></tr>
<tr><td>인적분할</td><td>물적분할</td></tr>
<tr><td>순자산감소액과 액면금액 차액은?</td><td>분할신설회사 주식의 취득가액은?</td></tr>
<tr><td>• 순자산감소액 〈 액면금액 : 감자차익
• 순자산감소액 〉 액면금액 : 감자차손[69]</td><td>• 분할대상사업부문 순자산 장부가액</td></tr>
<tr><td rowspan="2">분할
신설
회사</td><td colspan="2">• 분할회사가 이전한 장부금액으로 자산·부채를 인식</td></tr>
<tr><td colspan="2">• 발행한 주식의 액면가액과 이전받은 순자산 장부금액과의 차액은 주식발행초과금 등으로 반영</td></tr>
</table>

3) 회계처리 예시

<table>
<tr><th colspan="6">분할 전 대차대조표(B사업부를 분할)</th></tr>
<tr><th>구분</th><th>A사업부</th><th>B사업부</th><th>구분</th><th>A사업부</th><th>B사업부</th></tr>
<tr><td rowspan="3">자산</td><td rowspan="3">40</td><td rowspan="3">60</td><td>부채</td><td>25</td><td>25</td></tr>
<tr><td>자본금</td><td colspan="2">40</td></tr>
<tr><td>이익잉여금</td><td colspan="2">10</td></tr>
<tr><td>합계</td><td colspan="2">100</td><td>합계</td><td colspan="2">100</td></tr>
</table>

(분할비율)

A사업부 순자산 : B사업부 순자산 = (40 − 25) : (60 − 25) = 0.3 : 0.7

68) KFAS §15. 15.13

69) 감자차익의 범위 내에서 상계처리하고 미상계된 잔액이 있는 경우에 자본조정의 감자차손으로 회계처리한다. 이 경우 이익잉여금(결손금) 처분(처리)으로 상각되지 않은 감자차손은 향후 발생하는 감자차익과 우선적으로 상계한다. 다만, 법령 등에 따라 승계가 허용된 이익준비금 또는 기타 법정준비금을 분할신설기업에 이전한 경우 동일 유형별로, 즉 자본잉여금을 이전한 경우에는 기타자본잉여금으로, 이익준비금을 이전한 경우에는 이익잉여금으로 대체한다.

(분할회계처리)

분할회사(인적분할)			
차변		대변	
부채	25	자산	60
자본금	28		
감자차손	7		

분할회사(물적분할)			
차변		대변	
부채	25	자산	60
B주식	35		

분할신설회사			
차변		대변	
자산	60	부채	25
		자본금	28
		주발초	7

4) DART 사례

① 인적분할

DART 인적분할 시 회계처리(일반기업회계기준)

공 시	분할회사 및 분할신설회사 감사보고서

① 분할회사

(분할 관련 주석)

1) 분할회계처리

인적분할 결과 감소하는 순자산 장부금액이 회사의 자본금을 초과하는 차액은 감자차손으로 처리하였습니다.

2) 분할 후의 발행주식의 총수 (단위 : 원, 주)

구분	종류	분할 전	분할 후
발행할 주식의 총수	보통주	935,000	935,000
발행주식수	보통주	535,000	10,062
1주의 금액	–	10,000	10,000
자본금	–	5,350,000,000	100,620,000

3) 분할신설회사로 이전되는 자산 및 부채의 가액 (단위 : 천 원)

구분	2019년 2월 1일
	분할신설회사
유동자산	182,288,678
비유동사산	58,125,609
자산 총계	240,414,287
유동부채	122,302,222
부채 총계	122,302,222
순자산 금액	118,112,066

분할신설법인으로 이전된 자산 및 부채가액은 회사의 2018년 12월 5일 자 주주총회의 승인을 받은 분할계획서상에 첨부된 승계대상 재산목록의 2019년 2월 1일 분할기일의 최종 재산가액입니다.

(자본변농표 발췌) (단위 : 원)

과목	자본금	자본조정	총계
인적분할	(5,249,380,000)	(112,862,686,391)	(118,112,066,391)

② 분할신설회사

(분할 관련 주석)

(1) 분할회사 및 분할신설회사

회사는 상법 제530조의2 내지 제530조의11이 정하는 바에 따라 2018년 12월 5일 주주총회 결의에 의하여 분할 전 회사인 ○○주식회사에서 2019년 2월 1일 기준일로 하여 인적분할되어 설립되었습니다. 회사는 인적분할을 통해 이전받은 자산과 부채를 장부금액으로 계상하고, 자본잉여금으로 계상하였습니다.

(2) 분할 관련 일반내용

② 분할신설회사로 인수된 자산 및 부채의 가액

당기 중 분할을 통해 분할신설회사가 인수한 자산과 부채의 내역은 다음과 같습니다.

구분	금액(단위 : 천 원)
유동자산	182,288,678
비유동자산	58,125,609
자산 총계	240,414,287
유동부채	122,302,222
부채 총계	122,302,222
순자산 금액	118,112,066

(자본변동표 발췌)

(단위 : 원)

과목	자본금	자본조정	총계
설립	5,249,380,000	112,862,686,391	118,112,066,391

설 명	

분할회사

분할회사의 분할회계처리는 다음과 같다.

(단위 : 천 원)

차변		대변		(*)
부채	122,302,222	자산	240,414,287	(*1)
자본금	5,249,380			(*2)
감자차손	112,862,685			

(*1) 분할계획서상 승계대상에 해당하는 자산·부채의 분할기일 현재 장부가액을 이전한다.
(*2) 감소하는 주식수에 해당하는 액면금액을 제외한 차액은 감자차손으로 계상한다.

분할신설회사

분할신설회사의 회계처리는 다음과 같다.

(단위 : 천 원)

차변		대변		(*)
자산	240,414,287	부채	122,302,222	(*1)
		자본금	5,249,380	(*2)
		주식발행초과금	112,862,685	

(*1) 상기 분할회사가 이전한 자산·부채를 장부금액으로 승계한다.
(*2) 분할신설회사의 자본금을 먼저 계상 후 잔여액은 주식발행초과금으로 계상한다.

② 물적분할

DART	물적분할 시 회계처리(일반기업회계기준)
공 시	분할회사 및 분할신설회사 감사보고서

① 분할회사

(분할 관련 주석)

24. 물적분할 당사는 2017년 12월 19일에 임시주주총회 결의를 통하여 2017년 12월 20일을 분할기일로 하여 물적분할하였습니다.

(1) 분할개요 당사는 2017년 12월 21일 상법 제530조의2 내지 제530조의12 규정이 정하는 바에 따라 물적분할을 통해 주식회사 ○○(이하 "분할신설법인")을 설립하였습니다. 당사는 분할신설법인에 이전되는 사업을 제외한 모든 기존사업을 영위하고, 분할신설법인은 ○○를 주된 사업으로 영위하게 되었습니다.

(2) 분할로 인해 분할신설법인으로 이전된 자산 및 부채 내역은 다음과 같습니다.

구분	주식회사 ○○(단위 : 원)
유동자산	7,769,300,609
비유동자산	60,167,139,705
자산 총계	67,936,440,314
유동부채	1,422,511,894
부채 총계	1,422,511,894
순자산 금액	66,513,928,420

(3) 분할회계처리 요약

이전되는 자산 및 부채는 장부금액으로 분할신설법인으로 이전되었으며, 순자산금액을 지분법적용투자주식으로 인식하였습니다.

(지분법적용투자주식 주석)

② 종목별 지분법 평가내역은 다음과 같습니다. (단위 : 천 원)

회사명	기초(분할기일)	지분법이익	기말평가액
주식회사 ○○	66,513,928	(188,239)	66,325,689

(자본변동표 발췌)

과목	자본잉여금	기타포괄손익누계액	총계
동일지배하의 거래	20,513,614,446	(20,513,614,446)	-

② 분할신설회사

18. 물적분할 당사는 주식회사 △△로부터 물적분할되어 2017년 12월 21일 분할신설법인인 주식회사 ○○로 설립등기되었습니다.

(1) 모회사인 주식회사 △△로부터 2017년 12월 21일 상법 제530조의2 내지 제530조의12 규정이 정하는 바에 따라 물적분할을 통해 당사를 설립하였으며, 당사는 ○○를 주된 사업으로 영위하게 되었습니다.

(2) 분할로 인해 당사에 이전된 자산 및 부채 내역은 다음과 같습니다.

구분	금액(단위 : 원)
유동자산	7,769,300,609
비유동자산	60,167,139,705
자산 총계	67,936,440,314
유동부채	1,422,511,894
부채 총계	1,422,511,894
순자산 금액	66,513,928,420

(3) 분할회계처리 요약 당사는 물적분할을 통해 이전받은 자산과 부채에 대하여 분할존속기업의 분할 전 장부금액으로 인식하고, 이전대가로 발행한 주식의 액면금액과의 차이는 주식발행초과금으로 인식하였습니다.

설 명

분할회사

분할회사의 분할회계처리는 다음과 같다.

차변		대변		(*)
부채	1,422,511,894	자산	67,936,440,314	(*1)
지분법적용투자주식	66,513,928,420			
기타포괄손익누계액	20,513,614,446	기타자본잉여금	20,513,614,446	(*2)

(*1) 분할사업부문의 자산·부채를 제거하고 순자산 장부가액을 지분법적용투자주식으로 대체하였다.
(*2) 분할신설회사로 이전하는 자산과 관련된 기타포괄손익누계액(본 사례에서는 유형자산평가이익)을 함께 제거하고 동액을 기타자본으로 계상하였다.

분할신설회사

분할신설회사의 회계처리는 다음과 같다.

차변		대변		(*)
자산	67,936,440,314	부채	1,422,511,894	(*1)
		기타포괄손익누계액	20,513,614,446	
		자본금	600,000,000	(*2)
		주식발행초과금	45,400,313,974	

(*1) 상기 분할회사 이전한 자산·부채를 장부금액으로 승계하며, 이전받은 자산과 관련된 기타포괄손익누계액도 함께 승계한다.
(*2) 분할신설회사의 자본금을 먼저 계상 후 잔여액은 모두 주식발행초과금으로 계상한다.

(4) 소유주에 대한 비현금자산의 분배('K-IFRS 해석서 제2117호')

1) 의의

동 해석서에 따르면 분할은 분할회사의 순자산과 주식을 교환하는 거래로 그 교환대상이 서로 상이하므로 손익을 인식하는 회계처리를 하여야 한다.

2) 적용범위

소유주로서의 자격을 행사하는 소유주에 대한 자산의 무상분배[70]이면서 동종의 지분상품을 갖고 있는 모든 소유주가 동등하게 취급되는 분배[71]에만 적용하며, 비현금자산의 분배 전·후에 그 자산이 궁극적으로 동일한 당사자 또는 당사자들에 의해 통제받는 경우의 분배에는 동 해석서가 요구되지 않는다.

3) 회계처리

기업은 분배를 선언[72]하고 소유주에게 관련 자산을 분배할 의무를 부담할 때 미지급배당금을 부채로 인식하여야 한다.

70) 기준서상 무상분배는 다음의 형태이다.
(1) 비현금자산(예 유형자산 항목, 기업회계기준서 제1103호에서 정의된 사업, 다른 기업에 대한 소유지분 또는 기업회계기준서 제1105호에서 정의된 처분자산집단)의 분배
(2) 비현금자산을 받거나 현금을 받을 수 있는 선택권을 소유주에게 부여하는 분배
71) 주주 간 분배가 불비례적이라면 무상분배라고 하더라도 주주 간에 대가성이 있는 것이므로 동 해석서 적용범위에 해당되지 않는다.
72) 분할에 있어서 분할승인주주총회가 될 것이다.

| 미지급배당금에 대한 회계처리 |

'미지급배당금을'	결론
언제 인식하는가?	(1) 승인이 요구되는 국가의 경우(예를 들어, 경영진이나 이사회에 의한) 배당의 선언이(예를 들어, 주주) 관련 기관에 의해 승인된 때 (2) 추가적으로 승인이 요구되지 않는 국가의 경우(예를 들어, 경영진이나 이사회에 의한) 배당이 선언된 때
어떻게 측정하는가?	• 소유주에게 배당으로 비현금자산을 분배해야 하는 부채는 분배될 자산의 공정가치로 측정 • 각 보고기간 말과 결제일에, 기업은 미지급배당의 장부금액을 검토하고 조정한다. 이 경우 미지급배당의 장부금액 변동은 분배금액에 대한 조정으로 자본에서 인식한다.
결제 시 분배된 자산장부가액과 미지급배당금 장부가액 차액은 어떻게 처리하는가?	• 당기손익으로 인식

(5) 매각예정비유동자산과 중단영업

1) 일반기업회계기준[73)]

해당 분할이 일반기업회계기준서 제28장 '중단사업'의 요건을 모두 충족한다면 분할기업은 분할 관련 손익을 중단사업손익으로 구분표시하여야 한다.

① 인적분할

기업의 일부를 인적분할 방식으로 처분하면서 그 밖의 중단사업의 조건을 모두 충족한다면 사업의 중단과 관련된 처분으로 보아 중단사업 회계처리 기준서를 적용한다.

② 물적분할

물적분할의 경우에는 분할신설기업 주식의 보유 또는 매각과 관련된 일련의 계획을 고려하여 판단하여야 한다. 기업의 일부를 처분하기 위하여 물적분할을 실시하고 분할신설기업의 주식을 매각할 계획인 경우 물적분할 및 주식매각이 '사업의 중단을 목표로 수립된 단일계획'에 포함되어 주식의 처분예정시기가 최초공시사건일로부터 1년 내이고 그 밖의 중단사업의 조건을 모두 충족한다면 사업의 중단으로 보아 중단사업 회계처리 기준서를 적용한다.

73) KFAS §28 실9, 10

반면, 기업의 일부를 물적분할하고 분할신설기업의 주식을 계속 보유할 계획인 경우에는 개별재무제표에서 물적분할을 사업의 중단과 관련된 처분으로 보지 아니한다.

| 분할과 중단사업 적용 요건 |

중단사업 요건	인적 분할	물적 분할
① 사업의 중단을 목표로 수립된 단일계획에 따라 기업의 일부를 일괄매각 방식 또는 기업분할방식으로 처분하거나, 해당 사업에 속한 자산과 부채를 분할하여 처분 또는 상환하거나 또는 사업 자체를 포기한다.	✓	✓
② 주요 사업별 또는 지역별 단위로 구분할 수 있다.	✓	✓
③ 경영관리와 재무보고 목적상 별도로 식별할 수 있다.	✓	✓
④ 기업의 일부를 처분하기 위하여 물적분할을 실시하고 분할신설기업의 주식을 매각할 계획인 경우 물적분할과 주식의 매각이 '사업의 중단을 목표로 수립된 단일계획'에 포함되어 주식의 처분예정시기가 최초공시사건일[74]로부터 1년 내인 경우	–	✓

※ 위의 3가지 요건을 모두 충족하는 경우 중단사업 회계처리를 하며, 물적분할의 경우에는 1년 내 처분조건까지 포함하여 4가지 요건을 모두 충족하는 경우 적용

2) 한국채택국제회계기준

① 인적분할

상기 해석서 제2117호 '소유주에 대한 비현금자산의 분배'를 적용하는 인적분할의 경우에는 기준서 제1105호 '매각예정비유동자산과 중단영업'에 따른 소유주에 대한 분배예정자산으로의 분류가 필요하다.[75] 더불어 기준서상 중단영업조건을 충족한다면 손익계산서상 구분표시한다.

| '소유주에 대한 분배예정자산'으로의 분류 |

요건	• 분배예정자산은 즉시 분배 가능해야 하고 그 가능성[76]이 매우 높아야 함 (분배 완료를 위한 조치는 이미 시작되어야 함). • 분류한 시점부터 1년 이내에 완료될 것으로 예상되어야 함.
분류시점	소유주에게 분배하기로 확약한 때(분할주주총회)
측정	분배부대원가 차감 후 공정가치와 장부금액 중 적은 금액으로 측정함.

74) 이사회승인일을 최초공시사건일로 보는 것이 타당함([GKQA07-034] 중단사업 해당 여부 및 최초공시사건의 판단).
75) 소유주에 대한 분배예정자산은 매각예정비유동자산 회계처리와 동일하게 처리한다.
76) 가능성은 분할에 있어 주주총회 승인이 될 것이다.

표시	분할대상사업부문 자산・부채를 각각 총액으로 분배예정자산집단 및 분배예정 자산・부채로 총액으로 표시함.
비교표시	비교표시되는 재무상태표는 수정하지 아니함.

|'중단영업'의 구분표시|

요건	• 이미 처분되었거나 매각예정으로 분류되는 기업의 구분단위여야 함. • 아래 중 하나에 해당되어야 함. - 별도의 주요 사업계열이나 영업지역이다. - 별도의 주요 사업계열이나 영업지역을 처분하려는 단일 계획의 일부이다. - 매각만을 목적으로 취득한 종속기업이다.
분류시점	상기 분배예정으로 분류를 충족한 시점(분할주주총회)
표시	분할사업부문 손익을 중단영업으로 구분표시
비교표시	비교표시되는 손익계산서를 재작성

② 물적분할

분할시점에 자회사 주식매각계획이 없고 모회사가 자회사 주식을 100% 보유하는 전형적인 물적분할[77]은 모기업의 별도재무제표상 매각예정자산 및 중단영업을 구분표시하지 않는 회계처리가 금융위원회 감독지침에 의하여 인정된다.

그러나 물적분할시점에 모회사가 자회사 주식을 처분할 계획이 있다면 미래현금흐름 및 기업특유가치에 유의적인 변동이 있는 것으로 해석되므로 구분하여 표시하여야 한다.

「기업 물적분할 시 모기업의 별도재무제표 회계처리기준 적용 관련 감독지침[78]」
분할시점에 자회사 주식 매각계획이 없고 모회사가 자회사 주식을 100% 보유하는 경우 별도재무제표에서도 상업적 실질이 없다고 보아 매각예정자산 및 중단영업을 구분 표시하지 않는 회계처리를 인정하고 있다.

77) 미래현금흐름 및 기업특유가치에 유의적인 변동이 없는 물적분할을 의미한다.
78) 금융위원회 보도자료(2019. 12. 17.)

(6) '소유주에 대한 비현금자산의 분배'와 '분배예정자산분류 및 중단영업' 예시

1) 회계처리 예시

◉ 예제

회사는 상기 기준서등을 충족하는 인적분할을 하였으며 분할사업부문의 순자산은 다음과 같음.

구분	장부금액	공정가치	순공정가치
① 이사회 승인일	100	150	140
② 주주총회 승인일	100	150	140
③ 결산기(12/31)	100	170	160
④ 분할기일	100	180	170

◉ 설명

구분	해석서 제2117호				기준서 제1105호			
	차변	금액	대변	금액	차변	금액	대변	금액
①	회계처리 없음.							
②	자본	150	미지급배당	150	분배예정자산	300	분할 제자산	300
					분할 제부채	200	분배예정부채	200
③	자본	20	미지급배당	20				
④	자본	10	미지급배당	10	분배예정부채	200	분배예정자산	300
					미지급배당	180	당기손익	80

① : 주주총회 승인 전이므로 회계처리하지 않는다.

②-1 : 주주총회 승인일에 분할대상사업부문의 공정가치를 미지급배당으로 인식한다.
(※ 분할대상사업부문의 공정가치계상을 위한 해당사업부문의 평가가 필요하다.)

②-2 : 분할대상사업부문의 자산·부채를 분배예정 자산·부채집단으로 분류하고 순공정가치와 장부금액 중 적은 금액으로 측정한다.

③ 미지급배당금 공정가치변동분은 결산기에 자본에 반영한다.
(주주총회 승인일과 분할기일까지는 일정기간이 소요되므로 그 기간 내에 분반기를 포함한 결산시점이 도래하게 될 수 있다. 동 기간 내 장부금액 변동은 자본으로 인식한다.)

④ 미지급배당금의 장부가액과 분배예정자산·부채집단 금액간의 차액은 당기손익으로 인식한다.
(※ 분배예정자산의 경우 장부금액과 순공정가치 중 적은 금액으로 측정하도록 되어 있으므로 공정가치로 평가한 미지급배당과의 차액(80원)은 항상 대변잔액, 즉 당기이익이 될 것이다.)

2) DART 사례

DART	인적분할 회계처리(한국채택국제회계기준)
공 시	분할회사 감사보고서

① 주주총회결의일과 분할기일 사이 보고기간이 있는 경우(반기보고서)

(재무상태표 발췌)

과목	반기 말	전기 말
자산		
I. 유동자산		
소유주에 대한 분배예정자산집단	1,388,652,594,768	-
부채		
I. 유동부채		
소유주에 대한 분배예정부채집단	572,671,127,489	-
미지급배당금	1,178,161,275,802	-

(손익계산서 발췌)

과목	반기 말(누적)	전기 말(누적)
XII. 계속영업손익	(1,948,637,228)	3,160,136,706
XIII. 중단영업이익	27,526,671,895	35,791,829,798
XIV. 반기순이익	25,578,034,667	38,951,966,504

(자본변동표 발췌)

과목	기타자본항목	총계
소유주분배예정자산집단 미지급배당금	(1,178,161,275,802)	(1,178,161,275,802)

설 명

상기 회사의 분할 관련 회계처리는 다음과 같다.

차변		대변	
분배예정자산집단	1,388,652,594,768	분할 제자산	1,388,652,594,768
분할 제부채	572,671,127,489	분배예정부채집단	572,671,127,489
기타자본	1,178,161,275,802	미지급배당금	1,178,161,275,802

분배예정자산・부채집단으로 대체한 순장부금액은 815,981백만 원이며 이를 공정가치로 평가한 1,178161백만 원을 미지급배당금으로 계상하였다. 한편, 분할대상 사업부문에서 발생한 손익을 중단영업으로 구분표시하였으며 전기 포괄손익계산서는 비교표시를 위하여 재작성하였다.

② 분할기일(기말보고서)

(분할 관련 주석)
동일한 종류의 지분상품을 갖고 있는 모든 소유주가 동등하게 취급되는 비현금성자산을 무상분배하는 경우, 회사는 분배를 선언하고 관련 자산・부채를 분배할 의무를 부담하는 시점에 미지급배당금을 공정가치로 측정하여 인식하고 있습니다. 이에 따라 회사는 독립적인 외부평가기관의 전문가적인 판단에 따른 추정치와 평가모형을 사용하여 산정한 금액을 기초로 분배대상 비현금자산의 공정가치를 결정하였습니다. 회사는 분배시점의 분배대상 비현금자산과 인식된 미지급배당금의 차이를 중단영업처분이익으로 인식하였습니다.

구분	금액(단위 : 천 원)
분할 사업부문 공정가치(A)	1,178,161,276
분할 사업부문 장부금액 등(B)	(815,981,467)
중단영업처분이익(A+B)	362,179,809

설 명

상기 회계처리는 다음과 같다.

차변		대변	
분배예정부채집단	572,671,127,489	분배예정자산집단	1,388,652,594,768
미지급배당금	1,178,161,275,802	중단영업처분이익	362,179,808,523

분배예정자산의 경우 장부금액과 순공정가치 중 적은 금액으로 측정하도록 되어 있으므로 공정가치로 평가한 미지급배당과의 차액은 항상 대변잔액, 즉 당기이익이다.

4 세무

분할 시 세무검토에 있어 가장 중요한 사항은 법인세법상 적격분할 여부를 판단하는 것이다. 적격분할이 아닌 경우[79]에는 추가적인 세부담[80]이 발생할 수 있으며 이는 분할 진행 여부에 관한 의사결정에도 영향을 미치는 사항이기 때문이다. 따라서 세법상 적격분할 여부 및 사후관리 계획은 분할 의사결정 시 함께 검토되어야 한다.

| 분할 시 세무상 검토사항 및 목차 |

<table>
<tr><td rowspan="23">인적분할</td><td rowspan="5">(1) 과세체계의 이해</td><td>1) 예시</td></tr>
<tr><td>2) 분할과세체계로 대입</td></tr>
<tr><td>3) 분할세무조정</td></tr>
<tr><td>4) 분할법인주주의 의제배당</td></tr>
<tr><td>5) 물적분할</td></tr>
<tr><td colspan="2">(2) 적격분할의 효과</td></tr>
<tr><td rowspan="2">(3) 적격분할의 요건</td><td>1) 적격분할 요건</td></tr>
<tr><td>2) 신청서의 제출</td></tr>
<tr><td rowspan="5">(4) 분할법인</td><td>1) 양도손익에 대한 법인세</td></tr>
<tr><td>2) 의제사업연도 법인세 신고</td></tr>
<tr><td>3) 증권거래세</td></tr>
<tr><td>4) 부당행위계산부인</td></tr>
<tr><td>5) 부가가치세</td></tr>
<tr><td rowspan="6">(5) 분할신설법인</td><td>1) 자산승계가액</td></tr>
<tr><td>2) 분할매수차손익</td></tr>
<tr><td>3) 승계</td></tr>
<tr><td>4) 취득세</td></tr>
<tr><td>5) 등록면허세</td></tr>
<tr><td>6) 중간예납</td></tr>
<tr><td rowspan="2">(6) 분할법인의 주주</td><td>1) 의제배당</td></tr>
<tr><td>2) 불공정분할합병에 의한 이익분여</td></tr>
</table>

79) 이하 세법상 적격분할이 아닌 분할을 '비적격분할'이라고 한다.
80) 분할법인의 양도차익, 분할법인 주주들의 의제배당, 지방세 등 추가적인 세부담이 발생한다.

	(7) 적격분할의 사후관리	1) 과세이연 중단사유 및 중단사유의 예외(부득이한 경우)
		2) 과세이연중단의 효과
(8) 물적분할		1) 분할법인의 주식취득가액 및 양도차익 등
		2) 과세이연의 사후관리
		3) 적격물적분할 후 적격구조조정
		4) 분할신설법인
(9) 지주회사 설립 및 전환 시 과세특례		1) 지주회사 설립 · 전환을 위한 주식현물출자 시 과세특례 요건
		2) 전환지주회사에 주식현물출자 시 과세특례 요건
		3) 간주취득세 감면

(1) 과세체계의 이해

1) 예시

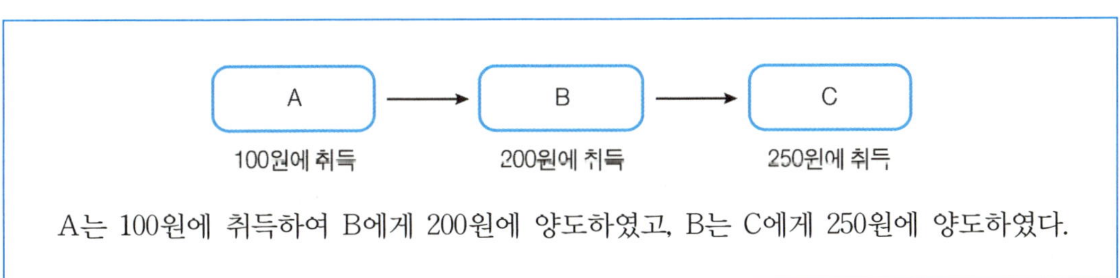

A는 100원에 취득하여 B에게 200원에 양도하였고, B는 C에게 250원에 양도하였다.

상기 거래에 있어서 양도손익을 구하면 다음과 같다.

CASE1

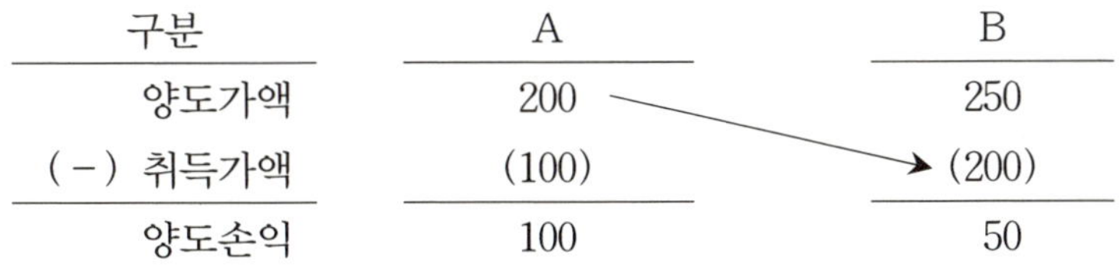

구분	A	B
양도가액	200	250
(−) 취득가액	(100)	(200)
양도손익	100	50

A의 양도손익 계산 시 취득가액으로 인정받아[81] 차감할 수 있는 가액은 A의 취득가액인 100원이며, B의 양도손익 계산 시 취득가액으로 인정받아 차감할 수 있는 가액은 A로부터 취득한 가액인 200원이다.

81) 세법상 취득가액으로 인정받는다는 것은 향후 미래에 손금산입이 가능하다는 의미이다. 따라서 세법상 취득가액이 높을수록 향후 미래 손금액은 높아진다.

CASE2

만약 A의 양도손익 100원을 양도시점에서 과세하지 않고 이연하기 위해서는 어떤 방법이 가능한가?

① A의 양도손익을 영(0)으로 만들게 하려면 어떤 방법이 가능한가?

A의 양도손익을 영(0)으로 만들기 위해서는 A의 양도가액을 A의 취득가액으로 바꾸면 된다. 즉, A의 양도가액 200원을 A의 취득가액 100원으로 바꾸면 A의 양도손익은 100이 아닌 영(0)이 된다.

② A의 양도손익이 영(0)이 된다면, 추후 B의 양도손익 계산 시 차감할 B의 취득가액은 얼마가 되어야 하는가?

B가 C에게 양도 시 인정받을 수 있는 차감할 취득가액은 200원이 아닌 100원이 되며, 양도손익은 50원이 아닌 150원이 된다.

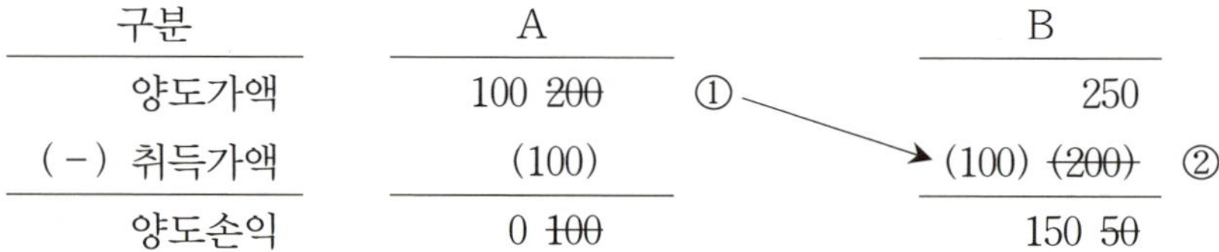

구분	A		B	
양도가액	100 ~~200~~	① →	250	
(－) 취득가액	(100)		(100) ~~(200)~~	②
양도손익	0 ~~100~~		150 ~~50~~	

양도손익의 귀속

최종 양도손익을 보면 CASE1과 CASE2 모두 A와 B의 양도손익 합계는 150원으로 동일하다. 즉, A에게 양도손익이 과세되면 B는 50원만 과세되는 것이며, A에게 양도손익이 과세되지 않았다면 B에게 150원 전체에 대한 양도손익이 과세된다. 결국 A의 양도손익이 누구에게 귀속되는지로 귀결되게 된다.

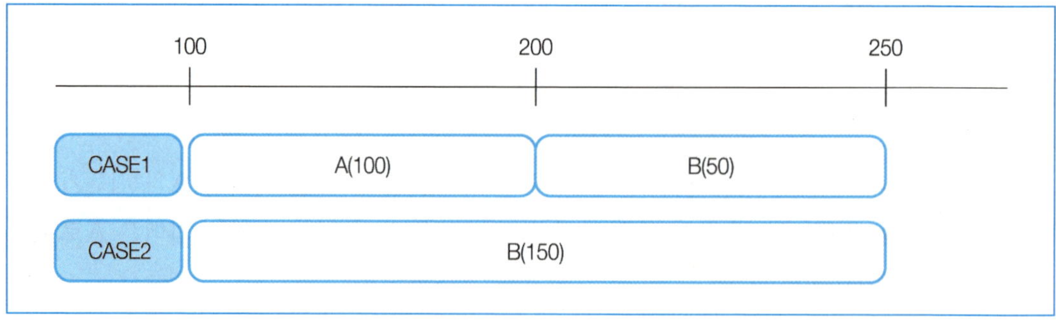

2) 분할과세체계로 대입

상기 예시를 분할과세체계에 대입하면 다음과 같다.

| 예시와 분할과세체계 대입 |

예시	대입
A	분할회사(≒분할법인의 분할대상사업부문)
B	분할신설법인
A가 B에게 양도	분할법인(A)의 분할대상사업부문을 분할신설법인(B)에게 이전
A의 취득가 100	분할법인의 분할대상사업부문 순자산 장부가
B가 지급한 200	분할대가(=분할대상사업부문의 순자산 시가)
CASE1	비적격분할
CASE2	적격분할

CASE1 : 비적격분할

분할대상사업부문 자산·부채가 분할신설법인에 이전하는 것을 양도로 보아 양도손익 100원을 A(분할법인)에게 과세하며, 이를 승계한 B(분할신설법인)는 승계받은 자산·부채를 200원으로 계상함으로 추후 양도 시 차감할 취득가액은 200원을 인정받게 된다.

CASE2 : 적격분할

분할을 사업 및 주주의 동질성이 유지되는 거래로 보아 이를 양도거래로 보지 않고 분할시점의 양도손익을 이연해준다. 즉, A(분할법인)의 분할양도손익 100원을 분할 시 과세되지 않도록 이연시키고 B(분할신설법인)가 향후 C에게 양도 시 과세가 되도록 한다.

방법론적으로는 상기 예시에서 언급한 바와 같이 A(분할법인)의 양도가액을 조정하여 이연하게 되는데, A(분할법인)의 양도가액을 A(분할법인)의 순자산 장부가액으로 수정하는 것이다. 이렇게 하면 양도손익이 0(영)이 되어 분할 시 과세가 되지 않으며, B(분할신설법인)의 취득가액은 200원이 아닌 100원이 되므로 향후 양도 시 차감할 취득가액이 줄어들게 되어 양도손익이 증가하게 된다.

결국 적격분할과 비적격분할은 예시상 전체 양도손익 150원을 누가 부담하는가의 문제로 똑같이 귀결되게 된다.

| 양도손익의 귀속 |

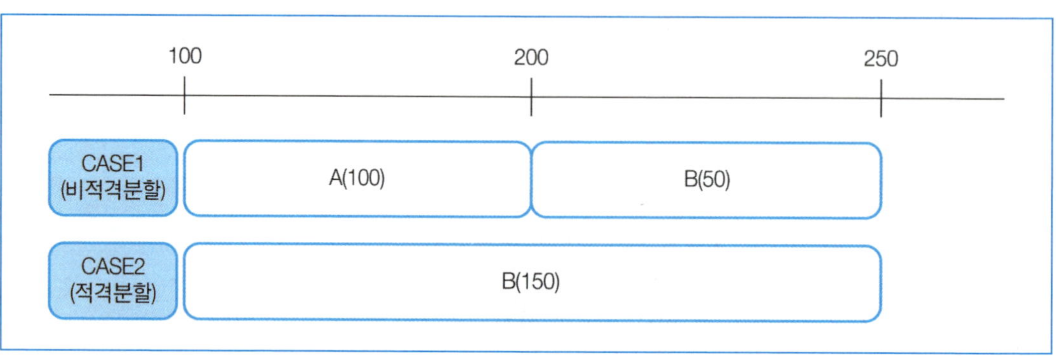

CASE3 : 적격분할 + 자산조정계정

세법에서는 적격분할 시 그 사후관리를 위하여 적격분할하는 B(분할신설법인)는 시가와 장부가액과의 차액을 조정하는 자산조정계정을 설정하도록 하고 있다.

만약 B(분할신설법인)가 회계상 장부금액법에 따라 이전받는 분할대상사업부문을 순자산 장부가액인 100원으로 계상하였다면, 세법상으로도 B는 향후 100원만 손금인정되므로 이에 대한 조정이 불필요하다. 하지만 향후 적격분할 요건을 충족하지 못할 경우 이에 대한 기록이 없어 사후관리에 어려움이 있을 수 있기에 세법은 시가와 장부가액과의 차액을 관리하는 자산조정계정을 별도로 관리하도록 하고 있다.

| 자산조정계정의 효과 |

구분	A	B(자산조정계정 없을 때)		B(자산조정계정)
양도가액	100 ~~200~~	250	=	250
(−) 취득가액	(100)	(100) ~~(200)~~	=	(200−100=100)
양도손익	0 ~~100~~	150 ~~50~~	=	150

자산조정계정 = 200 − 100 = 시가 − 회계상 장부가액

3) 분할세무조정

상기 예시금액을 회사의 순자산가액으로 보아 분할세무조정을 해보도록 한다.

예시

A사는 분할대상사업부문(순자산 장부가액 100원, 시가 200원)을 B사에 이전하였다. 한편, B사는 장부금액법으로 회계처리하였으며 이후 B는 인수한 사업부문을 C에게 사업양수도로 250원에 처분하였다. 해당 분할에 있어 분할비율은 0.4이다.

A사 분할대상사업부문
B/S(순자산 장부가액)

자산	500	차입금	400
		자본	100

A사 분할대상사업부문
시가변환 B/S(순자산 공정가액)

자산	500+100	차입금	400
		자본	100+100

B사 분할회계처리

차변	금액	대변	금액
자산	500	차입금	400
		자본	100
		(분할이전대가)	

구분	A순자산	A자산
장부가	100	500
시가	200	600

CASE1 : (비적격분할) 시 B(분할신설법인)의 세무조정

B의 세무상 회계처리

차변	금액	대변	금액
자산	600	차입금	400
		분할대가	200

B(분할신설법인)의 세법상 자산취득금액는 시가인 600원[82]이나, 회계상으로는 500원으로 계상하였으므로 해당 차이는 양편세무조정을 한다.

82) 양도손익 100원은 분할법인에 기과세되었으므로 분할신설법인의 세법상 취득가액은 500원이 아닌 600원이다.

B(분할신설법인)의 세무조정					
분할 시			향후		
자산조정	100	유보	자산	△100	유보
자본	△100	기타			
세무상 시가와 회계상 장부가 차액을 세무조정 한다.			향후 처분이나 감가상각을 통하여 유보를 추인 함.		

CASE3 : (적격분할+자산조정계정) 시 B(분할신설법인)의 세무조정

B의 세무상 회계처리

차변	금액	대변	금액
자산	600	차입금	400
자산조정계정	(100)	분할대가[83]	100

B(분할신설법인)의 세법상 자산취득원가는 장부가액인 500원이며 회계상으로도 500원으로 계상하였으므로 차이가 없으나, 향후 적격분할 요건이 충족되지 못할 경우 사후관리를 위하여 시가로 계상한 후 장부가액과 시가의 차액을 자산조정계정으로 설정하도록 하고 있다.

B(분할신설법인)의 세무조정					
분할 시			향후		
시가조정	100	유보	시가조정	△100	유보
자산조정계정	△100	유보	자산조정계정	100	유보
100원 익금산입하여 시가로 계상한 뒤 자산조정계정으로 100원을 손금산입한다.			향후 처분이나 감가상각을 통하여 유보를 추인 함.		

83) 적격분할 시에는 세법상 장부가액만큼만 손금으로 인정된다.

상기 예시에서 자산에 기말유보잔액이 (+)20원이 있다고 추가로 가정한 자산조정계정명세서는 다음과 같다.

사 업 연 도		자산조정계정명세서(갑[84])	법 인 명	
			사 업 자 등 록 번 호	

1. 합병등기일 또는 분할등기일의 자산

① 자산명	② 시가	③ 세무상 장부가액	④ 세무 조정사항	⑤ 자산조정계정 [②-(③+④)]
자산	600	520	△20	100
계	600	520	△20	100

2. 합병등기일 또는 분할등기일의 부채

⑥ 부채명	⑦ 시가	⑧ 세무상 장부가액	⑨ 세무 조정사항	⑩ 자산조정계정 [⑦-(⑧+⑨)]
부채	400	400	-	-
계	400	400	-	-

• 자산조정계정은 세무상 유보잔액과 관계없이 시가에서 회계상 장부가액(③+④)을 차감한 금액이다.
• 자산 관련 세무조정사항이 있는 경우 익금불산입은 (+)금액을 손금불산입액은 (-)금액을 기재한다.

4) 분할법인주주의 의제배당

A(분할법인)의 주주가 분할 전 보유하고 있던 분할회사 주식 250원[85]은 병합되어 150원[86]이 되며 분할대가로 B(분할신설법인)의 주식 200원(분할대가)을 받게 된다. 즉, A(분할법인) 주주의 해당 분할로 인한 효과는 200원-(250 × 0.4[87])=100원이 된다.

CASE1 : 비적격분할

A(분할법인) 주주가 분할로 인해 받은 100원을 이익을 분배받은 것으로 보아('의제배당'이라고 한다) 분할 시 과세한다. 따라서 향후 B(분할신설법인)주식 양도 시 차감하는 취득가액은 200원이 된다.

84) 자산조정계정명세서(갑)은 분할등기일 기준으로 작성하고, 자산조정계정명세서(을)을 통하여 사후관리한다.
85) 100원/0.4(분할비율)=250
86) 250×(1-0.4)=150
87) (법기통 16-0…1) 분할 시 감소된 주식을 취득하기 위하여 소요된 금액은 분할 전 법인주식 취득가액에 분할로 인하여 감소한 자기자본비율을 곱한 금액으로 한다.

구분	A주주	향후 양도 시
분할신설법인주식	200	250
(－) 취득가액	(100)	(200)
의제배당	100	50

CASE2 : 적격분할

의제배당 계산 시 분할대가 200원을 종전의 장부가액인 100원으로 함으로 의제배당액(100－100＝0)은 영(0)으로 과세이연된다. 따라서 향후 분할신설법인 주식 양도 시 양도가액에서 차감할 취득가액은 200원이 아닌 100원이 되어 세부담(분할 시 이연해준 100원이 추가로 발생)이 더 발생하게 된다.

구분	A주주	향후 양도 시
분할신설법인주식	100 ~~200~~	250
(－) 취득가액	(100)	(100) ~~(200)~~
의제배당	0 ~~100~~	150 ~~50~~

5) 물적분할

A(분할법인)는 분할대상사업부문(장부가액 100원)을 양도하고 B(분할신설법인)주식 200원을 취득한다.

CASE1 : 비적격분할

A(분할법인)가 계상하는 B(분할신설법인)사 주식의 세법상 취득가액은 분할대상사업부문의 시가[88]인 200원이나, 회계상 장부금액법에 따라 100원으로 계상하였으므로 차액인 100원(양도차익)에 대하여 세무조정한다.

A사 회계상 회계처리

차변	금액	대변	금액
B사 주식	100	A사 분할대상사업부문 순자산	100

A사 세무상 회계처리

차변	금액	대변	금액
B사 주식	200	A사 분할대상사업부문 순자산	100
		양도차익	100

88) 법령 §72 ② 3의2

시점별 A(분할법인)의 세무조정					
분할 시			향후 양도 시		
주식(양도차익)	100	유보	주식	△100	유보
세무상 시가와 회계상 장부가 차액(양도차익)을 세무조정한다.			유보를 추인함.		

CASE2 : 적격분할

A(분할법인)가 계상하는 B(분할신설법인)의 주식에 대하여 압축기장충당금을 설정하여 과세이연한다. 즉, 세법상 B(분할신설법인)주식은 분할대상사업부문의 순자산시가로 계상하므로 200원으로 계상한 후, 양도차익을 주식에 대한 압축기장충당금으로 설정하면 B사 주식 취득가액은 100원이 된다. 한편, 회계상으로도 장부가액으로 계상하였으므로 양편조정을 한다.

A사 회계상 회계처리

차변	금액	대변	금액
B사 주식	100	A사 분할대상사업부문 순자산	100

A사 세무상 회계처리

차변	금액	대변	금액
B사 주식	200	A사 분할대상사업부문 순자산	100
압축기장충당금	(100)	~~양도차익~~	~~100~~

A(분할법인)의 세무조정					
분할 시			향후 양도 시		
B사 주식	100	유보	B사 주식	△100	유보
압축기장충당금 (B사 주식)	△100	유보	압축기장충당금 (자산양도차익)	100	유보
① 세법상 B사 주식은 순자산시가로 계상되어야 하므로 100원을 익금산입한다. ② 양도차익에 해당하는 100원을 주식에 대한 압축기장충당금으로 설정한다.			유보를 추인함.		

(2) 적격분할의 효과 및 목차

세법상 적격분할에 해당되면 분할법인의 양도손익 및 분할법인 주주의 의제배당은 분할 시 없는 것으로 하여 과세이연할 수 있으며 분할법인이 소멸하는 소멸분할인 경우 분할법인 등의 이월결손금, 세무조정사항, 세액감면공제 등을 분할신설법인이 승계할 수 있다. 더불어 증권거래세 및 지방세 등에 있어서도 감면조항이 존재한다.

반면, 비적격분할에 해당되면 이러한 과세이연 및 감면조항이 없으므로 적격분할 여부에 따라 세법상 취급이 다름을 이해하여야 한다.

| 적격분할과 비적격분할의 주요 효과 |

구분	목차	적격분할	비적격분할
분할법인의 양도손익	(4) 1)	분할 시 과세 × (과세이연)	분할 시 과세 ○
분할법인 주주의 의제배당	(6) 1)		
분할신설법인의 자산승계가액	(5) 1)	장부가액	시가
분할매수차손(차익)	(5) 2)	세법상 인정 ×	5년간 균등손금(익금)산입
이월결손금 승계	(5) 3)	승계[89] △	승계 ×[90]
세액감면 · 공제 승계		승계 ○	
세무조정사항 승계			
증권거래세 면제조항	(4) 3)	○	×
지방세 감면조항	(5) 4), 5)	○	×

(3) 적격분할의 요건[91]

1) 적격분할 요건

적격분할의 취지는 분할을 분할법인의 자산 · 부채가 분할신설법인 등에게 양도되어 실현되는 거래로 보지 않고 분할대상사업부문이 그대로 유지되며 그 주주가 동질적인 경우 단순한 조직변경으로 보아 분할시점에서 양도손익을 과세하지 않고 이연함에 있다. 따라서 적격분할 요건은 이러한 취지에 부합하는 요건들로 구성되어 있다.

한편, 과세이연 중단사유와 부득이한 사유로 과세이연중단으로 보지 않는 예외규정은 하기 (7) 적격분할의 사후관리를 참조하기 바란다.

---

89) 분할법인이 소멸하는 소멸분할의 경우에만 이월결손금이 승계된다.
90) 퇴직급여충당금과 대손충당금 유보는 승계함.
91) 법법 §46 ②

| 적격분할 요건 Check List |

<table>
<tr><th rowspan="2">요건</th><th colspan="2">과세이연 요건</th></tr>
<tr><th>양도손익</th><th>의제배당[92)]</th></tr>
<tr><td>가. 사업목적분할 및 사업의 계속성(법법 §46 ② (1), (3))</td><td></td><td></td></tr>
<tr><td>① 분할등기일 현재 5년 이상 사업을 계속하던 내국법인일 것</td><td>✓</td><td>✓</td></tr>
<tr><td>② 분할신설법인 등은 분할등기일이 속하는 사업연도의 종료일까지 분할법인 등으로부터 승계받은 사업을 계속할 것</td><td>✓</td><td>-</td></tr>
<tr><td>③ 분리하여 사업이 가능한 독립된 사업부문을 분할하는 것일 것</td><td>✓</td><td>✓</td></tr>
<tr><td>④ 분할하는 사업부문의 자산・부채가 포괄적으로 승계될 것</td><td>✓</td><td>✓</td></tr>
<tr><td>나. 지분의 연속성(법법 §46 ② (2))</td><td></td><td></td></tr>
<tr><td>① 분할대가는 전액 주식이어야 함.[93)]</td><td>✓</td><td>✓</td></tr>
<tr><td>② 분할법인 등의 주주가 소유하던 주식의 비율에 따라 배정하여야 함.[94)]
※ 물적분할 : 분할법인이 분할신설법인으로부터 받는 분할대가 전액이 주식이어야 함.</td><td>✓</td><td>✓</td></tr>
<tr><td>③ 분할법인 등의 일정 지배주주등이 분할등기일이 속하는 사업연도의 종료일까지 그 주식을 보유할 것</td><td>✓</td><td>-</td></tr>
<tr><td>다. 고용승계 요건(법법 §46 ② (4))</td><td></td><td></td></tr>
<tr><td>분할등기일 1개월 전 당시 분할하는 사업부문에 종사하는 근로자를 80% 이상 승계하고 그 비율을 분할등기일이 속하는 사업연도의 종료일까지 그 비율을 유지할 것</td><td>✓</td><td>-</td></tr>
</table>

92) 분할법인등 주주의 의제배당 시 과세이연조건은 분할법인등의 양도손익에 대한 과세이연조건보다 완화되어 있다. 하기 (6) 분할법인의 주주 부분을 참조하기 바란다.

93) 분할합병의 경우 분할대가의 80% 이상이 주식이어야 함.

94) 분할합병의 경우 일정 지배주주에게는 일정 배정기준 이상을 배정하여야 함(법령 §82의2 ⑦).

가. 사업목적분할 및 사업의 계속성

세부 요건	내용	비고
① 사업 영위기간	분할등기일 현재 분할법인은 5년 이상 사업을 계속하던 내국법인일 것	①-1 : 사업영위기간 ①-2 : 관련 예규
② 사업의 계속성	분할신설법인 등은 분할등기일이 속하는 사업연도의 종료일까지 분할법인 등으로부터 승계받은 사업을 계속하여야 함.	②-1 : 사업을 계속하는 것으로 보지 않는 경우
③ 독립된 사업 부문	분리하여 사업이 가능한 독립된 사업부문을 분할하는 것일 것	③-1 : 독립된 사업부문 ③-2 : 독립된 사업부문으로 보지 않는 경우 ③-3 : 주식등만으로 구성된 사업부문의 분할
④ 포괄적 승계	분할하는 사업부문의 자산·부채가 포괄적으로 승계될 것	④-1 : 공동사용 자산·부채 ④-2 : 포괄적 자산승계로 보는 주식

①-1 : 사업영위기간

분할법인은 분할등기일 현재 5년 이상 사업을 계속하던 내국법인이어야 하며, 분할합병의 경우에는 소멸한 분할합병의 상대방법인 및 분할합병의 상대방법인이 분할등기일 현재 1년 이상 사업을 계속하던 내국법인이어야 한다. 이때 사업영위기간이란 단순히 법인의 존속기간을 의미하는 것은 아니며 휴업 등 사업을 중단한 바 없이 목적사업을 영위하기 위한 일련의 활동을 수행하는 것을 의미한다.

①-2 : 관련 예규

구분	내용
합병 후 재분할 시 사업영위기간의 판단[95)	적격분할 요건 중 5년 이상 사업영위 요건 충족 여부를 판단함에 있어 합병 후 재분할하는 경우에는 종전 피합병법인의 사업기간을 포함하여 계산함.
분할 후 재분할 시 사업영위기간의 판단[96)	5년 이상 사업 여부 판단 시 분할신설법인이 승계받은 사업부문 중 일부를 다시 인적분할하여 새로운 법인을 설립하는 경우 분할 전 해당 사업부문을 영위하던 분할법인 및 분할신설법인의 사업기간을 포함하여 계산하는 것임.

95) 서면-2019-법령해석법인-3385, 2020. 3. 30.
96) 법인세과-904, 2010. 10. 1.

② - 1 : 사업을 계속하는 것으로 보지 않는 경우[97)]

분할신설법인 등이 분할등기일이 속하는 사업연도의 종료일 이전에 분할법인 등으로부터 승계한 고정자산가액[98)]의 50%[99)] 이상을 처분하거나 사업에 사용하지 아니하는 경우에는 본 요건을 충족하지 못한 것으로 한다.

③ - 1 : 독립된 사업부문

분할신설법인이 분할법인과는 별도로 물적 · 인적 조직을 갖추고 독립적으로 사업 수행이 가능한 경우에는 독립된 사업부문의 분할로 본다.[100)]

③ - 2 : 독립된 사업부문으로 보지 않는 경우[101)]

| 적격분할이 될 수 없는 사업부문 |

① 부동산 임대업을 주업으로 하는 사업부문
- 분할하는 사업부문이 승계하는 자산총액 중 부동산 임대업에 사용된 자산가액이 50% 이상인 사업부문
- 하나의 분할신설법인 등이 여러 사업부문을 승계하였을 때에는 분할신설법인 등이 승계한 모든 사업부문의 자산가액을 더하여 계산함.

② 분할하는 사업부문이 승계한 사업용 자산가액 중 다음의 자산(소법 §94 ① 1호, 2호)이 80% 이상인 사업부문. 다만, 사업용 자산에서 분할일 현재 3년 이상 계속하여 사업을 경영한 사업부문이 직접 사용한 자산(부동산 임대업에 사용되는 자산은 제외함)으로서 다음의 자산(소법 §94 ① 1호, 2호)은 제외한다.
   ㉠ 토지(공간정보의 구축 및 관리 등에 관한 법률에 따라 지적공부에 등록하여야 할 지목에 해당하는 것을 말함) 또는 건물(건물에 부속된 시설물과 구축물을 포함함)
   ㉡ 부동산을 취득할 수 있는 권리(건물이 완성되는 때에 그 건물과 이에 딸린 토지를 취득할 수 있는 권리를 포함함), 지상권, 전세권과 등기된 부동산임차권

---

97) 승계받은 사업의 계속 여부의 판정 등에 관하여는 법령 §80의2 ⑦을 준용한다.
98) 유형자산, 무형자산 및 투자자산의 가액으로 세무상 장부가액을 말하는 것임.
99) 처분비율 판단 시 사업부문별 고정자산이 아닌 분할로 인하여 승계받은 모든 고정자산을 기준으로 하는 것임(사전-2016-법령해석법인-0406).
100) 사전-2019-법령해석법인-0312, 2019. 8. 29.
101) 법령 §82의2 ② 및 법칙 §41 ①, ②

③-3 : 주식등만으로 구성된 사업부문의 분할[102)]

주식등과 그와 관련한 자산・부채만으로 구성된 사업부문의 분할의 경우 다음의 경우로 한정하여 독립된 사업부문을 분할하는 것으로 본다.

| 독립된 사업부문으로 보는 경우 |

<table>
<tr><th>구분</th><th colspan="2">내용</th></tr>
<tr><td>① 지배목적주식</td><td colspan="2">분할법인이 분할등기일 전일 현재 보유한 모든 지배목적 보유 주식[103)]등과 그와 관련된 자산・부채만으로 구성된 사업부문[104)]</td></tr>
<tr><td>② 지주회사의 설립</td><td>공정거래법 및 금융지주회사법에 따른 지주회사를 설립하기 위한 사업부문[105)]</td><td rowspan="2">분할하는 사업부문이 지배주주등으로서 보유하는 주식등과 그와 관련된 자산・부채만을 승계하는 경우로 한정함.</td></tr>
<tr><td>③ 유사 지주회사의 설립</td><td>지주회사와 유사한 경우로 요건[106)]을 충족하는 내국법인의 설립 시</td></tr>
</table>

---

102) 법령 §82의2 ③~⑤ 및 법칙 §41 ③

103) 지배목적보유주식이란 분할법인이 지배주주등(법령 §43 ⑦)으로서 3년 이상 보유한 주식등을 말한다. 한편, 내국법인이 다른 법인의 지배주주가 된 이후 주식을 추가 취득하여 분할등기일 전일로부터 소급하여 3년 미만인 주식을 보유한 경우에는 해당주식을 포함한 동일법인 주식 전부를 분할하여야 분리하여 사업이 가능한 독립된 사업부문을 분할하는 것으로 보는 것임(서면법규과-967, 2014. 9. 3.).

104) 다만, 분할 후 분할법인이 존속하는 경우에는 다음의 주식등은 제외할 수 있다.
- ㉠ 분할존속법인이 분할등기일 전일 현재 법령상 의무로 보유하거나 인허가를 받기 위하여 보유한 주식등
- ㉡ 분할존속법인이 30% 이상을 매출하거나 매입하는 법인의 주식등과 분할존속법인에 30% 이상을 매출 또는 매입하는 법인의 주식등. 이 경우 매출 또는 매입 비율은 분할등기일이 속하는 사업연도의 직전 3개 사업연도별 매출 또는 매입 비율을 평균하여 계산함.
- ㉢ 분할존속법인과 한국표준산업분류에 따른 세분류상 동일사업을 영위하는 법인의 주식등

105) 분할합병하는 경우로서 다음의 어느 하나에 해당하는 경우에는 지주회사를 설립할 수 있는 사업부문을 포함한다.
- ㉠ 분할합병의 상대방법인이 분할합병을 통하여 지주회사로 전환되는 경우
- ㉡ 분할합병의 상대방법인이 분할등기일 현재 지주회사인 경우

106) 다음의 요건을 모두 충족하여야 한다.
- ㉠ 해당 내국법인은 외국법인이 발행한 주식등 외의 다른 주식등을 보유하지 아니할 것
- ㉡ 해당 내국법인이 보유한 외국법인 주식등 가액의 합계액이 해당 내국법인 자산총액의 50% 이상일 것. 이 경우 외국법인 주식등 가액의 합계액 및 내국법인 자산총액은 분할등기일 현재 재무상태표상의 금액을 기준으로 계산한다.
- ㉢ 분할등기일이 속하는 사업연도의 다음 사업연도 개시일부터 2년 이내에 유가증권시장 또는 코스닥시장에 해당 내국법인의 주권을 상장할 것. 이 경우 분할등기일이 속하는 사업연도의 종료일까지 해당 내국법인의 주권이 상장되지 아니한 경우에는 분할등기일이 속하는 사업연도의 과세표준 신고기한 종료일까지 해당 내국법인의 주권 상장계획을 확인할 수 있는 서류를 납세지 관할 세무서장에게 제출하여야 해당 요건을 충족한 것으로 보며, 위 기간 이내에 주권이 상장된 경우에는 주권상장을 확인할 수 있는 서류를 주권을 상장한 날이 속하는 사업연도의 과세표준 신고기한 종료일까지 납세지 관할 세무서장에게 제출하여야 한다.

④－1 : 공동사용 자산 · 부채[107)]

분할되는 사업부문의 자산·부채를 구분하여 포괄적으로 승계하는 것이 원칙이나 공동으로 사용하던 자산·부채는 실무적으로 어려움이 있어 열거된 공동사용 자산·부채는 포괄승계 자산·부채에서 제외한다.

| 포괄승계로 보는 공동사용 자산 · 부채 |

○ 공동사용 자산
가. 변전시설·폐수처리시설·전력시설·용수시설·증기시설
나. 사무실·창고·식당·연수원·사택·사내교육시설
다. 물리적으로 분할이 불가능한 공동의 생산시설, 사업지원시설과 그 부속토지 및 자산
라. 공동으로 사용하는 상표권

○ 공동사용 부채
가. 지급어음
나. 차입조건상 차입자의 명의변경이 제한된 차입금
다. 분할로 인하여 약정상 차입자의 차입조건이 불리하게 변경되는 차입금
라. 분할하는 사업부문에 직접 사용되지 아니한 공동의 차입금

④－2 : 포괄적 자산승계로 보는 주식[108)]

분할하는 사업부문이 주식등을 승계하는 경우에는 분할하는 사업부문의 자산·부채가 포괄적으로 승계된 것으로 보지 않는다. 다만, 상기 지배목적 등으로 승계하는 경우 또는 이와 유사한 경우로서 아래 열거된 주식의 경우에는 그러하지 아니하다.

| 포괄적 자산승계로 인정되는 주식 |

㉮ 분할하는 사업부문이 분할등기일 전일 현재 법령상 의무로 보유하거나 인허가를 받기 위하여 보유한 주식등
㉯ 분할하는 사업부문이 30% 이상을 매출하거나 매입하는 법인의 주식등과 분할하는 사업부문에 30% 이상을 매출 또는 매입하는 법인의 주식등. 이 경우 매출 또는 매입 비율은 분할등기일이 속하는 사업연도의 직전 3개 사업연도별 매출 또는 매입 비율을 평균하여 계산한다.
㉰ 분할존속법인이 독점규제 및 공정거래에 관한 법률 및 금융지주회사법에 따른 지주회사로

107) 법령 §82의2 ④ 및 법칙 §41 ⑥
108) 법령 §82의2 ⑤ 및 법칙 §41 ⑧, ⑨

전환하는 경우로서 분할하는 사업부문이 분할등기일 전일 현재 사업과 관련하여 보유하는 다음의 어느 하나에 해당하는 주식등

㉠ 분할하는 사업부문이 지배주주등으로서 보유하는 주식등

㉡ 분할하는 사업부문이 법 제57조 제5항에 따른 외국자회사의 주식등을 보유하는 경우로서 해당 외국자회사의 주식등을 보유한 내국법인 및 거주자인 주주 또는 출자자 중에서 가장 많이 보유한 경우의 해당 분할하는 사업부문이 보유한 주식등

㉣ 분할하는 사업부문과 한국표준산업분류에 따른 세분류상 동일사업을 영위하는 법인의 주식등. 이 경우 다음의 어느 하나에 해당하는 경우에는 동일사업을 영위하는 것으로 본다.

㉠ 분할하는 사업부문 또는 승계하는 주식등의 발행법인의 사업용 자산가액 중 세분류상 동일사업에 사용하는 사업용 자산가액의 비율이 각각 70%를 초과하는 경우

㉡ 분할하는 사업부문 또는 승계하는 주식등의 발행법인의 매출액 중 세분류상 동일사업에서 발생하는 매출액의 비율이 각각 70%를 초과하는 경우

나. 지분의 연속성

<table>
<tr><th>세부 요건</th><th>내용</th><th>비고</th></tr>
<tr><td>① 단독 출자</td><td colspan="2">분할신설법인의 주주는 분할법인의 기존주주로만 구성되어야 함.[109)]</td></tr>
<tr><td rowspan="2">② 주식교부 비율</td><td>분할 : 분할대가는 전액이 주식이어야 함.</td><td rowspan="2">②-1 : 주식교부비율
②-2 : 분할합병포합주식이 있는 경우</td></tr>
<tr><td>분할합병 : 분할대가의 80% 이상이 주식이어야 함.</td></tr>
<tr><td rowspan="2">③ 주식배정 요건</td><td>분할 : 분할신설법인 등으로부터 받은 주식을 분할법인 등의 주주가 소유하던 주식의 비율에 따라 배정하여야 함.</td><td rowspan="2">③-1 : 일정 지배주주
③-2 : 일정 배정기준
③-3 : 관련 예규</td></tr>
<tr><td>분할합병 : 분할법인 등의 일정 지배주주에 대하여는 일정 배정기준 이상을 배정하여야 함.</td></tr>
<tr><td>④ 주식 보유</td><td colspan="2">분할법인 등의 일정 지배주주는 분할등기일이 속하는 사업연도의 종료일까지 그 교부받은 주식을 보유하여야 함.</td></tr>
</table>

②-1 : 주식교부비율

단순분할 시에는 분할대가는 전액이 주식이어야 하므로 주식교부비율은 100%가 되어야 하며 분할합병의 경우 주식교부비율은 80% 이상이 되어야 한다.

109) 분할신설법인을 설립하면서 기존주주 이외의 자가 참여하는 경우에는 과세특례를 부여하지 않는다.

| 주식교부비율 |

$$\text{주식교부비율} = \frac{\text{교부받은 분할신설법인(또는 분할합병 상대방법인)의 주식가액}}{\text{분할대가의 총합계액(=주식가액+금전 및 기타재산가액)}}$$

②-2 : 분할합병포합주식[110]이 있는 경우 주식교부비율의 계산

분할합병포합주식에 대해서는 분할합병교부주식을 교부하지 않더라도 교부한 것으로 보아 주식교부비율계산을 하는데, 이는 합병 시 합병포합주식이 있는 경우 주식교부비율계산을 준용하므로 제1장 합병 부분을 참조하기 바란다.

③-1 : 일정 지배주주

법령 제43조 제3항에 따른 지배주주등 중 일부를 제외한 주주를 말한다.[111]

구분	내용
지배주주등	법인의 발행주식총수 또는 출자총액의 1% 이상의 주식 또는 출자지분을 소유한 주주등으로서 그와 특수관계에 있는 자와의 소유 주식 또는 출자지분의 합계가 해당 법인의 주주등 중 가장 많은 경우의 해당 주주등을 말함.
제외하는 지배주주	• 친족(국기령 §1의2 ①) 중 4촌 이상의 혈족 • 분할등기일 현재 분할법인등에 대한 지분비율이 1% 미만이면서 시가로 평가한 그 지분가액이 10억 원 미만인 자

③-2 : 일정 배정기준(분할합병 시)

분할합병 시 분할법인등의 일정 지배주주에게는 일정 배정기준에 따른 가액 이상의 주식을 각각 배정하여야 한다.[112] 일정 배정기준이란 일정 지배주주에게 그들의 지분율에 해당되는 가액 이상을 배정하는 것을 의미한다. 한편, 분할 시에는 분할신설법인등의 주식은 분할법인등의 주주가 소유하던 주식의 비율에 따라 배정되어야 한다.

---

110) 신설분할합병 또는 3 이상의 법인이 분할합병하는 경우에는 분할등기일 전 분할법인이 취득한 다른 분할법인의 주식(분할합병으로 분할합병의 상대방법인이 승계하는 것에 한정함), 분할등기일 전 분할합병의 상대방법인이 취득한 소멸한 분할합병의 상대방법인의 주식 또는 분할등기일 전 소멸한 분할합병의 상대방법인이 취득한 분할법인의 주식과 다른 소멸한 분할합병의 상대방법인의 주식을 말한다.

111) 법령 §82의2 ⑧

112) 법령 §82의2 ⑦

| 분할합병 시 일정 지배주주등에게 배정되어야 하는 최소가액 |

분할법인 주주가 지급받은 분할신설법인등의 주식의 가액의 총합계액(영 §82 ① 2호 가목)	×	각 일정 지배주주의 분할법인등에 대한 지분비율

③ - 3 : 관련 예규

구분	내용
분할법인의 자기주식을 승계받은 분할신설법인이 주식보유요건 적용대상 주주에 해당하는지 여부[113)]	분할법인이 자기주식을 보유한 상태에서 인적분할하면서 그 인적분할 과정에서 분할신설법인이 분할법인의 자기주식을 승계받은 경우, 해당 분할신설법인은 「법인세법 시행령」 제82조의2 제8항에 따른 주식보유 요건 적용대상 주주에 해당함.
지분의 연속성 요건 위반 여부 판단 시 의결권 없는 우선주를 포함하는지 여부[114)]	지분의 연속성 요건 위반 여부 판단 시 「법인세법 시행령」 제80조의2 제1항 제1호 가목의 '해당 주주등이 분할로 교부받은 전체 주식등의 2분의 1 미만을 처분하는 경우'에서 '주식등'에는 의결권이 없는 의결권 없는 우선주가 포함되는 것임.

다. 고용승계 요건

내용	비고
분할등기일 1개월 전 당시 분할하는 사업부문에 종사하는 법 소정의 근로자 중 분할신설법인등이 승계한 근로자의 비율이 80% 이상이며 분할등기일이 속하는 사업연도의 종료일까지 그 비율을 유지하여야 하는 것을 말함.	①-1 : 법 소정 근로자의 의미 ①-2 : 제외되는 근로자

① - 1 : 법 소정 근로자의 의미

근로기준법에 따라 근로계약을 체결한 내국인 근로자를 말한다.

113) 법인, 서면-2017-법인-1400 [법인세과-2020], 2017. 7. 21.
114) 사전-2020-법령해석법인-1258, 2021. 4. 14.

① - 2 : 제외되는 근로자

| 제외되는 근로자[115] |

- 법령 제40조 제1항 각 호의 어느 하나에 해당하는 임원
- 분할능기일이 속하는 사업연도의 종료일 이전에 고용상 연령차별금지 및 고령자고용촉진에 관한 법률 제19조에 따른 정년이 도래하여 퇴직이 예정된 근로자
- 분할등기일이 속하는 사업연도의 종료일 이전에 사망한 근로자 또는 질병·부상 등 고용보험법 시행규칙 별표2 제9호에 해당하는 사유로 퇴직한 근로자
- 소득세법 제14조 제3항 제2호에 따른 일용근로자
- 근로계약기간이 6개월 미만인 근로자. 다만, 근로계약의 연속된 갱신으로 인하여 분할등기일 1개월 전 당시 그 근로계약의 총 기간이 1년 이상인 근로자는 제외함.
- 금고 이상의 형을 선고받는 등 고용보험법 제58조 제1호에 해당하는 근로자

| 제외할 수 있는 근로자[116] |

- 분할 후 존속하는 사업부문과 분할하는 사업부문에 모두 종사하는 근로자
- 분할하는 사업부문에 종사하는 것으로 볼 수 없는 인사, 재무, 회계, 경영관리 업무 또는 이와 유사한 업무를 수행하는 근로자

2) 신청서의 제출

적격분할의 요건을 갖추어 양도가액을 순자산 장부가액으로 하여 양도손익을 없는 것으로 하는 과세이연을 적용받으려는 분할법인등은 과세표준 신고를 할 때 분할신설법인등과 함께 분할과세특례신청서[117]를 납세지 관할 세무서장에게 제출하여야 하며, 분할신설법인등은 자산조정계정에 관한 명세서를 분할법인등의 납세지 관할 세무서장에게 함께 제출하여야 한다.[118]

| 제출서류 |

구분	제출서류	제출시기
분할신설법인등	자산조정계정명세서	분할등기일이 속하는 사업연도 법인세 신고 시
분할법인등	분할과세특례신청서	

115) 법령 §80의2 ⑥, 법령 §82의2 ⑩, 법칙 §40의2 ①, ②
116) 법령 §82의2 ⑩, 법칙 §41 ⑩
117) 법칙 별지 제42호의2 서식
118) 법령 §82 ③

(4) 분할법인

1) 양도손익에 대한 법인세

① 비적격분할

가. 분할법인이 존속하는 경우[119)]

내국법인이 분할(물적분할은 제외)한 후 존속하는 경우 분할한 사업부문의 자산을 분할신설법인등에 양도함으로써 발생하는 양도손익은 분할법인이 분할등기일이 속하는 사업연도의 소득금액을 계산할 때 익금 또는 손금에 산입한다.

| 양도손익의 계산 |

양도손익 = 양도가액(A.) − 분할사업부문(분할법인등)의 순자산 장부가액(B.)

A. 양도가액

분할법인등의 양도손익계산 시 양도가액은 다음의 금액을 모두 더한 금액으로 한다.[120)]

양도가액 = 분할교부주식의 가액(㉠)
+(분할합병 시)교부한 것으로 보아 계산한 분할합병 상대방법인의 주식(㉡)
+분할신설법인등이 납부하는 분할법인의 법인세 등(㉢)

㉠ 분할신설법인등이 분할(분할합병)로 인하여 분할법인의 주주에 지급한 분할신설법인등의 주식(분할합병의 경우에는 분할등기일 현재 분할합병의 상대방법인의 발행주식총수 또는 출자총액을 소유하고 있는 내국법인의 주식을 포함함)의 가액 및 금전이나 그 밖의 재산가액의 합계액
㉡ 분할합병의 경우 분할합병의 상대방법인이 분할등기일 전 취득한 분할법인의 주식이 있는 경우에는 그 분할법인의 주식에 대하여 분할신설법인등의 주식을 교부하지 아니하더라도 그 지분비율에 따라 분할합병교부주식을 교부한 것으로 보아 분할합병의 상대방법인의 주식의 가액을 계산한다.
㉢ 분할신설법인등이 납부하는 분할법인의 법인세 및 그 법인세(감면세액을 포함함)에 부과되는 국세와 지방세법 제88조 제2항에 따른 법인지방소득세의 합계액

B. 순자산 장부가액

분할등기일 현재 분할한 사업부문의 자산의 장부가액총액에서 부채의 장부가액총액을 뺀 가액 하며 분할법인의 순자산 장부가액을 계산할 때 「국세기본법」에 따라 환급되는 법인세액이

---

119) 법법 §46의5 ①
120) 법령 §82 ① 2호

있는 경우에는 이에 상당하는 금액을 분할법인등의 분할등기일 현재의 순자산 장부가액에 더한다.

순자산 장부가액 = + 분할사업부문 자산의 장부가액 총액
− 분할사업부문 부채의 장부가액 총액
+ 환급법인세액[121]

나. 분할법인이 소멸하는 경우[122]

내국법인이 분할로 해산하는 경우(물적분할은 제외)에는 그 법인의 자산을 분할신설법인등[123]에 양도한 것으로 보며 양도에 따라 발생하는 양도손익은 분할법인등[124]이 분할등기일이 속하는 사업연도의 소득금액을 계산할 때 익금 또는 손금에 산입한다.

② 적격분할[125]

분할법인등이 분할신설법인등으로부터 받은 양도가액을 분할법인등의 분할등기일 현재의 순자산 장부가액으로 보아 양도손익이 없는 것으로 할 수 있다.

한편, 언급한 바와 같이 적격분할의 요건을 갖추어 양도가액을 순자산 장부가액으로 계산하여 양도손익이 없도록 하는 과세특례를 적용받으려는 분할법인등은 각 사업연도 소득에 대한 과세표준을 신고할 때 분할신설법인등과 함께 분할과세특례신청서를 납세지 관할 세무서장에게 제출하여야 한다.

2) 의제사업연도 법인세 신고

내국법인이 사업연도 중에 분할에 따라 해산한 경우[126]에는 그 사업연도 개시일부터 분할등기일까지의 기간을 그 해산한 법인의 1사업연도로 의제하여 각 사업연도에 대한 법인세를 분할등기일이 속하는 달의 말일로부터 3개월 이내에 신고・납부하여야 한다.[127] 더불어 법인지방소득세 신고 역시 분할등기일이 속하는 달의 말일로부터 4개월 이내에 신고・납부하여야 한다.

---

121) 분할사업부문과 관련된 국세환급금이 발생할 경우, 해당 금액은 분할등기일 현재의 분할사업부문의 순자산 장부가액에 가산한다.

122) 법법 §46 ①

123) 분할합병의 상대법법인을 포함한다.

124) 소멸한 분할합병의 상대방법인을 포함한다.

125) 법법 §46 ②

126) 분할로 인한 해산의 경우 청산소득에 대한 법인세 대상에서 제외한다(법법 §79 ①). 청산소득이 아닌 양도손익에 대한 과세로 반영한다.

127) 법법 §8

3) 증권거래세

① 비적격분할

분할로 인하여 주권의 소유권이 분할법인에서 분할신설법인으로 이전되는 것은 증권거래법상 양도에 해당되어[128) 증권거래세의 납부의무가 발생하므로 반기의 말일로부터 2개월 이내에 증권거래세 과세표준신고서를 제출하고 납부하여야 한다.

한편, 증권거래세는 해당 주권의 상장 여부가 아닌 해당 주권이 거래된 시장에 따라 세율이 달리 적용되는데 분할에 있어 주권의 소유권 이전은 장외거래에 해당되는 세율[129)이 적용된다.

② 적격분할

증권거래세는 면제[130)되며 이에 대한 농어촌특별세도 비과세[131)된다. 한편, 증권거래세 면제를 위해서는 증권거래세 과세표준신고서와 함께 세액면제신청서[132)를 제출하여야 한다.

4) 부당행위계산부인

특수관계인인 법인 간 분할(분할합병)함에 있어서 불공정한 비율로 분할(분할합병)하여 분할(분할합병)에 따른 양도손익을 감소시킨 경우 부당행위계산부인의 대상이 된다. 다만, 자본시장법에서 정하는 요건 및 방법에 따른[133) 분할(분할합병)은 제외한다.[134)

5) 부가가치세

① 분할사업장 폐업신고[135)

분할사업부문의 사업장이 분할로 인하여 폐업하는 경우에는 분할변경등기일을 폐업일[136)로 하여 폐업신고를 하여야 하며 폐업일이 속하는 달의 다음 달 25일까지 부가가치세 확정신고를 하여야 한다.

---

128) 인적분할방식으로 분할법인이 보유한 주식을 분할신설법인에 이전하는 경우 증권거래세 과세표준산정방법 (사전-2021-법규재산-1463)
129) 증권거래법 §8 ①(2022년까지 0.43%, 2023년부터 0.35%)
130) 조특법 §117 ① 14호
131) 농특법 §4 7의2
132) 조칙 별지 70호 서식(증권거래세 세액면제신청서)
133) 자본시장법 §165의4
134) 법령 §88 ① 3의2호
135) 부법 §5 ③ 및 부령 §7 ①
136) 분할법인이 소멸하는 경우에는 분할신설법인의 설립등기일을 폐업일로 한다.

② 분할등기일 전 세금계산서 교부

분할신설법인의 분할등기 전 실제 분할한 경우 실제 분할일부터 분할등기를 한 날까지 분할법인의 사업장에서 거래된 공급 및 매입분은 분할법인의 명의로 세금계산서를 교부한다.[137)]

(5) 분할신설법인

1) 자산승계가액

① 비적격분할

분할신설법인등이 분할로 분할법인등의 자산을 승계한 경우에는 그 자산을 분할법인등으로부터 분할등기일 현재의 시가로 양도받은 것으로 본다.[138)]

따라서 분할로 인하여 취득한 자산의 세법상 취득가액은 해당 자산의 시가이며 '시가'란 건전한 사회 통념 및 상거래 관행과 특수관계인이 아닌 자 간의 정상적인 거래에서 적용되거나 적용될 것으로 판단되는 가격을 기준으로 한다.[139)]

② 저격분할

분할법인등의 자산을 장부가액[140)]으로 양도받은 것으로 한다. 다만, 적격분할 요건의 사후관리를 위하여 양도받은 자산 및 부채의 가액은 분할등기일 현재의 시가로 계상한 후 장부가액과 시가와의 차액을 자산별로 계상하고 자산조정계정명세서를 작성하여야 한다.[141)]

③ 적격분할 시 자산조정계정

가. 자산조정계정

자산조정계정이란 적격분할 시 과세이연의 사후관리를 위한 것으로 시가와 장부가의 차액을 별도로 관리하는 계정이다.

시가에서 장부가액(승계하는 세무조정사항이 있는 경우에는 그 세무조정사항 중 익금불산입액은 더하고 손금불산입액은 뺀 가액으로 한다)을 뺀 금액이 0보다 큰 경우에는 그 차액을 익금에 산입하고 이에 상당하는 금액을 자산조정계정으로 손금에 산입하며, 0보다 적은 경우에

137) 서면 3팀-1217, 2008. 6. 17., 서면 3팀-2530, 2006. 10. 25.
138) 법법 §46의2 ①
139) 법령 §72 ②, 법법 §52 ②
140) 승계하는 세무조정사항 중 익금불산입액은 더하고, 손금불산입액은 뺀 가액으로 한다.
141) 법법 §46의3 ①

는 시가와 장부가액의 차액을 손금에 산입하고 이에 상당하는 금액을 자산조정계정으로 익금에 산입한다.

나. 자산조정계정의 관리

① 감가상각자산에 설정된 자산조정계정
- 상각 시
  - 시가가 장부가액보다 높은 경우에는 해당 자산의 감가상각비와 상계 (상각비 시부인 시 회사계상상각비에 차감하여 회사계상상각비를 감소시킴)
  - 시가가 장부가액보다 낮은 경우에는 해당 자산의 감가상각비에 가산 (상각비 시부인 시 회사계상상각비에 가산하여 회사계상상각비를 증가시킴)
- 처분 시
  - 해당 자산을 처분하는 사업연도에 잔액을 전액 익금 또는 손금에 산입

② 감가상각자산 외의 자산에 설정된 자산조정계정
해당 자산을 처분하는 사업연도에 잔액을 전액 익금 또는 손금에 산입

2) 분할매수차손익

① 적격분할

적격분할하에서는 분할매수차손익이 발생할 수 없으며[142] 분할합병 시 발생하는 양도가액과 시가 차액에 대해서는 익금과 손금에 산입하지 아니한다.

② 비적격분할

가. 분할매수차손의 손금산입

분할신설법인등이 분할법인등에게 지급한 양도가액이 분할등기일 현재의 분할법인의 순자산시가를 초과하는 경우로서 분할법인등의 상호·거래관계, 그 밖의 영업상의 비밀 등에 대하여 사업상 가치가 있다고 보아 대가를 지급한 경우[143] 그 차액을 세무조정계산서에 계상하고 분할등기일부터 5년간 균등하게 나누어[144] 손금에 산입한다.[145] 이 경우 월수는 역에 따라 계산하되 1월 미만의 일수는 1월로 하고, 이에 따라 분할등기일이 속한 월을 1월로

142) 분할대가가 모두 주식으로만 구성되어야 적격분할요건이 충족됨으로 양도가액과 순자산시가는 일치한다.
143) 양도가액에서 순자산시가를 차감한 금액이 언제나 분할매수차손에 해당되어 5년간 손금산입이 가능한 것이 아니며 초과수익력 등 사업상 가치가 있어 지급한 경우로 한한다.
144) 분할매수차손은 세법상 감가상각대상자산에 해당되지 않으므로 감가상각시부인대상이 아니다.
145) 법법 §46의2 ③, 법령 §82의3

계산한 경우에는 분할등기일부터 5년이 되는 날이 속한 월은 계산에서 제외한다.

$$\text{해당 사업연도의 손금산입액} = \text{분할매수차손} \times \frac{\text{해당 사업연도의 월수}}{\text{60개월(5년)}}$$

나. 분할매수차익의 익금산입

분할신설법인등은 분할법인등에 지급한 양도가액이 분할등기일 현재의 순자산시가보다 적은 경우에는 그 차액을 세무조정계산서에 계상하고 분할등기일부터 5년간 균등하게 익금에 산입한다. 이 경우 월수는 역에 따라 계산하되 1월 미만의 일수는 1월로 하고, 이에 따라 분할등기일이 속한 월을 1월로 계산한 경우에는 분할등기일부터 5년이 되는 날이 속한 월은 계산에서 제외한다.[146)]

$$\text{해당 사업연도의 익금산입액} = \text{분할매수차익} \times \frac{\text{해당 사업연도의 월수}}{\text{60개월(5년)}}$$

3) 승계

① 연대납세의무[147)]

분할신설법인등은 분할등기일 전에 분할법인등에 부과되거나 납세의무가 성립한 국세 및 강제징수비[148)]에 대하여 분할로 승계된 재산가액을 한도로 연대하여 납부할 의무가 있다. 또한 법인이 분할로 인하여 소멸한 경우 분할신설법인등은 분할법인등이 납부하지 아니한 각 사업연도 소득에 대한 법인세[149)]를 납부할 책임을 진다.

② 세무조정사항[150)]

가. 비적격분할

분할사업부문 관련 퇴직급여충당금 또는 대손충당금에 한하여 분할신설법인등이 승계한 경우만 승계되며 그 밖의 세무조정사항은 승계하지 않는다.

---

146) 법법 §44의2 ②, 법령 §80의3
147) 국기법 §25, 법령 §85의2
148) "부과되거나 납부할 국세, 체납처분비"라 함은 합병으로 인하여 소멸된 법인에게 귀속되는 국세 및 체납처분비와 세법에 정한 납세의무의 확정절차에 따라 장차 부과되거나 납부하여야 할 국세 및 체납처분비를 말한다(국기통 23-0…2).
149) 분할에 따른 양도손익에 대한 법인세를 포함한다.
150) 법령 §85

나. 적격분할

분할신설법인등은 분할법인등의 분할사업부문 세무조정사항에 한하여 세무조정사항을 승계한다.

다. 분할신설법인등으로 승계되지 않은 세무조정의 처리[151)]

분할신설법인등으로 승계되지 않은 세무조정사항은 분할법인등의 각 사업연도 소득금액을 계산할 때 반대의 세무조정을 통해 익금 또는 손금에 산입되어 소멸한다.

③ 이월결손금

가. 분할법인이 존속하는 분할과 비적격분할

분할신설법인등은 분할법인등의 이월결손금을 승계받을 수 없다.[152)]

나. 분할법인이 소멸하는 적격분할

승계하는 이월결손금

분할법인이 적격분할 후 소멸하는 경우 분할신설법인등은 분할법인등의 분할등기일 현재 이월결손금을 승계한다.[153)]

승계한 이월결손금의 공제제한

승계한 이월결손금은 분할 시 승계한 사업에서 발생한 소득금액[154)]의 범위 내에서 공제하며 승계받은 사업에서 발생한 소득금액의 80%를 한도로 한다.

④ 이월세액공제 · 감면

가. 비적격분할

분할등기일 현재 분할법인등의 이월세액공제 · 감면은 승계되지 않는다.

나. 적격분할

분할법인등이 분할 전 적용받던 이월세액공제 · 감면은 분할신설법인등이 해당 공제 · 감면 요건을 갖춘 경우에만 승계하여 공제한다.[155)] 한편, 승계한 세액공제 · 감면 적용 시 제한규정은 합병을 준용[156)]하므로 제1장 합병 부분을 참조하기 바란다.

---

151) 법인세과-150, 2014. 4. 1., 법규법인2012-458, 2013. 1. 28.
152) 법법 §46의5 ③
153) 법법 §46의3 ②
154) 법법 §114 ④에 따라 구분경리 하여야 한다. 구분경리와 관련된 내용은 제1장 합병 부분을 참조하기 바란다.
155) 법령 82의4 ②

| 이월세액공제 · 감면의 구분 |

구분	내용
특정사업 · 자산과 관련된 경우	특정사업 · 자산을 승계한 분할신설법인등이 공제
이외의 경우	분할법인등의 사업용 자산가액 중 분할신설법인등이 각각 승계한 사업용자산가액 비율로 안분하여 분할신설법인등이 각각 공제

4) 취득세

① 과세표준

법인의 합병 · 분할 및 조직변경을 원인으로 부동산등[157]을 취득하는 경우 과세표준은 시가인정액[158]으로 한다. 다만, 시가인정액을 산정하기 어려운 경우 취득당시가액은 시가표준액으로 한다.

② 세율

지방세법에 따른 표준세율[159] 및 중과세율[160]이 적용되나 일정요건을 만족하는 분할로 법인을 설립하는 경우 중과에서 제외한다. 또한 적격분할 시에는 지방세특례제한법상 감면을 적용받는다.

가. 중과 제외[161]

분할등기일 현재 5년 이상 계속하여 사업을 한 대도시[162] 내 내국법인이 일정요건[163]을 갖추어 분할함에 따라 법인을 설립하는 경우에는 대도시 내 부동산취득 중과[164]에서 제외한다.[165]

---

156) 법령 §83 ④, 법령 §81 ③

157) 부동산, 차량, 기계장비, 항공기, 선박, 입목, 광업권, 어업권, 양식업권, 골프회원권, 승마회원권, 콘도미니엄 회원권, 종합체육시설이용회원권 또는 요트회원권(지법 §7)

158) 매매사례가액, 감정가액, 공매가액 등 대통령령으로 정하는 바에 따라 시가로 인정되는 가액으로 취득일 전 6개월부터 취득일 후 3개월 이내의 기간에 부동산등에 대하여 매매, 감정, 경매(「민사집행법」에 따른 경매를 말한다) 또는 공매한 사실이 있는 경우의 가액. 자세한 내용은 지령 §14를 참조하기 바란다.

159) 지방세법 제11조(부동산취득의 세율) 및 제12조(부동산 외 취득의 세율)에 따른 세율로 지방자치단체의 장은 조례로 정하는 바에 따라 취득세의 세율을 제11조와 제12조에 따른 세율의 100분의 50의 범위에서 가감할 수 있다(지법 §14).

160) 지법 §13(과밀억제권역 안 취득 등 중과) 및 지법 §13의2(법인의 주택 취득 등 중과)에 따른 세율

161) 취득세 중과규정은 제1장 합병 부분을 참조하기 바란다.

162) 「수도권정비계획법」 제6조에 따른 과밀억제권역(「산업집적활성화 및 공장설립에 관한 법률」을 적용받는 산업단지는 제외)

163) 법법 §46 ②항 1호 가목부터 다목까지의 요건을 갖춘 분할

가. 분리하여 사업이 가능한 독립된 사업부문을 분할하는 것일 것

나. 분할하는 사업부문의 자산 및 부채가 포괄적으로 승계될 것. 다만, 공동으로 사용하던 자산, 채무자의 변경이 불가능한 부채 등 분할하기 어려운 자산과 부채 등으로서 대통령령으로 정하는 것은 제외한다.

다. 분할법인등만의 출자에 의하여 분할하는 것일 것

나. 분할 시 부동산취득에 대한 표준세율

분할 시 부동산취득에 대한 세율은 23년 개정 전에는 명시적인 규정이 없어 해석 및 예규에 따라 인적분할인 경우 무상취득세율인 3.5%를, 물적분할인 경우에는 유상취득세율인 4%를 적용하였으나 개정 후[166] 분할 시 취득하는 부동산에 대하여 유상[167]세율을 적용하는 것으로 명시됨에 따라 인적분할 및 물적분할의 구분없이 유상취득세율인 4%[168]가 적용된다.

다. 적격분할 시 적용세율 및 감면

적용세율은 표준세율이며 지방세특례제한법에 의한 감면에 따라 75%가 경감된다.[169] 한편, 분할등기일로부터 3년 이내에 적격분할 중단사유[170]가 발생하는 경우에는 경감받은 취득세를 추징하며[171] 회원제골프장・고급주택 등 사치성재산[172]은 적격분할이라도 지방세특례제한법상 감면대상에서 제외된다.[173]

③ 지방교육세 등

가. 지방교육세[174]

구분	적격분할	비적격분할
과세표준	취득세 과세표준 × (제11조[175] 및 제12조에 따른 세율[176] – 2%)	
세율	20%	
감면	(1 – 75%[177])	해당사항 없음.

164) 지법 §13 ② 1호에 따른 중과
165) 지령 §27 ④
166) 2023. 3. 14. 이후 법인이 합병 또는 분할에 따라 부동산을 취득하는 경우부터 적용한다.
167) 분할에 따른 자산취득과 교부하는 주식을 대가관계로 보아 유상취득으로 보았다.
168) 지법 §11 ⑤ 및 ① 7호(가. 농지 : 1천분의 30, 나. 농지 외의 것 : 1천분의 40)
169) 지특법 §57의2 ③ 2호
170) 법법 §46의3 ③
171) 이자상당액을 가산하여 납부한다(지특법 §178 ②).
172) 1. (삭제, 2023. 3. 14. : 지방세법 부칙)
2. 골프장 : 「체육시설의 설치・이용에 관한 법률」에 따른 회원제 골프장용 부동산 중 구분등록의 대상이 되는 토지와 건축물 및 그 토지 상(上)의 입목. 이 경우 등록을 하지 아니하고 사실상 골프장으로 사용하는 부동산을 포함한다.
3. 고급주택 : 주거용 건축물 또는 그 부속토지의 면적과 가액이 「지방세법 시행령」 제28조 제4항에 따른 기준을 초과하거나 해당 건축물에 67제곱미터 이상의 수영장 등 「지방세법 시행령」 제28조 제4항에 따른 부대시설을 설치한 주거용 건축물과 그 부속토지
4. 고급오락장 : 도박장, 유흥주점영업장, 특수목욕장, 그 밖에 이와 유사한 용도에 사용되는 건축물 중 「지방세법 시행령」 제28조 제5항에 따른 건축물과 그 부속토지
5. 고급선박 : 비업무용 자가용 선박으로서 「지방세법 시행령」 제28조 제6항에 따른 기준을 초과하는 선박
173) 지특법 §177
174) 지법 §151

나. 농어촌특별세

구분	적격분할	비적격분할
과세표준	비과세[178]	취득세 과세표준 × 2%
세율		10%

④ 신고 · 납부기한

취득일로부터 60일과 소유권이전등기 접수일 중 빠른 날이 신고 · 납부기한이므로[179] 분할기일 후 부동산이전등기일에 신고 · 납부가 완료되어야 한다.

⑤ 분할 시 부동산 취득세 세율

구분	취득세 과세표준 기준	
	적격분할	비적격분할
취득세	4% × (1 − 75%) = 1%	4%
지방교육세	(4% − 2%) × (1 − 75%) × 20% = 0.1%	(4% − 2%) × 20% = 0.4%
농어촌특별세	비과세	2% × 10% = 0.2%
합계	1.1%	4.6%

5) 등록면허세

대도시 내 법인의 자본금 증가에 대한 자본등록세 중과규정[180]은 분할등기일 현재 5년 이상 계속하여 사업을 경영한 대도시 내의 내국법인이 일정요건을 갖춘 분할[181]로 인하여 법인을 설립하는 경우에는 적용하지 않는다.[182]

| 자본등록세 세율 |

구분	법인등기(설립등기)
등록면허세	0.4%
지방교육세	0.4% × 20% = 0.08%
합계	0.48%[183]

175) 지법 제11조 제1항 제1호부터 제7호까지의 세율
176) 지법 §14에 따라 조례로 세율을 달리 정하는 경우에는 그 세율
177) 취득세 계산 시 적용된 감면율
178) 농특령 §4 ⑦ 5호
179) 지법 §20 ①
180) 대도시 내 법인 설립 후 5년 내 자본금을 증가하는 경우 등은 기존세율의 3배가 중과된다(지법 §28 ②).
181) 법법 §46 ② 1호 가목부터 다목까지의 요건을 모두 갖춘 경우의 분할로 한정한다.
182) 지령 §45 ② 1호

6) 중간예납

분할신설법인의 최초 사업연도가 6개월을 초과하는 경우에는 최초사업연도개시일(설립등기일)로부터 6개월이 되는 시점까지를 중간예납기간으로 하여 가결산방식의 중간예납세액을 신고・납부하여야 한다.[184)]

(6) 분할법인의 주주

1) 의제배당

① 비적격분할

분할법인 또는 소멸한 분할합병의 상대방법인의 주주가 분할로 인하여 취득하는 주식의 가액과 금전, 그 밖의 재산가액의 합계액이 그 분할법인 또는 소멸한 분할합병의 상대방법인의 주식을 취득하기 위하여 사용한 금액을 초과하는 금액은 의제배당으로 법인세 또는 소득세가 과세된다.[185)]

분할로 인하여 취득하는 분할신설법인의 주식등의 가액
(+) 분할로 인하여 취득하는 금전 또는 그 밖의 재산가액
(−) 분할법인등의 주식을 취득하기 위하여 소요된 금액(*)
= 의제배당

(*) 분할법인이 존속 시 분할법인등의 주식을 취득하기 위하여 소요된 금액의 계산[186)]

분할 전 법인주식 취득가액 × $\dfrac{\text{분할등기일 현재 감소한 분할법인의 자기자본 (자본금과 잉여금의 합계액 중 분할로 인하여 감소되는 금액)}}{\text{분할 전 당해 법인의 자기자본}}$

② 적격분할

가. 적격분할 요건완화[187)]

의제배당의 과세이연을 위한 적격분할 요건은 적격분할 요건 중 일부를 완화하여 적용한다.[188)] 상기 (3)적격분할의 요건 부분을 참조하기 바란다.

183) 대도시 내 3배 중과 규정에 해당되면 1.44%가 적용된다.
184) 법법 §63의2 ② 2호 다목 및 법인, 제도46012-11361, 2001. 6. 7.
185) 법법 §16 ① 6호, 소법 §17 ②
186) 법기통 16-0…1
187) 법령 §14 ① 1호 나목
188) 법법 §46 ② 1호 및 2호(주식등의 보유와 관련된 부분은 제외)만 모두 갖추면 된다.

나. 분할교부주식가액의 산정

적격분할의 경우 의제배당계산 시 분할교부주식가액을 시가가 아닌 종전의 주식 장부가액으로 하므로 분할대가 중 금전 또는 그 밖의 자산이 없다면 분할법인등의 주주의 분할 시 의제배당액은 "0(영)"으로 과세이연된다.

다만, 분할대가 중 일부를 금전이나 그 밖의 재산으로 받은 경우로서 분할교부주식의 시가가 종전의 장부가액보다 적은 경우에는 시가로 한다.[189)]

| 적격분할 시 분할교부주식가액의 산정 |

구분	분할교부주식가액
분할대가가 전부 분할교부주식인 경우	종전 장부금액
분할대가의 일부가 분할교부주식이 아닌 경우[190)] & 분할교부주식시가 < 종전의 장부가액	시가

2) 불공정분할합병에 의한 이익분여[191)]

① 법인

특수관계인 법인 간 분할합병을 함에 있어 주식등을 시가보다 높거나 낮게 평가하여 불공정한 비율로 분할합병하여 특수관계에 있는 주주 간에 현저한 이익이 분여되는 경우에는 부당행위계산부인 규정이 적용된다. 다만, 자본시장법 제165조의4에 따른 분할합병[192)]은 제외한다.

② 개인

특수관계에 있는 법인 간 분할합병에 있어 분할합병의 당사회사의 대주주가 일정한 규모 이상의 이익을 얻는 경우 그 분할합병 등기일을 증여일로 하여 그 이익에 상당하는 금액을 그 대주주등의 증여재산가액으로 한다. 다만, 자본시장법에 따른 분할합병은 제외한다.

---

189) 시가가 장부가액보다 적은 경우에도 분할교부주식가액을 종전의 장부가액으로 하게 되면 시가미달액의 상쇄효과가 사라져 의제배당금액이 높아지게 됨으로 이를 방지하기 위함이다.
190) 적격분할 시 분할합병이 아닌 분할의 분할대가는 모두 주식으로 구성되어야 하므로 해당 경우는 분할합병의 경우에만 적용된다.
191) 법령 §88 ① 8호 가목, 상증법 §38
192) 자본시장법에서 정하는 요건 및 방법 등의 기준에 따른 분할합병을 말한다.

(7) 적격분할의 사후관리

적격분할 후 일정기간 내에 과세이연 중단사유가 발생하는 경우에는 그 사유가 발생한 사업연도에 적격분할 관련 세무사항을 모두 조정한다. 또한 적격분할에 따라 감면받은 취득세 등은 추징된다.

1) 과세이연 중단사유 및 중단사유의 예외[193)]

과세이연 중단사유 및 사유발생기간[194)]	과세이연 중단사유의 예외 (부득이한 것으로 보는 경우)
분할신설법인등이 분할법인등으로부터 승계받은 사업을 폐지하는 경우 ※ 사유발생기간 : 2년 이내 ※ 분할법인등으로부터 승계한 자산가액[195)]의 2분의 1 이상[196)]을 처분하거나 사업에 사용하지 아니하는 경우에는 분할법인등으로부터 승계받은 사업을 폐지한 것으로 본다.	(법법 §46 ② (3)에 대한 부득이한 사유) ⓐ 분할신설법인등이 파산함에 따라 승계받은 자산을 처분한 경우 ⓑ 분할신설법인등이 적격합병(법 §44 ② 및 ③에 따른 적격합병)·적격분할(법 §46 ②에 따른 적격분할)·적격물적분할(법 §47 ①에 따라 양도차익을 손금에 산입한 물적분할) 또는 적격현물출자(법 §47의2 ① 각 호의 요건을 모두 갖추어 양도차익에 해당하는 금액을 손금에 산입하는 현물출자)에 따라 사업을 폐지한 경우 ⓒ 분할신설법인등이 기업개선계획의 이행을 위한 약정(조특령 §34 ⑥ 1호) 또는 기업개선계획의 이행을 위한 특별약정(조특령 §34 ⑥ 2호)에 따라 승계받은 자산을 처분한 경우 ⓓ 분할신설법인등이 채무자 회생 및 파산에 관한 법률에 따른 회생절차에 따라 법원의 허가를 받아 승계받은 자산을 처분한 경우
분할법인등의 일정 지배주주등이 분할신설법인등으로부터 받은 주식을 처분하는 경우 ※ 사유발생기간 : 2년 이내	(법법 §46 ② (2)에 대한 부득이한 사유) ⓐ 일정 지배주주가 분할로 교부받은 전체 주식의 50% 미만을 처분한 경우

구분	내용
주식보유 요건의 판단기준	모든 개별주주가 아닌 일정 지배주주 전체를 기준으로 판단함.
일정 지배주주가 분할로 교부받은 주식 등을 서로 간에 처분하는 경우	그 주식은 처분한 것으로 보지 않음.

193) 법법 §46의3 ③, 법령 §82의4 ⑥, 법령 §80의2 ①
194) 분할등기일이 속하는 사업연도의 다음 사업연도 개시일부터 기산한다.
195) 피합병법인으로부터 승계한 자산가액은 유형자산, 무형자산 및 투자자산의 가액을 말한다.
196) 50% 미만을 처분하는 경우에는 사업을 폐지한 것으로 보지 않는다.

과세이연 중단사유 및 사유발생기간	과세이연 중단사유의 예외 (부득이한 것으로 보는 경우)
	ⓑ 일정 지배주주가 사망하거나 파산하여 주식을 처분한 경우 ⓒ 일정 지배주주가 적격합병(법 §44 ② 및 ③에 따른 적격합병)·적격분할(법 §46 ②에 따른 적격분할)·적격물적분할(법 §47 ①에 따라 양도차익을 손금에 산입한 물적분할) 또는 적격현물출자(법 §47의2 ① 각 호의 요건을 모두 갖추어 양도차익에 해당하는 금액을 손금에 산입하는 현물출자)에 따라 주식을 처분한 경우 ⓓ 일정 지배주주가 조세특례제한법 제38조·제38조의2 또는 제121조의30에 따라 주식을 현물출자 또는 교환·이전하고 과세를 이연받으면서 주식을 처분한 경우 ⓔ 일정 지배주주가 채무자 회생 및 파산에 관한 법률에 따른 회생절차에 따라 법원의 허가를 받아 주식을 처분하는 경우 ⓕ 일정 지배주주가 기업개선계획의 이행을 위한 약정(조특령 §34 ⑥ 1호) 또는 기업개선계획의 이행을 위한 특별약정(조특령 §34 ⑥ 2호)에 따라 주식등을 처분하는 경우 ⓖ 일정 지배주주가 법령상 의무를 이행하기 위하여 주식을 처분하는 경우
(분할의 경우[197]) 각 사업연도 종료일 현재 분할신설법인등에 종사하는 근로자 수가 분할등기일 1개월 전 당시 분할하는 사업부문에 종사하는 근로자수의 80% 미만으로 하락하는 경우 ※ 사유발생기간 : 3년 이내	(법법 §46 ② (4)에 대한 부득이한 사유) ⓐ 분할신설법인등이 채무자 회생 및 파산에 관한 법률 제193조에 따른 회생계획을 이행 중인 경우 ⓑ 분할신설법인등이 파산함에 따라 근로자의 비율을 유지하지 못한 경우 ⓒ 분할신설법인등이 적격합병, 적격분할, 적격물적분할 또는 적격현물출자에 따라 근로자의 비율을 유지하지 못한 경우

197) (분할합병의 경우) 다음 어느 하나에 해당하는 경우
① 각 사업연도 종료일 현재 분할합병의 상대방법인에 종사하는 근로자 수가 분할등기일 1개월 전 당시 분할하는 사업부문과 분할합병의 상대방법인에 각각 종사하는 근로자 수의 합이 80% 미만으로 하락하는 경우
② 각 사업연도 종료일 현재 분할신설법인에 종사하는 근로자 수가 분할등기일 1개월 전 당시 분할하는 사업부문과 소멸한 분할합병의 상대방법인에 각각 종사하는 근로자 수의 합이 80% 미만으로 하락하는 경우

2) 과세이연중단의 효과

① 자산조정계정 등의 익금산입

분할신설법인등은 그 사유가 발생한 날이 속하는 사업연도의 소득금액을 계산할 때 계상된 자산조정계정 잔액의 총합계액[198] 및 분할법인등으로부터 승계받은 결손금 중 공제한 금액 전액을 일시에 익금에 산입한다. 이 경우 적격분할 시 계상된 자산조정계정은 소멸하는 것으로 한다.[199]

> 익금산입액 = 자산조정계정 잔액 + 승계받은 결손금의 누적공제액

② 분할매수차손익의 조정

과세이연 중단사유가 발생하는 경우에는 처음부터 비적격분할을 한 것처럼 그 효과를 조정해야 하는데 비적격분할 시 분할매수차손은 사업상 가치 등이 있어 지급한 경우 5년간 균등손금하고 분할매수차익은 5년간 균등익금함을 고려하여 그동안의 누적효과를 조정한다.

| 분할매수차손의 조정 예시 |

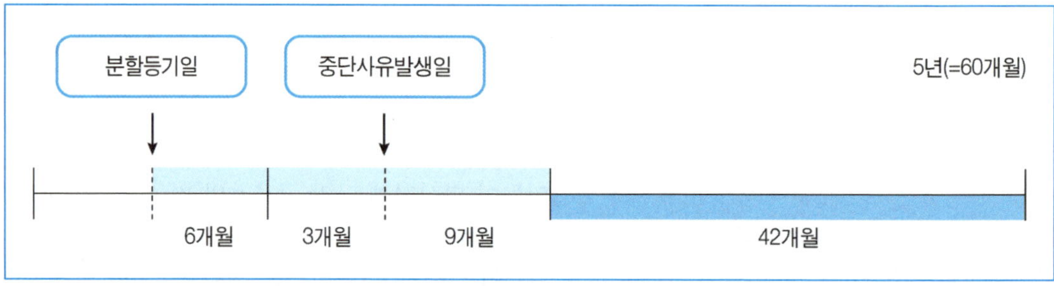

> ① 중단사유 발생 사업연도 누적손금 산입액
>
> $$\text{분할매수차손} \times \frac{\text{분할등기일부터 해당 사업연도 종료일까지 월수(18개월)}}{\text{60개월}}$$
>
> ② 중단사유 발생 사업연도부터 합병등기일로부터 5년이 되는 날이 속하는 사업연도까지 각 사업연도의 손금산입액
>
> $$\text{분할매수차손} \times \frac{\text{해당 사업연도의 월수}^{200)}}{\text{60개월}}$$

198) 총합계액이 0보다 큰 경우에 한정하며, 총합계액이 0보다 적은 경우에는 없는 것으로 본다.
199) 법법 §82의4 ④, ⑤

③ 승계한 세무조정사항의 처리

사유가 발생하는 사업연도의 소득금액 및 과세표준을 계산할 때 승계한 세무조정사항 중 익금불산입액은 더하고 손금불산입액은 차감하여 승계한 세무조정사항을 모두 제거한다.

④ 공제한 세액감면 · 공제의 가산

분할법인등으로부터 승계받아 공제한 감면 · 세액공제액 등을 해당 사업연도의 법인세에 더하여 납부하고 해당 사업연도부터 관련 감면 또는 세액공제를 적용하지 아니한다.[201)]

⑤ 감면 취득세의 추징

분할등기일부터 3년 이내에 과세이연 중단사유 중 어느 하나에 해당하는 사유가 발생하는 경우(부득이한 사유가 있는 경우 제외)에는 경감된 취득세를 추징한다.[202)]

(8) 물적분할

1) 분할법인의 주식취득가액 및 양도차익 등

① 주식취득가액

물적분할에 따라 분할법인이 취득하는 주식의 세법상 취득가액은 적격분할여부와 관계없이 분할사업부문의 순자산 시가[203)]이다. 한편, 물적분할 시에는 분할매수차손 · 차익은 인정되지 않는다.[204)]

② 양도차익

가. 비적격분할

물적분할은 분할법인이 분할사업부문을 양도하고 그 대가로 분할신설법인의 주식을 취득하는 자산양도거래로 그 차액에 해당하는 양도차익에 대하여 분할등기일이 속하는 사업연도의 소득금액을 계산할 때 익금 또는 손금에 산입한다. 또한 물적분할에 따라 양도차손이 발생하는 경우 해당 양도차손은 분할법인의 각 사업연도 소득계산 시 손금에 산입하는 것이며 이는 비적격물적분할에 해당한다.[205)]

---

200) 분할등기일이 속하는 월의 일수가 1월 미만인 경우 분할등기일부터 5년이 되는 날이 속하는 월은 없는 것으로 한다.
201) 법령 §82의4 ⑤
202) 지특법 §57의2 ③ 2호
203) 법령 §72 ② 3호의2
204) 서면-2016-법인-4034(2016. 9. 12.)
205) 법규법인 2008-0076(2008. 12. 23.), 법규법인 2012-458(2013. 1. 28.)

한편, 자산양도차익을 계산함에 있어 해당 분할 사업부문의 자산・부채를 공정가액으로 평가하지 아니하고 시가보다 낮은 가액으로 하는 경우[206]에는 부당행위계산부인 규정이 적용된다.[207]

| 양도차익의 계산 |

구분	내용
분할대가(= 분할신설법인등의 주식)	물적분할한 사업부문 순자산 시가[208]
(−) 분할법인등의 순자산 장부가액	물적분할한 사업부문 순자산 장부가
= 양도차익(양도차손)	익금 또는 손금에 산입함.

나. 적격분할[209]

분할법인은 분할등기일이 속하는 사업연도의 소득금액을 계산할 때 분할신설법인으로부터 취득하는 주식등의 가액 중 물적분할로 인하여 발생한 자산의 양도차익에 상당하는 금액에 대하여 해당 주식의 압축기장충당금으로 계상하여 손금에 산입함으로써 자산양도차익에 대한 과세를 이연받을 수 있다.[210]

자산양도차익에 대한 과세이연을 적용받으려는 분할법인등은 법인세 과세표준 등의 신고를 할 때 분할신설법인등과 함께 물적분할과세특례신청서[211] 및 자산의 양도차익에 관한 명세서[212]를 납세지 관할 세무서장에게 제출하여야 한다.[213]

| 압축기장충당금의 설정한도 및 세무상 회계처리 |

구분	금액
분할사업부문의 순자산 시가	200
분할사업부문의 순자산 장부가	150

206) 시가미달액만큼 분할법인은 양도차익이 줄어들며 분할신설법인은 손금액이 감소한다.
207) 법인세 집행기준 47-0-3
208) 부동산등이 있는 경우 법인세법상 시가평가가 필요하다.
209) 물적분할 시 양도차익 과세이연 조건은 적격분할 요건(법법 §46 ② 각 호)을 준용하되 분할대가의 전액이 주식등인 경우로 한정한다. 적격분할 요건은 상기 (3) 적격분할 요건을 참조하기 바란다.
210) 법법 §47 ①
211) 법칙 별지 §43호 서식
212) 법칙 별지 §46의2호 서식(갑), (을)
213) 법령 §84 ⑱
214) 분할사업부문의 순자산 장부가액이 부의 금액인 경우에 압축기장충당금 한도액은 교부받은 주식의 가액을 한도로 한다.

① 물적분할에 따라 취득하는 주식의 세법상 취득가액은 분할사업부문의 순자산시가인 200이다.
② 자산양도차익에 상당하는 금액은 50(=200-150)이다.
③ 주식의 압축기장충당금으로 설정하는 금액은 Min(교부받은 주식가액,[214] 자산양도차익)인 50이다.

세무상 회계처리

차변	금액	대변	금액
분할신설회사 주식	200	분할대상사업부문 순자산	150
압축기장충당금	(50)	~~양도차익~~	~~50~~

③ 분할법인의 불량채권 처분손실의 손금산입[215]

물적분할하는 법인이 분할하는 사업부문에 속하는 자산 및 부채를 분할신설법인등에게 승계함에 있어서 불량채권을 담보가치 또는 회수가능성 등을 합리적으로 고려한 공정가액으로 평가하여 승계한 경우에는 분할법인이 해당 채권의 처분손실을 손금에 산입한다.

2) 과세이연의 사후관리

과세이연된 양도차익[216]은 두 가지 방식으로 익금산입된다. 분할신설법인에게 승계된 자산이 감가상각되거나 처분되면서 익금산입되며 분할법인이 계상한 분할신설법인주식이 처분될 때 주식처분비율만큼 익금산입[217]된다. 또한 자산처분비율 및 주식처분비율에 따른 익금산입 외에도 과세이연 중단사유가 발생하는 경우에는 남은 잔액을 일시에 익금산입한다.

한편, 분할신설법인은 분할로 인하여 승계한 자산을 세법상 시가로 계상하고 향후 손금산입할 것이므로 과세이연된 양도차익의 익금산입액은 분할법인에게 모두 과세된다.

① 처분비율에 따른 익금산입

분할법인이 손금에 산입한 양도차익에 상당하는 금액은 분할법인이 분할신설법인으로부터 받은 주식등을 처분하거나, 분할신설법인이 분할법인으로부터 승계받은 자산("승계자산"[218]

215) 법인세 집행기준 47-0-3
216) 동 양도차익은 분할사업부문의 순자산장부가액과 시가의 차액으로 구성되어 있으며 해당 금액은 주식에 대한 압축기장충당금으로 설정되어 있다.
217) 자산처분 시와 달리 주식처분 시에는 보유자산의 양도차익 중 주식처분비율만큼만 실현된다.
218) 법령 §84 ④에 따른 자산으로 감가상각자산(사업에 사용하지 아니하는 자산을 포함함), 토지, 주식등을 말한다.

이라고 함) 처분하는 경우 해당 사유가 발생하는 사업연도에 처분비율에 따라 계산한 익금산입액을 분할법인[219]의 각 사업연도 소득금액 계산 시 익금에 산입한다.

한편, 분할법인의 양도손익의 사후관리를 위하여 분할법인으로부터 승계받은 자산을 처분하는 분할신설법인은 그 자산의 처분 사실을 처분일부터 1개월 이내에 분할법인에 알려야 한다.[220]

| 처분비율에 따른 익금산입액의 계산 |

◉ **계산**

A : 압축기장충당금(*1) × 당기자산처분비율(*2)

(+) B : 압축기장충당금(*1) × (1 − 당기자산처분비율(*2)) × 당기주식처분비율(*3)

= 당기 익금산입액(A + B)

◉ **설명**

자산처분비율에 해당하는 금액은 익금에 산입하고, 나머지 자산보유비율(미처분비율)에 해당하는 금액은 주식처분비율만큼만 익금에 산입한다.

(*1) 직전 사업연도 종료일(분할등기일이 속하는 사업연도의 경우 분할등기일) 현재 잔액

(*2) 분할신설법인이 직전 사업연도 종료일 현재 보유하고 있는 승계자산의 양도차익(분할등기일 현재의 승계자산의 시가에서 분할 등기일 전날 분할법인이 보유한 승계자산의 장부가액을 차감한 금액을 말함)에서 해당 사업연도에 처분한 승계자산의 양도차익이 차지하는 비율
(=당기에 처분한 자산의 양도차익/전기말 자산의 양도차익)

(*3) 분할법인이 직전 사업연도 종료일 현재 보유하고 있는 분할신설법인의 주식등의 장부가액에서 해당 사업연도에 분할법인이 처분한 분할신설법인의 주식등의 장부가액이 차지하는 비율
(당기에 처분한 주식등의 장부가액/전기말 주식등의 장부가액)

② 과세중단사유 발생에 따른 일시익금산입

2년[221] 이내에 과세중단사유[222]가 발생하는 경우에는 처분비율에 따라 익금에 산입하고 남은 압축기장충당금 잔액을 과세중단사유가 발생하는 날이 속하는 사업연도의 소득금액을 계산할 때 익금에 산입한다.[223]

---

219) 2011년 12월 개정 전에는 주식처분 및 승계받은 자산 처분 시 분할법인 및 분할신설법인에게 각각 과세하였으나 개정 이후 분할법인에게만 과세한다. 따라서 분할신설법인은 승계받은 자산을 처분하는 경우 그 처분사실을 분할법인에게 알려야 한다.

220) 법령 §24 ③ 1호, 법령 §84 ③, ④

221) 종업원 유지비율 요건은 3년

222) 과세중단사유 및 중단사유의 예외(부득이한 사유)는 상기 (7)을 참조하기 바란다.

223) 법령 §84 ⑬, ⑭

3) 적격물적분할 후 적격구조조정

① 적격구조조정

적격물적분할 후 분할법인 또는 분할신설법인이 이른바 적격구조조정을 하면서 분할신설법인의 자산이나 분할신설법인 주식이 다른 법인으로 승계되는 경우에는 처분이 아닌 승계로 보아 이를 승계한 법인의 압축기장충당금으로 대체한다.[224)]

| 적격구조조정(법령 §84 ⑤) |

① 분할법인 또는 분할신설법인이 최초로 적격합병, 적격분할, 적격물적분할, 적격현물출자, 조세특례제한법 제38조에 따라 과세를 이연받은 주식의 포괄적 교환 등 또는 같은 법 제38조의2에 따라 과세를 이연받은 주식의 현물출자(이하 "적격구조조정"이라 함)로 주식등 및 자산을 처분하는 경우

② 분할신설법인의 발행주식 또는 출자액 전부를 분할법인이 소유하고 있는 경우로서 다음의 어느 하나에 해당하는 경우(2021년 1월 1일 이후 물적분할하는 법인부터 적용함)

㉠ 분할법인이 분할신설법인을 적격합병(법 §46의4 ③에 따른 적격분할합병을 포함하며, 이하 같음)하거나 분할신설법인에 적격합병되어 분할법인 또는 분할신설법인이 주식등 및 자산을 처분하는 경우

㉡ 분할법인 또는 분할신설법인이 적격합병, 적격분할, 적격물적분할 또는 적격현물출자로 주식등 및 자산을 처분하는 경우. 단, 해당 적격합병, 적격분할, 적격물적분할 또는 적격현물출자에 따른 합병법인, 분할신설법인등 또는 피출자법인의 발행주식 또는 출자액 전부를 당초의 분할법인이 직접 또는 아래에 따라 간접으로 소유하고 있는 경우[(*)]로 한정함.

(*) 간접으로 소유하고 있는 경우

당초의 분할법인이 해당 적격합병, 적격분할, 적격물적분할 또는 적격현물출자에 따른 합병법인, 분할신설법인등 또는 피출자법인(이하 "적격구조조정법인"이라 함)의 주주인 법인(이하 "주주법인"이라 함)을 통해 적격구조조정법인을 소유하는 것을 말하며, 적격구조조정법인에 대한 당초의 분할법인의 간접소유비율은 다음의 계산식에 따라 계산한다. 이 경우 주주법인이 둘 이상인 경우에는 각 주주법인별로 계산한 비율을 합계한 비율을 적격구조조정법인에 대한 당초의 분할법인의 간접소유비율로 하며, 주주법인과 당초의 분할법인 사이에 하나 이상의 법인이 끼어 있고 이들 법인이 주식소유관계를 통하여 연결되어 있는 경우에도 이를 준용하여 간접소유비율을 계산한다(규칙 §42 ①~③).

간접소유비율 = 주주법인에 대한 당초의 분할법인의 주식소유비율
× 적격구조조정법인에 대한 주주법인의 주식소유비율

③ 분할법인 또는 분할신설법인이 주식등과 그와 관련된 자산・부채만으로 구성된 사업부문

---

224) 법법 §47 ②, 법령 §84 ⑤

(영 §82의2 ③ 각 호의 어느 하나에 해당하는 사업부문을 말함)의 적격분할 또는 적격물적 분할로 주식등 및 자산을 처분하는 경우(2021년 1월 1일 이후 물적분할하는 법인부터 적용함)

② 기존 압축기장충당금의 대체

적격물적분할 후 적격구조조정에 따라 분할신설법인의 자산이 다른 법인으로 승계되는 경우에는 해당 자산처분비율만큼을 승계받은 법인의 주식에 대한 압축기장충당금으로 대체하며, 분할신설법인의 주식이 다른 법인에게 승계되는 경우에는 해당 주식처분비율만큼을 주식승계법인의 분할신설법인주식에 대한 압축기장충당금으로 대체한다.

가. 자산승계법인주식에 대한 압축기장충당금으로 대체[225)]

적격물적분할 후 분할신설법인의 자산이 적격구조조정으로 인하여 자산승계법인[226)]에게 승계되고 해당 자산승계의 대가로 분할법인 또는 분할신설법인이 새로 취득하는 주식을 '자산승계법인주식'이라고 한다.

이 경우 분할신설법인이 자산승계법인에게 처분한 비율만큼을 기존의 압축기장충당금잔액에서 자산승계법인주식의 압축기장충당금으로 대체한다.

| 자산승계법인주식에 대한 압축기장충당금으로 대체할 금액 |

자산승계법인주식의 압축기장충당금 = 분할신설법인주식의 압축기장충당금 잔액 × 당기자산처분비율(*)

(*) 당기자산처분비율(영 §84 ③ 2호)을 산정할 때 '처분한 승계자산'은 적격구조조정에 따라 분할신설법인이 자산승계법인에 처분한 승계자산에 해당하는 것을 말함.

다만, 자산승계법인이 분할법인인 경우에는 분할신설법인주식등의 압축기장충당금 잔액을 분할법인이 승계하는 자산 중 최초 물적분할 당시 양도차익이 발생한 자산의 양도차익에 비례하여 안분계산한 후 그 금액을 해당 자산이 감가상각자산인 경우 그 자산의 일시상각충당금으로 해당 자산이 감가상각자산이 아닌 경우 그 자산의 압축기장충당금으로 한다.[227)]

225) 법령 §84 ⑥ 1호
226) 적격구조조정으로 분할신설법인으로부터 분할신설법인의 자산을 승계하는 법인을 말한다.
227) 주식에 대한 압축기장충당금을 자산에 대한 일시상각충당금 및 압축기장충당금으로 대체한다.

나. 주식승계법인의 분할신설법인주식에 대한 압축기장충당금으로 대체[228)]

적격물적분할 후 분할신설법인의 주식이 적격구조조정으로 인하여 주식승계법인[229)]에게 승계되는 경우 분할법인이 분할신설법인주식을 주식승계법인에게 처분한 비율만큼을 기존의 압축기장충당금잔액에서 주식승계법인의 승계한 분할신설법인주식에 대한 압축기장충당금으로 대체한다.

| 주식승계법인이 승계하여 대체되는 분할신설법인주식에 대한 압축기장충당금 |

주식승계법인이 승계하는 분할신설법인주식의 압축기장충당금
= 분할신설법인주식등의 압축기장충당금 잔액 × 당기 주식처분비율(*)

(*) 당기주식처분비율(영 §84 ③ 1호)을 산정할 때 '처분한 주식'은 적격구조조정에 따라 주식승계법인에 처분한 분할신설법인주식등에 해당하는 것을 말함.

다. 대체된 새로운 압축기장충당금의 사후관리[230)]

기존의 압축기장충당금을 대체하여 새롭게 압축기장충당금을 설정한 분할법인, 분할신설법인 또는 주식승계법인이 승계자산을 처분하거나 자산승계법인주식등을 처분하는 경우에는 처분비율에 따라 익금에 산입한다.

다만, 2021년 1월 1일 이후 물적분할하는 법인으로 상기 적격구조조정 ②·③의 사유에 해당하는 경우에는 이를 처분으로 보지 않고 상기 대체방법을 준용하여 계속 과세이연하며 그 이후의 처분 및 일시익금에 관한 규정은 대체된 압축기장충당금 익금산입 내용을 준용한다.

| 대체된 압축기장충당금의 처분에 따른 익금산입 |

구분	사유	내용
자산처분	자산승계법인 또는 분할신설법인이 승계자산[231)]을 처분하는 경우[232)]	처분비율에 따라 익금산입함.
주식처분	분할법인 또는 분할신설법인이 적격구조조정에 따라 새로 취득한 자산승계법인주식등을 처분하거나 주식승계법인이 적격구조조정에 따라 승계한 분할신설법인주식등을 처분하는 경우	

228) 법령 §84 ⑥ 2호
229) 적격구조조정으로 분할법인으로부터 분할신설법인의 주식을 승계하는 법인을 말한다.
230) 법령 §84 ⑦

구분	사유	내용
	자산승계법인이 분할법인인 경우로 분할신설법인 주식등의 압축기장충당금 잔액을 분할법인이 승계하는 자산의 일시상각충당금과 압축기장충당금으로 대체한 경우(법령 §84 ⑦).	(일시상각충당금) 해당 사업용자산의 감가상각비(취득가액 중 해당 일시상각충당금에 상당하는 부분에 대한 것에 한한다)와 상계할 것. 다만, 해당 자산을 처분하는 경우에는 상계하고 남은 잔액을 그 처분한 날이 속하는 사업연도에 전액 익금에 산입한다(법령 §64 ④).
		(압축기장충당금) 당해 사업용자산을 처분하는 사업연도에 이를 전액 익금에 산입.
	상기 적격구조조정 ②・③의 사유에 해당하는 경우	상기 압축기장충당금 대체방법에 따라 다시 대체하여 계속하여 이연하며, 그 이후 처분등에 따른 익금산입에 대한 규정은 대체된 압축기장충당금 익금산입규정을 준용함.

한편, 새로 압축기장충당금을 설정한 분할법인, 분할신설법인 또는 주식승계법인은 분할등기일이 속하는 사업연도의 다음 사업연도 개시일부터 2년 내에 다음의 어느 하나에 해당하는 사유가 발생하는 경우에는 압축기장충당금 잔액 전부를 그 사유가 발생한 날이 속하는 사업연도의 소득금액을 계산할 때 익금에 산입한다.[233)]

| 대체된 새로운 압축기장충당금의 일시익금 사유 |

사유 발생기간	중단 사유
2년	① 자산승계법인이 분할신설법인으로부터 적격구조조정으로 승계받은 사업을 폐지[234)]하거나 분할신설법인이 분할법인으로부터 승계받은 사업을 폐지하는 경우
	② 자산승계법인지분비율이 자산승계법인주식등 취득일의 자산승계법인지분비율의 50% 미만이 되거나 분할신설법인지분비율이 분할신설법인주식등 취득일의 분할신설법인지분비율의 50% 미만이 되는 경우

231) 법령 §84 ④에 따른 자산으로 감가상각자산(사업에 사용하지 아니하는 자산을 포함함), 토지, 주식등을 말한다.

232) 이 경우 분할신설법인 및 자산승계법인은 그 자산의 처분 사실을 처분일부터 1개월 이내에 분할법인, 분할신설법인, 주식승계법인 또는 자산승계법인에 알려야 함.

233) 법령 §84 ⑨, ⑬

234) 승계한 자산가액(유형자산・무형자산 및 투자자산의 가액)의 50% 이상을 처분하거나 사업에 사용하지 아니하는 경우에는 승계받은 사업을 폐지한 것으로 본다.

4) 분할신설법인

분할신설법인이 분할법인으로 승계하는 자산의 세무상 취득가액은 적격분할 요건의 충족 여부와 관계없이 승계받은 자산의 시가로 한다.[235] 한편, 분할법인의 자산·부채를 공정가액으로 평가하지 아니하고 시가보다 낮은 가액으로 승계한 경우[236]에는 부당행위계산부인 규정이 적용된다.[237]

| 분할신설법인의 승계 |

<table>
<tr><th>구분</th><th>내용</th></tr>
<tr><td rowspan="2">세무조정 사항[238]</td><td>분할법인의 퇴직급여충당금 또는 대손충당금(§33 ③, ④ 및 §34 ④)을 분할신설법인이 승계한 경우에만 그와 관련된 세무조정사항을 승계함.[239]</td></tr>
<tr><td>분할신설법인이 승계하지 않은 세무조정사항은 분할법인의 각 사업연도 소득금액을 계산할 때 반대의 세무조정을 통하여 익금 또는 손금에 산입되어 소멸함.[240]</td></tr>
<tr><td>이월결손금</td><td>이월결손금은 승계되지 아니함.</td></tr>
<tr><td>감면·세액 공제</td><td>적격물적분할의 경우 승계받은 사업에 속하는 감면 또는 세액공제에 한하여 승계가 가능함(법령 §84 ⑮).
<table>
<tr><th>구분</th><th>내용</th></tr>
<tr><td>특정사업·자산과 관련된 경우</td><td>특정사업·자산을 승계한 그 분할신설법인등이 공제</td></tr>
<tr><td>이외의 경우</td><td>분할법인등의 사업용 자산가액 중 분할신설법인등이 각각 승계한 사업용자산가액 비율로 안분하여 분할신설법인등이 각각 공제</td></tr>
</table></td></tr>
</table>

235) 법령 §72 ② 3호 나
236) 시가미달액만큼 분할법인은 양도차익이 줄어들며 분할신설법인은 손금액이 감소한다.
237) 법인세 집행기준 47-0-2
238) 법법 §47 및 법령 §85
239) 법령 §85 ①의 적격분할은 적격인적분할을 의미하는 것임.
240) 법인, 서면-2019-법령해석법인-4286 [법령해석과-1262], 2020. 4. 27. 및 법인,법인세과-150, 2014. 4. 1.

(9) 지주회사 설립 및 전환 시 과세특례

언급한 바와 같이 상장회사가 지주회사를 설립·전환 시에 인적분할 후 현물출자방식이 주로 사용되는데 인적분할 후 분할신설회사의 주식을 분할회사(지주회사)에 현물출자[241)]하게 되면 양도차익이 과세되는 문제점이 있다. 이에 원활한 지주회사 설립·전환을 위하여 조세특례제한법상 과세이연제도를 두고 있다.

본 조항은 크게 공정거래법상 지주회사 설립(또는 전환) 시 지주회사에 주식을 현물출자하는 경우 발생하는 양도차익을 과세이연 하는 조항과 공정거래법상 지주회사의 자회사에 대한 의무보유지분율을 충족하기 위하여 주식을 현물출자(또는 자기주식과 교환)하는 경우 발생하는 양도차익을 과세이연 하는 조항으로 구성되어 있다.

| 지주회사 설립 및 전환 시 과세특례 조항 |

구분	내용
조특법 제38조의2 ①	지주회사 설립(또는 전환)을 위한 주식현물출자 시 과세이연
조특법 제38조의2 ②	전환지주회사의 자회사 의무보유지분율 요건을 위한 주식현물출자 시 과세이연
지특법 §57의2 ⑤	지주회사의 자회사 주식취득 시 간주취득세 감면

한편, 본 조항은 2019. 12. 31. 개정[242)]으로 인하여 2022. 1. 1. 이후 현물출자분부터는 과세특례 적용범위를 축소하여 현물출자 후 4년까지 과세이연을 적용하고 그 이후 3년에 걸쳐 분할납부[243)]하도록 규정되어 있었으나, 2021. 12. 2. 개정[244)]을 통하여 기존방식의 과세이연특례를 2023. 12. 31.까지 2년간 연장하고 4년 거치 3년 분할납부 방식은 2024. 1. 1. 이후 현물출자하는 분부터 적용하도록 하였다.

| 과세특례 유예기간 연장 |

구분[245)]	내용
2023. 12. 31. 이전 현물출자분	처분 또는 과세중단사유 발생 시까지 이연
2024. 1. 1.~2026. 12. 31. 현물출자분	4년 거치·3년 분할 익금산입 및 분할납부

241) 조특법 §38의2에 따라 주식을 현물출자하고 과세이연을 받으면서 주식을 처분하는 경우는 적격분할의 사후관리 요건의 예외에 해당한다.

242) 법률 제16835호로 일부 개정된 것

243) 4년 거치 3년 분할납부

244) 코로나로 인하여 2023. 12. 31.까지 2년간 연장되었다.

1) 지주회사 설립 · 전환을 위한 주식현물출자 시 과세특례 요건(조특법 §38의2 ①)

일정한 요건을 갖추어 주식을 현물출자함에 따라 공정거래법상 지주회사를 새로 설립하거나 기존의 내국법인을 지주회사로 전환하는 경우 그 현물출자로 인하여 취득한 주식의 가액 중 그 현물출자로 인하여 발생한 양도차익에 상당하는 금액에 대하여는 그 주주가 해당 지주회사의 주식을 처분할 때까지 양도소득세 또는 법인세의 과세를 이연받을 수 있다.

| 과세특례 요건 Check List |

요건	충족 여부
가. 지주회사 설립 · 전환을 위한 주식현물출자 독점규제 및 공정거래에 관한 법률에 따른 지주회사[246]를 새로 설립하거나 기존의 내국법인을 지주회사로 전환함으로써 내국법인의 내국인 주주가 주식을 현물출자할 것	✓
나. 사업의 계속성 현물출자로 인하여 지주회사의 자회사로 된 내국법인("자회사"라 한다)이 현물출자일이 속하는 사업연도의 종료일까지 사업을 계속할 것	✓
다. 지분의 연속성 지주회사 및 현물출자를 한 주주 중 일정 지배주주[247]가 현물출자로 취득한 주식을 현물출자일이 속하는 사업연도의 종료일까지 보유할 것	✓

2) 전환지주회사에 주식현물출자 시 과세특례 요건(조특법 §38의2 ②)

내국법인의 내국인 주주가 현물출자 또는 분할[248]에 의하여 지주회사로 전환한 내국법인[249]에 일정한 요건을 모두 갖추어 주식을 현물출자하거나 그 전환지주회사의 자기주식과 교환하는 경우 그 현물출자 또는 자기주식교환으로 인하여 취득한 전환지주회사의 주식가액 중 현물출자 등으로 인하여 발생한 양도차익에 상당하는 금액에 대해서는 그 주주가 해당전환지주회사의 주식을 처분할 때까지 양도소득세 또는 법인세의 과세를 이연받을 수 있다.

---

245) 과세이연은 3년 연장하여 2026. 12. 31.까지로 하며 동시에 분할납부는 2027. 1. 1.부터 적용하는 방안이 2023년 7월 기재부 세법개정안에 포함되어 있다.

246) 금융지주회사법상 금융지주회사를 포함한다.

247) 현물출자등의 대상이 된 주식을 발행한 법인의 주주 중 법령§80의2 ⑤에 해당하는 주주를 말한다.

248) 「법인세법」 제46조 제2항 각 호 또는 같은 법 제47조 제1항에서 정한 요건을 갖춘 분할(적격인적분할 및 적격물적분할)을 말한다.

249) 상기 1)에 따라 지주회사로 전환된 내국법인을 포함하며 전환지주회사라고 한다.

| 과세특례 요건 Check List |

요건	충족 여부
가. 상기 1)의 조건을 모두 만족할 것[250]	✓
나. 전환지주회사에 현물출자등을 하는 법인 및 주식의 요건 법인요건 : • 전환지주회사의 주식소유비율이 공정거래법에서 정한 비율 미만인 법인("지분비율미달자회사"라고 함) 주식요건 : • 전환지주회사가 될 당시 해당 전환지주회사가 출자하고 있는 다른 내국법인 주식 • 전환지주회사의 분할로 신설·합병되는 법인 및 분할 후 존속하는 법인 주식	
다. 기간 요건 전환지주회사가 된 날부터 2년 이내에 현물출자하거나 자기주식교환하는 것일 것	✓
라. 자기주식교환일 경우 추가 요건 지분비율미달자회사의 모든 주주가 그 자기주식교환에 참여할 수 있어야 하며 그 사실을 법령에 정하는 바[251]에 따라 공시하였을 것	✓

3) 간주취득세 감면

공정거래법상 지주회사[252]가 되거나 지주회사가 공정거래법상에 따른 자회사의 주식을 취득하는 경우에는 과점주주의 간주취득세에 대하여는 100분의 85[253]에 해당하는 감면율을 적용한다. 다만, 해당 지주회사의 설립·전환일부터 3년 이내에 공정거래법에 따른 지주회사의 요건을 상실하게 되는 경우에는 면제받은 취득세를 추징한다.

---

250) 상기 1) 조건을 적용 시 "지주회사"는 "전환지주회사"로, "자회사"는 "지분비율미달자회사"로, "현물출자"는 "현물출자 또는 자기주식교환"으로 본다.

251) 다음 각 호의 사항을 「신문 등의 진흥에 관한 법률」에 따른 일반일간신문 또는 경제분야의 특수일간신문 중 전국을 보급지역으로 하는 신문에 1회 이상 게재하는 방법에 의하여야 한다(구영 제35조의3). (2016. 2. 5. 항번개정)

1. 자기주식교환일 및 교환대상주식의 범위 (2000. 12. 29. 개정)
2. 주권제출기한 및 제출장소 (2000. 12. 29. 개정)
3. 교환수량·교환비율 및 교환방법 (2000. 12. 29. 개정)
4. 모든 주주가 자기주식교환에 참여할 수 있다는 내용 기타 주식교환에 필요한 사항 (2000. 12. 29. 개정)

252) 「금융지주회사법」에 따른 금융지주회사를 포함하되, 지주회사가 「독점규제 및 공정거래에 관한 법률」 제2조 제12호에 따른 동일한 기업집단 내 계열회사가 아닌 회사의 과점주주인 경우를 제외한다.

253) 지특법 §57의2 ⑤ 3호(간주취득세 면제규정) 및 지특법 §177의2(최소납부제에 따른 15% 감면배제)

Ⅲ 절차

상기 'Ⅱ. 사전검토' 후에는 분할일정표를 작성하여야 하는데 일정표에는 상법에서 정하는 절차뿐만 아니라 상장회사인 경우에는 자본시장법 및 거래소 등에서 요구하는 공시관련사항도 함께 반영하여 절차상 누락[254]이 없도록 하여야 한다. 더불어 상장회사가 인적분할을 하는 경우에는 분할신설법인의 재상장 절차를 거쳐야 하므로 거래소와 미리 협의하여 분할일정에 반영하여야 한다.

한편, 분할은 합병과 달리 주식매수청구권이 인정되지 않고 채권자보호절차가 생략되므로 합병에 비하여 절차는 비교적 단순하다.

| 분할일정과 목차(상장회사는*) |

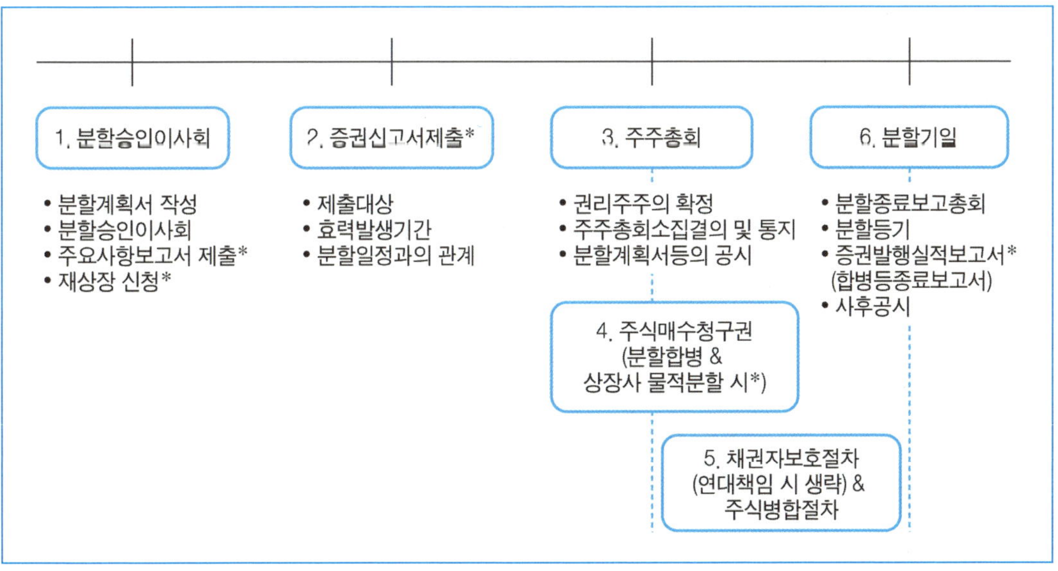

254) 분할등기는 상법상 절차가 모두 이행되어야 가능하다.

1 분할승인이사회

분할은 분할계획서의 이사회 승인으로 상법상 분할절차가 시작되며 분할신설회사는 분할계획서에서 정하는 바에 따라 분할회사의 권리와 의무를 승계한다.[255] 한편, 사업보고서 제출대상 법인은 이사회기일에 맞추어 주요사항보고서를 금융위원회(금융감독원)에 제출하여야 한다.

(1) 분할계획서 작성

분할회사는 상법상 필수적 사항이 기재된 분할계획서를 작성한다. 한편, 사업보고서 제출대상 법인인 경우 분할계획서는 주요사항보고서상 첨부서류 중 하나로 공시가 됨에 유념하여야 한다.

| 분할[256]계획서 필수적 기재사항(상법 §530의5) |

◉ 분할신설회사에 관한 사항

① 분할에 의하여 설립되는 회사(이하 "단순분할신설회사"라 한다)의 상호, 목적, 본점의 소재지 및 공고의 방법

② 단순분할신설회사가 발행할 주식의 총수 및 액면주식·무액면주식의 구분

③ 단순분할신설회사가 분할 당시에 발행하는 주식의 총수, 종류 및 종류주식의 수, 액면주식·무액면주식의 구분

④ 분할회사의 주주에 대한 단순분할신설회사의 주식의 배정에 관한 사항 및 배정에 따른 주식의 병합 또는 분할을 하는 경우에는 그에 관한 사항

→ 분할비율에 따라 산정된 분할신설회사 주식 배정비율 등을 기재한다.

⑤ 분할회사의 주주에게 제4호에도 불구하고 금전이나 그 밖의 재산을 제공하는 경우에는 그 내용 및 배정에 관한 사항

→ 분할회사 주주에게 분할신설회사의 주식 이외에 금전을 지급하는 경우 해당 내용 및 그 배정에 관한 사항도 기재하며, 해당사항이 없는 경우에는 분할교부금이 없다는 사실을 기재한다.

⑥ 단순분할신설회사의 자본금과 준비금에 관한 사항

→ 배정비율에 따라 분할 시 발행하는 주식의 총수에 따른 자본금과 준비금(주식발행초과금)을 기재한다. 한편, 준비금은 승계한 자산·부채의 순장부가액에서 자본금을 차감한 금액이 될 것이다.

⑦ 단순분할신설회사에 이전될 재산과 그 가액

255) 상법 §530의10

256) 분할합병계약서의 필수적 기재사항은 상법 §530의6을 참조하기 바란다.

→ 합병의 경우 피합병회사의 권리·의무가 포괄적으로 합병회사로 승계되나, 분할의 경우에는 분할회사의 재산을 특정하여 분할신설회사로 이전하는 것이므로 그 내역을 분할계획서상에서 기재한다. 해당 내용은 분할계획서상 첨부문서로 '분할전후재무상태표' 및 명세서 형식의 '승계자산(부채)재산목록' 등을 통한 기재가 가능하다.

⑧ 분할회사의 채무 중 분할계획서에 승계하기로 정한 채무에 대한 책임만을 부담하는 것으로 정한 경우 그 내용

→ 원칙적으로 분할 전후 회사는 분할 전 분할회사의 채무에 관하여 연대하여 변제할 책임이 있으므로 이를 달리 정하여 채무를 구분하는 경우(예 지분양도목적의 분할등)에는 분할계획서에서 해당 내용을 명시하여야 한다.

⑧의2. 분할을 할 날

→ 분할을 할 날은 '분할기일'이다.

⑨ 단순분할신설회사의 이사와 감사를 정한 경우에는 그 성명과 주민등록번호

→ 분할신설회사의 이사와 감사를 분할계획서에 기재하여 설립등기 시 함께 취임 등기한다.

⑩ 단순분할신설회사의 정관에 기재할 그 밖의 사항

→ 해당 내용은 분할계획서상 첨부문서로 '분할신설회사의 정관'으로 첨부할 수 있다.

◉ 분할존속회사에 관한 사항

① 감소할 자본금과 준비금의 액

→ 분할에 따른 분할회사 자본금 및 준비금 감소액을 기재한다.

② 자본감소의 방법

→ 자본감소의 방법은 자본감소절차의 하나로 주식병합의 방법으로 한다.

③ 분할로 인하여 이전할 재산과 그 가액

→ 상기 '⑦ 단순분할신설회사에 이전될 재산과 그 가액'과 동일하므로 분할계획서상에서는 참조 형식으로 표시가능하다.

④ 분할 후의 발행주식의 총수

→ 분할 전 발행주식총수에서 상기 ①에 따라 감소한 주식수를 반영한 분할 후 발행주식총수를 기재한다.

⑤ 회사가 발행할 주식의 총수를 감소하는 경우에는 그 감소할 주식의 총수, 종류 및 종류별 주식의 수

→ 분할로 분할회사의 수권주식수를 감소시키고자 할 때에는 별도로 정관변경을 위한 주주총회를 거치지 않고 분할계획서에 기재하여 분할주주총회에서 함께 결의 후 분할등기 시에 동 사항을 함께 등기한다.

⑥ 정관변경을 가져오게 하는 그 밖의 사항

→ 분할로 인하여 기존의 사업부문을 분할신설법인에게 이전함에 따라 목적사업 중 일부를 삭제하거나 상호를 변경하는 경우 등 정관기재사항의 변경이 발생하는 경우에는 분할계획서에 기재하여 분할주주총회에서 결의 후 분할등기 시에 동 사항을 함께 등기한다.

| (인적)분할계획서 예시(상장회사) |

분할계획서

주식회사 ○○(이하 "분할회사"라 함)은 상법 제530조의2 내지 제530조의11의 규정이 정하는 바에 따라 아래와 같이 인적분할의 방법에 의한 새로운 회사(이하 "분할신설회사"라 함)를 설립하고 자신은 존속하기로 하며(이하 분할 후의 존속회사를 "분할존속회사"라 함), 다음과 같이 분할계획서를 작성한다.

1. 분할의 목적

(1) 분할회사는 자회사 및 피투자회사 지분의 관리 및 투자 등을 목적으로 하는 투자사업부문을 인적분할의 방식으로 분할하여 분할신설회사를 설립하고 '독점규제 및 공정거래에 관한 법률'에 따른 지주회사로 전환시킴으로써 장기적 성장을 위한 기업지배구조를 강화한다.[257)]

(2) 본건 분할 후 분할존속회사는 본래의 사업인 A사업부문 등에, 분할신설회사는 자회사관리 및 신규사업투자 등 투자사업부문 등에 집중함으로써 사업특성에 맞는 신속하고 전문적인 의사결정이 가능한 지배구조를 확립하고, 경영효율성 및 투명성을 제고한다.

(3) 분할회사는 본건 분할을 통하여 각 사업부문의 전문화를 제고하고 핵심사업의 경쟁력을 강화하여, 각 경영부문별 특성에 적합한 의사결정체계 확립을 통해 조직효율성을 증대하고 책임경영체제를 강화한다.

(4) 상기와 같은 지배구조 체제 변경을 통하여 궁극적으로 기업가치와 주주의 가치를 제고한다.

2. 분할의 방법 및 일정

가. 분할의 방법

(1) 상법 제530조의2 내지 제530조의11의 규정이 정하는 바에 따라 분할회사의 주주가 분할신주 배정기준일 현재의 지분율에 비례하여 분할신설회사의 주식을 배정받는 인적분할의 방법으로 분할하되, 아래 표와 같이 분할회사가 영위하는 사업 중 투자사업부문을 분할하여 분할신설회사를 설립하고, 분할회사는 존속하여 기존 A사업부문 등을 영위한다. 분할 후 분할신설 회사의 발행주식은 한국거래소의 유가증권시장 상장규정에 따른 재상장 심사를 거쳐 한국거래소 유가증권시장에 재상장하고, 분할존속회사의 발행주식은 변경상장할 예정이다.

구분	회사명	사업부문	역할
분할존속회사	㈜○○	A사업부문 등	사업회사
분할신설회사	㈜△△	투자사업부문	지주회사

주) 분할신설회사의 상호는 별도 이사회 승인 등의 절차를 거친 후 분할계획서 승인을 위한 주주총회에서 변경될 수 있음.

257) 본 사례는 지주회사 전환을 위한 전단계로 인적분할을 하였다.

(2) 분할기일은 2020년 9월 1일로 한다.

(3) 상법 제530조의3 제1항 및 제2항의 규정에 의거 주주총회의 특별결의에 의해 분할하며, 동법 제530조의9 제1항의 규정에 의거 분할존속회사 및 분할신설회사는 분할회사의 분할 전 채무에 대하여 연대하여 변제할 책임이 있다.[258)]

(4) 본조 제(3)항에 따라 분할존속회사와 분할신설회사가 분할회사의 분할 전의 채무에 관하여 연대채무를 부담함으로 인하여, 분할존속회사가 본 분할계획서에 따라 분할신설회사가승계한 채무를 변제하거나 그 밖에 분할존속회사의 출재로 공동면책이 된 때에는 분할존속회사가 분할신설회사에 대하여 구상권을 행사할 수 있고, 분할신설회사가 본 분할계획서에 따라 분할존속회사에 귀속된 채무를 변제하거나 그 밖에 분할신설회사의 출재로 공동면책이 된 때에는 분할신설회사가 분할존속회사에 대하여 구상권을 행사할 수 있다.

(5) 분할로 인하여 이전하는 재산은 본 분할계획서 제3조(분할신설회사에 관한 사항) 제(7)항(분할신설회사에 이전될 분할회사의 재산과 그 가액)의 규정 내용에 따르되, 동 규정에 따르더라도 분할 대상 재산인지 여부가 명백하지 않은 경우 본조 제(6)항 내지 제(10)항에서 정하는 바에 따라 이를 결정한다.

(6) 분할회사의 일체의 적극・소극재산과 공법상의 권리・의무를 포함한 기타의 권리, 의무 및 재산적 가치 있는 사실관계(인허가, 근로관계, 계약관계, 소송 등을 모두 포함한다)는 분할대상사업부문에 관한 것이면 분할신설회사에, 분할대상 사업부문 이외의 부문에 관한 것이면 분할존속회사에 각각 귀속되는 것을 원칙으로 한다.

(7) 분할신설회사의 자산, 부채, 자본의 결정방법은 분할회사의 분할대상사업부문에 관한 모든 자산, 계약, 권리, 책임 및 의무를 해당 분할신설회사에, 분할대상사업부문에 속하지 않는 것은 분할존속회사에 각각 배분하는 것을 원칙으로 하며, 분할신설회사가 유가증권시장 상장규정 소정의 재상장 요건을 충족할 수 있는 요소, 본건 분할이 관련 법령상 적격분할 요건을 충족할 수 있는 요소, 분할신설회사가 독점규제 및 공정거래에 관한 법률 소정의 지주회사의 요건 등을 충족할 수 있는 요소, 분할존속회사 및 분할신설회사의 향후 운영 및 투자계획, 각 회사에 적용되는 관련 법령상의 요건 등을 복합적으로 고려하여, 분할존속회사와 분할신설회사의 자산, 부채, 자본금액을 결정한다.

(8) 분할회사의 사업과 관련하여 분할기일 이전의 행위 또는 사실로 인하여 분할기일 이후에 발생・확정되는 채무 또는 분할기일 이전에 이미 발생・확정되었으나 이를 인지하지 못하는 등의 여하한 사정에 의하여 이 분할계획서에 반영되지 못한 채무(공・사법상의 우발채무 기타 일체의 채무를 포함한다)에 대해서는 그 원인이 되는 행위 또는 사실이 분할대상사업부문에 관한 것이면 분할신설회사에, 분할대상

258) 원칙적으로 분할회사와 분할신설회사는 분할 전 채무에 대하여 연대하여 변제할 책임이 있으므로 채권자보호절차는 생략된다.

사업부문 이외의 부문에 관한 것이면 분할존속회사에 각각 귀속한다. 이 경우 분할대상사업부문에 관한 것인가를 확정하기 어려운 경우에는 본 건 분할에 의하여 분할되는 순자산가액의 비율로 분할신설회사와 분할존속회사에 각각 귀속된다. 또한, 본 항에 따른 채무의 귀속규정과 달리 분할존속회사 또는 분할신설회사가 채무를 이행하게 되는 경우, 본 항에 따라 원래 채무를 부담하여야 할 해당 회사가 상대회사에게 상대 회사가 위와 같이 부담한 채무 이행액 및 관련 비용을 지급하는 방식으로 상대 회사를 면책해야 한다.

(9) 분할회사의 사업과 관련하여 분할기일 이전의 행위 또는 사실로 인하여 분할기일 이후에 취득하는 채권 기타 권리 또는 분할기일 이전에 이미 취득하였으나 이를 인지하지 못하는 등의 여하한 사정에 의하여 분할계획서에 반영되지 못한 채권 기타 권리(공·사법상의 우발채권 기타 일체의 채권을 포함한다)의 귀속에 관하여도 전항과 같이 처리한다. 또한, 본 항에 따른 권리의 귀속규정과 달리 분할존속회사 또는 분할신설회사에 해당 권리가 귀속되는 경우, 해당 권리를 보유하게 된 회사가 본 항에 따라 원래 해당 권리를 보유해야 할 상대 회사에게 자신이 보유한 권리를 이전해 주어야 한다.[259]

(10) 분할기일 이전에 분할회사를 당사자로 하는 모든 계약 및 소송에 관한 권리·의무는 분할대상사업부문에 관한 것이면 분할신설회사에게, 분할대상사업부문 이외의 부문에 관한 것이면 분할존속회사에 각각 귀속한다.

나. 분할의 일정

구분	일자
이사회결의일	2020년 01월 22일
주주확정기준일 공고일	2020년 05월 28일
분할 주주총회를 위한 주주확정일	2020년 06월 15일
주주총회 소집공고 및 통지	2020년 06월 30일
분할계획서 승인을 위한 주주총회일	2020년 07월 15일
신주배정기준일	2020년 08월 31일
분할기일	2020년 09월 01일
분할보고총회 및 창립총회일	2020년 09월 01일
분할등기일(예정)	2020년 09월 02일
[기타 참고일정] 매매거래 정지기간(예정)	2020년 8월 28일~변경상장전일
[기타 참고일정] 변경상장 및 재상장일(예정)	2020년 09월 22일

주) 상기 일정은 관계 법령, 분할회사의 사정 및 관계기관과의 협의에 따라 변경될 수 있음.

259) 분할기일 이전에 발생하였으나 분할기일 이후에 확정되는 채권 및 채무에 대하여는 그 원인에 따라 귀속하되 귀속이 어려운 경우에는 순자산비율로 각각 귀속됨을 기재하였다.

3. 분할신설회사에 관한 사항

(1) 상호, 분할방식, 목적, 본점의 소재지, 공고의 방법 및 결산

구분	내용
상호	국문명 : 주식회사 △△ 영문명 : △△,LTD(가칭)
분할방식	인적분할
목적	회사의 목적은 다음과 같다. 1. 자회사(손자회사를 포함하며 해당 손자회사가 지배하는 회사를 포함함. 이하 "자회사등")의 주식 또는 지분을 취득·소유함으로써 자회사의 제반 사업내용을 지배·경영지도·정리·육성하는 지주사업 2. 브랜드, 상표권 등의 지적재산권의 관리 및 라이선스업 3. 시장조사, 경영자문 및 컨설팅업 4. 신사업 관련 투자, 관리, 및 운영사업 5. 기획, 회계, 법무, 전산 등 자회사등의 업무를 지원하기 위하여 자회사등으로부터 위탁받은 업무 6. 자회사등의 경영성과의 평가 및 보상의 결정 7. 자회사등에 대한 교육, 훈련 서비스업 8. 자회사 등과 상품 또는 용역의 공동개발·판매 및 설비·전산시스템의 공동활용 등을 위한 사무지원 사업 9. 자회사등에 대한 자금지원을 위한 자금조달사업 10. 자회사등의 업무와 재산상태에 대한 검사 11. 자회사 등에 대한 내부통제 및 위험관리업무 12. 회사가 보유하고 있는 지식·정보 등 무형자산의 판매 및 용역사업 13. 부동산매매, 관리 및 임대사업 14. 공익사업 15. 기타 위 각 호에 부대되는 생산·판매 및 유통·컨설팅·교육·수출입 등 제반사업 일체
본점 소재지	1. 회사의 본점을 서울특별시에 둔다. 2. 이사회의 결의로 필요한 지역에 지점, 출장소 및 공장을 설치할 수 있다.
공고방법	이 회사의 공고는 인터넷 홈페이지(http : //가칭)에 게재한다. 다만, 전산장애 또는 그 밖의 부득이한 사유로 회사의 인터넷 홈페이지에 공고를 할 수 없을 때에는 서울특별시에서 발행되는 서울경제신문에 게재한다.
결산기	사업연도는 매년 1월 1일부터 동 매년 12월 31일까지임. 다만, 분할신설회사의 최초 사업연도는 분할신설회사의 설립등기일로부터 동년 12월 31일까지로 함.

주) 상호, 공고방법 등 본건 분할의 내용은 분할계획서의 동일성을 해하지 않는 범위 내에서 분할계획서 승인을 위한 주주총회 또는 분할신설회사의 창립총회에서 변경될 수 있음.

(2) 발행할 주식(수권주식)의 총수 및 1주의 금액, 액면주식·무액면주식의 구분

구분	내용
수권주식수	500,000,000주
1주의 금액	500원
액면주식·무액면주식의 구분	액면주식

(3) 분할 당시에 발행하는 주식의 총수, 종류 및 종류별 주식의 수

구분	내용
발행하는 주식의 총수	38,756,240주
주식의 종류 및 종류별 주식수	보통주 37,500,902주
종류주	1,255,338주
액면주식 · 무액면주식의 구분	액면주식

주) 상기 발행주식수, 종류 및 종류별 주식수는 분할기일에 이전될 최종자산가액에 따라 변동될 수 있음.

(4) 분할신설회사 주주에 대한 주식배정에 관한 사항

① 배정대상 : 분할회사의 분할신주 배정기준일 현재 주주명부에 등재되어 있는 주주

② 배정비율 : 분할회사 소유주식 1주당 아래의 표와 같은 비율로 배정한다.

구분	배정비율
보통주	0.4908495주
종류주	0.4908495주

주1) 배정비율 산정 근거[260)]

배정비율 산정근거 = (a) × (b) = 0.4908495

(a) 분할비율 : 2019년 9월 30일 현재의 재무상태표를 기준으로 "분할신설회사의 순자산 장부가액과 신설회사 자기주식장부가액을 합산한 금액"을 "분할 전 순자산 장부가액과 분할 전 자기주식 장부가액을 합산한 금액"으로 나누어 산정함.

$$\frac{\text{492,120백만 원(신설회사 순자산)} + \text{31,457백만 원(신설회사 자기주식)}}{\text{1,035,219백만 원(분할 전 순자산)} + \text{31,457백만 원(분할 전 자기주식)}} = 0.4908495$$

(b) 1주의 금액비율 : 분할회사의 1주의 금액 500원÷분할신설회사의 1주의 금액 500원

$$\frac{\text{500원(분할 전 1주의 금액)}}{\text{500원(분할신설회사 1주의 금액)}} = 1.0$$

③ 분할에 따라 분할회사의 주주에게 배정하는 분할신설회사 발행 주식은 당해 주주가 분할기일 현재 보유하고 있는 분할회사의 주식과 동종의 주식으로 지급한다.

④ 단주처리 : 1주 미만의 단주에 대해서는 분할신설회사 신주의 재상장 초일의 종가로 환산하여 현금으로 지급한다.

⑤ 신주의 배당기산일 : 2020년 9월 1일

⑥ 신주의 배정방법 : 분할회사의 주주가 가진 주식수에 비례하여 분할신설회사의 주식수를 배정한다.

260) 분할비율은 분할이사회에 근접한 결산기(2019년 3분기말) 재무상태표를 기준으로 순장부가액 비율로 산정하였으며 분할신설회사로 이전할 자기주식을 분할비율산정 시 분자와 분모에 가산하였다. 한편, 분할신설회사 액면가와 분할회사의 액면가는 500원으로 동일하다.

⑦ 배정기준일 : 2020년 8월 31일

⑧ 신주권의 상장계획

- 분할회사는 유가증권시장 상장규정 제39조 제1항에 따라 거래소에 재상장예비심사청구서를 제출하고, 예비심사가 통과되면 분할 후 분할신설회사는 유가증권시장 상장규정 제41조 제1항의 규정에 따라 유가증권시장에 재상장을 신청한다.
- 한국거래소는 유가증권시장 상장규정 제42조에 의하여 심사를 하며, 요건이 충족될 경우 재상장을 허용한다.
- 재상장 예정일 : 2020년 9월 22일(관계기관과의 협의과정에서 변경될 수 있음)

(5) 분할회사의 주주에게 지급할 금액

위 제(4)의 ④항에 따라 지급되는 단주처리대금 이외에는 해당사항 없음.

(6) 분할신설회사의 자본금과 준비금

구분	금액
자본금	보통주 18,750,451,000원, 종류주 627,669,000원
준비금	504,199,486,686원

주1) 준비금은 보통주 및 종류주에 대한 주식발행초과금임.

주2) 상기 금액은 2019년 9월 30일 기준 재무상태표상 금액으로 분할기일(2020년 9월 1일)에 이전대상 확정 후 공인회계사의 검토를 받아 최종 확정함.

주3) 1주의 액면금액은 500원임.

(7) 분할신설회사에 이전될 분할회사의 재산과 그 가액

① 분할에 의하여 분할회사는 분할계획서가 정하는 바에 따라 분할대상 사업부문에 속하는 일체의 적극·소극적 재산 및 기타의 권리의무와 재산적 가치 있는 사실관계(인허가, 근로관계, 계약관계, 소송 등을 모두 포함한다)(이하 "이전대상재산"이라 함)를 분할신설회사에 이전한다. 다만, 분할대상사업부문에 속하는 권리나 의무 중 법률상 또는 성질상 분할에 의하여 이전이 금지되는 것은 분할존속회사에 잔류하는 것으로 보고(분할에 의한 이전에 정부기관의 승인, 인허가, 신고수리 등이 필요함에도 이를 받을 수 없는 경우를 포함한다), 분할신설회사에 이전이 필요한 경우에는 분할존속회사와 분할신설회사의 협의에 따라 처리한다. 분할존속회사는 분할신설회사가 설립됨과 동시에 분할신설회사가 분할 이전에 분할대상사업부문에서 사업을 수행하는 방식에 따라 사업을 수행할 수 있도록 관련 계약의 체결 등 필요한 협조를 제공한다.

② 분할로 인한 이전대상재산은 원칙적으로 2019년 9월 30일 자 재무상태표를 기초로 하여 작성된 분할계획서상의 분할재무상태표[첨부1]와 승계대상 재산목록[첨부2]에 기재된 바에 의하되, 2020년 9월 1일(분할기일) 전까지 발생한 재산의 증감사항을 분할계획서상의 분할재무상태표와 승계대상재산목록에서 가감[261]하는 것으로 한다.

261) 분할이사회 시 근접한 결산기를 기준일로 하여 분할재무상태표와 승계대상 재산목록을 작성한 후 향후

③ 전항에 의한 이전대상재산의 가액은 이전대상재산이 확정된 후 공인회계사의 검토를 받아 최종확정한다.

④ 분할기일 전까지 분할대상사업부문의 영업 또는 재무적 활동 또는 계획의 이행, 관련 법령 또는 회계기준의 변경 등으로 인하여 분할대상사업부문의 자산 및 부채에 변동이 발생하거나 승계대상 재산목록에 누락되거나 잘못 기재된 자산 또는 부채가 발견되거나 그 밖에 자산 및 부채의 가액이 변동된 경우에는 이를 정정 또는 추가하여 기재할 수 있다. 이에 따른 변경사항은 분할재무상태표[첨부1]와 승계대상 재산목록[첨부2]에서 가감하는 것으로 한다.

⑤ 분할기일 이전에 국내외에서 분할회사가 보유하고 있는 특허, 실용신안, 의장, 상표 및 디자인(해당 특허, 상표 및 디자인에 대한 권리와 의무 포함) 등 일체의 지식재산권은 분할대상사업부문에 관한 것이면 분할신설회사에, 분할대상사업부문 이외의 부문에 관한 것이면 분할존속회사에 각각 귀속한다. 특히 분할신설회사에 귀속되는 지식재산권은 승계대상 지식재산권 목록[첨부7]에 각 기재하되, 위 목록에 누락되거나 잘못 기재된 지식재산권이 발견된 경우에는 분할대상사업부문에 관한 것이면 해당 분할신설회사에, 분할대상 사업부문 이외의 부문에 관한 것이면 분할존속회사에 각각 귀속한다.

⑥ 이전대상재산 중 분할신설회사에 귀속되는 소송에 관한 권리·의무는 승계대상 소송 목록[첨부5]에, 분할신설회사에 귀속되는 부동산은 승계대상 부동산 목록[첨부6]에 기재하되, 위 목록에 누락되거나 잘못 기재된 이전대상재산이 발견된 경우에는 분할대상사업부문에 관한 것이면 분할신설회사에, 분할대상사업부문 이외의 부문에 관한 것이면 분할존속회사에 각각 귀속된다.

⑦ 분할대상사업부문으로 인하여 발생한 계약관계(이전대상재산과 관련하여 발생한 계약관계 포함)와 그에 따른 권리·의무관계를 담보하기 위하여 설정된 근저당권, 질권 등은 분할신설회사에 귀속된다.

⑧ 분할신설회사로 승계되는 인허가 사항은 승계대상 인허가 목록[첨부8]과 같고, 위 목록에 누락되거나 잘못 기재된 인허가사항이 발견된 경우에는 분할대상사업부문에 관한 것이면 분할신설회사에, 분할대상사업부문 이외의 부문에 관한 것이면 분할존속회사에 각각 귀속한다. 분할회사 및 분할신설회사는 상기 인허가사항의 분할신설회사로의 승계가 이루어질 수 있도록 관련 법령상 필요한 조치를 취하기로 한다.

(8) 분할신설회사가 분할회사의 채무 중에서 출자한 재산에 관한 채무만을 부담할 것을 정한 경우 그에 관한 사항

- 분할존속회사와 분할신설회사는 분할회사의 분할 전 채무에 대하여 연대하여 책임을 부담하므로 해당사항 없음.

분할기일 현재 승계금액은 상기 기준일 시점의 승계대상을 근거로 확정한다.

(9) 분할신설회사의 이사(감사위원 포함)의 성명 및 약력과 최초 사업연도 이사(감사위원 포함)의 보수 한도 등에 관한 사항

직명	상근 여부	성명	생년월일	약력	비고
대표이사(사내이사)	상근	□□□	19**.**.**		
사외이사	비상근	□□□	19**.**.**		감사위원회 위원
사외이사	비상근	□□□	19**.**.**		감사위원회 위원
사외이사	비상근	□□□	19**.**.**		감사위원회 위원
기타비상무이사	비상근	□□□	19**.**.**		

(10) 분할신설회사의 정관에 관한 사항

분할신설회사의 정관은 [첨부3]과 같다. 다만, [첨부3]의 정관 내용은 분할승인을 위한 주주총회 소집통지 또는 공고일 이전에 분할회사의 이사회의 결의로 이를 수정할 수 있다. 그 결의에 의하여 수정된 주요 내용은 분할 승인을 위한 주주총회 소집통지 또는 공고 시에 이를 함께 통보하기로 한다.

(11) 분할기일

분할기일은 2020년 9월 1일로 한다.

(12) 종업원 승계와 퇴직금

분할신설회사는 분할기일 현재 분할대상 사업부문에서 근무하는 모든 종업원의 고용 및 관련 법률관계(근로계약 등)를 승계한다.

(13) 분할신설회사의 설립 방법

분할신설회사를 설립함에 있어 다른 주주를 모집하지 않고 분할회사에서 분리되는 재산만으로 분할신설회사의 자본을 구성한다.

4. 분할존속회사에 관한 사항

(1) 감소할 자본금과 준비금의 액

감소할 자본금	감소할 준비금의 액
보통주 18,750,451,000원 종류주 627,669,000원	38,226,241,620원

주1) 상기금액은 분할기일에 이전될 최종자산가액에 따라 변동될 수 있음.
주2) 준비금 감소액은 주식발행초과금임.

(2) 자본감소의 방법[262)]

상법 제440조 내지 제443조에 의한 주식병합 절차에 따라, 분할기일 현재 분할회사의

262) 자본감소절차의 하나로 주식병합을 실시하며 병합비율은 (1－분할비율)이다.

주주명부에 등재되어 있는 주주들이 보유한 주식 1주당 0.5091505주 비율로 주식을 병합하며, 병합 후 1주 미만의 단주는 분할 후 분할존속회사의 변경상장 초일의 종가로 환산하여 현금지급한다.

(3) 분할로 인하여 이전할 재산과 그 가액

분할회사에서 분할신설회사로 이전하는 재산은 본 분할계획서 제3조(분할신설 회사에 관한 사항) 제(7)항(분할신설회사에 이전될 회사의 재산과 그 가액)의 규정 내용에 따른다.

(4) 분할 후 발행주식의 총수

구분	종류	분할 전(A)	분할 후(B)	A-B
발행주식수	보통주	76,400,000주	38,899,098주	37,500,902주
	종류주	2,557,480주	1,302,142주	1,255,338주
1주의 금액	보통주	500원	500원	-
	종류주	500원	500원	-
자본금	보통주	38,200,000,000원	19,449,549,000원	18,750,451,000원
	종류주	1,278,740,000원	651,071,000원	627,669,000원
자본준비금	보통주	97,927,773,370원	60,939,702,579원	36,988,071,344원
	종류주	3,278,119,396원	2,039,948,567원	1,238,170,276원

주1) 분할 전 자본금과 자본준비금(자본잉여금)은 2019년 9월 30일 현재 재무상태표를 기준으로 함.
주2) 자본준비금 감소액은 주식발행초과금 감소액을 의미함.
주3) 단, 상기 발행주식수 및 금액은 분할기일에 이전될 최종 자산가액에 따라 변동될 수 있음.

(5) 회사가 발행할 주식의 총수를 감소하는 경우에는 그 감소할 주식의 총수, 종류 및 종류별 주식의 수

- 해당사항 없음.

(6) 정관변경을 가져오게 하는 그 밖의 사항

- 해당사항 없음.

5. 기타 투자자보호에 필요한 사항

(1) 분할계획서의 수정 및 변경

분할계획서는 영업의 변동, 분할회사의 계획 및 사정, 관계기관과의 협의과정이나 관계법령에 따라서 분할계획서의 승인을 위한 주주총회 전에 이사회 또는 대표이사에 의해 일부 수정또는 변경될 수 있고, 주주총회 승인과정에서 변경될 수 있다.

또한, 분할계획서는 2020년 7월 15일 개최 예정인 임시주주총회의 승인을 득할 경우 분할등기일 전일까지 주주총회의 추가 승인 없이도 아래 항목에 대해 ⅰ) 그 수정 또는 변경이 합리적으로 필요한 경우로서 그 수정 또는 변경으로 인해 분할존속회사

또는 분할신설회사의 주주에게 불이익이 없는 경우와 ii) 그 동질성을 해하지 않는 범위 내의 수정 또는 변경의 경우에는 분할회사의 이사회 결의 또는 대표이사의 결정으로 수정 또는 변경이 가능하고, 동 수정 및 변경사항은 관련 법령에 따라 공고 또는 공시됨으로써 효력이 발생한다.

① 분할일정
② 분할되는 회사의 감소할 자본과 준비금의 액
③ 분할로 인하여 이전할 재산과 그 가액
④ 분할 전후의 재무구조
⑤ 분할신설회사의 이사 및 감사에 관한 사항
⑥ 분할존속회사 및 분할신설회사의 회사명
⑦ 배정비율
⑧ 분할 당시 분할신설회사가 발행하는 주식의 총수
⑨ 분할신설회사 및 분할존속되는 회사의 정관
⑩ 각 첨부 기재사항(승계대상 재산목록 포함)

(2) 분할계획서에서 정하지 아니한 사항으로서 분할에 관하여 필요한 사항이 있는 때에는 분할계획서의 취지에 반하지 않는 범위 내에서 분할회사의 이사회의 결의 또는 대표이사의 결정으로 집행한다.

(3) 분할보고총회 및 창립총회는 이사회결의 및 공고로 갈음한다.

(4) 회사 간에 인수・인계가 필요한 사항
분할계획서의 시행과 관련하여 분할회사와 분할신설회사 간에 인계・인수가 필요한 사항(문서, 데이터 등 분할대상 사업부문과 각종 자료 및 사실관계 포함)은 분할회사와 분할신설회사 간의 별도 합의에 따른다.

(5) 주주의 주식매수청구권
상법 제530조의2 내지 제530조의11에 따른 단순・인적분할의 경우로서 해당사항이 없다.

2020년 5월 28일

주식회사 ○○
대표이사 □□□

첨부 목록
【첨부1】 분할재무상태표 【첨부2】 승계대상 재산목록 【첨부3】 분할신설회사의 정관 【첨부4】 분할신설회사의 임원퇴직금 규정 【첨부5】 승계대상 소송사건 목록 【첨부6】 승계대상 부동산 목록 【첨부7】 승계대상 지식재산권 목록 【첨부8】 승계대상 인허가 목록

(2) 분할이사회 결의

상법상 기재사항을 기재한 분할계획서를 분할회사 이사회에서 결의한다. 한편, 상법상 분할은 주주총회 특별결의사항[263)]이므로 임시주주총회 소집결의[264)]가 필요한데 이는 일반적으로 분할계획서 승인이사회 시 함께 의안으로 다룬다.

한편, 상장회사가 인적분할하는 경우는 거래소로부터 분할재상장 예비심사결과통보를 받은 후에 증권신고서를 제출할 수 있으므로 주주총회 소집결의 이사회는 분할승인이사회 이후 별도로 이루어지기도 한다.[265)]

263) 상법 §530의3 ②
264) 주주총회 소집결의 및 권리주주 확정절차는 제1장 합병 부분을 참조하기 바란다.
265) 주주총회 소집공고 전에 증권신고서의 효력이 발생되어야 하므로 거래소의 재상장예비심사결과 통보일정에 맞추어 주주총회 소집결의를 한다.

| 분할승인 이사회 의사록 예시 |

이사회 의사록

1. 일시 : 2020년 1월 22일 오전 10시
2. 장소 : ㈜○○ 본사 회의실
3. 출석이사수 : 이사총수 6명(사외이사 1인 포함), 출석한 이사 6명(사외이사 1인 포함)

의장 대표이사 □□□은 본 회의가 적법하게 성립되었음을 선포하고 다음 의안을 부의하고 심의를 구하다.

- 다 음 -

제1호 의안. 분할계획서 승인의 건

의장의 요청으로 보고자가 본 회사가 영위하고 있는 사업 중 투자사업부문(등)을 인적분할의 방법으로 분할하여 투자사업을 담당하는 '△△'을 설립하고 본 회사는 기존 A사업부문(등)을 영위하는 회사로 존속하기로 하는 상법 제530조의2 내지 제530조의11의 규정에 의거해 작성된 분할계획서에 대하여 그 취지 및 내용을 상세히 설명하다. 출석이사들의 질문과 답변이 있은 후 의장이 본 안건에 대한 승인을 요청하자 출석이사 전원의 찬성으로 첨부된 분할계획서를 승인가결하다.

추가 결의사항으로 분할계획서의 취지에 반하지 않고 관련 법령이 허용하는 범위 내에서 본건 분할에 관하여 필요한 사항(분할 관련 서류의 작성, 발행, 체결, 교부 등 포함)에 대한 결정 및 집행의 권한과 상법 제530조의5에서 분할계획서의 기재사항으로 명시하고 있는 사항 이외의 분할계획서상의 분할일정(분할기일은 제외) 및 실무상 필요한 사항의 변경 등에 관한 권한을 대표이사에게 위임한다.

상기 안건에 대하여 출석이사 전원이 만장일치로 승인가결하고 위의 결의를 명확히 하기 위하여 이 의사록을 작성하고 출석이사 전원이 아래와 같이 기명날인하다.

2020년 1월 22일

대표이사 : □□□	이사 :
이사 :	이사 :
이사 :	이사 :

(3) 주요사항보고서 제출

사업보고서 제출대상법인[266)]은 분할승인 이사회결의가 있는 때에는 3일 이내에 그 내용을 기재한 보고서('주요사항보고서'라고 함)를 금융위원회에 제출하여야 한다.[267)]

분할이사회 공시는 유통공시이면서 거래소 수시공시 대상[268)]인데, 수시공시는 해당 사유가 발생하는 당일 공시가 원칙이므로 이사회 당일에 공시를 하면 주요사항보고와 거래소 수시공시 의무를 동시에 이행하게 된다.

한편, 상장기업이 물적분할하는 경우에는 물적분할의 구체적인 목적,[269)] 기대효과 및 주주보호방안[270)]을 추가로 공시하여야 하며 분할 자회사가 상장을 계획하고 있는 경우에는 예상일정[271)] 등도 함께 공시하여야 한다.

| 주요사항보고서(회사분할) 서류 목록 |

첨부문서	제출조건	공시 여부
주요사항보고서(회사분할결정)	본문으로 첨부	○
대표이사등의 확인	필수 첨부	○
이사회의사록 등 증빙서류	필수 첨부	○
계약서(계획서)	해당 시 필수 첨부	○
외부평가기관의 평가의견서	해당 시 필수 첨부	○
기타공시첨부서류	선택 첨부	○
기타첨부서류	선택 첨부	×

266) 자본시장법 §159 ① 및 영 §167 ①
267) 자본시장법 §161
268) 유가증권시장 공시규정 §7-①-3
269) 분할은 최종목표로 하는 구조조정의 전 단계로 주로 이용됨으로 구체적인 최종목적(구조조정, 매각, 상장 등)을 기재하여야 한다.
270) 주주보호방안으로는 아래와 같은 방법이 있을 수 있다.
1. 자회사 주식을 부여하는 방법
① 모회사 주주에게 모회사가 보유한 상장신청 자회사 주식을 현물배당하는 방법
② 모회사가 자기주식을 공개매수하고 매수대가로 상장신청 자회사를 교부하여 모자회사 주식을 교환하는 방법
2. 모회사 주식을 통하여 보호하는 방법
① 모회사 주식의 배당확대
② 모회사 자사주의 취득 및 소각
271) 향후 자회사 상장계획이 변경되는 경우에는 정정공시를 하여야 한다.

| 주요사항보고서(회사분할결정) 본문 |

1. 분할방법	"인적분할" 또는 "물적분할"
2. 분할목적	(예시) • 투자사업부문과 ××사업부문을 분리하고 향후 투자사업부문을 독점규제 및 공정거래에 관한 법률상 지주회사로 전환함으로써 기업지배구조의 투명성과 경영안전성을 증대시킴. • 분할 후 각 사업부문에 집중함으로써 사업특성에 맞는 신속하고 전문적인 의사결정이 가능한 지배구조를 확립하고 경영위험의 분산을 추구함. • 각 사업부문의 전문화를 통하여 각 사업부문의 전문화를 제고하고 핵심사업의 경쟁력을 강화하며 각 경영부문별 특성에 적합한 의사결정체계확립을 통해 조직 효율성을 증대하고 책임경영체제를 강화한다. • 상기와 같은 지배구조 체계 변경을 통하여 궁극적으로 기업가치와 주주의 가치를 제고함.
3. 분할의 중요영향 및 효과	분할이 회사의 경영, 재무, 영업 등에 미치는 중요한 영향 및 효과 등을 기재한다. (예시) • 각 사업부문별 의사결정체계확립 및 경영자원의 효율적 배분을 통하여 사업의 경쟁력을 강화함으로써 각 사업부문의 성장잠재력을 제고하고 경영위험 관리를 강화한다. • 지배구조의 투명성을 강화하여 기업가치를 제고하고 핵심역량 강화를 통하여 기업의 장기성장과 주주가치 제고를 도모한다.
4. 분할비율	존속회사 주식 1주당 교부할 신설회사 주식수를 소수점 이하 7자리까지 기재한다.
5. 분할로 이전할 사업 및 재산의 내용	분할계획서상 첨부문서인 분할재무상태표, 승계재산목록등에 기재된 바에 따른다는 내용 등을 기재한다.
6. 분할 후 존속회사	회사명, 분할 후 재무내용(자산 · 부채 · 자본 · 자본금 총계), 존속사업부문 최근 사업연도 매출액, 주요사업, 분할 후 상장유지 여부
7. 분할설립 회사	회사명, 설립 시 재무내용(자산 · 부채 · 자본 · 자본금 총계), 신설사업부문 최근 사업연도 매출액, 주요사업, 재상장신청 여부[272]

272) "재상장신청 여부"에서 "예"를 선택하는 경우 "기타 투자판단과 관련한 중요사항"란에 재상장 여부는 한국거래소의 심사를 거쳐 허용된다는 내용을 기재한다.

예 분할설립회사인 (주)***는 유가증권시장(코스닥시장) 상장규정에 따라 유가증권시장(코스닥시장)에 재상장을 신청한다. 한국거래소는 유가증권시장(코스닥시장) 상장규정에 따라 심사를 하며, 요건이 충족될 경우 재상장이 허용된다.

<table>
<tr><td>8. 감자에
관한 사항</td><td colspan="2">감자비율(%),[273] 구주권제출기간,[274] 매매거래정지예정기간, 신주배정조건, 주주 주식수 비례 여부 및 사유,[275] 신주배정기준일, 신주권교부예정일, 신주의 상장예정일</td></tr>
<tr><td>9. 분할일정</td><td colspan="2">이사회결의일(사외이사 및 감사 참석 여부 포함), 주주확정기준일, 주주명부폐쇄기간, 분할반대통지접수기간, 주주총회예정일자, 주식매수청구권행사기간, 채권자이의제출기간, 분할기일, 종료보고 총회일, 분할등기예정일자</td></tr>
<tr><td>10. 주식매수
청구권에
관한 사항</td><td colspan="2">행사요건, 매수예정가격, 행사절차・방법・기간・장소, 지급예정시기・방법, 주식매수청구권제한관련내용, 계약에 미치는 효력</td></tr>
<tr><td colspan="2">11. 풋옵션 등 계약 체결 여부</td><td></td></tr>
<tr><td colspan="2">- 계약내용</td><td></td></tr>
<tr><td colspan="2">12. 증권신고서 제출대상 여부</td><td>인적분할의 경우에는 "예", 물적분할의 경우에는 "아니오"를 기재한다.</td></tr>
<tr><td colspan="2">- 제출을 면제받은 경우 그 사유</td><td>(예시) 물적분할</td></tr>
<tr><td colspan="3">13. 향후 회사구조개편에 관한 계획[276]
합병등이 완료된 후 1년 내에 또 다른 합병등 회사의 구조개편에 관한 계획(물적분할 후 설립회사 또는 출자대상 회사 등 관련 회사 경영권 양도등 구조개편에 관한 계획, 합의 또는 약정을 포함한다)이 있는 경우에는 그 목적과 계획의 개요를 기술하고, 상대회사나 추진시기가 예정되어 있는 경우 그 회사명과 추진일정을 기재한다. 아울러 1년 내에 추진되지는 않더라도 당해 합병등이 보다 넓은 차원에서의 구조개편의 일환으로 추진되는 경우에도 그 계획의 전체적 개요를 기재한다. 다만, 이러한 계획내용의 기재가 당해 계획의 추진을 어렵게 하거나 경쟁회사와의 관계에서 회사에 불이익을 줄 수 있는 경우에는 그 이유를 설명하고 계획 내용의 전부 또는 일부를 생략할 수 있다. 또한 물적분할의 경우에는 물적분할 후 설립회사가 물적분할 후 5년 이내에 증권시장(해외증권시장 포함)에 상장예비심사를 신청할 계획이 있는지 여부 및 상장 대상 증권시장, 상장추진 주요 일정(상장주관사 선정, 상장예비심사 청구, 상장신주발행 및 상장 등)에 대한 계획 등을 기재한다.</td></tr>
<tr><td colspan="3">14. 물적분할의 경우 물적분할 추진에 대한 검토내용[277]
물적분할의 경우에는 물적분할의 목적, 기대효과, 물적분할 및 이후 분할신설회사의 상장 등 구조개편계획이 회사 및 주주에게 미치는 직간접적인 영향 등에 대한 구체적 검토내용을 기재한다.</td></tr>
</table>

273) 분할기일 현재 분할회사 주식 1주가 몇 주로 병합되는지에 대한 비율로 (1-분할비율)이 될 것이며, 비율은 소수점 이하 7자리까지 기재한다.

274) 주권상장법인 등 주식을 전자등록한 법인은 기재를 생략할 수 있다.

275) 일반적으로 분할회사 주주의 주식수에 비례하여 배정될 것이다. 다만, 단주 및 자기주식에 대한 처리를 이 항목에 추가로 기재한다.

276) 기업공시서식 작성기준 제12-1-1조 제3호(향후 회사구조개편에 관한 계획)

277) 기업공시서식 작성기준 제12-8-7조(물적분할의 경우 물적분할 추진에 대한 검토내용)

15. 물적분할의 경우 주주보호방안[278]
물적분할의 경우에는 물적분할 및 이후 분할신설회사의 상장 등 구조개편계획이 주주에게 미치는 영향과 관련하여 주주보호를 위한 회사의 방안을 구체적으로 기재하고, 이와 같은 방안이 없는 경우 그 사유 및 향후계획 등에 관해 설명한다.

(예시)
분할회사(분할존속회사) 및 분할신설회사는 각 사의 사업부문에 핵심 역량에 집중하고 전문성을 높임으로써 지속적인 성장을 이루어내고자 합니다. 또한 분할회사는 향후 분할신설회사의 가치증대가 분할회사의 가치 증대로 이어질 수 있도록 노력하겠습니다. 또한, 분할회사는 정관상[279] 분할신설회사가 분할된 날로부터 5년이 지나지 않은 시점에 한국거래소의 유가증권시장 또는 이와 유사한 국내외증권시장에 주권을 상장하고자 하는 경우 분할신설법인의 상장 진행 여부에 대하여 주주총회 안건으로 상정하고 주주총회 특별결의에 의한 승인을 얻어야 함을 명시하고, 분할신설회사는 정관상 한국거래소의 유가증권시장 또는 이와 유사한 국내외증권시장에 주권을 상장하고자 하는 경우 사전에 모회사인 분할회사의 주주총회 특별결의에 의한 승인을 얻어야 함을 명시함으로써 주주가치 희석을 차단할 것입니다.

16. 기타 투자판단과 관련한 중요사항
상기 기재사항과 관련한 사항이거나 상기 기재사항 이외의 사항 중 해당공시와 관련한 이행요건, 부대요건, 제약요건, 옵션사항, 기타 참고사항 등 투자판단과 관련한 중요사항을 자세하게 기재한다.

(4) 재상장 신청

분할이사회 결의 후에는 지체 없이 분할재상장 예비심사신청서와 첨부서류를 거래소에 제출하여 상장예비심사를 받아야 한다. 한편, 거래소의 상장심사기간에 따라 분할일정은 변동될 수 있으며 증권신고서는 거래소로부터 재상장예비심사 승인을 통보받은 이후에 제출한다.

278) 기업공시서식 작성기준 제12-8-8조(물적분할의 경우 주주보호방안)
279) 예시상에서는 주주보호를 위한 방안 중에 하나로 5년 내 재상장 시 주주총회 특별결의를 거치도록 정관에 명시하는 방안을 기재하였다.

| 상법상 절차와 거래소 재상장 절차 |

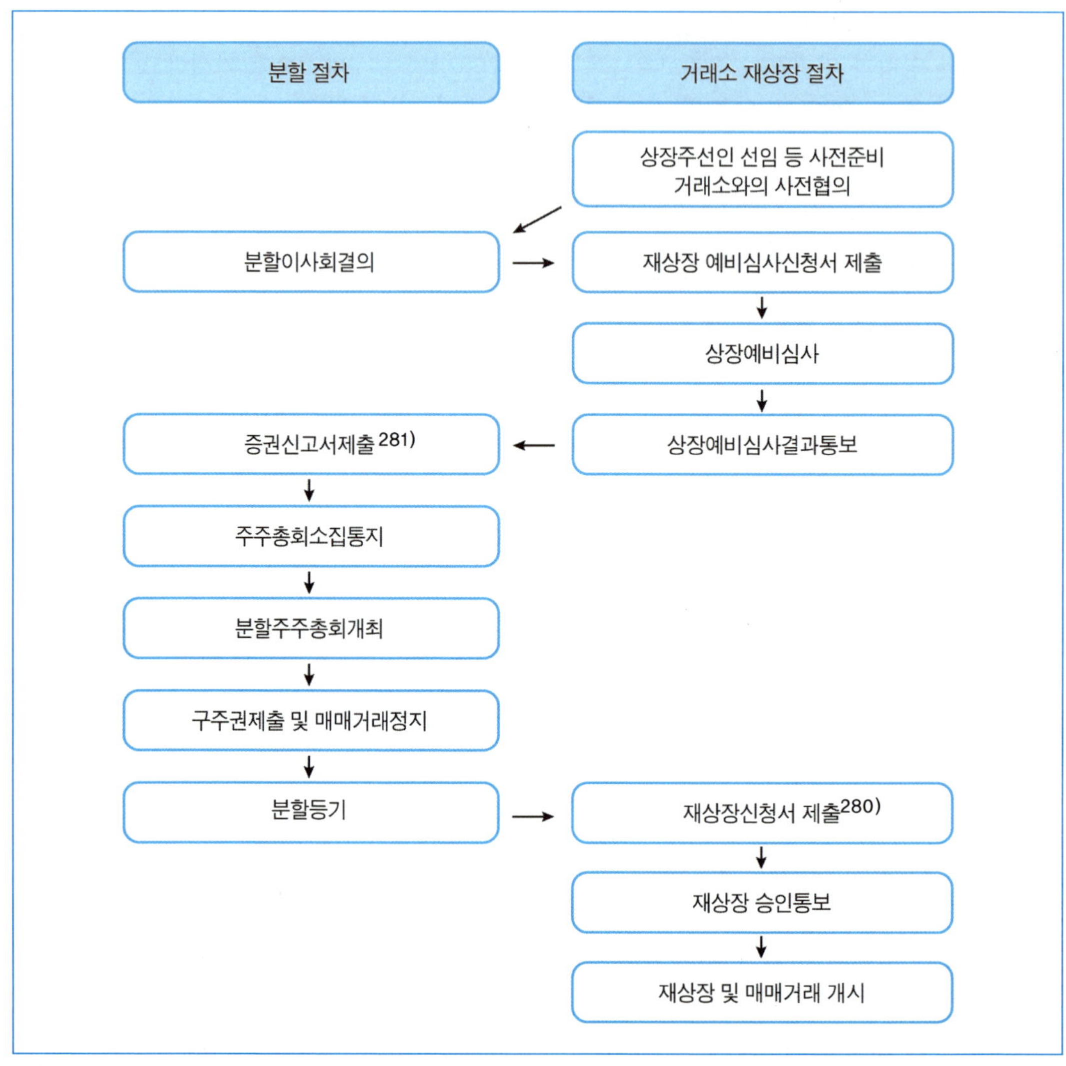

280) 상장예비심사 결과를 통지받은 날부터 6개월 이내에 재상장신청서를 제출하여야 한다(유가증권시장 상장규정 §41 ①).

281) 증권신고서의 제출은 상장예비심사결과 승인이 이루어진 이후 제출한다.

| 상장예비심사신청서 제출서류 |

유가증권시장[282]	코스닥시장[283]
상장예비심사신청서	상장예비심사신청서
「상법」 제530조의7 제1항 각 호의 서류 • 분할계획서 또는 분할합병계약서 • 분할되는 부분의 대차대조표 • 분할합병의 경우 분할합병의 상대방 회사의 대차대조표 • 분할되는 회사의 주주에게 발행할 주식의 배정에 관하여 그 이유를 기재한 서면	「상법」 제530조의7 제1항 각 호의 서류 • 분할계획서 또는 분할합병계약서 • 분할되는 부분의 대차대조표 • 분할합병의 경우 분할합병의 상대방 회사의 대차대조표 • 분할되는 회사의 주주에게 발행할 주식의 배정에 관하여 그 이유를 기재한 서면
분할 또는 분할합병에 따라 이전될 예정인 영업부문에 대한 다음의 재무서류 • 최근 3사업연도의 개별재무상태표 · 개별 손익계산서와 그에 대한 감사인의 검토보고서 • 신청사업연도 반기의 개별재무상태표 · 개별 손익계산서와 그에 대한 감사인의 검토보고서(반기종료 후 45일 경과된 경우만 제출) • 재상장신청인이 종속회사가 있고 최근 3사업연도 중 한국채택국제회계기준을 적용한 경우, 한국채택국제회계기준을 적용한 해당 사업연도의 연결재무상태표 · 연결손익계산서와 그에 대한 감사인의 검토보고서 지주회사의 경우 자회사에 대한 최근 3사업연도의 개별재무제표와 그에 대한 감사인의 감사보고서[284]	분할 또는 분할합병에 따라 이전될 예정인 영업부문에 대한 다음의 재무서류 • 이사회결의 전 최근 사업연도의 매출액 및 이익 현황과 이에 대한 감사인의 검토보고서 • 이사회결의일이 속한 해당 사업연도 반기에 대한 매출액 및 이익현황과 이에 대한 감사인의 검토보고서(반기종료 후 45일 경과된 경우만 제출)
분할을 결의한 이사회의사록 사본	분할을 결의한 이사회의사록 사본
분할 전 법인의 법인등기부등본	분할 전 법인의 법인등기부등본
그 밖에 거래소가 상장심사상 필요하다고 인정하는 서류	그 밖에 거래소가 상장심사상 필요하다고 인정하는 서류

282) 유가증권시장 상장규정 시행세칙 §33 및 별표1

283) 코스닥시장 상장규정 시행세칙 §36 및 별표1

284) 다만, 자회사가 설립 후 3사업연도가 경과되지 않은 경우에는 상장예비심사 신청일부터 3년 전의 날이 속하는 사업연도부터 설립 전까지 합병등에 따라 이전된 영업부문에 대한 개별재무제표와 그에 대한 감사인의 검토보고서를 포함한다.

| 재상장신청서 제출서류 |

유가증권시장[285]	코스닥시장[286]
재상장신청서	재상장신청서
최근 사업연도 말 현재 주주명부 및 소유자명세[287]	최근 사업연도 말 현재의 주주명부
–	설립등기일 현재 재무상태표[288] 및 동 재무상태표에 대한 감사인의 감사보고서
법인등기부등본	법인등기부등본
정관	정관
명의개서 대행 계약서 사본	명의개서 대행 계약서 사본
발행등록사실확인서	발행등록사실 확인서
그 밖에 거래소가 상장심사상 필요하다고 인정하는 서류	
※ 분할재상장신청인이 상장예비심사를 신청한 때에 제출한 서류에서 변경된 사항이 없는 경우에는 해당 첨부서류의 제출을 생략할 수 있음.[289]	

 증권신고서

(1) 의의

분할신설회사가 분할의 대가로 주식을 발행하는 행위가 자본시장법상 모집 및 매출에 해당하는 경우 분할회사는 금융위원회(금융감독원)에 증권신고서를 제출하여야 한다. 자본시장법상 모집이란 50인 이상의 자에게 증권취득의 청약을 권유하는 것이므로 물적분할은 증권신고서 제출대상이 아니나 인적분할은 증권신고서 제출대상이 된다.

한편, 증권신고서는 형식상 불비가 없고 증권의 모집 및 매출이 법령에 위배되지 않으면 수리가 되며 수리 후 일정한 효력발생기간이 지나면 효력이 발생하여 이후 증권신고서를 바탕으로 작성하는 청약권유문서인 투자설명서를 통하여 청약의 권유[290] 및 승낙이 가능하다.

---

285) 유가증권시장 상장규정 시행세칙 §35 및 별표4
286) 코스닥시장 상장규정 시행세칙 §38 및 별표4
287) 주식분포상황표로 주식분포상황표는 상장예비심사 신청 후에 모집 · 매출을 하는 경우 신주의 배정명세표로 우선 이에 갈음할 수 있다.
288) 종속회사가 있는 경우에는 연결재무상태표를 포함한다.
289) 유가증권시장 상장규정 §41 ② 및 코스닥시장 상장규정 §42 ① 후단
290) 권유를 받는 자에게 증권을 취득하도록 하기 위해 증권을 발행 또는 매도한다는 사실을 알리거나 취득절차를 안내하는 활동(자본시장법령 §2.2, 규정1-3)이며, 청약의 권유는 투자설명서, 예비투자설명서 또는 간이투자

| 증권신고서의 효력발생기간(자본시장법 §120, 규칙 §12) |

구분	주주배정 · 제3자배정	일반공모 · 주주우선공모
주권상장법인	7영업일(*)	10영업일
비상장법인		15영업일

(*) 분할신주의 배정대상이 특정인으로 한정된다는 점에서 제3자배정과 동일하게 7영업일을 효력발생기간으로 적용

(2) 분할일정과 증권신고서

증권신고서 제출기한은 따로 정해진 바는 없으나 분할일정 · 정정신고 · 인허가일정 · 재상장일정 등을 고려하여 제출하되 주주총회소집통지가 투자설명서를 통한 '청약의 권유'임을 감안하면 투자설명서를 직접 교부하지 않는 이상은 늦어도 주주총회 소집통지 및 공고 전에는 증권신고서의 효력이 발생되도록 하여야 한다.[291)]

또한, 인적분할로 거래소에 분할재상장 예비심사신청서를 제출한 경우에는 예비심사결과 통보 후에 증권신고서가 제출되도록 하여야 한다. 한편, '증권신고서의 수리 및 정정신고' 관련 내용은 제1장 합병 부분을 참조하기 바란다.

| 분할일정과 증권신고서 |

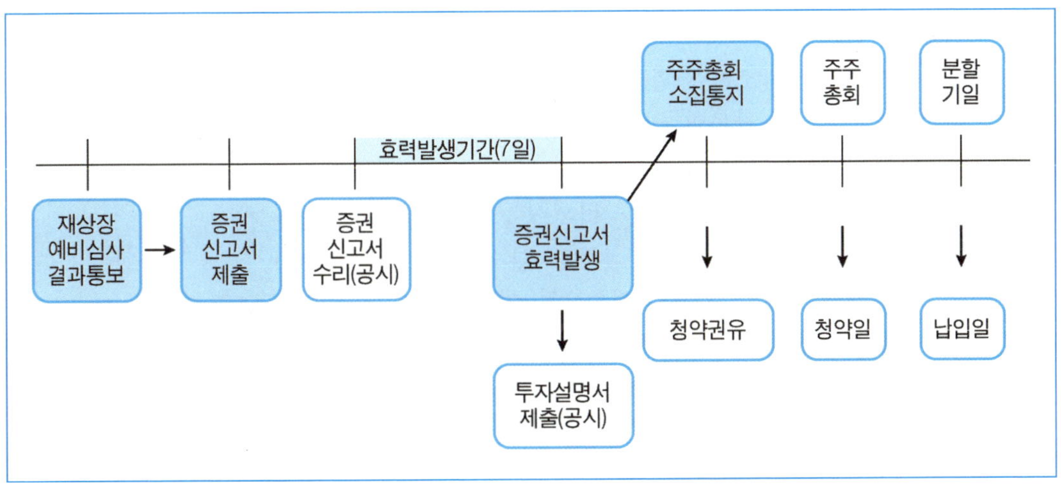

설명서를 사용해야 한다(자본시장법 §124 ②).

291) 주주총회 소집통지 및 공고는 증권신고서 효력발생일과 같거나 그 이후로 하여야 한다.

| 증권신고서(분할) 작성 체크리스트[292] |

주요 점검항목	점검 결과
Ⅰ. 형식요건 점검 □ 서식사용의 적정성 ○ 최근 증권신고서 서식에 따라 작성되었는가? □ 첨부서류의 적정성(규정 §2-10 ⑧) ○ 분할회사의 정관, 분할 주총 소집을 위한 이사회의사록, 분할계획서, 등기부등본, 최근 3사업연도 (연결)감사보고서(분・반기검토보고서 포함, 외부감사의무 법인이 아닌 경우 회사 제시 재무제표 등) 등 ○ 법 §124 ②에 따른 예비투자설명서나 간이투자설명서를 사용하려는 경우 예비투자설명서나 간이투자설명서를 첨부하였는가? ○ 분할이 행정관청의 인・허가 또는 승인 등을 받아야 하는 경우 관련 인・허가 또는 승인 서류를 첨부하였는가? Ⅱ. 증권신고서 기재내용에 관한 심사 1. 분할내용 등 분할 관련 사항 □ 분할내용 ○ 분할로 인하여 이전할 재산의 내용・가액, 신설되는 회사의 사업 및 재무내용 등에 대하여 기재하였는가? ○ 인적분할의 경우 존속회사의 주주에 대하여 신설회사의 주식 배정 사항을 기재하였는가? ○ 존속회사의 자본감소가 계획되어 있는 경우 감소할 자본금, 자본감소 방법, 절차 및 분할전후 자본변동 현황 등에 관한 사항을 기재하였는가? 2. 분할의 주요 일정 □ 분할일정이 상법에서 정하고 있는 다음의 기간을 준수하고 있는가? ○ 주주명부폐쇄공고일 : 주주명부 폐쇄초일 2주 전(상법 §354 ④) ○ 주주명부폐쇄기준일 : 주총일 기준으로 이전 3월 이내(상법 §354 ③) ○ 주주명부폐쇄기간 : 3월 이내(상법 §354 ②) ○ 주총소집통지 또는 공고 : 주총 2주 전(상법 §363, §542의4, 법 §165의5 ⑤) ○ 채권자 이의제출기간 : 분할 전 채무에 대하여 연대책임을 지지 않는 경우 주총 2주 내 1월 이상(상법 §530의9, §527의5) ○ 분할계획서 등 공시서류 비치기간 : 주총 2주 전부터 분할등기 이후 6개월간 (상법 §530의7)	

292) 금융감독원 '합병등 증권신고서 체크리스트' 안내 일부수정, 2019. 1. 24.

주요 점검항목	점검 결과
3. 분할계획에 관한 기본사항 등 □ 신고서상 분할에 관한 주요 내용이 관련 이사회 결의내용 및 분할계획서의 내용과 일치하는가? □ 분할계획서에 상법에서 정하고 있는 필수 기재사항(*)이 기재되어 있는가? (상법 §530의5) (*) 분할계획서 : 설립되는 회사의 상호・목적・본점 소재지 및 공고방법, 설립되는 회사의 발행할 주식의 총수・발행주식총수・종류 등, 이전될 재산과 그 가액, 분할 전 회사채무 연대책임 여부, 주식 배정 및 병합에 관한 사항, 자본금 및 준비금, 자본감소의 방법, 감소할 자본금 및 준비금의 금액, 정관변경을 가져오는 사항 등 4. 주식매수청구권에 관한 사항 □ 주권상장법인의 인적분할로서 분할신설법인의 주권이 증권시장에 상장되지 아니하는 경우 및 주권상장법인이 물적분할하는 경우 ○ 주식매수청구제시가격이 관련 법규에 따라 산정되었는가? ○ 매수청구권 행사기간을 주총일로부터 20일간으로 설정하였는가? ○ 매수기간을 매수청구기간 종료일로부터 1개월 이내로 설정하였는가? ○ 이사회의 분할결의에 대한 반대의사 표시방법, 기간 및 장소를 포함하여 주식매수청구권의 행사 또는 철회절차, 대상자, 방법, 기간 및 장소 등에 관한 사항이 기재되었는가? ○ 상장법인의 경우 분할이사회 결의사실이 공시되기 전에 취득(또는 공시 다음 영업일까지 주식취득 등에 관한 법률행위가 있었음을 증명할 수 있는 경우)한 주주에 한함을 기재하였는가? □ 주식매수청구권 행사로 취득한 자기주식을 관련 법규에 따라 처리할 예정임을 기재하였는가? (법 §165의5 ④, 시행령 §176의7 ④) □ 주권상장법인이 아니거나 주권상장법인이 인적분할 후 신설법인의 주권이 증권시장에 상장되는 경우 주식매수청구권이 부여되지 아니한다는 사실을 기재하였는가? 5. 투자위험요소 및 투자자 유의사항 □ 분할성사를 어렵게 하는 위험요소의 내용 및 이에 대한 회사의 대책을 기재하였는가? □ 분할신설법인이 상장추진 시 거래소의 상장예비심사 결과를 기재하였는가? ○ 분할존속회사 또는 분할신설회사의 상장폐지가능성에 대하여 기재하였는가? □ 분할이 성사될 경우 고려하여야 할 위험요소를 사업위험, 회사위험, 기타투자위험 등으로 구분하여 기재하였는가? □ 분할과 관련하여 풋옵션 등의 계약을 체결한 경우 계약상대방, 내용 등을 기재	

주요 점검항목	점검 결과
하였는가? □ 채권자 보호를 위하여 분할 전 회사채무에 대하여 분할당사회사가 공동으로 연대책임을 지는 등 채권자보호절차를 마련하고 있는가? ○ 분할 전 회사채무에 대하여 연대책임을 지지 않는 경우 상법상 채권자보호절차를 이행하고 있는가? (상법 §530의9, §527의5) 6. 기타 □ 분할계획서의 내용 중 특약사항(*)이 있는 경우 해당 내용을 기재하였는가? (*) 계약해지 요건, Stock option 조정내역 등 □ 분할신설법인에 주식관련사채(CB, BW, EB, 신주인수권증서 등)가 이전되는 경우 전환 또는 행사조건 등 조정내역(조정가액, 조정주식수 등)을 기재하였는가? □ 「법인세법」 등 관련 법규에 의하여 과세이연을 위한 적격요건 충족 여부 및 미충족 시 그 사실, 투자자에게 미치는 영향 등 관련 위험 내용을 기재하였는가? (법인세법 §46의2)	

3 주주총회

(1) 분할주주총회

상법상 회사가 분할(분할합병)을 함에는 분할계획서(분할합병계약서)를 작성하여 주주총회 특별결의로 승인을 얻어야 하며, 분할(분할합병) 시에는 의결권이 배제되는 주주[293]도 의결권이 있다.[294] 또한 분할·분할합병으로 인하여 어느 종류의 주주에게 손해가 미치게 될 경우에는 종류주주총회의 결의[295]가 필요하며, 관련되는 각 회사의 주주의 부담이 가중되는 경우[296]에는 주주총회 특별결의 외에 그 주주 전원의 동의가 있어야 한다.[297]

한편, 분할승인 주주총회는 임시주주총회가 될 것이므로 일반적으로 정관에 주주명부기준일 및 폐쇄기간을 정하고 있는 정기주주총회와 달리 권리주주 확정을 위한 주주명부 기준일

293) 상법 §344의3
294) 상법 §530의3
295) 종류주주총회 결의요건은 출석한 주주의 의결권의 3분의 2 이상의 수와 그 종류의 발행주식총수의 3분의 1 이상의 수로써 하여야 하며, 무의결권주식도 그들의 종류주주총회에서는 의결권행사가 가능하다(상법 §435, §436).
296) 주주들의 추가출자가 필요한 경우 등
297) 부담이 가중되는 경우 그 주주 전원의 동의가 있음을 증명하는 정보는 분할등기 시 첨부서류 중 하나이다.

및 주주명부 폐쇄에 관한 절차가 필요하다. '권리주주확정과 주주총회 소집결의 및 통보'와 관련된 사항은 제1장 합병 부분을 참조하기 바란다.

(2) 분할계획서 등의 공시[298)]

1) 분할회사

분할회사의 이사는 주주총회 회일의 2주 전부터 분할의 등기를 한날 또는 분할합병을 한날 이후 6개월이 경과하는 날까지 분할계획서 등의 서류를 본점에 비치하여야 한다.

2) 분할승계회사

분할합병의 상대방 회사로서 존속하는 회사(분할승계회사)의 이사는 분할합병을 승인하는 주주총회 회일의 2주 전부터 분할합병의 등기를 한 후 6개월이 경과하는 날까지 분할합병계약서 등의 서류를 본점에 비치하여야 한다.

| 분할계획서등의 공시(본점 비치서류) |

분할회사	분할승계회사
분할계획서 또는 분할합병계약서	분할합병계약서
분할되는 부분의 대차대조표	분할되는 부분의 대차대조표
분할합병의 경우 분할합병의 상대방 회사의 대차대조표	분할합병의 경우 분할합병의 상대방 회사의 대차대조표
분할 또는 분할합병을 하면서 신주가 발행되거나 자기주식이 이전되는 경우에는 분할회사의 주주에 대한 신주의 배정 또는 자기주식의 이전에 관하여 그 이유를 기재한 서면	분할합병을 하면서 신주를 발행하거나 자기주식을 이전하는 경우에는 분할회사의 주주에 대한 신주의 배정 또는 자기주식의 이전에 관하여 그 이유를 기재한 서면

4 주식매수청구권

분할(분할합병은 제외[299)])은 이론적으로 분할 전후 주주권리에 변화가 없으므로 합병과 달리 주식매수청구권은 인정되지 않는다.

다만, 주권상장법인이 물적분할이 아닌 분할에 의하여 설립된 법인이 증권시장에 상장되지

298) 상법 §530의7 ①, ②
299) 상법 §530의11 ②, §522의3

아니하는 경우와 주권상장법인이 물적분할하는 경우에는 주주권리에 실질적인 변동이 있으므로 본 분할에 반대하는 주주에게 주식매수청구권을 부여하도록 하고 있다. 한편, 주식매수청구권의 절차 등에 관한 사항[300)]은 제1장 합병 부분을 참조하기 바란다.

| 분할 시 주식매수청구권 가능 여부 |

원칙	인정되지 아니함.
예외[301)]	① 상장회사의 인적분할로 설립된 분할신설회사가 재상장을 하지 아니하는 경우[302)] ② 상장회사가 물적분할하는 경우(분할합병은 제외)

5 채권자보호절차와 주식병합절차

주주총회에서 분할이 승인된 이후에는 (연대책임을 지지 않는 경우) 채권자보호절차와 주식병합에 따른 구주권 제출공고를 하여야 한다. 상법상 두 절차 모두 1달 이상의 기간을 정하도록 되어 있으므로 주주총회 승인 후 동일한 기간으로 진행하면 된다.

(1) 채권자보호절차

상법상 분할회사, 단순분할신설회사, 분할승계회사 또는 분할합병신설회사는 분할 또는 분할합병 전의 분할회사 채무에 관하여 연대하여 변제할 책임이 있으므로 합병과 달리 채권자보호절차는 생략된다.[303)]

다만, 분할(분할합병) 시 분할신설회사 또는 분할합병신설회사(분할승계회사)가 분할회사의 채무 중에서 분할계획서 또는 분할합병계약서상 승계하기로 정한 채무에 대한 책임만을 부담하는 것으로 정할 수 있으며, 이 경우 분할회사는 분할신설회사 또는 분할합병신설회사(분할승계회사)가 부담하지 아니하는 채무에 대한 책임만 부담한다. 따라서 사업부 양도 등을 목적으로 진행하는 분할 시에는 향후 권리관계를 고려하여 채무에 대한 책임을 구분하여야 함으로 분할계획서[304)]에 해당 내용을 기재하고 채권자보호절차를 거쳐야 한다. 한편, 채권자보호절차에 관한 사항은 제1장 합병 부분을 참조하기 바란다.

300) 주식매수청구권의 행사요건 및 시점별 절차에 관한 사항
301) 자본시장법 §165의5 ①, 자본시장령 §176의7 ①
302) 거래소의 상장예비심사결과 그 법인이 발행할 주권이 상장기준에 부적합하다는 확인을 받은 경우를 포함한다.
303) 상법 §530의9
304) 분할회사 채무에 대한 책임을 구분하는 경우에는 분할계획서상 해당 내용을 필수적으로 기재하여야 한다.

| 채권자보호절차 |

구분	내용	채권자보호절차
원칙	분할(분할합병) 전후 회사들은 분할(분할합병) 전의 분할회사 채무에 관하여 연대하여 변제할 책임이 있음.	×
예외	분할회사의 분할 전 채무를 각각 구분하여 연대책임을 지지 않는 경우 (예 지분양도목적의 분할의 경우 등)	○

| 연대책임이 있는 분할 전 회사의 채무의 범위[305)] |

① 분할합병의 효력 발생 전에 발생한 채무이나, 분할합병 당시 아직 그 변제기가 도래하지 아니한 채무

② 회사 분할합병의 효력 발생 전에 아직 발생하지는 아니하였으나 이미 그 성립의 기초가 되는 법률관계가 발생한 채무

| 채권자 이의제출 공고문 사례(물적분할하면서 연대책임을 지지 않는 경우[306)]) |

<u>회사분할에 따른 채권자 이의제출 공고</u>

○○주식회사(이하 "분할되는 회사")는 2016년 5월 31일 개최된 임시주주종회에서 상법 제530조의2 내지 제530조의12 규정이 정하는 바에 따라 A사업부문(기타 자세한 사항은 분할계획서에 따름)을 분할하여 가칭 △△주식회사(이하 '분할신설회사')를 설립하고, 분할되는 회사인 ○○주식회사가 존속하면서 분할신설회사 발행주식의 100%를 배정받는 단순·물적분할 방법의 분할(이하 "본건 분할")을 결의하였습니다.

본건 분할은 상법 제530조의3 제1항 및 제2항의 규정에 의거 주주총회의 특별결의에 의해 분할하며, 동법 제530조의9 제2항의 규정에 의거 분할되는 회사 또는 분할신설회사는 분할되는 회사의 분할 전 채무에 대하여 연대하여 변제할 책임이 없고, 분할신설회사는 분할되는 회사의 채무 중에서 본 분할계획서에 따라 승계하는 채무만을 부담하도록 하고, 분할되는 회사는 분할신설회사가 부담하지 아니하는 채무만을 부담하게 됩니다.

이러한 결의에 이의가 있는 채권자는 본 공고 게재일로부터 2016년 6월 30일까지 아래 기재된 이의제출 장소에 서면으로 이의를 제출하여 주시기 바랍니다.

- 아 래 -

채권자 이의제출 관련 사항

305) 대법원 2012. 5. 24. 선고 2012다18861 판결
306) 본건 분할 후 분할회사는 분할신설회사 지분을 매각하였다.

- 이의제출 기간 : 2016년 5월 31일~2016년 6월 30일
- 이의제출 장소 : 서울특별시 □□□ ○○주식회사 재무팀 (Tel : 02-×××-××××)

2016년 5월 31일

서울특별시 □□□ ○○주식회사 대표이사 □□□

(2) 주식병합절차[307)]

1) 상법

분할기일 현재 분할회사의 주주명부에 등재되어 있는 주주의 주식은 상법상 주식병합절차에 따라 병합[308)]된다.

주식을 병합할 경우에는 회사는 1월 이상의 기간을 정하여 그 뜻과 그 기간 내에 주권을 회사에 제출할 것을 공고하고 주주명부에 기재된 주주와 질권자에 대하여는 각별로 그 통지를 하여야 한다.[309)] 보통 주권제출의 공고는 회사가 주권을 발행하지 아니하였다는 이유로 생략할 수 없으며, 주주 전원이 공고기간의 단축에 동의하고 이미 주권 전부의 제출이 있다고 하더라도 그 기간을 단축할 수 없다고 본다.[310)]

| 분할 시 구주권 제출 공고 예시 |

회사 분할에 따른 구주권 제출 공고

당사(○○㈜)는 2012년 7월 27일 임시주주총회에서 상법 제530조의3의 규정에 의거 회사분할을 결의함에 따라 다음과 같이 공고하오니, 주주 및 질권자께서는 해당 기간 내에 구주권을 제출하여 주시길 바랍니다.

- 다 음 -

(1) 구주권 제출기간 : 2012년 7월 31일~2012년 8월 31일
(2) 구주권 제출장소 : 서울특별시 ○○구 ○○○○○

2012년 7월 30일

○○㈜ 대표이사 □□□

307) 물적분할 시에는 분할법인 주식에 변동이 없으므로 해당되지 않는다.
308) 병합비율은 1에서 배정비율(분할비율)을 차감한 비율이다.
309) 상법 §440
310) 상업등기선례 제1-196호

2) 전자증권법

2019년 9월 16일부터 「주식 · 사채 등의 전자등록에 관한 법률(전자증권법)」이 시행됨에 따라 상장회사 주식은 모두 전자등록대상이므로 구주권 제출은 전자적으로[311] 이루어지며 실물주권을 제출할 필요가 없다.[312]

또한, 상법상 주식병합 공고기간은 1개월임에도 불구하고 전자증권법상 특례[313]에 따라 회사가 정한 일정한 날('병합기준일'이라고 함) 2주 전에 공고 등[314]을 하면 되므로 채권자보호절차가 필요 없는 분할인 경우에는 일정상 2주가 단축되는 효과는 있다.

한편, 전자증권법상 주식병합의 효력은 병합기준일에 효력이 발생[315]하므로 병합기준일은 분할기일과 일치하도록 한다.

| 병합기준일과 분할기일 |

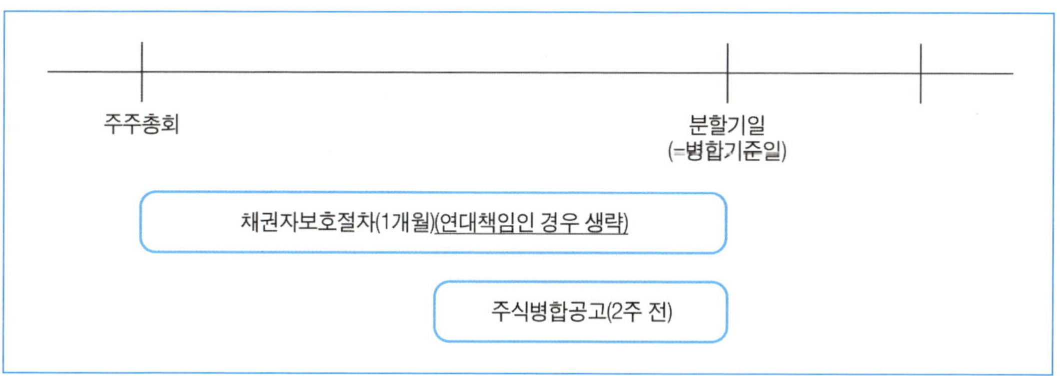

311) 분할회사 및 분할신설회사는 예탁원이 증권회사들로부터 취합한 주주정보를 전달받아 분할회사 일부 주식을 말소하고 분할신설회사 주식을 신규발행한다.
312) 전자등록계좌부에 전자등록된다.
313) 전자증권법 §65
314) 주주명부에 기재된 주주와 질권자에게는 개별적으로 통지를 하여야 한다.
315) 다만, 상법상 채권자보호절차가 종료되지 아니한 경우에는 그 종료된 때에 효력이 생긴다.

| 주식병합공고 예시(전자증권법) |

<u>회사 분할에 따른 주식병합 공고</u>

○○주식회사("당사")는 2021년 10월 12일 자로 개최된 임시주주총회에서 상법 제530조의3 규정에 의한 회사 분할을 결의함에 따라 주식·사채 등의 전자등록에 관한 법률 제65조에 근거하여 아래의 사항을 공고합니다.

Ⅰ. 주식병합 관련 사항

1. 대상주권 : ○○주식회사 기명식 보통주
2. 분할기일(병합기준일) : 2021년 11월 1일
3. 분할비율
   - 분할존속회사(○○주식회사) : 0.6073625
   - 분할신설회사(△△주식회사) : 0.3926375

   주1) 이에 따라, 분할되는 회사의 1주당 교부할 분할신설회사 주식수는 상기 분할비율(a) × 1주의 금액비율(b)로 산정합니다.

   주2) 1주의 금액비율(b) = (분할되는 회사의 1주의 금액 100원)/(분할신설회사 1주의 금액 100원) = 1
4. 신주 배정 기준일(2021년 10월 29일) 현재 ○○주식회사 주주명부에 등재되어 있는 주주들이 보유한 주식 1주당, 분할존속회사의 보통주식 0.6073625주와 분할신설회사의 보통주식 0.3926375주를 교부합니다.
5. 단주의 처리방법 : 1주 미만의 단주에 대해서는, (i) 분할존속회사 주식은 분할존속회사의 변경상장 초일 종가로, (ii) 분할신설회사 주식은 분할신설회사 신주의 재상장 초일 종가로 환산하여 현금으로 지급합니다.

Ⅱ. 참고사항

1. 매매거래 정지기간 : 2021년 10월 26일 ~ 변경상장 및 재상장 전일
2. 변경상장 및 재상장 예정일 : 2021년 11월 29일

※ 전자등록된 주식의 병합은 자동으로 이루어지므로 주주의 별도 조치가 필요 없습니다. 본 일정은 관련 법규 내용의 변경 및 관계기관과의 협의, 회사 내부 사정 등에 따라 일부 변경될 수 있습니다.

2021년 10월 12일[316)]

○○주식회사

서울특별시 ○○○ ○○○○

대표이사 ○○○

---

316) 전자증권법에 따라 병합기준일(분할기일)인 2021년 11월 1일의 2주 전에 주식병합공고를 하였다.

6 분할기일

상법상 분할기일이란 상법상 '분할을 할 날'[317]로 실질적인 분할일이다. 분할기일 전에 상법상 절차는 모두 완료되어야 하므로 분할기일은 채권자이의제출(연대책임을 지지 않는 경우) 및 구주권 제출기한 이후의 날이 되어야 한다.

분할기일 이후에는 분할종료 보고총회와 분할등기를 완료하고 관련 서류를 6개월간 사후공시하여야 한다. 또한 상장회사가 인적분할을 한 경우에는 증권발행실적보고서를, 물적분할을 한 경우에는 합병등종료보고서(분할)를 공시하여야 한다.

| 분할기일 절차 |

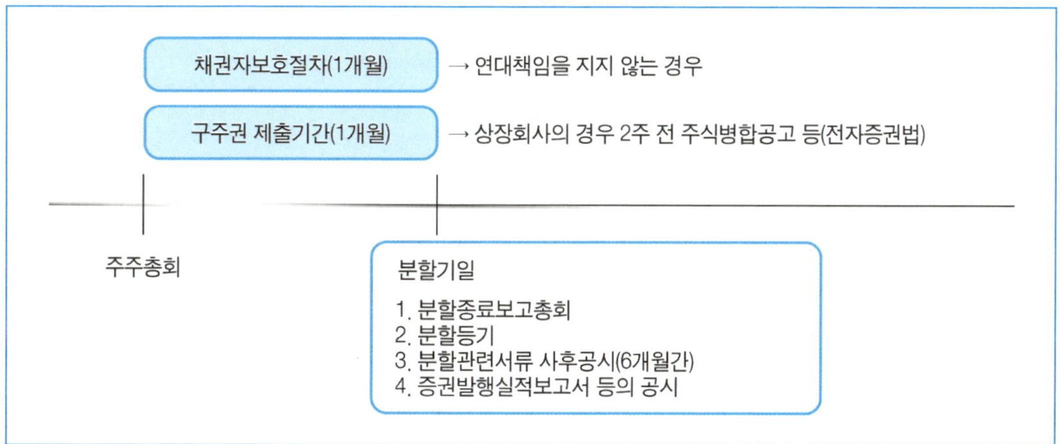

(1) 분할종료보고총회

1) 분할회사

분할 후 존속하는 회사의 이사는 채권자보호절차 종료 후 분할로 인한 주식의 병합이 있을 때에는 그 효력이 생긴 후, 병합에 적당하지 아니한 주식이 있을 때에는 분할 후 존속하는 회사에 있어서는 단주를 처분한 후 지체 없이 주주총회를 소집하고 분할에 관한 사항을 보고하여야 한다. 다만, 분할종료보고총회는 이사회결의에 따른 공고로써 주주총회에 대한 보고에 갈음할 수 있다.

317) 상법상 분할계획서의 필수적 기재사항이다.

2) 분할신설회사

분할로 인하여 새롭게 설립되는 분할신설회사의 대표이사는 채권자보호절차 종료 후, 분할로 인한 주식의 병합이 있을 때에는 그 효력이 생긴 후, 병합에 적당하지 아니한 주식이 있을 때에는 분할 후 존속하는 회사에 있어서는 단주를 처분한 후 지체 없이 창립총회를 소집하여야 한다. 다만, 분할창립총회는 이사회결의에 따른 공고로써 주주총회에 대한 보고에 갈음할 수 있다.

| 분할보고총회 및 분할창립총회 이사회 갈음 공고 사례 |

<u>분할보고총회 및 분할창립총회에 갈음하는 공고</u>

○○주식회사(분할회사)는 2019년 2월 15일 임시주주총회를 통하여 회사의 A사업부문을 단순 인적분할 방식으로 분할하여 그 분할된 재산으로 △△주식회사(분할신설회사)를 설립하고, 분할 후 존속회사는 상호를 ○○홀딩스 주식회사로 변경하여 존속하기로 하였으며, 분할 전 채무에 대하여는 분할 후 존속하는 회사와 분할로 설립되는 회사가 연대책임을 부담하기로 결의하였습니다.

위 결의에 의하여 상법에서 규정하고 있는 회사 분할에 필요한 제반 절차를 완료하였고, 상법 제530조의11 및 제527조에 의하여 분할보고의 창립총회 및 보고총회에 갈음하여 이사회 결의와 이 공고로써 분할보고를 대체하기로 결의하였으므로, 다음과 같이 분할완료 사실을 각 주주들에게 공고로서 보고합니다.

\- 다 음 -

1. 분할의 방법
   상법 제530조의2 내지 제530조의11 규정에 따른 인적분할
   가. 분할회사 : ○○홀딩스 주식회사(구상호 : ○○주식회사)
   나. 분할신설회사 : △△주식회사

2. 분할 진행경과
   가. 임시주주총회결의일 : 2019년 2월 15일
   나. 구주권제출기간 : 2019년 2월 18일~2019년 3월 29일
   다. 분할기일 : 2019년 4월 1일
   라. 창립총회 공고 갈음 이사회 결의일 : 2019년 4월 1일
   마. 설립등기예정일 : 2019년 4월 1일
   바. 재상장 예정일 : 2019년 5월 10일

3. 참고사항

상법 제530조의9 제1항에 의거하여 분할되는 회사 또는 분할신설회사는 분할되는 회사의 분할 전 채무에 대하여 연대하여 변제할 책임이 있습니다.

2019년 4월 1일

분할회사	분할신설회사
○○주식회사(변경 후 상호 : ○○홀딩스 주식회사)	△△주식회사
서울특별시 ______________	경기도 ______________
대표이사 _____	대표이사 _____

(2) 분할등기

회사가 분할을 한 때에는 분할주주총회가 종결한 날 또는 보고에 갈음하는 공고일부터 본점 소재지에서는 2주 내, 지점 소재지에서는 3주 내에 분할 후 존속하는 회사에 있어서는 변경의 등기, 분할로 인하여 소멸하는 회사에 있어서는 해산의 등기, 분할으로 인하여 설립된 회사에 있어서는 설립등기를 하여야 한다. 또한 분할 또는 분할합병으로 인하여 전환사채 또는 신주인수권부사채를 승계한 때에는 사채의 등기도 함께 하여야 한다.[318)]

| 등기사항 및 등기신청[319)] |

구분	내용
설립등기	• 분할회사의 상호 · 본점과 분할을 한 뜻도 함께 등기
변경등기	• 분할신설회사의 상호 · 본점과 분할을 한 뜻 및 그 연월일도 함께 등기
※ 본점 소재지에서 하는 설립등기 · 변경등기의 신청은 분할신설회사의 본점 소재지를 관할하는 등기소에 동시에 하여야 함.	

한편, 분할의 효력발생요건[320)]은 분할등기이므로, 등기 시 필요한 서류에 누락이나 오류가 없도록 하여야 한다.

318) 상법 §528, §530의11
319) 단순 · 존속분할 시 내용으로 분할합병 · 소멸분할 시 등은 상업등기법 §70, §71를 참조하기 바란다.
320) 상법 §234, 상법 §530의11

| 분할로 인한 설립등기[321] 시 첨부서류[322] |

구분
• 분할계획 또는 분할합병계약에 관한 정보(분할계획서 또는 분할합병계약서)
• 분할 또는 분할합병 후 존속하는 회사나 소멸하는 회사("분할존속회사 또는 분할소멸회사"라고 함)의 주주총회의사록
• 분할존속회사 또는 분할소멸회사의 어느 종류주주에게 손해를 미치게 될 경우에는 그 회사의 종류주주총회의사록
• 분할존속회사 또는 분할소멸회사의 주주의 부담이 가중되는 경우에는 그 주주 전원의 동의가 있음을 증명하는 정보
• 신설회사의 정관, 창립총회 의사록, 이사, 대표이사, 집행임원, 대표집행임원, 감사 또는 감사위원회 위원의 취임승낙을 증명하는 정보, 명의개서대리인을 둔 때에는 명의개서대리인과의 계약을 증명하는 정보
• 분할 또는 분할합병으로 주식의 병합 또는 분할을 하는 경우에는 상법상 주식병합절차를 증명할 수 있는 정보(구주권 제출공고 및 주주(질권자) 통지의무)
• 채권자보호절차에 따른 공고 및 최고한 사실과 이의를 진술한 채권자가 있는 때에는 이에 대하여 변제 또는 담보를 제공하거나 신탁을 한 사실을 증명하는 정보(단순분할로 설립되는 회사가 분할되는 회사의 분할 전 채무에 관하여 연대책임을 지는 경우는 제외한다)
• 분할되는 회사의 출자 외에 다른 출자에 의하여 회사를 설립하는 경우 - 주식의 인수와 청약을 증명하는 정보 - 발기인이 상법 §291(주식발행사항)에 규정된 사항을 정한 때에는 이를 증명하는 정보 - 상법 §298(이사·감사의 조사·보고와 검사인의 선임청구) 및 §313(이사, 감사의 조사, 보고)에 따른 이사와 감사 또는 감사위원회 및 공증인의 조사보고에 관한 정보 - 상법 §299(검사인의 조사, 보고), §299의2(현물출자등의 증명) 및 §310(변태설립의 경우의 조사)에 따른 검사인이나 공증인의 조사보고 또는 감정인의 감정에 관한 정보 및 이와 관련하여 검사인이나 공증인의 조사보고 또는 감정인의 감정결과에 관한 재판이 있은 때에는 그 재판이 있음을 증명하는 정보 - 주금의 납입을 맡은 은행, 그 밖의 금융기관의 납입금 보관을 증명하는 정보. 다만, 자본금 총액이 10억 원 미만인 회사를 상법 §295 ①에 따라 발기설립하는 경우에는 은행이나 그 밖의 금융기관의 잔고를 증명하는 정보로 대체할 수 있다.
• 창립총회 개최(주주총회 갈음 이사회 공고)를 증명하는 정보
• 창립총회의사록
• 이사, 대표이사, 집행임원, 대표집행임원, 감사 또는 감사위원회 위원의 취임승낙을 증명하는 정보
• 명의개서대리인을 둔 때에는 명의개서대리인과의 계약을 증명하는 정보

321) 분할 또는 분할합병으로 인한 변경등기 시 첨부서류는 상업등기규칙 §151를 참조하기 바란다.
322) 상업등기규칙 §150

(3) 분할 관련서류 사후공시

이사는 채권자보호절차의 경과(연대책임이 아닌 경우), 분할을 한 날, 분할로 인하여 소멸하는 회사로부터 승계한 재산의 가액과 채무액 기타 분할에 관한 사항을 기재한 서면을 분할을 한 날부터 본점에 6개월간 비치하여야 하며, 주주 및 회사채권자는 영업시간 내에는 언제든지 해당 서류의 열람을 청구하거나 회사가 정한 비용을 지급하고 그 등본 또는 초본의 교부를 청구할 수 있다.[323)]

(4) 증권발행실적보고서 등의 공시

증권신고의 효력이 발생한 증권의 발행인은 발행실적에 관한 보고서를 금융위원회(금융감독원)에 제출하여야 하므로[324)] 해당 분할이 보십 및 매출에 해당되어 증권신고서를 제출한 경우[325)]에는 분할기일 후 지체 없이 증권발행실적보고서를 제출하여야 한다.

또한 주권상장법인이 분할등의 사유로 주요사항보고서를 제출한 이후 분할을 사실상 종료한 때(분할등기를 한 때)에는 지체 없이 그 사항을 금융위원회에 제출하여야 한다.[326)] 다만, 증권발행실적보고서를 제출한 경우에는 합병등종료보고서(분할) 제출의무는 면제된다

| 증권발행실적보고서와 합병등 종료보고서(분할) |

구분	증권발행실적보고서	합병등종료보고서(분할)
의무자	증권신고서를 제출한 발행인	분할이 종료된 주권상장법인 (단, 증권발행실적보고서 제출 시 면제)
시기	분할기일 이후 지체 없이 제출	분할등기신청 등 분할이 사실상 종료된 때
상황	상장회사 인적분할 시	상장회사 물적분할 시

323) 상법 §530의11, 상법 §527의6
324) 자본시장법 §128
325) 일반적으로는 상장회사가 인적분할하여 분할신설회사가 재상장하는 경우
326) 증발공 §5-15

제3장

주식의 포괄적 교환·이전

I 개요

1 의의

주식의 포괄적 교환이란 주식을 포괄적으로 교환함으로써 둘 이상의 회사를 완전모회사와 완전자회사의 관계로 만드는 상법상 제도를 말한다.

완전자회사가 되는 회사[1]의 주주는 완전자회사 주식을 완전모회사가 되는 회사[2]에 이전하고 완전모회사의 신주를 배정받거나 자기주식의 이전을 받음으로써 완전모회사의 주주가 된다.[3]

| 주식의 포괄적 교환 |

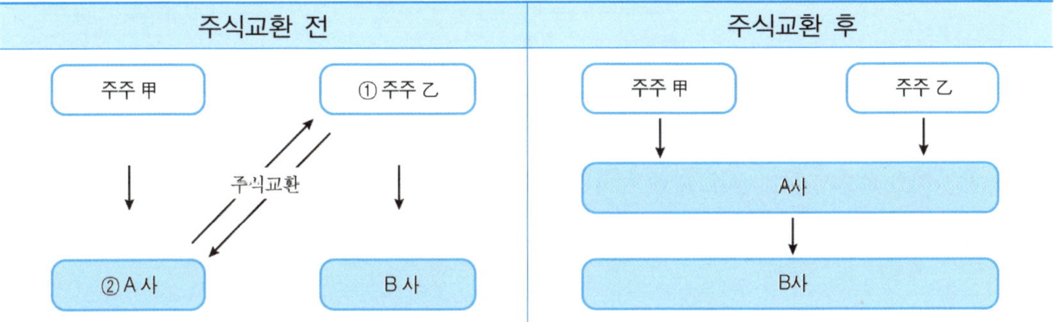

① 주주 乙은 B사 주식 전부를 A회사에게 이전함.
→ A사는 B사의 완전모회사가 됨.
② A사는 B사 주식을 받은 대가로 주주 乙에게 A사 주식을 교부함.
→ 주주 乙은 A사의 주주가 됨.

한편, 상법상 주식의 포괄적 교환 · 이전은 완전자회사 주식 전부가 완전모회사 신주(또는 자기주식)와 교환 · 이전되는 것으로, 일부만 교환 · 이전되는 경우는 상법상 주식의 포괄적 교환 · 이전에 해당되지 않으므로 다른 절차[4]에 따라야 한다.

1) 편의상 본서에서 '완전자회사'라고 한다.
2) 편의상 본서에서 '완전모회사'라고 한다.
3) 상법 §360의2
4) 일부 교환의 경우 상법상 현물출자 및 제3자 신주배정 절차 등에 따라야 하며, 일부 이전의 경우 상법상 주식회사 설립절차에 따라야 한다.

2 유형

(1) 교환과 이전

포괄적 교환 · 이전 시점에 완전모회사의 설립 여부에 따라 완전모회사가 이미 설립된 회사인 경우를 포괄적 교환, 새롭게 설립하는 경우를 포괄적 이전이라고 한다.

| 주식의 포괄적 교환 · 이전 |

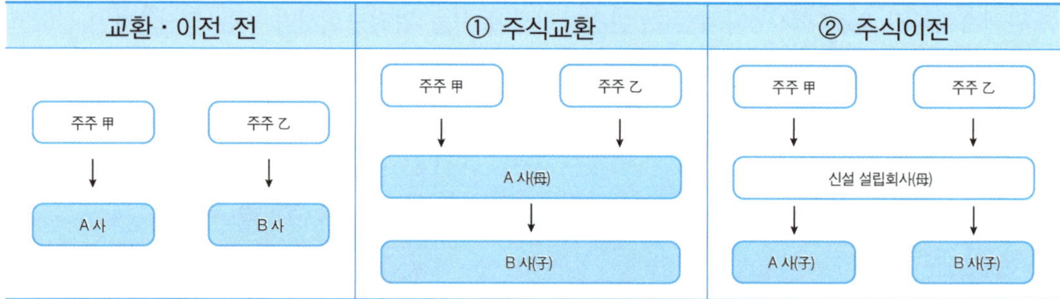

① 주주 乙과 A사가 주식을 교환하여 A사와 B사는 완전모자관계가 된다.
② 주주 甲과 주주 乙이 각각 A사 및 B사 주식을 신규로 설립되는 회사(완전모회사)에게 이전하고, A사와 B사는 신설회사의 완전자회사가 된다.

(2) 소규모 · 간이주식교환[5)]

합병 시 합병회사와 피합병회사 간 상대적 규모 차이가 큰 경우 일방회사의 주주총회를 이사회 승인으로 갈음하는 소규모 · 간이합병 절차가 존재하는 것과 같이 포괄적 교환에 있어서도 소규모 · 간이주식교환이 상법상 인정된다. 다만, 포괄적 이전은 완전모회사가 새롭게 설립되는 것이므로 간소화 절차는 인정되지 않는다.

5) 소규모 · 간이 주식교환에 관한 자세한 내용은 하기 Ⅲ. 7.을 참조하기 바란다.

| 절차의 간소화에 따른 구분 |

구분	내용
소규모 주식교환[6]	(요건) 완전모회사가 주식교환을 위하여 발행하는 신주 및 이전하는 자기주식의 총수가 그 회사의 발행주식총수의 10% 이하이며, 완전자회사가 되는 회사의 주주에게 제공할 교부금이 완전모회사의 순자산액의 5% 이하인 경우 (효과) • 완전모회사의 주주총회 승인을 이사회 승인으로 갈음 가능 • 완전모회사 주주의 주식매수청구권 불인정
간이 주식교환[7]	(요건) 완전자회사의 총주주의 동의가 있거나 완전모회사가 완전자회사 발행주식총수의 90% 이상을 소유하고 있는 경우 (효과) 완전자회사의 주주총회 승인을 이사회 승인으로 갈음 가능

활용

주식의 포괄적 교환·이전 이후에는 완전모자관계의 지배구조가 형성되므로 지주회사의 설립뿐 아니라 그 목적에 따라 다양하게 활용될 수 있다.

| 주식의 포괄적 교환·이전의 활용 예시 |

1. 지주회사 설립
2. 상장계열사의 완전자회사化(공개매수 후 포괄적 교환)
3. 지배구조상 하위 단계로 계열사 이전 시
4. 포괄적 교환을 통한 기업인수

6) 상법 §360의10
7) 상법 §360의9

1. 지주회사 설립[8]

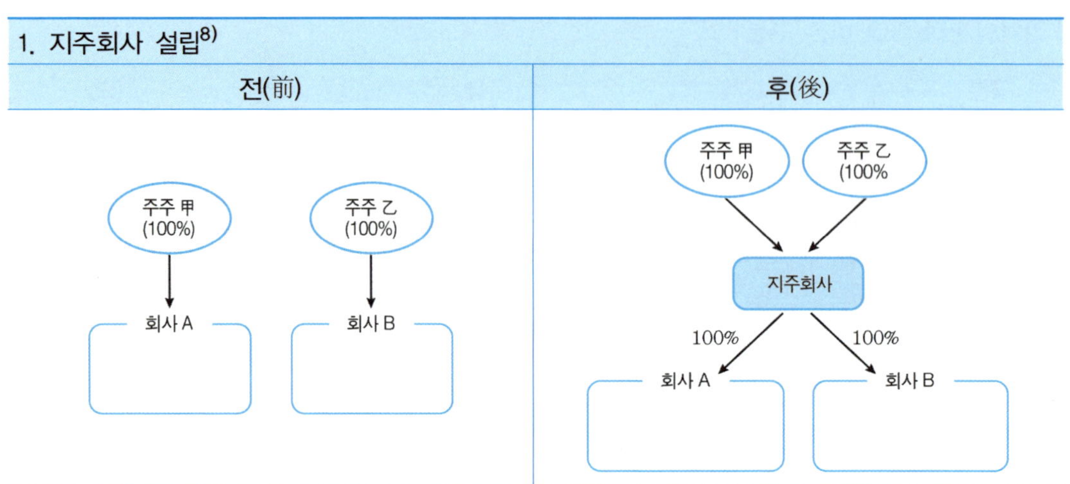

주주 甲과 주주 乙은 회사 A주식과 회사 B주식을 새롭게 설립하는 지주회사에 이전하고 그 대가로 지주회사 주식을 배정받음에 따라 회사 A와 회사 B는 지주회사의 완전자회사가 되고 주주 甲과 주주 乙은 지주회사 주주가 된다.

2. 상장계열사의 완전자회사化(공개매수 후 포괄적 교환)

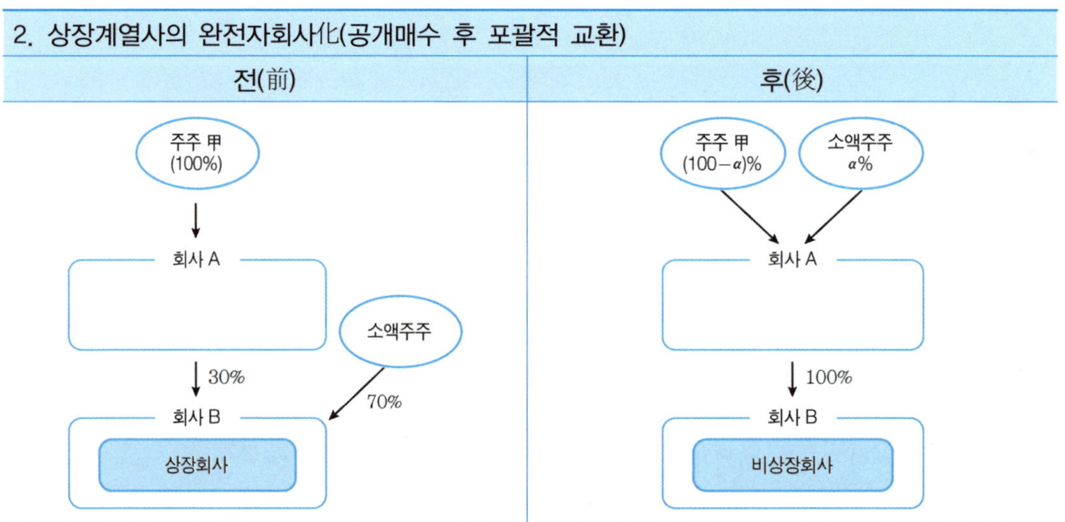

그룹 구조조정 목표[9]상 상장회사인 계열사(회사 B)를 상장폐지 시키고 100% 자회사화 시켜야 할 때 다음과 같은 주식의 포괄적 교환이 있을 수 있다.

STEP1(공개매수):
회사 A는 주식의 포괄적 교환 전 회사 B 지분을 공개매수하여 포괄적 교환 전에 회사 B의 지분을 추가로 확보함.

8) 금융지주회사 및 비상장회사의 지주회사 설립 시 주로 활용되며, 상장회사의 지주회사 설립은 인적분할 후 현물출자방식이 주로 사용되는데 관련 내용은 제2장 분할을 참조하기 바란다.

STEP2(포괄적교환):
공개매수에 청약하지 않은 회사 B 잔여 소액주주와 회사 A가 서로 주식을 교환하여 회사 B는 회사 A의 100% 자회사가 되어 비상장회사가 된다.

① 회사 A가 비상장회사인 경우
공개매수에 청약하지 않은 회사 B 잔여주식은 주식의 포괄적 교환 시 교환신주에 갈음하여 현금으로 청산[10]한다. 이 경우 주식의 포괄적 교환 후 회사 A의 주주는 주주 甲만 존재한다.

② 회사 A가 상장회사인 경우
공개매수에 청약하지 않은 회사 B 잔여주식은 포괄적 교환을 통하여 상장회사인 회사 A 주식을 받게 되며, 원치 않을 경우에는 주식매수청구권 행사를 통하여 현금청산을 할 수도 있다.

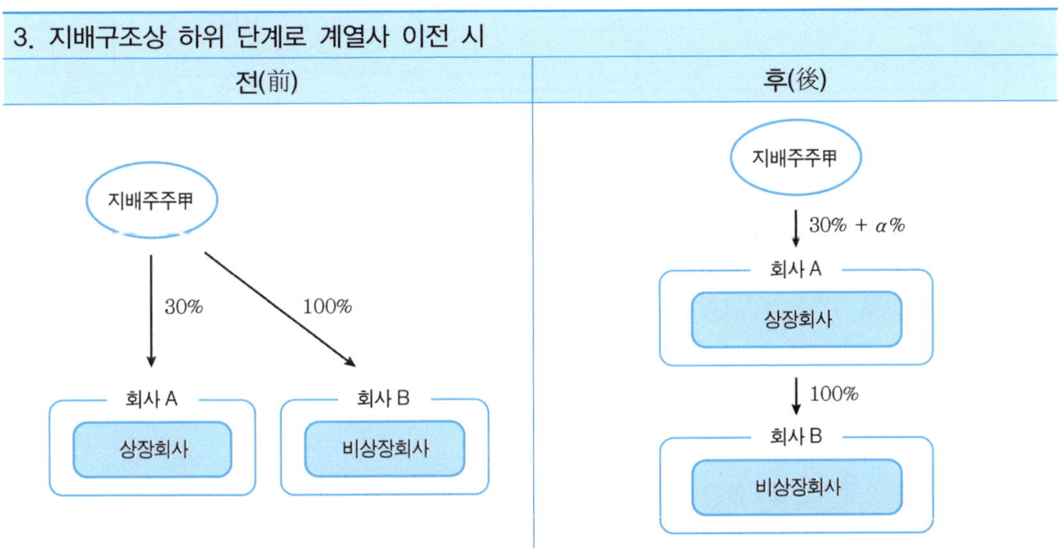

지배주주甲이 보유하고 있는 B주식을 회사 A와 교환함에 따라 회사 B는 회사 A의 완전자회사가 되어 지배구조상 한 단계 아래로 내려간다. 한편, 지배주주甲은 B주식과 교환으로 상장회사인 회사 A주식을 추가로 취득함에 따라 상장회사인 회사 A에 대한 지분율이 교환 전보다 상승하게 되며 회사 B는 회사 A의 완전자회사가 된다.

---

9) 완전자회사화는 소액주주를 그룹 내에서 축출하는 것으로 다양한 목적상 이루어지는데 완전자회사가 향후 성장가능성이 높을 것으로 예상 시 해당 이익을 선점하기 위한 목적일 수도 있으며, 추후 원활한 인수·합병 등을 위한 신속한 의사결정목적으로 이루어지기도 한다.

10) 교부금 주식교환으로 2016년 상법개정 시 상법 §360의3 4호상 주식 이외 현금 등 재산을 지급할 수 있도록 허용한 것에 근거한다. 이에 그룹 내 소액주주를 축출하는 방법으로 교부금주식교환이 사용되며 특히 소규모주식교환의 경우 완전모회사의 주주총회가 이사회로 갈음되고 반대주주에게 주식매수청구권이 부여되지 않는 장점이 있다.

4. 포괄적 교환을 통한 기업인수

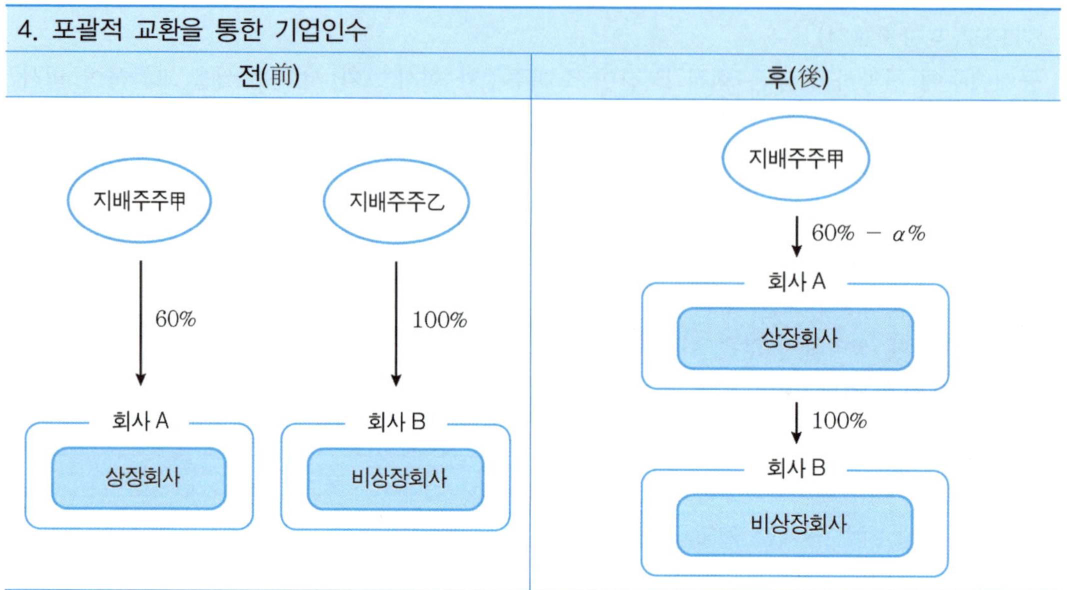

지배주주의 지분율이 상대적으로 높은 상장회사는 주식의 포괄적 교환 방식을 통한 비상장회사 인수가 가능하다. 상장회사 A와 지배주주 乙이 주식을 포괄적으로 교환하면 회사 B는 상장회사 A의 완전자회사가 된다. 한편, 지배주주甲의 지분율은 교환 이전보다 감소하게 되나 교환 전 지분율이 상대적으로 높았으므로 지배력에는 변동이 없다.

4 합병과 비교

주식의 포괄적 교환·이전의 경제적 실질은 합병과 동일한 효과를 갖는다. 완전모회사를 합병회사로 완전자회사를 피합병회사로 본다면 피합병회사를 소멸시키고 그 자산·부채를 합병회사에 이전하는 것이 합병이라면, 피합병회사를 존속시킨 상태로 완전자회사(피합병회사)의 주식을 완전모회사(합병회사)에 이전하는 것은 주식의 포괄적 교환·이전이다. 따라서 두 방법 간의 차이는 피합병회사(완전자회사)의 소멸 여부에 있다.

| 이전의 대상 |

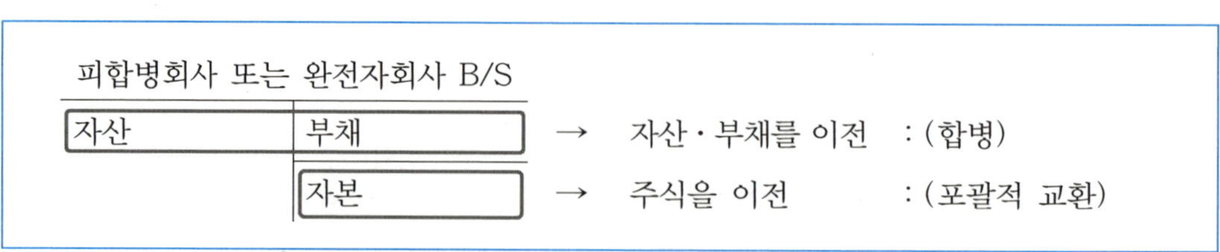

| 합병과 주식의 포괄적 교환 |

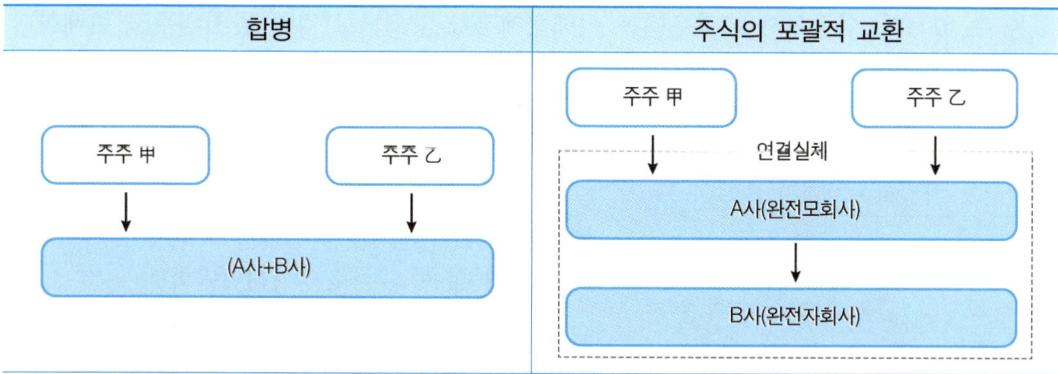

주식의 포괄적 교환으로 인하여 A사는 B사를 지배하므로 합병과 주식의 포괄적 교환은 그 경제적 실질이 동일하다.

한편, 그 경제적 실질과는 별개로 주식의 포괄적 교환은 법률적으로는 각각의 법인이 소멸 없이 존재하므로 합병과 달리 채권자보호절차가 불필요하다는 점 등에서 차이가 있다.

| 합병과 주식의 포괄적 교환 비교 |

구분	주식의 포괄적 교환	합병
취득자	완전모회사	합병회사
피취득자	완전자회사	피합병회사
피취득자의 소멸 여부	존속	소멸
거래의 대상	완전자회사의 주식	피합병회사의 자산·부채
채권자보호절차	불필요	필요
주식매수청구권	인정	

 당사자

주식의 포괄적 교환에 있어 당사자는 완전모회사 및 완전모회사의 주주와 완전자회사 및 완전자회사의 주주이며, 주식의 포괄적 이전은 완전모회사를 새롭게 설립하여 완전자회사 주주가 완전모회사 주주로 이전하는 것이므로 완전자회사 및 그 주주 이외 당사자는 없다.

주식의 포괄적 교환·이전에는 합병과 달리 채권자보호절차가 불필요한데 이는 주식의 포괄적 교환·이전 이후에도 각각의 법인격은 소멸 없이 존재하기 때문이다.

한편, 주식의 포괄적 교환 · 이전의 당사자는 아니지만 법률상 요구되는 유관기관의 인허가가 있을 수 있으며, 상장회사의 경우에는 이해관계자가 많으므로 각종 공시의무도 존재한다.

| 주식의 포괄적 교환의 당사자 |

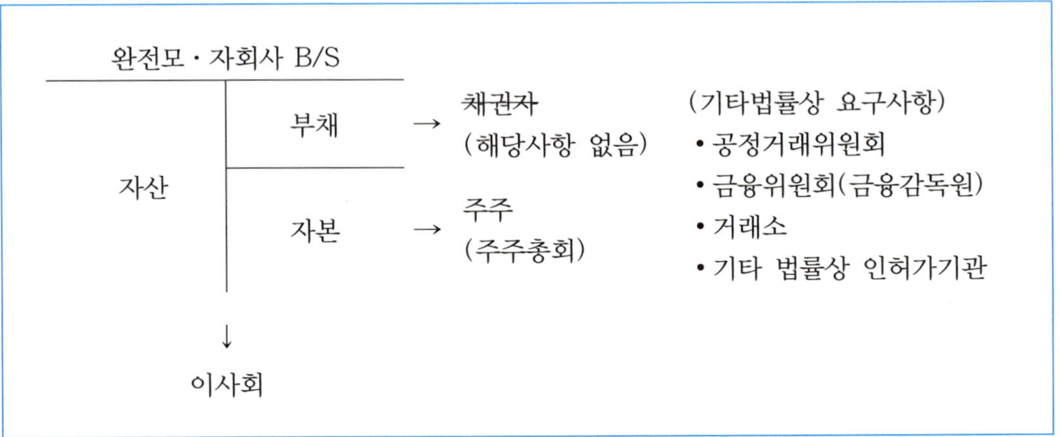

구분	내용
① 완전모회사	자산(완전자회사 주식)과 자본이 동시에 증가함.
② 완전자회사	변동사항 없음.
③ 완전모회사의 주주	교환 전보다 완전모회사에 대한 지분율이 감소함.
④ 완전자회사의 주주	완전자회사 주주에서 완전모회사 주주가 됨.
⑤ 완전모 · 자회사의 채권자	채권의 권리관계에 변동이 없음.

6 목차의 구성

실무상 주식의 포괄적 교환 · 이전 업무의 대부분은 주식교환계약 체결 전(주식이전계획서 이사회승인 전)에 이루어지는 사전검토이며, 절차적인 부분은 미리 계획된 일정표에 따라서 진행하게 된다. 따라서 본서 목차 역시 업무의 흐름에 따라 사전검토와 절차로 구분하여 기술하기로 한다.

한편, 언급한 바와 같이 주식의 포괄적 교환 · 이전은 합병과 유사하여 많은 규정이 합병을 준용하고 있으므로 자세한 내용은 제1장 합병을 참조하고 합병과 차이점 위주로 기술하기로 한다.

| 실무와 목차 |

<table>
<tr><th>구분</th><th>내용</th><th colspan="2">검토 내용</th><th>목차</th></tr>
<tr><td rowspan="10">Ⅱ. 사전 검토</td><td rowspan="6">법률 검토</td><td>상법</td><td>절차 · 제한</td><td>Ⅱ.1.(1)</td></tr>
<tr><td>자본시장법</td><td>공시 · 주식가액산정방법 · 외부평가기관 평가의무</td><td>Ⅱ.1.(2)
보론 Ⅱ.(2)</td></tr>
<tr><td>거래소 규정</td><td>우회상장</td><td>Ⅱ.1.(3)</td></tr>
<tr><td>공정거래법</td><td>기업결합신고 · 지주회사 관련 규정</td><td>Ⅱ.1.(4)</td></tr>
<tr><td>기타법률 규정</td><td>기타법률상 제한</td><td>Ⅱ.1.(5)</td></tr>
<tr><td>등기</td><td>설립등기 · 변경등기</td><td>Ⅱ.1.(6)</td></tr>
<tr><td colspan="3">교환비율</td><td>Ⅱ.2</td></tr>
<tr><td colspan="3">완전자회사 보유 자기주식의 처리</td><td>Ⅱ.3</td></tr>
<tr><td>회계</td><td colspan="2">회계처리의 주체와 결산 · 회계처리 · DART 사례</td><td>Ⅱ.4</td></tr>
<tr><td>세무</td><td colspan="2">과세체계 · 과세특례 요건 · 주식처분에 따른 사후관리 · 증권거래세 · 완전자회사 주식취득가액 · 간주취득세</td><td>Ⅱ.5</td></tr>
<tr><td rowspan="7">Ⅲ. 절차</td><td>계약체결</td><td colspan="2">주식교환계약서(주식이전계획서) 작성 · 이사회 결의 · 주요사항보고서 제출 · 우회상장서류 제출</td><td>Ⅲ.1</td></tr>
<tr><td>증권 신고서</td><td colspan="2">의의 · 일정과 증권신고서 · 증권신고서의 수리 · 정정신고 · 체크리스트</td><td>Ⅲ.2</td></tr>
<tr><td>주주총회</td><td colspan="2">권리주주확정 · 주총소집 결의 및 통지 · 주총결의</td><td>Ⅲ.3</td></tr>
<tr><td>주식매수 청구권</td><td colspan="2">행사요건 · 시점별 주식매수청구권 절차 · 매수한 주식의 처리</td><td>Ⅲ.4</td></tr>
<tr><td colspan="3">완전자회사 주권실효절차</td><td>Ⅲ.5</td></tr>
<tr><td>주식교환일</td><td colspan="2">등기 · 사후공시 · 증권발행실적보고서 등</td><td>Ⅲ.6</td></tr>
<tr><td colspan="3">소규모주식교환과 간이주식교환</td><td>Ⅲ.7</td></tr>
</table>

Ⅱ 사전검토

❶ 법률검토

(1) 상법

1) 절차

합병과 달리 완전모 · 자회사 모두 채권자보호절차가 불필요하다.[11] 이는 완전자회사는 주식의 포괄적 교환 · 이전으로 소멸하지 않고 재무구조에도 변동이 없으며, 완전모회사는 부채의 증가가 없이 자산(완전자회사 주식)과 자본이 동시에 증가하기 때문이다.[12]

2) 제한

① 완전모회사의 자본금 증가 한도 규정[13]

완전모회사의 자본충실을 도모하기 위하여 완전모회사가 증가시킬 수 있는 자본금은 완전자회사 순자산액[14]을 그 한도[15]로 하며 그 이상의 자본금 계상은 허용되지 않는다. 한편, 완전모회사의 증가되는 자본금이 상법상 한도액을 초과하는 경우에는 주식교환무효의 소 대상이 될 수 있다.

---

11) 더불어 주식의 포괄적 교환 · 이전에 있어 채권자는 무효의 소 제기권자가 될 수 없다.
12) 완전모회사가 보유하고 있는 자기주식을 이전하는 경우에도 자산과 자본이 동시에 증가하며, 현금으로 지급하는 경우에는 부채의 증가가 없는 대체거래(현금 → 주식)이다.
13) 상법 §360의7 및 상법 §360의18
14) 주식교환일 현재 가액으로 하므로 포괄적교환 계약 후 주식교환일까지 재무상황 변동에 따라 해당 한도액을 초과할 가능성이 없는지도 검토되어야 한다.
15) 상법에서 규정하는 자본금의 한도액을 증명하는 정보는 변경등기 시 첨부서류 중 하나이다.

| 완전모회사의 자본금 증가 한도액 |

(+) 완전자회사의 순자산 × 교환 · 이전하는 주식의 비율(*)

(−) 완전자회사 주주에게 지급할 금전이나 그 밖의 재산의 가액

(−) 완전모회사의 자기주식을 지급하는 경우 그 자기주식의 장부가액

= 한도액

(*) 완전모회사가 주식교환일 이전에 완전자회사 주식을 이미 소유하고 있는 경우 완전자회사의 순자산에 완전모회사에 이전하는 주식의 비율을 곱한 금액으로 한다.

| 자본금 한도 규정 예시 |

B/S(완전모회사 P)

자산	92	부채	20
S사주식 (S사 주식 20% 기보유)	8	자본	80

B/S(완전자회사 S)

자산	50	부채	10
		자본	40

포괄적 교환으로 인하여 완전모회사 P의 자본금계상에 있어 한도액은 40 × (1 − 20%) = 32이다.

② 자본시장법과 상법상 완전모회사의 자본금 증가 한도 규정의 관계

주권상장법인의 경우에는 상법에 우선하여 자본시장법이 적용되므로 자본시장법에 따른 절차에 따라 교환가액 및 비율을 산정하여야 한다. 따라서 자본시장법상 정하는 방법으로 교환가액 및 비율을 산정하고 완전자회사의 주주에게 신주를 발행하여 완전모회사의 자본금이 증가하는 경우, 증가할 자본금이 완전자회사의 순자산액의 범위 내로 제한된다고 할 수 없다.[16)] 따라서 주식의 포괄적 교환으로 인한 변경등기신청 시 그 한도액을 증명하는 정보를 첨부정보로 제공할 필요는 없으며, 자본시장법상 정하는 방법과 절차에 따라 산정하였음을 증명하는 정보는 제공하여야 한다.[17)]

16) 대법원 2008. 1. 10. 선고 2007다64136 판결
17) 상업등기선례 제201912-1호

③ 삼각주식교환을 위한 완전모회사의 모회사 주식 취득 시 제한규정[18)]

완전자회사주주에게 제공하는 재산이 완전모회사의 모회사 주식을 포함하는 경우에는 완전모회사는 그 지급을 위하여 자회사에 의한 모회사 주식 취득제한규정[19)]에도 불구하고 완전모회사의 모회사 주식을 취득할 수 있으나 해당 주식은 주식교환의 효력이 발생하는 날부터 6개월 이내에 처분하여야 한다.

(2) 자본시장법

주식의 포괄적 교환·이전 당사회사 중 사업보고서제출대상법인(주권상장법인등)이 있는 경우에는 자본시장법상 관련 규정을 검토하여야 한다. 자본시장법상 규정은 크게 공시,[20)] 주식가액 산정방법, 외부평가기관 평가의무이며 해당 규정은 합병을 준용하므로 제1장 합병을 참조하기 바란다.

한편, 주식의 포괄적 교환·이전에 있어서 외부평가기관의 평가의무가 있는 경우는 완전자회사가 되는 법인 중 주권비상장법인이 포함되는 경우와 완전모회사가 주권비상장법인으로 되는 경우이다.[21)]

| 외부평가기관의 평가의무 |

① 완전자회사가 되는 법인 중 비상장법인이 포함되는 경우 ② 완전모회사가 비상장법인으로 되는 경우

(3) 거래소 규정[22)]

완전자회사를 비상장회사로 하는 주식의 포괄적 교환 시 상장회사의 경영권이 변동되고 비상장회사의 지분증권이 상장되는 효과가 발생하는 이른바 우회상장이 발생할 수 있는데 이 경우 거래소 규정상 우회상장 관련 절차[23)]에 따라야 한다. 해당 규정은 합병 시를 준용하므로 우회상장 관련 절차는 제1장 합병을 참조하기 바란다.

---

18) 상법 §360의3 ⑥, ⑦
19) 상법 §342의2 ①
20) 주요사항보고서·증권신고서·증권발행실적보고서(또는 합병등 종료보고서)
21) 자본시장령 §176의6 ③
22) 유가증권시장 상장규정 및 코스닥시장 상장규정
23) 우회상장확인서등을 거래소에 제출하여야 하며, 거래소가 우회상장으로 판단한 경우에는 상장예비심사를 신청하여야 한다.

(4) 공정거래법

1) 기업결합신고

주식의 포괄적 교환 · 이전은 기업결합 유형 중 주식취득[24]에 해당되므로 당사회사 규모가 일정기순 금액 이상이거나 거래금액이 일정금액 이상 등인 경우에는 공정거래위원회에 기업결합신고를 하여야 한다. 기업결합신고 관련 내용은 제1장 합병을 참조하기 바란다.

2) 지주회사 관련

주식의 포괄적 교환 · 이전으로 인하여 공정거래법상 지주회사를 설립 또는 전환하는 경우에는 공정거래위원회에 신고[25]하여야 하며 성립요건 및 행위제한규정이 적용된다. 지주회사 관련 내용은 제2장 분할을 참조하기 바란다.

(5) 기타법률 규정

금융지주회사법상 금융지주회사 설립을 위해서는 미리 금융위원회의 인가를 받아야 하는데, 주식의 포괄적 교환 · 이전에 따라 금융지주회사가 되는 경우에 주식의 교환 이전 · 비율의 적정성 등은 금융위원회의 인가 시 인가기준이 된다.

또한 회생계획 중인 채무자가 주식의 포괄적 교환 · 이전 시에는 채무자 회생 및 파산에 관한 법률에 정하는 바에 따라서 하여야 한다.

| 기타 법률상 제한규정 |

인허가 주체	내용	관련 법령
금융위원회	금융지주회사의 포괄적 교환 · 이전	금융지주회사법 §3,4
	금융투자업자의 포괄적 교환 · 이전	자본시장법 §417
	전자등록기관의 포괄적 교환 · 이전	주식 · 사채 등의 전자등록에 관한 법률 §11
회생계획 중 채무자가 포괄적 교환 · 이전 시에는 동법에 정하는 바에 따라야 함.		채무자 회생 및 파산에 관한 법률 §207, §208, §269, §270

24) 공정거래법 §11 ① 1호 및 2호
- 다른 회사 발행주식총수 20%(상장법인은 15%) 이상을 소유하게 되는 경우
- 다른 회사의 발행주식을 이미 20%(상장법인은 15%) 이상 소유한 자가 당해 회사의 주식을 추가로 취득하여 최다출자자가 되는 경우

25) 공정거래법 §17, 공정거래령 §26

(6) 등기

주식의 포괄적 이전 시에는 완전모회사를 설립하여야 하므로 설립등기, 주식의 포괄적 교환 시에는 자본금 증자에 따른 변경등기가 필요하다.

| 주식의 포괄적 교환 · 이전 등기 |

구분	등기 내용
주식의 포괄적 이전	완전모회사의 법인설립등기
주식의 포괄적 교환	완전모회사의 변경등기

2 교환비율

교환비율은 완전자회사 주식 1주당 교부되는 완전모회사 주식수를 말한다. 예컨대 완전자회사 1주당 가액이 1,000원이며 완전모회사 1주당 가액이 500원인 경우, 교환비율은 1 : 2로 완전자회사 1주 1,000원에 상응하는 완전모회사 주식수는 2주이다. 즉, 완전자회사 주주가 1주를 제시하면 완전모회사 주식 2주를 배정해야 하며 그 2주의 가치는 500 × 2 = 1,000으로 완전자회사 주주가 제시한 1주 1,000원과는 등가이다.

| 교환비율 |

"완전모회사 : 완전자회사 = 1 : 완전자회사 1주에 상응하는 완전모회사의 주식수"

$$\text{교환비율} = \frac{\text{완전자회사 1주당 가액}}{\text{완전모회사 1주당 가액}}$$

한편, 완전자회사 주주가 교환비율에 따라 완전모회사 주식을 배정받으면 완전모회사의 주주가 되므로 완전모회사의 기존 주주는 지분율이 감소하게 된다. 이는 교환 후 완전모회사 및 완전자회사의 지배력에 관한 사항으로 교환 후 완전모회사의 주주구성을 검토하는 것은 주식의 포괄적 교환 · 이전에 있어 가장 중요한 검토사항 중 하나이다.

3 완전자회사 보유 자기주식의 처리

완전자회사는 포괄적 교환・이전 이전에 자기주식을 보유하고 있을 수 있으며 주식의 포괄적 교환・이전을 하면서 주식매수청구권의 행사에 따라 자기주식을 보유할 수 있다. 이 경우 해당 자기주식에 대하여 완전모회사 주식을 배정할 것인지 여부 등 실무상 처리[26)]에 대하여 살펴본다.

주식을 배정하는 경우에는 상호주가 발생하는 문제점이 있으며 배정하지 않는 것은 법령상 명확하지 않아 실무상 적용되지 않는 것으로 보인다. 결국 완전자회사 보유 자기주식은 포괄적 교환 전에 소각을 하거나 교환과 더불어 완전모회사에게 매각하는 방법으로 배정에 관한 문제를 해소하고 있다.[27)]

| 완전자회사 보유 자기주식 배정 |

상황	문제점
완전모회사 주식을 배정하는 경우	완전자회사가 완전모회사 주식을 보유하게 됨. (상호주[28)]는 일정기간 내에 처분하여야 함)
완전모회사 주식을 배정하지 않는 경우	현행 법령상 명확하지 않아 실무상 적용되지 아니함.

| 완전자회사 보유 자기주식의 처리 |

상황	내용
교환 전에 자기주식을 소각	• 배당가능이익으로 취득한 경우 : 이사회결의[29)]에 의하여 자기주식을 소각[30)] • 주식매수청구권 행사에 따라 취득하는 자기주식을 소각하는 경우 : 상법상 자본감소절차[31)]에 따라야 함.
완전모회사에게 매각	• 완전모회사는 자금부담이 발생 • 완전자회사에게는 매각에 따른 세부담이 발생 가능

26) 상법상 이에 대한 명확한 규정이 없으므로 실무상 어떻게 처리되고 있는지에 대하여 살펴본다.
27) 완전모회사의 자금사정에 따라 일부는 완전모회사가 매수하며 나머지는 소각을 병행하는 방법이 있을 수 있다.
28) 상호주는 상법상 6개월 이내에 처분하여야 하며(상법 §342의2 ②), 금융지주회사는 3년 이내에 처분하여야 한다. 또한 공정거래법상 상호출자제한기업집단에 속하는 회사의 상호주 보유는 금지되어 있다.
29) 상법 §343 ① 단서
30) 발행주식수만 감소하고 자본금의 감소는 없음.
31) 배당가능이익으로 취득한 경우가 아닌 이상 자기주식의 소각을 위해서는 상법상 자본감소절차가 요구됨으로 완전자회사는 해당 건에 대하여 채권자보호절차가 필요하다.

4 회계

(1) 회계처리의 주체와 결산

합병은 합병회사가 회계처리를 하지만 포괄적 교환에 있어서는 완전모회사와 완전자회사의 주주가 서로 주식을 교환하는 것이므로 완전모회사와 완전자회사의 주주가 회계처리 주체이다.

| 회계처리의 주체 |

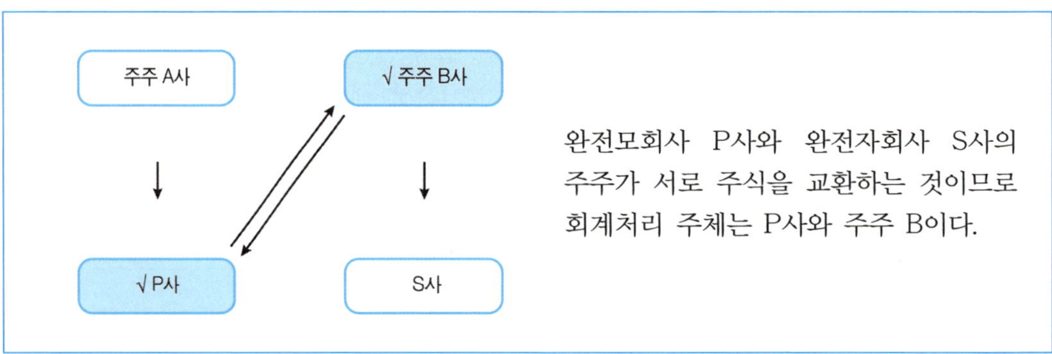

한편, 완전자회사는 교환거래의 주체가 아니므로 결산이 불필요하다고 생각될 수 있으나 상법상 주주총회 2주 전부터 주주총회일 6월 이내[32]에 작성한 완전모·자회사 최종 대차대조표 및 손익계산서를 공시[33]하여야 하므로 결산업무가 필요할 수 있으며 더불어 교환(이전)비율 산정을 위한 주식평가를 위한 결산이 필요할 수도 있다.

(2) 회계처리

합병에 있어 합병회사가 피합병회사의 자산·부채를 동일지배하의 거래[34]가 아니라면 취득법에 따라 공정가치로 인식하듯 주식의 포괄적 교환·이전에 있어서도 동일지배하의 거래가 아니라면 완전모회사는 완전자회사 주식을 공정가치[35]로 인식하며, 완전자회사의

---

32) 일반 비상장회사가 하반기에 주주총회를 개최한 경우에는 상법상 서류 공시에 있어 전기말 기작성된 재무제표를 활용 못 할 수 있다.

33) 상법 §360의4 ①, 상법 §360의17 ①

34) 동일지배란 둘 이상의 기업에 대한 지배가 동일기업에 귀속되는 경우를 말하며, 일반기업회계기준은 제32장(동일지배거래)에서 다루고 있으나 한국채택국제회계기준에서는 동일지배거래 중 사업의 결합과 관련하여 동일지배의 정의에 대한 일부 사례만 제공하고 있으며 포괄적인 기준은 제시하고 있지 않다. 동일지배 관련된 내용은 제1장 합병을 참조하기 바란다.

35) 공정가치에는 장부에 계상되어 있지는 않지만 식별가능한 무형자산을 포함한다.

주주는 완전모회사 주식을 공정가치로 인식하고 완전자회사 주식의 기존 장부가액과의 차이는 당기손익으로 인식한다.

한편, 한국채택국제회계기준은 주식교환 시에 적용할 회계처리 기준을 제시하고 있지 않다. 따라서 회사 경영진은 회계정책을 개발[36]하여 적용하여야 하는데 회계기준원 질의회신[37]상 '해당 주식교환거래가 상업적 실질이 결여된 경우'나 '제공한 주식과 제공받은 주식 모두의 공정가치를 신뢰성 있게 측정할 수 없는 경우'가 아니라면 취득한 주식은 공정가치로 측정하여 인식하고 교환으로 이전한 주식의 기존 장부금액과의 차이는 당기손익으로 인식하는 회계정책을 소개한 바 있다.[38] 따라서 실무적으로는 상기 질의회신과 일반기업회계기준서 제32장 '동일지배거래' 기준서를 참조하여 회계정보이용자들의 의사결정에 좀 더 목적적합한 회계처리를 개발하여 일관성 있게 적용하여야 할 것이다.

질의회신

[GKQA06-022, 2006. 6. 8.] 지분법적용투자주식의 포괄적 교환

【상황】

1) 2006년 갑회사는 을회사 최대주주와 주식양수도계약을 체결하였고, 계약 체결 이후 갑회사와 을회사는 주식교환계약을 체결하였음. 즉, 갑회사는 을회사의 주식 양수도계약 체결과 동시에 갑회사와 을회사의 주식교환을 추진함. 갑회사와 을회사는 주식교환을 하여 갑회사는 을회사의 완전자회사가 되고 을회사는 갑회사의 주주에게 신주를 교부함.
2) 갑의 주주인 병은 주식교환으로 을회사의 주주가 됨. 기존에 병은 갑회사의 주식을 35% 소유한 최대주주로서, 갑과 병은 지배·종속관계에 있었음. 주식교환으로 병은 을회사의 지분을 24% 소유한 최대주주가 되고, 병과 을은 지배·종속관계에 해당할 것으로 판단됨.
3) 갑과 을의 주식교환으로 을회사가 완전모회사가 되지만, 주식교환 이후 을회사의 최대주주는 병회사로서, 병회사는 주식교환 이전에 갑회사의 최대주주이고 지배회사였으므로, 이는 역취득에 해당된다고 판단됨.

【질의】

1) 병회사 입장에서, 병회사는 상기 주식교환으로 갑회사의 주식 35% 대신 을회사 주식

36) K-IFRS §1008 문단10-12
37) [2020-I-KQA012] 지배기업 별도재무제표에서 동일지배 거래의 주식교환에 대한 회계처리
38) 유일한 대안이 아님을 전제로 회계정책의 하나로 교환거래를 다루고 있는 K-IFRS §1016 문단24~26을 준용하여 소개한 바 있다.

24%를 소유하게 되는데, 이에 대해 병회사는 을회사 주식 취득 시점에서 이 주식교환에 대해 어떻게 인식하여야 하는가?

2) 병회사 입장에서 갑과 을의 주식교환을 피투자회사의 자본거래로 인식하여 피투자회사의 지분변동액에 대해 회계처리해야 한다면, 투자주식의 지분변동액은 어떻게 처리해야 하며 지분변동액 금액은 어떻게 산정하는가?

【회신】

1) 갑과 을의 주식교환을 피투자기업의 자본거래로 인식하여 피투자기업의 지분변동액에 대해서 회계처리하는 것이 타당합니다.

2) 일반기업회계기준 제8장 문단 8.35에 따라 지분변동액을 자본잉여금(또는 자본조정)에 포함하며, 지분변동액은 ['병회사 재무제표상 투자주식의 장부금액'에 미상각(미환입)한 투자차액을 가감한 금액]과 [을회사 연결재무제표상 순자산장부금액에 대한 병회사 지분상당액]의 차이로 하는 것이 타당합니다.

[KQA05-036, 2005. 10. 21.] 연결대상회사 간 포괄적 주식교환

【질의】

회사는 계열사(A법인, B법인, C법인, D법인, E법인) 주식을 보유하고 있으며 회사의 계열사 A 법인을 중간지주회사로 설립하기 위하여 회사가 보유하고 있는 나머지 계열사(B법인, C법인, D법인, E법인) 주식 전부를 A법인에게 현물출자하고 A법인의 신주를 교부받을 예정입니다. A법인, B법인, C법인, D법인, E법인은 모두 회사의 종속회사이며 지배·종속관계는 현물출자 후에도 유지됩니다. 회사가 보유하고 있는 지분 외에 B법인, C법인, D법인, E법인의 기타주주는 상기 현물출자에 참여하지 않습니다.

회사가 신규로 교부받는 A법인 주식의 취득원가는?

【회신】

현물출자한 주식의 장부가액을 신규로 교부받은 A법인 주식의 취득원가로 하는 것이 타당합니다.

[금감원2004-107, 2004. 12. 31.] 자회사 편입을 위한 주식교환 시 주식취득가액 결정

【질의】

A사는 B사(A사가 81% 소유)를 완전자회사로 편입하기 위하여 B사가 먼저 일반 소액주주로부터 자사주식을 매입하고(자기주식 보유) B사가 보유한 자기주식을 A사 주식과 교환하는 절차를 밟을 예정인 바, 상기 자기주식의 취득과 주식교환의 회계처리와 관련하여, 본 거래는 자기주식의 취득거래와 주식교환거래를 별개로 볼 것인지, 아니면 일련의 거래로 볼 것인지?

【회신】

자기주식 취득 시에는 현금지출액을 취득가액으로 계상하고, 자기주식을 지주회사 주식으로 교환 시에는 지주회사 주식의 공정가액으로 자기주식을 처분한 것으로 보아 자기주식처분손익을 산출하고, 교환된 지주회사 주식의 공정가액으로 자산에 계상하는 것이 타당함.

◉ 예시

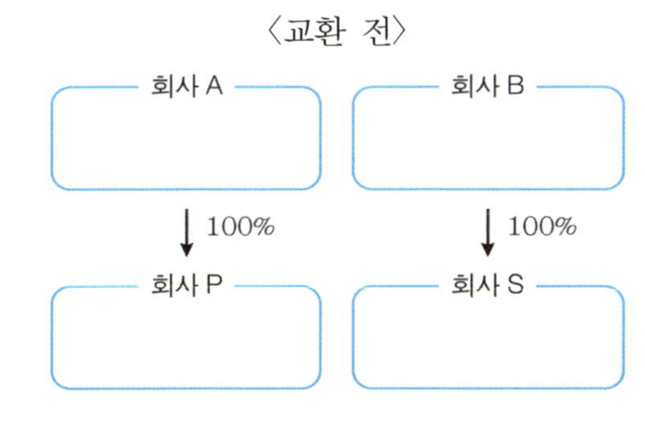

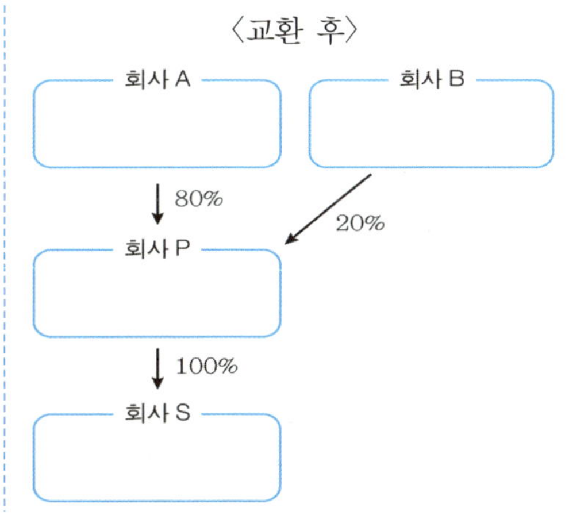

구분	회사 P	회사 S
순자산 장부가액	500	100
순자산 공정가액	800	200
주식수	100	100

- 주식수는 회사 P와 S 모두 각각 100주이다. 회사 B는 회사 S 주식을 순자산 장부가액인 100원으로 계상하고 있다.
- 순자산 공정가액은 계상하지 않았지만 식별가능한 무형자산의 공정가치를 포함한 금액이다.

◉ **설명**

① 회사 P와 회사 S가 주식의 포괄적 교환을 한다.

② 교환비율은 다음과 같다.

$$\text{교환비율}(0.25) = \frac{\text{완전자회사 1주당 공정가액}(2)}{\text{완전모회사 1주당 공정가액}(8)}$$

③ 교환 후 각사의 완전모회사 P에 대한 지분율은 다음과 같다.

구분	지분율
회사 A	$\frac{\text{기보유주식수}(100)}{\text{교환 전 주식수}(100)+\text{신주발행}(100\times0.25)} = 80\%$
회사 B	$\frac{\text{배정주식수}(100\times0.25)}{\text{교환 전 주식수}(100)+\text{신주발행}(100\times0.25)} = 20\%$

④ 회계처리는 다음과 같다.

〈회사 B〉

차변	금액	대변	금액
주식 P	200	주식 S	100
		처분이익	100

배정받은 주식 P는 공정가치(200=25주×8)로 계상하며, 이전한 주식 S의 장부가액과 주식 P의 공정가치 차액은 당기손익으로 인식한다.

〈회사 P〉

차변	금액	대변	금액
주식 S	200	자본	200

회사 P는 이전받은 주식 S를 공정가치로 계상한다.

◉ **동일지배하에 회계처리**

상기 예시가 동일지배거래에 해당되어 장부금액법으로 회계처리하면 다음과 같다. 한편, 연결실체 내 최상위 지배회사의 회사 S에 대한 연결장부가액은 회사 S의 순자산 장부가액과 동일[39]한 100이라고 가정한다.

〈회사 B〉

차변	금액	대변	금액
주식 P	100	주식S	100

39) 최상위 지배회사의 연결장부가액과 차액이 발생하는 경우 해당 차액은 기타자본으로 처리한다.

〈회사 P〉

차변	금액	대변	금액
주식 S	100	자본	100

(4) DART 사례

DART

사 례	동일지배하에서의 분할 후 주식의 포괄적 교환
공 시	감사보고서(K-IFRS)

(완전자회사의 100% 주주이면서 완전모회사의 주주 감사보고서 발췌)

13. 종속기업투자

(1) 당기말과 전기말 현재 종속기업투자의 내역은 다음과 같습니다.

(단위 : 천 원)

회사명	당기말		전기말	
	지분율	장부가액	지분율	장부가액
○○㈜	100	327,860,333	94.75	321,234,509
A	100	28,812,823	100	28,812,823
B	51	46,286	51	928,044
C	100	7,894,099	100	7,894,099
D	100	1,453,300	100	1,453,300
㈜△△	-	-	100	20,755,221
□□㈜	100	14,129,397	-	-
E	69.33	21,596,465	69.33	23,459,916
합계		401,792,703		404,537,912

당사는 기업경쟁력 및 기업운영의 효율화를 위하여 2019년 5월 1일 자로 당사가 보유한 ㈜△△의 주식 1주(액면가액 10,000원, 발행주식수 892,504주)당 ○○㈜이 발행하는 신주 0.830714주(액면가액 5,000원, 발행주식수 714,415주)를 포괄적 교환하여, ㈜△△은 ○○㈜의 종속기업으로 편입되었습니다.

(완전모회사(○○㈜) 감사보고서 주석 발췌)

- 별도재무제표 주석(종속기업투자주식)

(단위 : 천 원)

회사명	당기말		전기말	
	지분율	장부가액	지분율	장부가액
△△㈜	100	37,763,629	-	-

- 연결재무제표 자본변동표

과목	자본금	기타불입자본	합계
소유주와의 거래 :			
포괄적 주식교환	3,707,075,000	34,056,554,248	37,763,629,248

설 명

(완전자회사의 주주 : 지주회사)

완전자회사의 100% 주주이면서 완전모회사의 주주는 본 사례에서 지주회사로, 완전자회사 주식을 완전모회사에게 이전하는 대가로 완전모회사 신주를 배정받았다.

완전자회사 ㈜△△가 포괄적 교환 전 인적분할하여 ㈜△△와 □□㈜로 분할되었으며 분할존속법인인 ㈜△△이 포괄적 교환으로 완전자회사가 되었다. 동일지배하 거래이므로 처분손익 없이 기존 주식가액을 대체하였다.

구분	금액(천 원)	비고
분할 후 ㈜△△ 주식가액	6,625,824	= 20,755,221 - 14,129,397
완전모회사 ○○㈜ 주식증가액	6,625,824	= 327,860,333 - 321,234,509

〈회계처리〉

차변	금액(천 원)	대변	금액(천 원)
□□㈜	14,129,397	㈜△△	14,129,397
○○㈜	6,625,824	㈜△△	6,625,824
합계	20,755,221	합계	20,755,221

(완전모회사)

완전모회사는 완전자회사의 주주인 지주회사에게 신주를 발행하였으며, 완전자회사 주식가액은 최상위지배기업인 지주회사가 완전자회사에 대하여 인식하고 있는 연결장부가액인 37,763,629천 원으로 별도재무제표 및 연결재무제표에서 동일하게 인식하였다.

DART	
사 례	동일지배하에서의 주식의 포괄적 교환(완전모회사가 자기주식을 교부)
공 시	감사보고서(K-IFRS)

(완전자회사의 주주이면서 완전모회사의 주주인 감사보고서 발췌)

당기 중 ㈜S에 대한 지분 전량을 ㈜P에 이전하는 대가로 ㈜P가 보유 중인 ㈜P 자기주식을 이전받는 포괄적 주식교환을 실시하였고, 이로 인해 ㈜P에 대한 지분율이 25.22%에서 26.78%로 증가하였습니다.

(완전모회사 감사보고서 주석 발췌)

당사는 당기 중 자기주식 1,260,668주를 최상위 지배기업인 □□㈜에 교부하는 포괄적 주식교환 계약을 통하여 ㈜S의 지분을 취득하였습니다. 한편, 동 거래는 동일지배하의 거래에 해당하여 당사는 최상위 지배기업인 □□㈜의 장부금액을 지분의 취득원가로 인식하였으며, 교부한 자기주식과 취득한 지분의 취득원가와의 차이는 기타불입자본으로 인식하였습니다.

설 명	

(완전자회사의 주주 : 지주회사)

완전자회사의 100% 주주이면서 완전모회사의 주주는 본 사례에서 지주회사로 완전자회사 주식을 완전모회사에게 이전하는 대가로 완전모회사의 자기주식을 이전받아 주식의 포괄적 교환 이전보다 지분율이 상승하였다.

(완전모회사)

완전모회사는 완전자회사의 주주인 지주회사에게 신주발행이 아닌 자기주식을 교부하였으며 완전자회사 주식가액은 최상위 지배기업인 지주회사가 완전자회사에 대하여 인식하고 있는 연결장부가액으로 인식하고 차액은 자기주식처분손익(기타불입자본)으로 처리하였다.

한편, 주식의 포괄적 교환대가로 자기주식을 교부하는 경우 발생한 자기주식처분손익은 세법상 소득금액 계산 시 익금 또는 손금에 산입하지 않는다.[40]

40) 사전-2020-법령해석법인-1089(2020. 12. 29.)

5 세무

(1) 과세체계

포괄적 교환·이전 시 발생하는 주요 과세문제는 완전자회사 주주에 있어서는 주식교환에 따른 주식양도차익에 대한 과세이며, 완전모회사에 있어서는 완전자회사 주식의 세법상 취득가액[41)]이다.

완전자회사 주주의 주식양도차익은 과세특례 요건 만족 시 교환으로 취득한 완전모회사 주식에 대하여 압축기장충당금을 설정하여 손금에 산입함으로써 과세이연을 받을 수 있다. 한편, 완전모회사는 완전자회사 주주의 양도차익 과세이연 여부와 관계없이 완전자회사 주식을 시가로 계상한다.[42)]

| 완전자회사 주주의 주식양도차익 과세이연 |

구분	금액
완전모회사 주식(P) 시가[43)]	200
(−) 완전자회사 주식(S) 장부가	100
= 주식양도차익(압축기장충당금 설정액)	100

완전자회사 주주의 세무상 회계처리

차변	금액	대변	금액
P주식	200	S주식	100
압축기장충당금	(100)	~~양도차익~~	~~100~~

41) 세법상 취득가액으로 인정받는다는 것은 향후 미래에 손금산입이 가능하다는 의미이다. 따라서 세법상 취득가액이 높을수록 향후 미래 손금액은 높아진다.

42) 완전자회사 주주의 양도차익은 완전자회사 주주가 부담하는 것이므로 과세이연과 관계없이 완전모회사의 완전자회사 주식취득가액은 시가이다(장부가와 시가 차액인 양도차익에 대하여는 완전자회사 주주에게 과세되었거나 될 것이므로 완전모회사는 시가로 계상한다).

43) 내국법인이 주식의 포괄적 교환으로 취득하는 완전모회사 주식의 취득가액은 완전모회사 주식의 취득당시 시가로 하는 것임(법인, 서면-2015-법령해석법인-2049 [법령해석과-381], 2016. 2. 5.).

| 세무상 검토사항 및 목차 |

구분	내용
(2) 완전자회사 주주	1) 과세특례 요건
	2) 과세이연 방법
	3) 과세이연 중단사유와 중단사유의 예외
	4) 주식처분에 따른 사후관리
	5) 증권거래세
(3) 완전모회사	1) 완전자회사 주식 취득가액
	2) 간주취득세

(2) 완전자회사 주주

1) 과세특례 요건[44)]

내국법인이 일정한 요건을 갖추어 상법에 따른 주식의 포괄적 교환・이전을 하는 경우 그 주식의 포괄적 교환・이전으로 발생한 완전자회사 주주의 주식양도차익에 상당하는 금액에 대한 과세[45)]는 완전자회사의 주주가 완전모회사의 주식을 처분할 때까지 과세를 이연받을 수 있다.

| 과세특례 요건[46)] Check List |

요건	충족 여부
가. 상법 제360조의2 및 15에 따른[47)] 주식의 포괄적 교환 및 이전일 것	✓
나. 사업목적 및 계속성	✓
① 주식의 포괄적 교환・이전일 현재 1년 이상[48)] 계속하여 사업을 하던 내국법인 간의 주식의 포괄적 교환 등일 것	
② 완전자회사가 교환・이전일이 속하는 사업연도의 종료일까지 사업을 계속할 것	
다. 지분의 연속성	✓
① 교환・이전대가의 총합계액 중 완전모회사 주식의 가액이 80% 이상일 것	
② 일정 지배주주에게는 일정 배정기준 이상의 완전모회사의 주식을 배정하여야 함.	

---

44) 조특법 §38
45) 양도소득세 및 법인세를 말한다.
46) 적격합병 시 과세특례 요건과 유사하다.
47) 「조세특례제한법」 제38조의 「상법」 제360조의2에 따른 주식의 포괄적 교환에는 같은 법 제360조의10에 따른 소규모 주식교환이 포함되는 것임(서면-2021-법규재산-8168, 2022. 6. 30.).
48) 주식의 포괄적 이전으로 신설되는 완전모회사는 제외한다.

③ 완전모회사 및 완전자회사의 일정 지배주주등이 주식의 포괄적 교환 등으로 취득한 주식을 교환·이전일이 속하는 사업연도의 종료일까지 보유할 것

나. 사업목적 및 계속성

주식의 포괄적 교환·이전일 현재 1년 이상 계속하여 사업을 하던 내국법인 간의 주식의 포괄적 교환이어야 하며, 주식의 포괄적 이전으로 신설되는 완전모회사에게는 개념상 1년 이상 요건이 적용되지 않는다.

또한 완전자회사는 교환·이전일이 속하는 사업연도의 종료일까지 사업을 계속하여야 하며 완전자회사가 주식의 포괄적 교환·이전일 현재 보유하는 고정자산가액[49]의 50% 이상을 처분하거나 사업에 사용하지 아니하는 경우에는 사업을 폐지한 것으로 본다.[50]

다. 지분의 연속성

세부요건	내용	비고
① 주식교부비율	교환·이전대가의 80% 이상이 주식이어야 함.	①-1 : 주식교부비율 ①-2 : 금전으로 교부한 것으로 보는 주식
② 주식배정 요건	완전자회사의 일정 지배주주에 대하여는 일정 배정기준 이상의 주식이 배정되어야 함.	②-1 : 일정 지배주주 ②-2 : 일정 배정기준
③ 주식보유 요건	완전모회사와 완전자회사의 일정 지배주주가 교환·이전일이 속하는 사업연도의 종료일까지 교환등으로 취득한 주식을 보유하여야 함.	

①-1 : 주식교부비율

완전자회사의 주주가 주식의 포괄적 교환·이전으로 받은 대가의 총합계액 중 완전모회사 주식의 가액이 80% 이상이어야 한다.

| 주식교부비율 |

$$\text{주식교부비율} = \frac{\text{교부받은 완전모회사 주식가액}}{\text{교환·이전대가 총합계액 (= 완전모회사 주식가액+금전 및 기타재산가액)}}$$

---

49) 유형자산, 무형자산 및 투자자산의 가액으로 주식교환일 현재 세무상 장부가액을 말한다.
50) 조특령 §35의2 ⑧

① - 2 : 금전으로 교부한 것으로 보는 주식

완전모회사가 완전자회사 주식을 이미 보유하고 있는 경우로써 포괄적 교환・이전일 2년 이내에 취득한 완전자회사의 취득가액은 금전으로 교부한 것으로 보아[51] 주식교부비율을 산정한다.[52]

| 금전으로 교부하는 것으로 보는 주식 |

구분	금전 교부로 보는 금액
완전모회사가 주식의 포괄적 교환・이전일 현재 완전자회사의 지배주주등[53]인 경우	주식의 포괄적 교환・이전일 전 2년 이내에 취득한 완전자회사 주식의 취득가액
완전모회사가 주식의 포괄적 교환・이전일 현재 완전자회사의 지배주주등이 아니면서 2년 이내에 취득한 완전자회사 주식이 발행주식총수의 20%를 초과하는 경우	20%를 초과하는 완전자회사 주식의 취득가액

② - 1 : 일정 지배주주

법령 제43조 제3항에 따른 지배주주등[54] 중 일부를 제외한 주주를 말한다.[55]

구분	내용
지배주주등	법인의 발행주식총수 또는 출자총액의 1% 이상의 주식 또는 출자지분을 소유한 주주등으로서 그와 특수관계에 있는 자와의 소유 주식 또는 출자지분의 합계가 해당 법인의 주주등 중 가장 많은 경우의 해당 주주등을 말함.
제외하는 지배주주	• 친족(국기령 §1의2 ①) 중 4촌 이상의 혈족 • 주식의 포괄적 교환・이전일 현재 완전자회사에 대한 지분비율이 1% 미만이면서 시가로 평가한 그 지분가액이 10억 원 미만인 자

② - 2 : 일정 배정기준

완전자회사의 일정 지배주주에게는 완전모회사가 교환・이전대가로 교부한 완전모회사 주식의 총합계액에 해당 일정 지배주주의 완전자회사에 대한 지분율에 해당되는 가액 이상의 완전모회사 주식을 각각 배정하여야 한다.

51) 금전교부액으로 보면 주식교부비율은 감소한다. 관련하여 주식교부비율 계산 예시는 제1장 합병에서 포합주식이 있는 경우 주식교부비율을 계산하는 방법을 참조하기 바란다.
52) 조특령 §35의2 ⑤
53) 법령 §43 ⑦
54) 법령 §43 ⑧에 따른 특수관계에 있는 자를 포함한다.
55) 조특령 §35의2 ⑥

| 일정 지배주주에게 주식으로 배정되어야 하는 최소가액(일정 배정기준) |

완전모회사가 교환・이전대가로 지급한 완전모회사 주식의 총합계액
× 일정 지배주주의 완전자회사에 대한 지분비율

2) 과세이연 방법

① 완전자회사의 주주가 법인인 경우

완전자회사의 주주인 법인(내국법인 및 법인세법 제91조 제1항에 따른 외국법인[56]에 한정)이 보유주식을 과세특례 요건을 갖추어 완전모회사에 주식의 포괄적 교환・이전을 하고 과세를 이연받는 경우, 주식의 포괄적 교환・이전일이 속하는 사업연도의 소득금액을 계산할 때 양도차익에 상당하는 금액을 주식의 포괄적 교환・이전으로 취득한 완전모회사 주식에 대한 압축기장충당금으로 계상하여 손금에 산입할 수 있다.[57]

| 압축기장충당금 설정액(주식양도차익에 상당하는 금액) |

①	교환・이전으로 취득한 주식의 가액
②	교환・이전으로 취득한 주식 외의 금전등 기타 재산가액
③(=①+②)	교환・이전대가 합계액
④	구주식(완전자회사 주식)의 취득가액
⑤(=③-④)	양도차익
⑤-Min{②, ⑤}[58]	과세이연금액(압축기장충당금 설정액)

② 완전자회사의 주주가 거주자등인 경우

완전자회사의 주주인 거주자등[59]이 보유주식을 과세특례 요건을 갖추어 완전모회사에 주식의 포괄적 교환・이전을 하고 과세를 이연받는 경우 다음의 금액을 양도소득으로 보아 양도소득세를 과세한다.[60]

---

56) 국내사업장을 가진 외국법인과 법법 §93 ③에 따른 국내원천 부동산소득이 있는 외국법인
57) 조특령 §35의2 ①
58) 주식 이외의 금전 등에 대한 양도차익 부분은 과세이연되지 않는다.
59) 비거주자 또는 법법 §91 ①에 해당하지 아니하는 외국법인을 포함한다.
60) 조특령 §35의2 ③

| 과세이연에 따라 양도소득으로 보는 금액 |

①	교환·이전으로 취득한 주식의 가액
②	교환·이전으로 취득한 주식 외의 금전등 기타 재산가액
③(=①+②)	교환·이전대가 합계액
④	구주식(완전자회사 주식)의 취득가액
⑤(=③-④)	양도차익
Min{②, ⑤}	양도소득으로 보는 금액

③ 과세특례신청서의 제출[61)]

과세이연을 받으려는 완전자회사의 주주는 주식의 포괄적 교환·이전일이 속하는 과세연도의 과세표준 신고를 할 때 완전모회사와 함께 주식의 포괄적 교환등 과세특례신청서[62)]를 납세지 관할 세무서장에게 제출하여야 한다.[63)]

3) 과세이연 중단사유와 중단사유의 예외[64)]

① 과세이연 중단사유 및 중단사유의 예외

과세이연 중단사유 (사유발생기간 : 2년[65)] 내)	과세이연 중단사유의 예외 (부득이한 것으로 보는 경우)
완전자회사가 사업을 폐지하는 경우	(조특법 제38조 제1항 제3호 및 같은 조 제2항 제1호에 대한 부득이한 사유)
	㉠ 완전자회사 파산하는 경우 ㉡ 완전자회사가 적격합병·적격분할·적격물적분할 또는 적격현물출자(법 §44 ② 및 ③·§46 ②·§47 ① 또는 §47의2 ① 각 호)에 따라 사업을 폐지한 경우 ㉢ 완전자회사가 조특법 시행령 제34조 제6항 제1호에 따른 기업개선계획의 이행을 위한 약정 또는 같은 항 제2호에 따른 기업개선계획의 이행을 위한 특별약정에 따라 사업을 계속하지 못하는 경우 ㉣ 완전자회사가 「채무자 회생 및 파산에 관한 법률」에 따른 회생절차에 따라 법원의 허가를 받아 사업을 계속하지 못하는 경우

---

61) 조특령 §35의2 ⑭

62) 조특법 별지 §23의3 서식

63) 완전자회사의 주주가 거주자등인 경우로 소득세법 제105조에 따른 양도소득 과세표준 예정신고를 할 때 과세특례신청서를 제출하지 못한 경우에는 소득세법 제110조에 따른 과세표준 확정신고를 할 때 신청서를 제출하고 과세특례를 적용받을 수 있으며(서면법규-1061, 2013. 9. 29.), 해당 신청서를 예정신고를 할 때 제출하지 아니하고 확정신고를 할 때 제출하더라도 국세기본법 제47조의2 제1항에 의한 무신고 가산세는 적용되지 아니한다(재조세-320, 2015. 4. 10.).

64) 조특령 §35의2 ⑪~⑬

과세이연 중단사유 (사유발생기간 : 2년[65] 내)	과세이연 중단사유의 예외 (부득이한 것으로 보는 경우)
완전모회사 또는 완전자회사의 일정 지배주주가 주식의 포괄적 교환 등으로 취득한 주식[66]을 처분하는 경우	(조특법 제38조 제1항 제2호 및 같은 조 제2항 제2호에 대한 부득이한 사유) ㉠ 완전모회사 및 완전자회사의 일정 지배주주(이하 "해당주주등")가 포괄적 주식 교환·이전으로 교부받은 전체 주식의 50% 미만을 처분한 경우. 이 경우 완전자회사의 일정 지배주주들이 교부받은 주식을 서로 간에 처분하는 것은 그 주식을 처분한 것으로 보지 않는다. ㉡ 해당 주주등이 사망하거나 파산하여 주식을 처분한 경우 ㉢ 해당 주주등이 적격합병, 적격분할, 적격물적분할 또는 적격현물출자에 따라 주식등을 처분한 경우 ㉣ 해당 주주등이 주식을 현물출자, 교환·이전하고 과세이연 받으면서 주식을 처분한 경우 ㉤ 해당 주주등이 회생절차에 따라 법원의 허가를 받아 주식을 처분하는 경우 ㉥ 해당 주주등이 기업개선계획의 이행을 위한 약정 또는 기업개선계획의 이행을 위한 특별약정에 따라 주식 등을 처분하는 경우 ㉦ 해당 주주등이 법령상 의무를 이행하기 위하여 주식을 처분하는 경우

※ 상기 과세이연 중단사유가 발생하는 경우 사유발생일로부터 1개월 이내에 완전모회사는 완전자회사 주주에게 알려야 한다.

② 과세이연중단의 효과[67]

가. 완전자회사의 주주가 법인인 경우

해당 사유 발생일이 속하는 사업연도의 소득금액을 계산할 때 압축기장충당금으로 손금산입한 금액 중 처분비율에 따라 익금산입하고 남은 금액을 일시에 익금에 산입한다.

나. 완전자회사의 주주가 거주자등인 경우

해당 사유발생일이 속하는 반기의 말일부터 2개월 이내에 이연받은 세액[68]을 일시에 납부하여야 하며 완전모회사등 주식의 양도 시 그 주식의 취득가액은 주식의 포괄적 교환·이전일 현재 완전모회사등 주식의 시가[69]로 한다.

65) 주식의 포괄적 교환·이전일이 속하는 사업연도의 다음 사업연도 개시일부터 기산한다.
66) 완전모회사는 완전자회사 주식을, 완전자회사의 주주는 완전모회사 주식을 의미한다.
67) 조특령 §35의2 ⑫
68) 이연받은 세액 중 이미 납부한 부분 등은 제외함.
69) 과세이연중단에 따라 이연된 세액을 일시에 납부하므로 이후 양도 시 차감하는 완전모회사 주식 취득가액은 시가이다.

4) 주식처분에 따른 사후관리[70)]

① 완전자회사의 주주가 법인인 경우

과세특례 요건을 갖추어 완전모회사등 주식에 대하여 계상한 압축기장충당금은 해당 법인이 완전모회사등 주식을 처분하는 사업연도에 다음 계산식에 따른 금액을 익금에 산입하되 자기주식으로 소각되는 경우에는 익금에 산입하지 아니하고 소멸하는 것으로 한다. 이 경우 주식의 포괄적 교환등 외의 다른 방법으로 취득한 완전모회사등 주식이 있으면 주식의 포괄적 교환등으로 취득한 주식을 먼저[71)] 양도한 것으로 본다.

| 처분에 따른 압축기장충당금의 익금산입액 |

$$\text{압축기장충당금} \times \frac{\text{처분한 수식수}}{\text{주식의 포괄적 교환 등으로 취득한 주식수}}$$

② 완전자회사의 주주가 거주자등인 경우

완전자회사의 주주인 거주자등이 과세특례 요건을 갖추어 취득한 완전모회사등 주식의 전부 또는 일부를 양도하는 때[72)]에는 다음 계산식에 따른 금액을 취득가액으로 보아[73)] 양도소득세를 과세한다. 이 경우 주식의 포괄적 교환 등 외의 다른 방법으로 취득한 완전모회사등 주식이 있으면 주식의 포괄적 교환 등으로 취득한 주식을 먼저[74)] 양도한 것으로 본다.

| 완전모회사 주식 양도소득 계산 시 차감하는 완전모회사 주식 취득가액의 계산 |

완전자회사 주식의 취득가액[75)]
(+) 양도소득금액[76)]
(−) 주식 이외 금전 · 그 밖의 재산가액
= 완전모회사 주식 취득가액

$$\times \frac{\text{처분한 주식수}}{\text{주식의 포괄적 교환 등으로 취득한 주식수}}$$

---

70) 조특령 §35의2 ②, ④
71) 처분 시 과세이연된 주식이 먼저 양도된 것으로 봄에 유의하여야 한다.
72) 완전모회사 주식을 양도할 때 적용하는 세율은 주식의 포괄적 교환 당시에 적용되는 세율이 아닌 이후 양도 시 적용되는 세율로 하는 것임(조심 2021서2912, 2022. 3. 8.).
73) 이와 같은 취득가액의 산정은 당초 보유하고 있던 완전자회사 주식의 양도차익을 완전모회사 주식의 양도차익에 가산하여 납부하게 하는 효과가 있다.
74) 처분 시 과세이연된 주식이 먼저 양도된 것으로 봄에 유의하여야 한다.
75) 완전모회사 주식가액이 아닌 완전자회사 취득가액으로 한다(대체자산의 취득가액을 종전자산의 취득가액으로 하여 양도차익을 계산한다).
76) 상기 2) ②에 따라 계산한 양도소득금액

5) 증권거래세

과세특례 요건[77]을 모두 갖춘 주식의 포괄적 교환・이전을 위하여 주식을 양도하는 경우 증권거래세는 면제된다.[78] 증권거래세 면제를 위해서는 주식교환일이 속하는 반기의 말일로부터 2개월 이내에 증권거래세 과세표준신고서와 함께 세액면제신청서[79]를 제출하여야 한다.

(3) 완전모회사

1) 완전자회사 주식 취득가액[80]

완전모회사는 완전자회사 주식을 세법상 시가[81]로 계상한다.[82] 한편, 완전자회사 주주가 과세이연을 받은 경우로서 주식의 포괄적 교환・이전일이 속하는 사업연도의 다음 사업연도 개시일부터 2년 이내에 완전자회사가 사업을 폐지하거나 완전모회사 또는 완전자회사의 일정 지배주주등이 주식의 포괄적 교환 등으로 취득한 주식을 처분하는 경우에는 완전모회사는 해당 사유의 발생 사실을 발생일부터 1개월 이내에 완전자회사의 주주에게 알려야 한다.[83]

한편, 주식의 포괄적 교환대가로 자기주식을 교부하면서 발생한 자기주식처분손익은 세법상 소득금액 계산 시 익금 또는 손금에 산입하지 않는다.[84]

2) 간주취득세

과세특례 요건[85]을 모두 갖춘 주식의 포괄적 교환・이전으로 완전자회사의 주식을 취득하는 경우[86] 과점주주의 간주취득세에 대하여는 100분의 85[87]에 해당하는 감면율을 적용한다. 다만, 과세이연 중단사유에 해당하는 경우[88]에는 취득세를 추징한다.

---

77) 조특법 §38 ①
78) 조특법 §117 ① 14호
79) 조특법 별지70호 서식(증권거래세 세액면제신청서)
80) 조특법 §38 ②
81) 법법 §52 ②에 따른 시가
82) 완전자회사 주식에 대한 양도차익은 완전모회사가 아닌 완전자회사 주주에게 과세되므로 완전모회사는 완전자회사 주식을 시가로 계상한다.
83) 완전자회사 주주의 과세이연을 사후관리하기 위해서이다.
84) 주식의 포괄적 교환대가로 자기주식을 교부하는 경우 발생한 자기주식처분손익은 각 사업연도 소득금액 계산 시 익금 또는 손금에 산입하지 않는 것임(사전-2020-법령해석법인-1089(2020. 12. 29.)).
85) 조특법 §38 ① 각 호
86) 포괄적 이전은 과점주주 내 특수관계 간의 내부거래이므로 취득세 과세대상이 아니라고 할 수는 없다(조심 2021지2713(2022-05-18) 취득세).
87) 지특법 §57의2 ⑤ 7호(간주취득세 면제규정) 및 지특법 §177의2(최소납부제에 따른 15% 감면배제)
88) 조특법 §38 ③에 따른 부득이한 사유가 있는 경우는 제외한다.

Ⅲ 절차

주식의 포괄적 교환·이전 시에는 다양한 이해당사자들이 존재하므로 당사자 간의 계약체결만으로는 법적효력이 발생하지 않으며 법률상 정하는 절차들을 따라야 한다. 따라서 상기 'Ⅱ. 사전검토' 후에는 포괄적 교환·이전 일정표를 작성하여야 하는데 일정표에는 상법에서 정하는 절차뿐만 아니라 상장회사인 경우에는 자본시장법 및 거래소 등에서 요구되는 공시 관련 사항도 함께 반영하여 절차상 누락이 없도록 하여야 한다.

한편, 주식의 포괄적 교환·이전 절차는 채권자보호절차가 불필요한 점 등을 제외하고는 합병과 동일하므로 자세한 사항은 제1장 합병의 절차 부분을 참조하고 합병과 차이점 위주로 기술하기로 한다.

| 주식의 포괄적 교환·이전 일정과 목차(상장회사는*) |

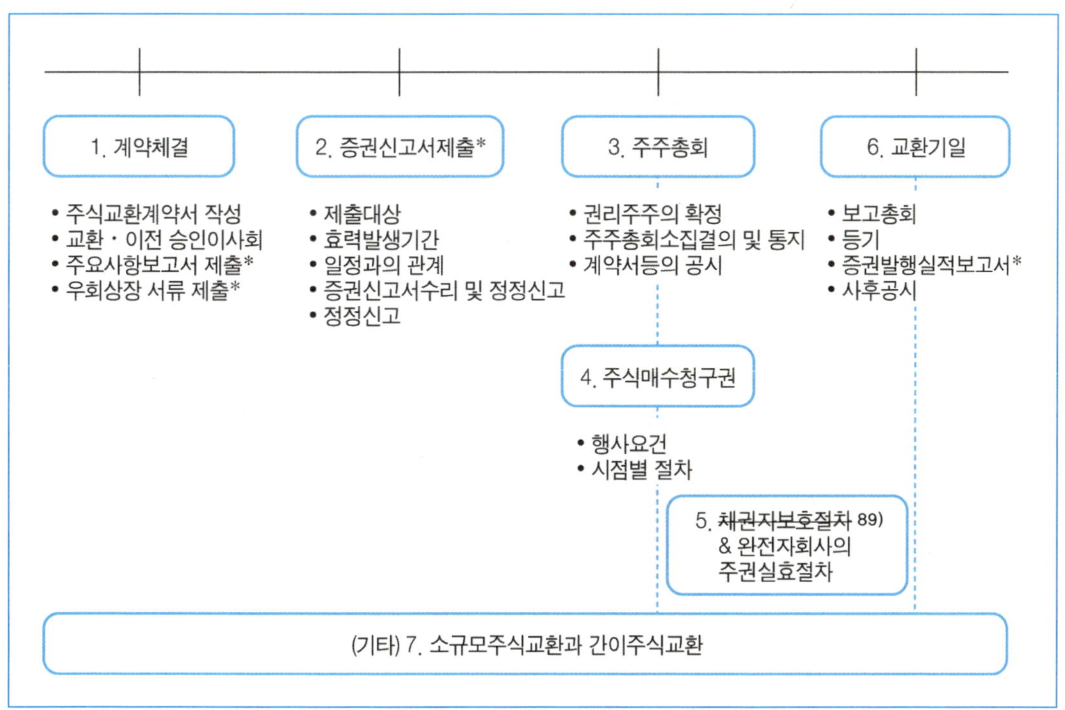

89) 주식매수청구권 행사에 따라 취득하는 자기주식을 교환 전에 소각하는 경우에는 상법상 자본감소절차에 따라야 하므로 완전자회사는 해당 건에 대한 채권자보호절차가 필요하다.

1 계약체결

주식교환계약서를 작성하고 이사회 결의를 통하여 주식교환계약을 체결한다. 또한, 이사회기일에 맞추어 사업보고서 제출대상법인의 경우에는 주요사항보고서를 금융위원회(금융감독원)에 제출하여야 한다.

(1) 주식교환계약서(주식이전계획서) 작성

주식의 포괄적 교환·이전 당사회사들은 상법상 필수적 사항이 기재된 계약서(계획서[90])를 작성한다. 한편, 사업보고서 제출대상법인인 경우 주식교환계약서(주식이전계획서)는 주요사항보고서상 첨부서류 중의 하나로 공시가 됨에 유념하여야 한다.

| 주식교환계약서의 필수적 기재사항(상법 §360의3 ③) |

① 완전모회사가 되는 회사가 주식교환으로 인하여 정관을 변경하는 경우에는 그 규정
→ 완전모회사가 주식교환으로 인하여 정관상 변경할 기재사항이 발생하는 경우에는 주식교환계약서에 기재하여 주주총회에서 결의 후 등기 시에 동 사항을 함께 등기한다.

② 완전모회사가 되는 회사가 주식교환을 위하여 신주를 발행하거나 자기주식을 이전하는 경우에는 발행하는 신주 또는 이전하는 자기주식의 총수·종류, 종류별 주식의 수 및 완전자회사가 되는 회사의 주주에 대한 신주의 배정 또는 자기주식의 이전에 관한 사항
→ 교환비율과 동 교환비율에 따라 발행하는 신주(또는 이전하는 자기주식)에 관한 사항을 기재한다.

③ 완전모회사가 되는 회사의 자본금 또는 준비금이 증가하는 경우에는 증가할 자본금 또는 준비금에 관한 사항
→ 완전모회사가 신주를 발행하는 경우에 기재한다.

④ 완전자회사가 되는 회사의 주주에게 신주발행(또는 자기주식이전) 대신 그 대가의 전부 또는 일부로서 금전이나 그 밖의 재산을 제공하는 경우에는 그 내용 및 배정에 관한 사항
→ 교환대가가 신주발행(자기주식이전) 이외인 경우 기재하며 해당사항이 없는 경우 교환교부금이 없다는 사실을 기재한다.

⑤ 각 회사에서 주식교환 승인 결의를 할 주주총회의 기일
→ 각 당사회사의 주식교환 주주총회 기일을 기재한다.

---

90) 주식의 포괄적 이전은 계약서가 아니라 계획서(주식이전계획서)라고 하는데, 이는 완전모회사를 새롭게 설립하여 완전자회사 주식을 이전하기 때문이다.

⑥ 주식교환을 할 날

→ 주식의 포괄적 교환의 효력은 주주총회의 특별결의를 통하여 승인된 주식교환계약서상 '주식교환을 할 날'[91]에 발생한다.

⑦ 각 회사가 주식교환을 할 날까지 이익배당을 할 때에는 그 한도액

→ 각 당사회사가 주식교환 전에 이익배당(중간배당 포함)을 할 때에는 그 한도액을 주식교환계약서에 기재하여야 한다.

⑧ 완전모회사가 되는 회사에 취임할 이사와 감사 또는 감사위원회의 위원을 정한 때에는 그 성명 및 주민등록번호

→ 상법 §360의13에 따르면 주식교환 전에 취임한 완전모회사의 이사와 감사는 주식교환계약서에 다른 정함이 있는 경우를 제외하고는 주식교환 후 최초로 도래하는 결산기의 정기총회가 종료되는 때에 퇴임하도록 되어 있으므로, 주식교환 후 이사와 감사를 다시 선임하는 번거로움을 피하기 위해서는 주식교환계약서에 완전모회사의 이사와 감사에 대한 임기를 주식교환 전 임기만료일까지로 함을 별도로 기재하여야 한다.

| 주식이전계획서의 필수적 기재사항(상법 §360의16 ①) |

① 설립하는 완전모회사의 정관의 규정

② 설립하는 완전모회사가 주식이전에 있어서 발행하는 주식의 종류와 수 및 완전자회사가 되는 회사의 주주에 대한 주식의 배정에 관한 사항

③ 설립하는 완전모회사의 자본금 및 자본준비금에 관한 사항

④ 완전자회사가 되는 회사의 주주에게 신주발행(또는 자기주식이전) 대신 그 대가의 전부 또는 일부로서 금전이나 그 밖의 재산을 제공하는 경우에는 그 내용 및 배정에 관한 사항

⑤ 주식이전을 할 시기[92]

⑥ 완전자회사가 되는 회사가 주식이전의 날까지 이익배당을 할 때에는 그 한도액

⑦ 설립하는 완전모회사의 이사와 감사 또는 감사위원회의 위원의 성명 및 주민등록번호

⑧ 회사가 공동으로 주식이전에 의하여 완전모회사를 설립하는 때에는 그 뜻

---

91) 신주발행으로 인하여 자본금이 증가하여 변경등기를 하는 경우에도 주식교환의 효력발생일은 변경등기일이 아닌 계약서상의 주식교환을 할 날이다. 한편, 주식교환을 할 날은 완전자회사 주권실효를 위한 구주권제출기간 만료일 이후가 되어야 한다.

92) 주식이전에 있어 법적 효력발생은 완전모회사가 설립등기를 함으로 발생한다.

주식의 포괄적 교환계약서

주식회사 사평(이하 "갑")과 주식회사 남부(이하 "을")는 자본시장과 금융투자업에 관한 법률 제165조의4, 동법 시행령 제176조의6 및 상법 제360조의2 내지 제360조의14 등이 정하는 바에 따라 아래와 같이 주식의 포괄적 교환(이하 "본 주식교환")에 관한 계약을 체결한다.

제1조(본 주식교환의 방법)

갑과 을은 제5조에 규정된 주식의 포괄적 교환의 날(이하 "주식교환일")에 주식의 포괄적 교환을 실시함으로써 주식교환일 현재 을의 주주명부에 기재된 주주(이하 "주식교환 대상주주")가 소유하고 있는 을의 주식을 갑에게 이전하고 제2조에서 정하는 바에 따라 주식교환 대상주주에게 갑의 주식을 발행하기로 한다. 본 주식교환을 통하여 갑은 을의 완전모회사가 되고 을은 갑의 완전자회사가 된다.

제2조(주식의 발행)

① 갑이 본 주식교환에 따라 주식교환 대상주주에게 발행하는 신주의 총수는 12,772,163주로 한다.

② 갑이 발행할 신주는 제6조에 따라 산정되는 교환비율을 곱하여 산정한 수만큼 발행하는 것으로 하되 정수가 아닌 경우 반올림하여 정수로 산정한다.

③ 갑은 제6조에 따라 산정되는 교환비율에 따라 주식교환 대상주주에게 발행할 갑의 신주에 관하여 1주 미만의 단주가 발생하는 경우에는 단주가 귀속될 주식교환 대상주주에게 주식교환 후 갑의 신주가 한국거래소에 재상장되는 초일의 종가로 계산된 금액을 위 주식교환일로부터 1개월 이내에 현금으로 지급한다.

④ 제3항에 따라 주식교환 대상주주에게 지급하는 현금 이외에 갑이 본 주식교환으로 인하여 주식교환 대상주주에게 지급할 주식교환 교부금은 없는 것으로 한다.

제3조(증가할 자본과 준비금)

① 갑이 주식교환으로 인해 증가할 자본의 총액은 제2조에서 정한 발행할 주식의 총수 12,772,163주에 주식 액면금액인 500원을 곱한 금 6,386,081,500원으로 한다. 이에 따라 갑의 총 발행주식은 60,065,653주, 자본의 총액은 금 30,032,826,500원이 된다.

② 갑이 주식교환으로 인해 증가할 자본준비금은 본 주식교환으로 인하여 발행되는 갑의 신주발행가액 금 36,260,170,757원에서 증가되는 자본의 액 금 6,386,081,500원을 공제한 금액으로 하기로 한다.

③ 단, 본 조의 금액 및 수량은 주식매수청구권 행사에 따라 변경될 수 있다.

제4조(주식교환의 승인)

① 갑과 을은 상법 제360조의3 제1항에 따라 2019년 7월 26일 개최될 임시주주총회 승인으로

본 주식교환을 실시한다.

② 제1항에도 불구하고 본 주식교환 절차의 진행상 필요한 경우 당자자들은 협의하여 위 일자를 변경할 수 있다.

제5조(주식교환일)

본 계약에 따라 갑과 을이 본 주식교환을 할 날은 2019년 8월 27일로 한다. 다만, 주식교환 절차의 진행상 필요한 경우 갑과 을은 대표이사 간의 합의로 이를 변경할 수 있다. 갑과 을의 이사회는 본 계약을 승인함으로써 본 주식교환일 변경 및 본 주식교환 절차의 일정변경 등에 관한 권한을 각 대표이사에게 위임한 것으로 간주한다.

제6조(주식교환비율)

본 계약의 주식교환은 자본시장과 금융투자법에 관한 법률 제165조의4, 동법 시행령 제176조의6 제2항 및 제176조의5 제1항에 의거 상장회사 간 포괄적 주식교환 시 교환비율은 교환을 위한 이사회 결의일과 주식의 포괄적 교환계약 체결일 중 앞서는 날의 전일을 기산일로 하여 아래의 가액을 산출평균한 가액을 기준으로 하여 산정되며, 그에 따라 갑은 주식교환일 현재 주식교환 대상주주가 소유하고 있는 을의 보통주식 1주에 대하여 갑의 보통주식 2.2078196주의 비율(이하 "교환비율"이라고 한다)로 갑의 보통주식을 배정 및 발행하기로 한다.

① 최근 1개월 가중산술평균종가

② 최근 1주일 가중산술평균종가

③ 최근일 종가

제7조(이사 및 감사위원회 위원의 임기)

본 주식교환 이전에 취임한 갑의 이사 및 감사위원회 위원의 임기는 상법 제360조의13에도 불구하고 종전의 임기를 그대로 적용한다.

[갑의 이사 및 감사 현황]

성명	주민등록번호	구분
이○○	****** _ *******	[사내이사]
배○○	****** _ *******	[기타비상무이사]
배○○	****** _ *******	[기타비상무이사]
권○○	****** _ *******	[사외이사]
최○○	****** _ *******	[감사]

제8조(비용 및 세금의 부담)

본 주식교환과 관련된 제반비용 및 각종 세금은 그와 같은 비용을 발생시키거나 세금이 부과되는 각 당사자가 각각 부담한다.

제9조(본 계약의 변경 및 해제)

① 본 계약 체결 후 주식교환일까지 본 계약의 조건과 관련된 사항이 관계 법령과 회계기준에 위배되는 경우, 갑과 을은 서면 합의에 의하여 관계 법령과 회계기준에 적합하게 본 계약을 변경할 수 있다.

② 본 계약 체결 후 주식교환일까지 다음의 하나에 해당하는 사유가 발생한 경우 갑 또는 을은 상대방 당사자에게 서면통지를 함으로써 본 계약을 해제할 수 있다.

1. 천재지변 기타 갑 또는 을의 재산 및 경영상태에 중대한 변동이 발생한 경우
2. 정부 또는 관련 기관으로부터 본 주식교환에 필요한 승인을 획득하지 못하거나 본 주식교환으로 인하여 치유할 수 없는 법령 위반의 결과가 초래될 경우
3. 일반 당사자의 주주총회에서 본 계약에 대한 승인을 얻지 못하는 경우
4. 주식매수청구 행사 주식수가 발행주식총수의 100분의 10을 초과하는 경우
5. 제2조 제1항에 규정된 신주의 총수가 갑의 발행주식총수의 20%를 초과하는 경우로서 제4조 제1항에 따라 개최되는 임시주주총회에서 정관 변경 안건에 대한 승인을 얻지 못하는 경우

③ 갑과 을은 본 주식교환을 위하여 합의가 필요한 사항에 대하여 별도 협약을 체결할 수 있으며 이 별도 협약은 본 계약의 일부로 간주한다.

제10조(신의성실의 원칙)

갑과 을은 신의성실의 원칙에 입각하여 본 주식교환을 진행하며 그 재산 또는 권리의무에 중대한 영향을 미치는 행위를 하는 경우 사전에 상호 협의하여 이를 실행하여야 한다.

제11조(계약에 정하지 않은 사항)

본 계약에 규정된 내용 이외의 본 주식교환에 필요한 사항은 본 계약의 취지에 따라 갑과 을이 상호협의하여 이를 결정하기로 한다.

제12조(준거법과 분쟁의 관할)

본 계약은 대한민국 법률에 의하여 해석되고 규율되며 본 계약의 체결, 이행 또는 본 계약의 위반과 관련한 분쟁에 대하여는 ○○중앙지방법원을 제1심 전속관할법원으로 한다.

이상의 계약사항을 증명하기 위하여 갑과 을은 본 계약서 2부를 작성하여 기명날인한 후 각자 1부씩 보관하기로 한다.

2019년 6월 14일

"갑" 주식회사 사평	"을" 주식회사 남부
서울시 서초구 사평대로 △△	서울시 강남구 남부순환로 △△
대표이사 김사평 (인)	대표이사 정남부 (인)

(2) 이사회 결의

주식의 포괄적 교환 · 이전은 당사회사 이사회에서 결의[93]하므로 일반적으로 계약체결일과 이사회 결의일은 일치한다.

또한 상법상 주식의 포괄적 교환 · 이전은 주주총회 특별결의사항[94]이므로 임시주주총회 소집결의[95]도 필요한데, 이는 일반적으로 주식의 포괄적 교환 · 이전 승인이사회 시 함께 의안으로 다룬다.

| 일반적인 주식의 포괄적 교환 승인이사회 의안 |

구분	내용
① 주식교환계약체결의 건	주식교환계약서상 주식교환의 개요 · 방법 · 교환비율 · 일정 · 주식매수청구권에 대한 사항 등
② 주식교환승인 임시주주총회 소집의 건	주주총회의 소집은 이사회에서 하므로 주식교환승인주주총회를 소집
③ 주주확정기준일 및 주주명부 폐쇄 기간 설정의 건	주주총회 시 권리주주를 확정하기 위함.

| 주식의 포괄적 교환 이사회 의사록 사례 |

이사회 의사록

일시 : 2019년 6월 14일(월) 오전 9시
장소 : 당사 회의실
이사총수 : 6명(사내이사 3명, 사외이사 3명)
출석이사 : 5명(사내이사 3명, 사외이사 2명)

의장인 대표이사 김사평은 정관에 의거 정족수 출석으로 본 회의가 적법하게 성립됨을 설명하고 개회를 선언하고 아래의 의안을 부의하여 원안대로 가결하고 참석이사 전원 기명날인함.

\- 아 래 -

제1호 의안 : 주식의 포괄적 교환계약 체결의 건

의장은 회사의 경영에 관하여 일련의 토의를 거진 후 경영상 필요에 따라 주식회사 사평(이하

93) '주식교환계약체결 주주총회 승인사항에 관하여 이사회의 결의가 있을 때'(상법 §360의5)
94) 상법 §360의5 ② 및 상법 §360의16 ②
95) 주주총회 소집결의 및 권리주주확정에 관한 절차는 제1장 합병 부분을 참조하기 바란다.

"갑")과 주식회사 남부(이하 "을") 간의 주식의 포괄적 교환(이하 "본건주식교환")을 실시하여 갑이 을의 완전모회사가 되고자 함을 설명하고 이를 위하여 [별첨] 포괄적주식교환계약서(이하 "본건주식교환계약서")를 이사회에 제출한 다음 그 주요 내용을 상세히 설명하였으며 주주총회의 특별결의에 의한 승인의 필요성을 설명하고 주식교환계약서의 체결을 승인하여 줄 것을 제의하다.

1. 주식의 포괄적 교환 및 신주발행에 관한 사항

구분	㈜사평	㈜남부
주식교환가액/1주	2,839원	6,268원
교환비율	1	2.2078196
교환주식의 종류	기명식 보통주	기명식 보통주
교환방법	상법 제360조의2에 의한 포괄적 주식교환(신주발행)	상법 제360조의2에 의한 포괄적 주식교환
신주발행주식수	12,772,163주	-
신주의 액면가	500원	-
증가할 자본금	6,386,081,500원	-

2. 주식교환 당사회사
   - 완전모회사가 되는 회사 : 주식회사 사평(본점 소재지 : ______)
   - 완전자회사가 되는 회사 : 주식회사 남부(본점 소재지 : ______)

3. 주식교환의 목적
   ㈜사평은 ㈜남부를 완전자회사로 편입하여 외부상황 변화에 자율적이고 능동적으로 대응을 하고 또한 그룹 경영관리의 효율성을 제고하는 한편, 주주가치 및 기업가치를 극대화하고자 금번 포괄적 주식교환을 추진하고자 함.

4. 주식교환의 방법
   - 상법 제360조의2 "포괄적 주식교환" 방법을 통해 남부의 주식 전부에 대한 교환대가로 사평의 기명식 보통주를 신주로 발행하여 남부의 주주에게 교부함.
   - 교환대상 주식 : 남부의 기명식보통주 10,686,277주 중 사평이 기보유하고 있는 4,896,045주 및 남부가 보유하고 있는 자기주식 5,265주를 제외한 5,784,967주를 대상으로 하며 남부가 보유하고 있는 자기주식 및 본건주식교환에 반대하는 남부주주들의 주식매수청구권 행사에 의해 취득하는 자기주식에 대하여는 주식교환일 이전에 사평에 양도할 것임.[96)]
   - 주식교환 규모 : 총 36,260,170,757원(12,772,163주 × 2,839)

96) 완전자회사 자기주식의 처리는 완전모회사에게 양도하는 방법을 취하였다(상기 완전자회사 자기주식의 처리 부분을 참조하기 바란다).

5. 남부 주주에 대한 신주배정에 관한 사항

주식교환일 현재 남부 주주명부에 등재된 주주에 대하여 보유주식 1주당 사평 기명식보통주 2.2078196주를 교부하고 단주가 발생하는 경우 사평 신주가 상장되는 초일의 종가로 계산된 금액을 현금으로 해당주주에게 지급함.

6. 주주총회 및 주식매수청구권에 관한 사항

- 상법 제360조의3에 의거 임시주주총회는 2019년 7월 26일(금) 개최함.
- 상법 제360조의5에 의거 반대주주의 주식매수청구권은 인정되며 주식매수청구권 행사 주식수가 전체 발행주식수의 100분의 10을 초과할 경우 본 주식교환은 무효화한다.

7. 주식교환 주요일정(안)

구분	㈜사평	㈜남부
이사회결의일	2019. 6. 14.	2019. 6. 14.
주식교환계약일	2019. 6. 14.	2019. 6. 14.
주요사항보고서제출일	2019. 6. 14.	2019. 6. 14.
주주명부기준일 및 폐쇄공고	2019. 6. 14.	2019. 6. 14.
주주확정일	2019. 7. 1.	2019. 7. 1
주주총회 소집통지일	2019. 7. 11.	2019. 7. 11.
주식교환 반대의사통지 접수시간	2019. 7. 11.~7. 25.	2019. 7. 11.~7. 25.
임시주주총회	2019. 7. 26.	2019. 7. 26.
주식매수청구권 행사기간	2019. 7. 26.~8. 16.	2019. 7. 26.~8. 16.
주식매수청구대금 지급 예정일	2019. 8. 23.	2019. 8. 23.
구주권제출기간 종료예정일	N/A	2019. 8. 26.
주식교환을 할 날	2019. 8. 27.	2019. 8. 27.
신수권 상장예정일	2019. 9. 16.	N/A
상장폐지예정일	N/A	2019. 9. 6.

주) 상기 일정은 관계 법령, 회사의 사정 및 관계기관의 협의에 따라 변경될 수 있음.

8. 주식교환비율

주식교환은 자본시장과 금융투자업에 관한 법률 제165조의4, 동법 시행령 제176조의6 제2항 및 제176조의5 제1항에 의거 상장회사 간 포괄적 주식교환 시 교환비율은 교환을 위한 이사회 결의일과 주식의 포괄적 교환계약 체결일 중 앞서는 날의 전일을 기산일로 하여, 아래의 가액을 거래량으로 가중산술평균한 가액을 기준으로 함.

① 최근 1개월 가중산술평균종가

② 최근 1주일간 가중산술평균종가

③ 최근일 종가

제2안 의안 : 임시주주총회 소집의 건

의장은 다음과 같이 임시주주총회의 소집을 결의해 줄 것을 제의하다.

- 일시 : 2019년 7월 26일 오전 9시
- 장소 :
- 안건 : 주식의 포괄적 교환 승인의 건

제3안 의안 : 주주확정 기준일 결정 및 주주명부 폐쇄의 건

의장은 임시주주총회 개최를 위한 권리주주확정을 위하여 다음과 같이 주주확정 기준일 및 주주명부 폐쇄기간을 정할 것을 제의하다.

- 주주확정 기준일 : 2019년 7월 1일
- 주주명부 폐쇄기간 : 2019년 7월 2일~7월 8일

이상으로 상기 의안이 이사 전원의 일치로 원안대로 심의 종료되었음을 알리고 의장은 폐회를 선언하다. 상기 의사 경과 및 결과를 명확히 하기 위하여 의사록을 작성하고 출석 이사 전원기명날인한다.

2019년 6월 14일

대표이사 : 김 사 평 이사 :

이사 : 이사 :

이사 :

(3) 주요사항보고서 제출

사업보고서 제출대상법인[97]은 주식의 포괄적 교환 · 이전의 이사회결의가 있는 때에는 3일 이내 그 내용을 기재한 보고서('주요사항보고서'라고 함)를 금융위원회에 제출하여야 한다.[98]

한편, 주식의 포괄적 교환 · 이전 체결 공시는 유통공시이면서 거래소 수시공시 대상[99]으로 수시공시는 해당 사유가 발생하는 당일 공시가 원칙이므로 이사회 당일에 공시를 하면 주요사항보고와 거래소 수시공시의무를 동시에 이행하게 된다.

97) 자본시장법 §159 ① 및 자본시장령 §167 ①
98) 자본시장법 §161
99) 유가증권시장 공시규정 §7-①-3

| 주요사항보고서(주식교환 · 이전결정) 첨부서류 목록 |

문서명	제출조건	공시 여부
주요사항보고서[100] (주식교환 · 이전결정)	본문으로 첨부	○
대표이사등의 확인	필수 첨부	○
이사회의사록 등 증빙서류	필수 첨부	○
계약서(계획서)	해당 시 필수 첨부	○
외부평가기관의 평가의견서	해당 시 필수 첨부	○
기타공시 첨부서류	선택 첨부	○
기타 첨부서류	선택 첨부	×

(4) 우회상장서류 제출

1) 유가증권시장

상장법인이 주권비상장법인과 주식의 포괄적 교환의 계약을 체결하거나 그 결의 또는 결정을 한 경우에는 지체 없이 우회상장확인서와 첨부서류를 거래소에 제출하여야 한다. 거래소가 해당 거래를 우회상장이라고 판단하는 경우에는 지체 없이 해당 상장법인에 알려야 하며 해당 상장법인은 지체 없이 상장예비심사를 신청하여야 한다.[101]

2) 코스닥시장

코스닥시장 상장법인이 주권비상장법인과 주식의 포괄적 교환을 하여 주권비상장법인을 완전자회사로 하고자 하는 경우에는 우회상장 해당 여부, 심사요건 및 절차 등에 대하여 불가피한 사유가 없는 한 당해 주식교환의 주요사항보고서 제출일 이전에 미리 거래소와 협의하여야 하며 우회상장확인서 등의 서류를 주요보고사항제출일까지 제출하여야 한다.[102]

100) 주요사항보고서 내용은 합병과 유사하므로 제1장 합병 부분을 참조하기 바란다.
101) 유가증권시장 상장규정 §33 및 시행세칙 §29
102) 코스닥시장 상장규정 §34 및 시행세칙 §32

② 증권신고서 제출

주식의 포괄적 교환·이전에 있어 완전모회사가 교환·이전의 대가로 주식을 교부하는 행위가 자본시장법상 모집 및 매출에 해당할 경우 증권신고서를 제출하여야 한다. 증권신고서 관련 자세한 사항[103]은 제1장 합병의 절차 부분을 참조하기 바란다.

| 증권신고서(포괄적 교환·이전) 작성 체크리스트[104] |

주요 점검항목	점검결과
Ⅰ. 형식요건 점검	
□ 서식사용의 적정성	
○ 최근 증권신고서 서식에 따라 작성되었는가?	
□ 첨부서류의 적정성(규정 §2-10 ⑥, §2-9 ②)	
○ 주식교환·이전 이사회의사록, 주식교환계약서·이전계획서, 주식교환·이전 당사회사의 정관, 등기부등본, 최근 3사업연도 (연결)감사보고서(분·반기검토 포함, 외부감사의무 법인이 아닌 경우는 회사제시 재무제표) 등	
○ 시행령 §176의6 ③에 따라 합병가액의 적정성에 대해 외부평가를 받은 경우 외부평가기관의 평가의견서를 첨부하였는가?	
○ 법 §124 ②에 따른 예비투자설명서나 간이투자설명서를 사용하려는 경우 예비투자설명서나 간이투자설명서를 첨부하였는가?	
○ 주식교환·이전이 행정관청의 인·허가 또는 승인 등을 받아야 하는 경우 관련 인·허가 또는 승인 서류를 첨부하였는가?	
□ 부당한 자기주식 거래 여부	
○ 주식교환 당사회사가 주권상장법인인 경우 주식교환·이전 이사회 결의일로부터 과거 1개월간 자기주식의 취득 또는 처분(신탁계약 체결·해지 포함) 금지의무를 준수하였는가? * 주권상장법인의 주식교환가액은 과거 주가를 기준으로 산정하고 있어 주식교환가액에 영향을 미치는 자기주식매매 금지(시행령 §176의2 ②)	
Ⅱ. 증권신고서 기재내용에 관한 점검	
1. 주식교환·이전 요건의 준수 여부	
□ 상법상 포괄적 주식교환·이전 해당 여부(상법 §360의2, §360의15)	
○ 주식교환·이전 결과 완전자회사가 되려는 회사의 발행주식총수가 완전모회사가	

103) 해당 내용은 증권신고서의 효력발생기간, 교환(이전)일정과 증권신고서 효력발생 간의 관계, 증권신고서의 수리 및 정정신고이다.

104) 금융감독원 '합병등 증권신고서 체크리스트' 안내 2019. 1. 24.

주요 점검항목	점검 결과
되려는 회사로 이전되고 있는가? □ 완전모회사의 자본금 증가 적정 여부(상법 §360의7, §360의18) ○ 주식교환 · 이전 시 완전모회사의 자본금 증가액이 주식교환 · 이전의 날에 완전자회사가 되는 회사에 현존하는 순자산가액에서 완전자회사의 주주에게 지급할 금액(현금 · 자기주식 장부가액)을 차감한 금액 이내인가? □ 주식교환 · 이전으로 인하여 주주의 부담이 가중되는 종류주주가 있는 경우 관련 주주 전원의 동의절차를 거칠 예정임을 기재하였는가?(상법 §360의3, §360의16) □ 법률의 규정에 따른 주식교환 · 이전의 경우(시행령 §176의5 ⑬, 시행령 §176의6 ④) ○ 주식교환 · 이전 당사회사가 계열회사의 관계에 있고 시장거래 가격에 의해 주식교환 · 이전가액이 산정되지 않는 경우 외부평가기관의 평가를 받았는가? * 법률의 규정에 따른 주식교환 · 이전의 경우 법령상 주식교환 · 이전가액 산정 및 외부평가 등 주식교환 · 교환 요건 적용이 배제되는 것이 원칙임. □ 외부평가기관의 적격성 여부(시행령 §176의5, §176의6 ③, 규정 §5-14, 공인회계사법 §21, §33) ○ 외부평가기관이 평가대상 회사와 특수관계 등에 해당되어 평가제한대상에 해당되지 않는가? ○ 외부평가기관이 평가제한 조치기간 중에 있지 않는가? **2. 주식교환 · 이전가액 산정기준의 준수 여부**(시행령 §176의5 ①, §176의6 ②, 규정 §5-13) □ 주권상장법인 간의 주식교환 · 이전 시 ○ 주식교환 · 이전가액을 기준주가의 30/100(계열회사 간 합병의 경우에는 100분의 10) 범위에서 할인 또는 할증한 가액으로 산정하였는가?(시행령 §176의5 ①) □ 주권상장법인(코넥스상장법인 제외)과 비상장법인 간 주식교환 · 이전 시 ○ 상장법인 : 주식교환 · 이전가액을 기준주가의 30/100(계열회사 간 합병의 경우에는 100분의 10)의 범위에서 할인 또는 할증한 가액으로 산정하였는가? (단, 기준주가가 자산가치에 미달하는 경우에는 자산가치로 평가 가능) (시행령 §176의5 ①) ○ 비상장법인 : 주식교환 · 이전가액을 자산가치와 수익가치를 가중산술평균(1 : 1.5)한 가액으로 산정하였는가?(규정시행세칙 §4~§8) ○ 증권신고서에 주권비상장법인의 주식교환 · 이전가액과 상대가치를 비교하여 기재하였는가? □ 주식교환 · 이전가액 산정 시 적용한 재무제표 ○ 주권상장법인이 가장 최근 제출한 사업보고서에서 채택하고 있는 회계기준으로 산정하였는가?(규정 §5-13 ②)	

주요 점검항목	점검결과
〈외부평가가 의무인 경우〉 □ 평가의견서의 내용을 요약하여 기재 ○ 수익가치 산정을 위해 사용한 평가방법 및 적용 타당성에 대한 검토의견을 기재하였는가? ○ 가치평가에 적용한 가정과 동 가정의 타당성에 대한 검토의견을 기재하였는가? ○ 미래효익 추정을 위한 재무정보 및 비재무적 정보의 분석내용을 기재하였는가? ○ 상대가치 산정 시 유사회사의 선정과정 및 주력업종 판단근거를 기재하고, 최근 1년 이내 유상증자 발행가액 등의 가중평균한 금액을 반영한 가액으로 기재하였는가?	
3. 주식교환・이전의 주요일정 □ 주식교환・이전 일정이 상법에서 정하고 있는 다음의 기간을 준수하고 있는가? ○ 주주명부폐쇄공고일 : 주주명부 폐쇄초일 2주 전(상법 §354) ○ 주주명부폐쇄기준일 : 주총일을 기준으로 이전 3월 이내(상법 §354 ③) ○ 주주명부폐쇄기간 : 3월 이내(상법 §354 ②) ○ 주총소집통지 또는 공고 : 주총 2주 전(상법 §363, §542의4, 법 §165의5 ⑤) ○ 주식교환계약서・주식이전계획서 등 공시서류 비치기간 : 주총 2주 전부터 주식교환・이전 이후 6개월간(상법 §360의12, §360의17) - 상법 제360조의12 : 주식교환의 경우 2주 전 요건 없음. ○ 완전자회사가 되는 회사의 주총에서 주식교환・이전 승인 시 주권을 실효시키기 위한 실효절차 통지 및 공고 : 주식교환의 날 1개월 전(상법 §360의8, §360의19)	
4. 주식교환계약・이전계획에 관한 기본사항 등 □ 신고서상 주식교환・이전에 관한 주요 내용이 관련 이사회 결의 내용 및 주식교환계약서・주식이전계획서의 내용과 일치하는가? □ 주식교환계약서・이전계획서에 상법에서 정하고 있는 필수 기재사항(*)이 기재되어 있는가?(상법 §360의3 ③, §360의16 ①) (*) 주식교환계약서 : 완전모회사가 주식교환을 위하여 발행하는 신주의 총수・종류와 종류별 주식수, 완전자회사 주주에 대한 신주의 배정에 관한 사항, 완전모회사의 증가할 자본금 및 자본준비금에 관한 사항, 주주총회의 기일 및 주식교환을 할 날 등 (*) 주식이전계획서 : 완전모회사의 정관의 규정, 완전모회사가 발행하는 주식의 종류와 수 및 완전자회사 주주에 대한 주식배정 사항, 완전모회사 자본금 및 자본준비금에 관한 사항, 주식이전을 할 시기 등	
5. 모집・매출 주식수 및 총금액 □ 주식교환대가로 신주모집 외에 자기주식을 매출하는 경우 모집・매출 주식수 및 금액을 합산하여 기재하였는가?	

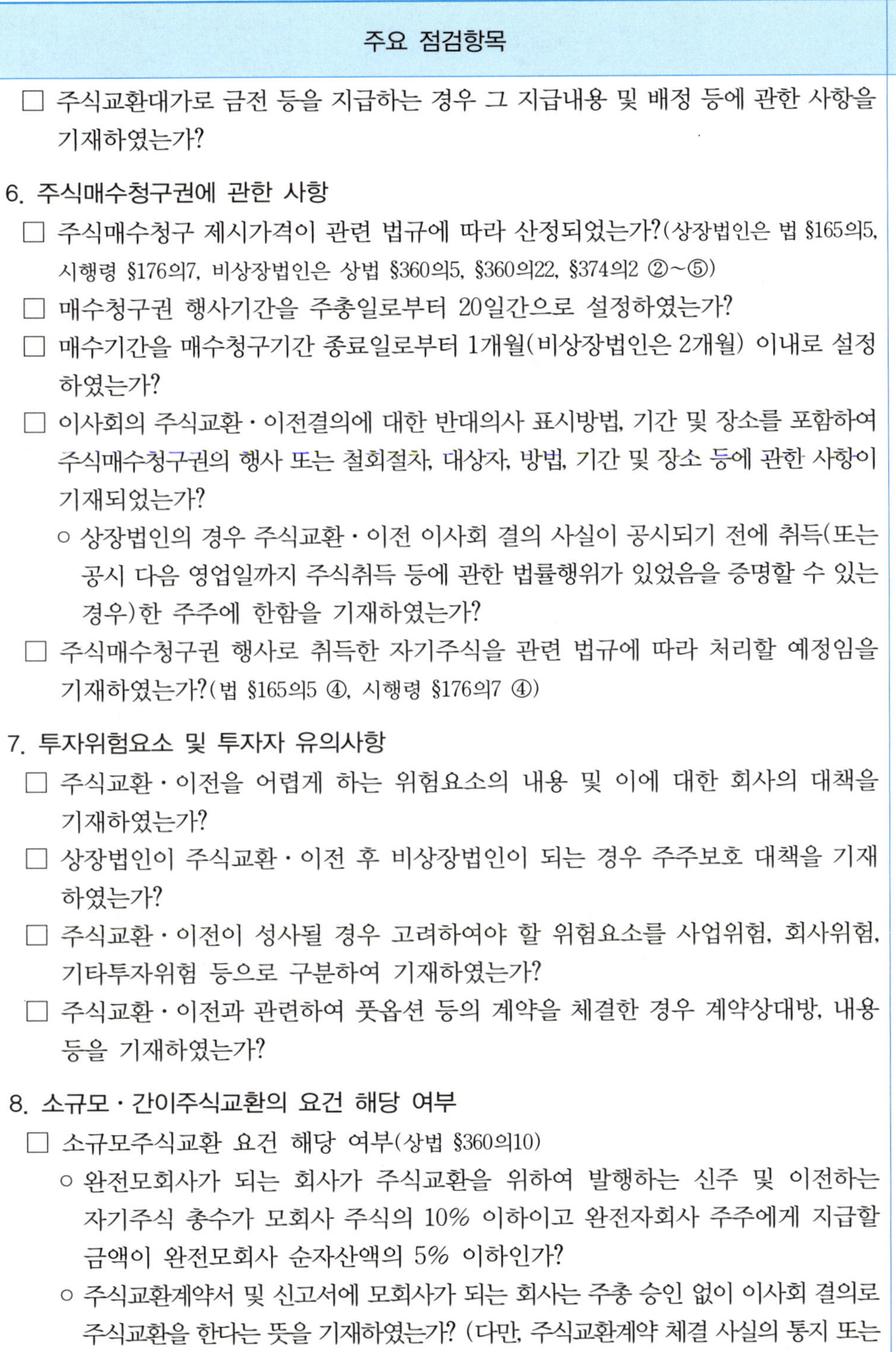

주요 점검항목	점검결과
□ 주식교환대가로 금전 등을 지급하는 경우 그 지급내용 및 배정 등에 관한 사항을 기재하였는가?	
6. 주식매수청구권에 관한 사항	
□ 주식매수청구 제시가격이 관련 법규에 따라 산정되었는가?(상장법인은 법 §165의5, 시행령 §176의7, 비상장법인은 상법 §360의5, §360의22, §374의2 ②~⑤)	
□ 매수청구권 행사기간을 주총일로부터 20일간으로 설정하였는가?	
□ 매수기간을 매수청구기간 종료일로부터 1개월(비상장법인은 2개월) 이내로 설정하였는가?	
□ 이사회의 주식교환·이전결의에 대한 반대의사 표시방법, 기간 및 장소를 포함하여 주식매수청구권의 행사 또는 철회절차, 대상자, 방법, 기간 및 장소 등에 관한 사항이 기재되었는가?	
○ 상장법인의 경우 주식교환·이전 이사회 결의 사실이 공시되기 전에 취득(또는 공시 다음 영업일까지 주식취득 등에 관한 법률행위가 있었음을 증명할 수 있는 경우)한 주주에 한함을 기재하였는가?	
□ 주식매수청구권 행사로 취득한 자기주식을 관련 법규에 따라 처리할 예정임을 기재하였는가?(법 §165의5 ④, 시행령 §176의7 ④)	
7. 투자위험요소 및 투자자 유의사항	
□ 주식교환·이전을 어렵게 하는 위험요소의 내용 및 이에 대한 회사의 대책을 기재하였는가?	
□ 상장법인이 주식교환·이전 후 비상장법인이 되는 경우 주주보호 대책을 기재하였는가?	
□ 주식교환·이전이 성사될 경우 고려하여야 할 위험요소를 사업위험, 회사위험, 기타투자위험 등으로 구분하여 기재하였는가?	
□ 주식교환·이전과 관련하여 풋옵션 등의 계약을 체결한 경우 계약상대방, 내용 등을 기재하였는가?	
8. 소규모·간이주식교환의 요건 해당 여부	
□ 소규모주식교환 요건 해당 여부(상법 §360의10)	
○ 완전모회사가 되는 회사가 주식교환을 위하여 발행하는 신주 및 이전하는 자기주식 총수가 모회사 주식의 10% 이하이고 완전자회사 주주에게 지급할 금액이 완전모회사 순자산액의 5% 이하인가?	
○ 주식교환계약서 및 신고서에 모회사가 되는 회사는 주총 승인 없이 이사회 결의로 주식교환을 한다는 뜻을 기재하였는가? (다만, 주식교환계약 체결 사실의 통지 또는 공고일로부터 2주 내에 20% 이상을 소유한 주주의 반대 시 주총 특별결의 필요)	

주요 점검항목	점검 결과
○ 소규모주식교환은 주식매수청구권이 부여되지 않음을 기재하였는가? □ 간이주식교환 요건 해당 여부(상법 §360의9) ○ 완전자회사가 되는 회사의 총주주 동의를 받았거나 완전모회사가 되는 회사가 완전자회사가 되는 회사의 주식 90% 이상 소유하였는가? ○ 완전모회사가 되는 회사의 주주에 대한 주식매수청구권 부여 사실을 기재하였는가? ○ 완전자회사가 되는 회사는 주식교환계약서 작성일로부터 2주 내에 주주총회의 승인을 얻지 않고 이사회 결의로 주식교환을 한다는 뜻을 기재하였는가? 9. 기타 □ 주식교환계약서(이전계획서)의 내용 중 특약사항(*)이 있는 경우 해당 내용을 기재하였는가? (*) 계약해지 요건 등 □ 비상장법인의 최대주주(특수관계인 포함) 등이 소유한 주식 등(CB, BW, EB, 신주인수권증서 포함)에 대해 보호예수의무가 있는 경우 보호예수의무기간(*) 등 관련 사항을 기재하였는가? (*) 주권상장법인과 비상장법인이 주식교환하는 경우 신주 상장일로부터 6월간(유가증권시장 상장규정 §35) (*) 코스닥상장법인과 비상장법인이 주식교환하는 경우 신주 상장일로부터 일정기간(코스닥시장 상장규정 §22의2) - 최대주주 등 : 6월 - 벤처금융(투자기간이 주요사항보고서제출일로부터 2년 미만) : 1월간 - 전문투자자(투자기간이 주요사항보고서제출일로부터 1년 이내) : 1월간 □ 「법인세법」 등 관련 법규에 따라 과세이연을 위한 적격요건 충족 여부 및 미충족 시 그 사실, 투자자에게 미치는 영향 등 관련 위험 내용을 기재하였는가?(조세특례제한법 §38)	

3 주주총회

(1) 주주총회 승인

상법상 회사가 주식의 포괄적 교환·이전을 함에는 주식교환계약서(주식이전계획서)를 작성하여 주주총회 특별결의로 승인을 얻어야 하며,[105] 주식의 포괄적 교환·이전으로 인하여 어느 종류의 주주에게 손해가 미치게 될 경우에는 종류주주총회의 결의[106]가 필요하다.[107] 또한 주식의 포괄적 교환·이전으로 인하여 관련되는 각 회사의 주주의 부담이 가중되는 경우[108]에는 주주총회 특별결의 외에 그 주주 전원의 동의가 있어야 한다.[109]

한편, 주식의 포괄적 교환·이전 승인주주총회는 임시주주총회가 될 것이므로 일반적으로 정관에 주주명부기준일 및 폐쇄기간을 정하고 있는 정기주주총회와 달리 권리주주 확정을 위한 주주명부 기준일 및 주주명부 폐쇄에 관한 절차가 필요한데 권리주주확정 및 주주총회소집 및 통지에 관한 내용은 제1장 합병의 절차 부분을 참조하기 바란다.

(2) 계약서등의 공시

당사회사의 이사는 주주총회 2주 전부터 주식교환의 날 이후 6개월이 경과하는 날까지 주식교환계약서 등을 본점에 비치하여야 하며, 해당 회사의 주주[110]는 영업시간 내에는 언제든지 해당 서류의 열람 또는 등사를 청구할 수 있다.[111]

| 주식교환계약서 등의 공시(본점 비치서류) |

- 주식교환계약서
- 완전모회사가 되는 회사가 주식교환을 위하여 신주를 발행하거나 자기주식을 이전하는 경우에는 완전자회사가 되는 회사의 주주에 대한 신주의 배정 또는 자기주식의 이전에 관하여 그 이유를 기재한 서면
- 주주총회의 회일(간이주식교환의 경우에는 공고 또는 통지를 한 날) 전 6월 이내의 날에 작성한 주식교환을 하는 각 회사의 최종 대차대조표 및 손익계산서

105) 상법 §360의3 및 §360의16
106) 종류주주총회 결의요건은 출석한 주주의 의결권의 3분의 2 이상의 수와 그 종류의 발행주식총수의 3분의 1 이상의 수로써 하여야 하며(상법 §435 ②), 무의결권주식도 그들의 종류주주총회에서는 의결권행사가 가능하다.
107) 상법 §436
108) 주주들의 추가출자가 필요한 경우 등
109) 부담이 가중되는 경우 그 주주 전원의 동의가 있음을 증명하는 정보는 포괄적 교환·이전등기 시 첨부서류 중 하나이다.
110) 합병의 경우 열람청구권이 채권자에게도 있으나 주식의 포괄적 교환·이전 시에는 주주에게만 있다.
111) 상법 §360의4 및 §360의17

| 주식이전계획서 등의 공시(본점 비치서류) |

- 주식이전계획서
- 완전자회사가 되는 회사의 주주에 대한 주식의 배정에 관하여 그 이유를 기재한 서면
- 주주총회의 회일 전 6월 이내의 날에 작성한 완전자회사가 되는 회사의 최종 대차대조표 및 손익계산서

주식매수청구권

합병과 마찬가지로 주식매수청구권이 인정[112]된다. 관련 내용[113]은 제1장 합병의 절차 부분을 참조하기 바란다.

완전자회사 주권실효절차

주식교환·이전에 의하여 완전자회사가 되는 회사가 주주총회에서 승인을 한 때에는 완전자회사는 주식교환을 할 날(주식이전을 할 날) 1개월 전에 주권 실효에 관한 내용을 공고하고 주주명부에 기재된 주주와 질권자에 대하여 각별로 그 통지를 하여야 한다.[114]

| 완전자회사 주권 실효 공고의 내용 |

- 주주총회에서 승인을 한 뜻
- 주식교환·이전의 날 전날까지 주권을 회사에 제출하여야 한다는 뜻
- 주식교환·이전의 날에 주권은 무효가 된다는 뜻

한편, 2019년 9월부터 「주식·사채 등의 전자등록에 관한 법률(전자증권법)」이 시행됨에 따라 상장회사 주식은 모두 전자등록대상이므로 완전자회사가 상장회사인 경우 구주권 제출은 전자적으로[115] 이루어지므로 실물주권을 제출할 필요가 없다.[116]

---

112) 상법 §360의5, §360의22
113) 주식매수청구권의 행사요건, 시점별 절차 등이다.
114) 상법 §360의8, §360의19
115) 회사는 예탁원이 증권회사들로부터 취합한 주주정보를 전달받아 완전자회사 주식을 완전모회사로 계좌대체하고 완전모회사 주식을 신규발행한다.
116) 전자등록계좌부에 전자등록된다.

| 완전자회사 구주권 제출 및 실효공고 예시 |

<u>주식의 포괄적 교환에 따른 구주권 제출 및 실효 공고</u>

당사는 2019년 11월 26일 이사회에서 「자본시장과 금융투자업에 관한 법률」 제165조의4 및 「상법」 제360조의2 등에서 정하는 바에 따라 당사의 주식과 ㈜○○의 주식을 포괄적으로 교환(이하 "본건 주식교환")하여 당사가 ㈜○○의 완전자회사가 되는 내용의 주식교환계약 체결을 승인하고, 2019년 11월 26일 ㈜○○와 동 계약을 체결하였으며, 2020년 1월 29일 상법 제360조의3 제1항에 따라 당사 임시주주총회에서 ㈜○○와의 주식교환계약을 승인하였습니다.

이에 당사는 다음과 같이 당사 주식의 주주 및 질권자께 상법 제360조의8에 따른 구주권 제출 및 실효의 공고를 하는 바입니다.

\- 다 음 -

1. 구주권 제출
   가. 구주권 제출장소 : 서울시 영등포구 여의도동 △△ 여의도 본점 3층 증권대행부
   나. 구주권 제출기간 : 2020년 1월 31일(금) ~ 2020년 3월 2일(월)
2. 구주권의 무효 : 주식교환일(2020년 3월 3일)에 당사가 발행한 구주권은 그 제출 여부와 관계없이 무효가 됩니다.

※ 본 공고에도 불구하고, 「주식 · 사채 등의 전자등록에 관한 법률」의 시행일인 2019년 9월 16일부로 당사의 각 주권은 이미 실효되어 전자등록주식으로 전환되었으므로, 당사의 주주 및 질권자께서는 위 구주권 제출기간 동안 실물 주권을 제출하실 필요가 없으며, ㈜○○가 본건 주식교환에 따라 발행하는 신주는 당사의 주주 및 질권자께 전자적인 방식으로 신규등록 또는 계좌 간 대체될 예정이므로 실물 주권의 교부는 예정되어 있지 않다는 점을 유의하여 주시기 바랍니다.

주식교환 · 이전일

주식교환 · 이전일은 주식교환계약서(주식이전계획서)상 '교환을 할 날(이전을 할 날)'로 실질적인[117] 주식교환일(주식이전일)이다. 주식교환 · 이전일 전에 상법상 절차는 모두 완료되어야 하므로 주식교환 · 이전일은 완전자회사의 주권실효절차가 완료된 이후의 날이 되어야 한다.

117) 주식교환의 법적효력발생일은 주식교환계약서상 '교환을 할 날'이며, 주식이전의 법적효력은 완전모회사가 그 본점 소재지에 설립등기를 한 때 발생한다(상법 §360의21).

주식교환의 날(주식이전의 날) 이후에는 등기를 완료하고 주식교환·이전 관련 서류를 6개월간 사후공시 하여야 한다. 또한 완전모회사가 상장회사의 경우 증권발행실적보고서를 공시하여야 한다.

| 주식교환 · 이전일 절차 |

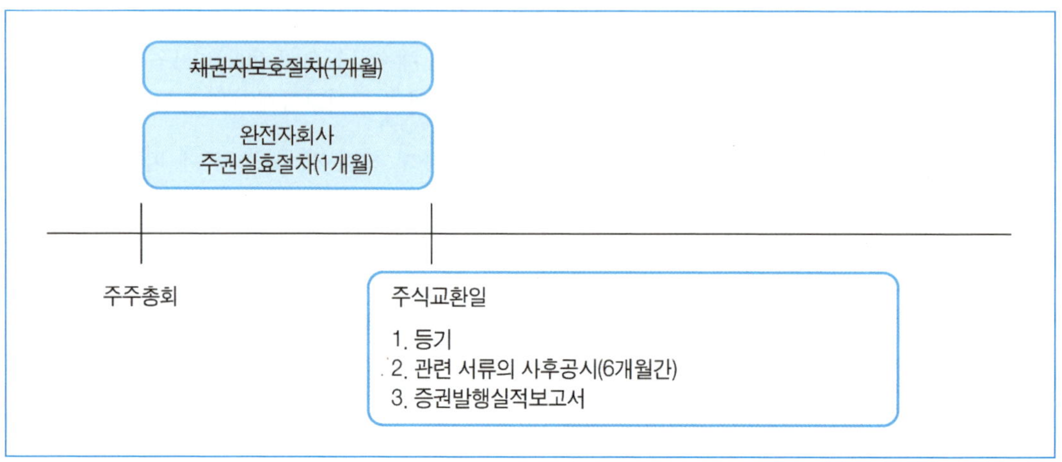

(1) 등기

주식의 포괄적 교환 시 완전모회사는 변경등기를 하며 주식의 포괄적 이전을 한 때에는 설립한 완전모회사의 본점의 소재지에서 2주 내, 지점 소재지에서 3주 내에 설립등기[118)]를 하여야 한다.[119)] 한편, 완전자회사는 주주만 변동됨으로 완전자회사에 관한 변경등기는 할 필요가 없다.

| 주식의 포괄적 교환[120)] 변경등기 시 첨부서류(상업등기규칙 §146) |

- 주식교환계약에 관한 정보
- 완전자회사의 주주총회의사록 또는 이사회의사록
- 주식교환으로 인하여 완전자회사의 어느 종류주주에게 손해를 미치게 될 경우에는 그 회사의 종류주주총회의사록
- 주식교환으로 인하여 완전자회사의 주주의 부담이 가중되는 경우에는 그 주주 전원의 동의가 있음을 증명하는 정보

118) 주식의 포괄적 이전의 효력발생은 완전모회사가 그 본점 소재지에 설립등기를 함으로써 그 효력이 발생한다(상법 §360의21).
119) 상법 §360의20
120) 포괄적 이전에 따른 설립등기 첨부서류는 상업등기규칙 §147를 참조하기 바란다.

- 상법상 규정하는 자본금의 한도액을 증명하는 정보
- 상법상 주권실효절차에 따른 공고를 하였음을 증명하는 정보
- 간이주식교환 또는 소규모주식교환에 따른 공고 또는 통지를 한 경우에는 이를 증명하는 정보
- 소규모주식교환의 경우에 완전자회사가 되는 회사의 주주에게 지급할 금액을 정한 때에는 완전모회사가 되는 회사의 최종 대차대조표에 관한 정보
- 소규모주식교환에 따른 반대의사를 통지한 주주가 있는 경우에는 그 주주가 소유하는 주식의 총수를 증명하는 정보

(2) 사후공시

이사는 주식교환 · 이전의 날부터 주식교환 · 이전사항을 기재한 서면을 6개월간 본점에 비치하여야 하며, 주주는 영업시간 내에 해당 서면의 열람 또는 등사를 청구할 수 있다.[121]

| 사후공시 서면 기재사항 |

- 주식교환 · 이전의 날
- 주식교환 · 이전의 날에 완전자회사가 되는 회사에 현존하는 순자산액
- 주식교환 · 이전으로 인하여 완전모회사에 이전한 완전자회사의 주식의 수
- 그 밖의 주식교환 · 이전에 관한 사항

(3) 증권발행실적보고서 등의 공시

증권신고서의 효력이 발생한 증권의 발행인은 발행실적에 관한 보고서를 금융위원회에 제출하여야 하므로[122] 해당 주식의 포괄적 교환 · 이전이 모집 및 매출에 해당되어 완전모회사가 증권신고서를 제출한 경우에는 주식의 포괄적 교환 · 이전 기일 후 지체 없이 증권발행실적보고서를 제출하여야 한다.

한편, 주권상장법인이 합병등의 사유로 주요사항보고서를 제출한 이후 합병등을 사실상 종료한 때에는 지체 없이 그 사항을 금융위원회에 제출하여야 하나[123] 증권발행실적보고서를 제출한 경우에는 합병등의 종료보고서 제출의무는 면제된다.

121) 상법 §360의12 및 §360의22
122) 자본시장법 §128
123) 증발공 §5-15

7 소규모주식교환과 간이주식교환

소규모주식교환 및 간이주식교환은 합병에 있어 소규모합병 및 간이합병과 그 내용이 동일하다.

즉, 완전모회사 대비 완전자회사의 규모가 상대적으로 작아서 해당 주식교환이 완전모회사 주주들에게 미치는 영향이 미미한 경우 완전모회사 주주총회를 이사회승인으로 갈음하는 것을 소규모주식교환이라고 하며, 완전모회사가 완전자회사의 지분을 이미 대부분 보유하고 있어 완전모회사의 의사만으로 주식교환이 결정될 수 있는 경우 완전자회사 주주총회를 이사회 승인으로 갈음하는 것을 간이주식교환이라고 한다.

한편, 주식의 포괄적 이전에 있어서는 소규모주식교환 및 간이주식교환이 개념상 불가능하다.

| 주주총회 승인결의 갈음 이사회의 당사회사 |

이사회 갈음 주체	종류	이유
완전모회사	소규모주식교환	완전모회사 주주에 미치는 영향이 미미함.
완전자회사	간이주식교환	완전모회사의 의사만으로 교환이 결정됨.

(1) 소규모주식교환(상법 §360의10)

1) 요건 및 절차

완전모회사가 되는 회사가 주식교환을 위하여 발행하는 신주 및 이전하는 자기주식의 총수가 그 회사의 발행주식총수의 100분의 10을 초과하지 아니하는 경우에는 완전모회사의 주주총회의 승인을 이사회의 승인으로 갈음할 수 있다.

다만, 완전자회사가 되는 회사의 주주에게 제공할 금전이나 그 밖의 재산을 정한 경우에 그 금액 및 그 밖의 재산의 가액이 완전모회사의 대차대조표상[124] 순자산액의 100분의 5를 초과하는 때에는 그러하지 아니하다.

소규모주식교환을 하는 경우 주식교환계약서에 완전모회사 주주총회의 승인을 얻지 아니하고 주식교환을 할 수 있는 뜻을 기재하여야 하며, 완전모회사는 주식교환계약서를 작성한 날부터 2주 내에 완전자회사의 상호와 본점, 주식교환을 할 날, 주주총회의 승인을

124) 상법 §360의4 ① 3호에 따라 공시하는 주식교환일 전 6개월 이내에 작성한 최종 대차대조표를 말한다.

얻지 아니하고 주식교환을 한다는 뜻을 공고하거나 주주에게 통지하여야 한다.

한편, 완전모회사가 되는 회사의 발행주식총수의 20% 이상에 해당하는 주식을 가지는 주주가 소규모주식교환 공고 또는 통지를 한 날부터 2주 내에 회사에 대하여 서면으로 소교모주식교환에 반대하는 의사를 통지한 경우에는 이사회의 승인으로 주주총회를 갈음하는 소규모주식교환을 할 수 없다. 하지만 이는 주주총회를 이사회승인으로 갈음하는 절차만 불가능한 것이므로 주식교환계약서상 20% 이상에 해당하는 주주가 반대 시에 주주총회 소집을 통하여 진행한다는 문구로 주식의 포괄적 교환은 계속 진행할 수도 있다.[125)]

| 요건 · 절차 · 효과 |

요건	• 완전모회사의 신주(또는 이전하는 자기주식)총수가 발행주식총수의 10%를 초과하지 않아야 함. • 주식교환교부금 등이 있는 경우 해당가액은 완전모회사 순자산액의 5% 이하이어야 함.
절차	• 주식교환계약서에 소규모주식교환의 뜻을 기재하여야 함. • 계약일로부터 2주 내에 소규모주식교환 공고[126)]를 하여야 함.
효과[127)]	• 완전모회사 주주총회승인을 이사회승인으로 갈음 가능 • 완전모회사 주주의 주식매수청구권 불인정

| 소규모주식교환 절차로 주식교환을 진행할 수 없는 경우 |

① 주식교환교부금 등이 순자산액의 5%를 초과하는 경우
② 완전모회사 발행주식수의 20% 이상 소유주주가 서면으로 반대의사를 통지하는 경우

| 소규모주식교환 계약서상 '소규모주식교환의 뜻' 기재 예시 |

제○○조(소규모주식교환 승인을 위한 이사회)

완전모회사는 상법 제360조의10 규정에 의한 소규모주식교환 절차에 따라 주식교환계약에 대한 주주총회의 승인에 갈음하여 20○○년 ○월 ○○일에 이사회를 개최하여 본 계약의 승인 및 주식교환에 따른 필요한 사항에 대하여 결의하기로 한다.

---

125) 반대로 20% 이상 주주가 반대 시에는 계약을 해제한다는 문구로 포괄적 교환을 철회할 수도 있다.
126) 소규모주식교환 공고문은 소규모주식교환을 통한 등기 시 첨부서류 중에 하나이다.
127) 주주총회 승인을 이사회승인으로 갈음하고 주식매수청구에 대한 부담도 없으므로 상장회사의 경우 소규모주식교환은 기업인수나 조직개편에 있어 유용한 방안 중 하나이다.

| 소규모주식교환 공고 예시 |

<u>소규모주식교환 공고</u>

㈜○○는 ㈜△△과 주식의 포괄적 교환계약을 체결하고 상법 제360조의10 규정에 의하여 이사회 결의로 주주총회승인을 갈음하기로 하였으므로 이에 반대하는 주주는 아래와 같이 반대의사를 제출하여 주실 것을 공고합니다.

\- 아 래 -

1. 본건 주식교환 대상법인
   - 완전모회사가 되는 회사 : ㈜○○(본점 소재지 : ______)
   - 완전자회사가 되는 회사 : ㈜△△(본점 소재지 : ______)

2. 본건 주식교환 방법
   - ㈜○○는 상법 제360조의10의 규정에 의한 소규모주식교환 방법에 따라 상법 제360조의3 제1항의 규정에 의한 주주총회에 갈음하여 이사회 승인으로 본건 주식교환을 실시함.
   - 주식의 포괄적 교환의 날("주식교환일")에 주식교환일 현재 ㈜△△ 주주명부에 기재된 주주 중 ㈜○○를 제외한 나머지 주주(이하 "주식교환 대상주주")가 소유하고 있는 ㈜△△ 주식 중 ㈜○○가 ㈜△△ 주주로서 기 보유하고 있는 ㈜△△ 주식을 제외한 나머지 ㈜△△ 주식 전부를 ㈜○○에 이전하고 ㈜○○는 교환신주의 배정이나 자기주식의 이전에 갈음하여 주식교환 대상주주에게는 ㈜△△ 주식 1주당 ××,×××원의 주식교환 대가(이하 "교부금")을 지급함.

3. 주식교환일
   - 2021년 5월 7일

4. 소규모주식교환 반대의사표시 행사에 관한 안내
   - 행사절차 : 2021년 2월 23일 현재 주주명부에 등재되어 있는 ㈜○○의 주주 중 본건 주식교환을 소규모주식교환 절차에 의하는 것에 반대하는 주주는 아래 양식의 소규모 주식교환 반대의사표시 통지서를 작성하여 제출
   - 제출기한 : 2021. 2. 23.~2021. 3. 16.
   - 행사방법 및 장소 : 2021년 3월 16일까지 서면으로 ㈜○○에 제출
     (송부처 : ______________________________ ㈜○○)

5. 주식매수청구권 : 상법 제360조의10 제7항에 따라 주식매수청구권은 부여되지 않음.

※ 상법 제360조의10 제5항에 따라 발행주식총수의 100분의 20 이상에 해당하는 주식을 소유한 ㈜○○ 주주가 소규모주식교환에 반대하는 의사를 통지할 경우, 본건 주식교환은 소규모주식교환 절차에 의할 수 없음.

2021년 2월 23일
서울특별시 ○○○ ○○○
주식회사 ○○○ 대표이사 ○○○

| 소규모주식교환 반대의사 통지서 |

소규모주식교환 반대의사 통지서

수신 : 주식회사 ○○○

본인은 ㈜○○가 ㈜△△과 주식의 포괄적 교환으로 ㈜○○가 ㈜△△의 주식 100%를 취득함에 있어 상법 제360조의10에 따른 소규모주식교환 절차에 의하는 것에 반대함을 본 서면으로 통지합니다.

주주번호		주주명	
소유주식의 종류		소유주식수	

2021년 월 일

주주명 : (인)
주민등록번호(앞 6자리 기재) :
주소 :

2) 주식매수청구권 불인정

소규모주식교환 절차에 따라 주식교환 시에는 완전모회사의 주주에게 미치는 영향이 미미하므로 완전모회사 주주들에게는 주식매수청구권이 인정되지 않는다.

3) 일정[128)]

소규모주식교환 시 반대의사표시를 서면접수받기 위해서는 주주명부가 확정되어야 하므로 주주명부기준일이 필요한데 주주명부기준일은 적어도 소규모주식교환 공고일과 동일하거나 그 전이 되어야만 확정된 주주명부상 주주들로부터 소규모주식교환 반대의사 접수가 가능하다.

더불어 주주명부기준일과 소규모주식교환공고일 공히 2주 내에 주주명부기준일 지정공고 및 주식교환계약체결이 이루어져야 하므로 주주명부기준일 지정공고는 주식교환계약일과

128) 소규모주식교환공고일 및 주주명부확정기준일 간의 관계를 고려하여 일정표를 작성하여야 한다. 소규모합병 시 일정과 동일하므로 자세한 사항은 제1장 합병을 참조하기 바란다.

동일하거나 그 전일이 되어야 한다.

| 소규모주식교환 일정 예시 |

구분		완전모회사 (소규모주식교환)	완전자회사
이사회 결의일		2021. 8. 2.	2021. 8. 2.
주식교환 계약일		2021. 8. 3.	2021. 8. 3.
주주명부 기준일 및 폐쇄 공고		–	2021. 8. 2.
반대의사표시 기준일 설정 공고		2021. 8. 2.	–
주주확정 기준일		2021. 8. 17.	2021. 8. 17.
소규모주식교환 공고 또는 통지		2021. 8. 17.	–
소규모주식교환 반대의사통지 접수기간	시작일	2021. 8. 17.	–
	종료일	2021. 8. 31.	–
주주총회 소집통지일		–	2021. 8. 30.
주식교환 반대의사 통지 접수기간	시작일	–	2021. 8. 30.
	종료일	–	2021. 9. 13.
주식교환 승인 이사회/주주총회		2021. 9. 14.	2021. 9. 14.
주권실효 통지·공고 예정일		–	2021. 9. 14.
주식매수청구권 행사 기간	시작일	–	2021. 9. 14.
	종료일	–	2021. 10. 7.
완전자회사의 매매거래정지 기간		–	2021. 10. 18.~ 2021. 11. 4.
주식매수청구대금 지급 예정일		–	2021. 10. 14.
주권실효 통지·공고 만료일		–	2021. 10. 19.
주식교환일(주식교환을 할 날)		–	2021. 10. 20.
주권 장내거래 가능일 / 상장폐지 예정일		2021. 11. 5.	2021. 11. 5.

(2) 간이주식교환(상법 §360의9)

1) 요건 및 절차

완전자회사의 총주주의 동의가 있거나 그 회사의 발행주식총수의 100분의 90 이상을 완전모회사가 소유하고 있는 때에는 완전자회사의 주주총회의 승인을 이사회승인으로 갈음할 수 있다. 이때 완전자회사는 주식교환계약서를 작성한 날부터 2주 내에 주주총회의 승인을 얻지 아니하고 주식교환을 한다는 뜻을 공고[129)]하거나 주주에게 통지하여야 한다. 다만, 총주주의 동의가 있는 때에는 그러하지 아니하다.

따라서 총주주의 동의가 있는 경우에는 간이주식교환 공고는 생략 가능하며 주식매수청구권은 개념상 존재하지 않는다. 한편, 총주주의 동의가 있는 경우가 아니라면 간이주식교환 공고를 하여야 하며 주식매수청구권 행사를 위한 서면반대의사표시는 주주총회를 갈음하는 간이주식교환 이사회일 전까지 하여야 한다.

| 요건과 절차 |

요건	• 완전자회사 주식의 90% 이상을 완전모회사가 소유하고 있는 경우
절차	• 교환계약일로부터 2주 내에 간이주식교환 공고등을 하여야 함. (단, 총주주의 동의가 있는 경우는 예외)
효과	• 완전자회사 주주총회 승인을 이사회승인으로 갈음 가능

| 총주주 동의 여부에 따른 절차 |

구분	총주주의 동의 ○	총주주의 동의 ×
간이주식교환 공고	불필요	필요
주식매수청구권	개념상 ×	인정 ○

2) 일정

간이주식교환 일정은 간이합병과 동일하므로 제1장 합병 부분을 참조하기 바란다.[130)]

129) 간이주식교환공고문은 간이주식교환을 통한 등기 시 첨부서류 중 하나이다.
130) 총주주 동의 여부에 따라 일정표를 작성한다.

| 간이주식교환 공고 예시 |

<u>간이주식교환 공고</u>

㈜△△("당사")는 상법 제360조의2 내지 제360조의9에 따라 당사와 ㈜○○ 사이의 주식의 포괄적 교환계약을 체결하고 이사회에서 승인하였기에 그 내용을 아래와 같이 공고합니다.

- 아 래 -

1. 주식교환 대상법인
   - 완전모회사가 되는 회사 : ㈜○○(본점 소재지 : ______)
   - 완전자회사가 되는 회사(당사) : ㈜△△(본점 소재지 : ______)

2. 주식교환 방법
   - 주식교환일 현재 ㈜○○ 이외의 당사의 주주(이하 "주식교환 대상 주주")가 소유한 당사 발행 주식은 주식교환일에 ㈜○○에 이전되고, ㈜○○는 교환신주의 배정이나 자기주식의 이전에 갈음하여 주식교환 대상주주에게 당사의 주식 1주당 ××,×××원으로 계산된 교환대금을 현금으로 지급함으로써 ㈜○○는 ㈜△△(당사)의 발행주식총수를 소유하는 완전모회사가 되고, ㈜△△(당사)은 ㈜○○의 완전자회사가 됨.
   - 완전모회사가 되는 회사인 ㈜○○가 당사 발행주식의 95%를 소유하고 있으므로 상법 제360조의9 규정에 의거하여 주식의 포괄적 교환에 대한 당사 주주총회의 승인을 이사회의 승인으로 갈음하는 바 주주총회의 승인을 얻지 아니하고 주식의 포괄적 교환을 진행함.

3. 주식교환일
   2020년 9월 1일(예정)

4. 반대의사표시 행사에 관한 안내
   (1) 행사절차 : 2020년 7월 13일 현재 주주명부에 기재되어 있는 주식회사 △△△의 주주 중 주식교환에 반대하는 주주는 "주식교환 반대 의사통지서"(별첨 양식 #1 참조)를 기재하여 당사에 제출할 수 있음.
   (2) 제출기간 : 2020년 7월 14일~2020년 7월 29일
   (3) 행사방법 및 장소
      ① 명부주주 : 2020년 7월 29일까지 주식회사 △△△ 재경팀에 제출(우편 또는 팩스)
         제출처 : ___________ (FAX : ○○○)
      ② 실질주주 : 2020년 7월 28일까지 거래 증권회사에 제출

5. 주식매수청구권에 관한 안내
   (1) 행사절차 : 주식교환에 관한 반대의사를 회사에 서면으로 사전 통지한 주주는 주식교환 승인을 위한 주주총회 갈음 이사회승인일로부터 20일 이내에 "주식매수 청구서"(별첨 양식 #2 참조)와 함께 보유하고 있는 주권을 제출함으로써 본인이 소유하고 있는

주식의 매수를 청구할 수 있음.

(2) 제출기간 : 2020년 7월 30일~2020년 8월 18일

(3) 행사방법

① 명부주주 : 2020년 8월 18일까지 당사에 제출

제출처 : ___________ (FAX : ○○○)

② 실질주주 : 2020년 8월 17일까지 거래 증권회사에 제출

(4) 매수예정가격 : 주당 ____,_____원

(5) 매수대금 지급예정일 : 주식매수청구기간 종료일로부터 1개월 이내 지급예정

6. 상기 사항 및 일정은 관계기관과의 협의, 승인 및 계약당사자 간의 협의 등을 통해 변경될 수 있음.

2020년 7월 14일

서울특별시 ○○○ ○○○

주식회사 △△△

대표이사 ○○○

[별첨 양식[131]]

131) 반대의사통지서 및 주식매수청구서 예시는 제1장 합병 부분을 참조하기 바란다.

보 론

주식가치평가

I 개요

목적

주식가치는 상장주식의 경우 자발적인 매도자와 매수자가 시장에서 상호합의한 거래를 통하여 결정[1]될 것이나, 비상장주식의 경우 가치평가[2](Valuation)가 필요하다. 가치평가(Valuation)란 이용가능한 정보를 최대한 활용하여 이해관계자가 서로 합의할 수 있는 합리적인 값을 결정하는 과정이라고 할 수 있으며 주식양수도 거래뿐만 아니라 다양한 목적에 따라 수행된다.

| 주식가치평가 목적 |

구분	내용
주식양수도	양수도 거래가액의 결정
합병 등 기업구조조정 시	합병비율 등의 산정
현물출자를 위한 재산평가	신주발행가의 산정
세무상 필요에 의한 평가	상속세 및 증여세법상 비상장주식평가 등
기업 공개를 위한 평가	공모가액의 산정

1) 시장가치(Market Value)라고 한다. 다수의 시장참여자들에 의하여 주식시장에서 거래되어 형성된 시가는 기업의 실질가치를 적절하게 반영하고 있을 것이다.
2) 시가는 가치(Value)이며, 평가(Valuation)와는 다르다.

평가방법

주식가치평가는 법률상 그 방법을 정하고 있는 경우에는 해당 규정에 따라 평가를 해야 하며 그 외에도 다양한 이론적 방법이 존재한다.

| 주식가치평가 방법 |

법률상 평가방법	자본시장법상 평가방법	기준시가
		본질가치
	세법상 평가방법	상속세 및 증여세법
		법인세법
		소득세법
이론적 평가방법	수익가치접근법	현금흐름할인모형
		배당할인모형
		이익할인모형
	상대가치접근법	PER 비교
		EV/EBITDA 비교
		PBR 비교
		PSR 비교
	자산가치법	장부가치법
		공정가치법
		청산가치법

Ⅱ 법률상 방법

 자본시장법

주권상장법인이 합병, 중요한 영업 및 자산의 양수도,[3] 주식의 포괄적 교환 · 이전, 분할 또는 분할합병을 할 때에는 자본시장법에서 정하는 방법과 요건 등의 기준에 따라야 하며 합병 등의 가액 등에 대하여는 외부평가기관으로부터 평가를 받아야 한다.[4]

(1) 산정방법

주권상장법인이 합병 · 주식의 포괄적 교환 또는 포괄적 이전 · 분할합병을 하는 경우에는 자본시장법상 산정한 가액에 따라야 한다. 다만, 주식의 포괄적 이전으로서 그 주권상장법인이 단독으로 완전자회사가 되는 경우에는 그러하지 아니하다.[5]

한편, 법률상 합병을 중심으로 산정방법을 정하고 그 외는 합병을 준용하도록 되어 있으므로 하기 설명은 합병을 중심으로 기술하기로 한다.

---

3) (자본시장령 §176의6 ① 및 §171 ②)

1. 양수 · 양도하려는 영업부문의 자산액(장부가액과 거래금액 중 큰 금액을 말한다)이 최근 사업연도 말 현재 자산총액(한국채택국제회계기준을 적용하는 연결재무제표 작성대상법인인 경우에는 연결재무제표의 자산총액을 말한다)의 100분의 10 이상인 양수 · 양도
2. 양수 · 양도하려는 영업부문의 매출액이 최근 사업연도 말 현재 매출액(한국채택국제회계기준을 적용하는 연결재무제표 작성대상법인인 경우에는 연결재무제표의 매출액을 말한다)의 100분의 10 이상인 양수 · 양도
3. 영업의 양수로 인하여 인수할 부채액이 최근 사업연도 말 현재 부채총액(한국채택국제회계기준을 적용하는 연결재무제표 작성대상법인인 경우에는 연결재무제표의 부채총액을 말한다)의 100분의 10 이상인 양수
4. 삭제 〈2016. 6. 28.〉
5. 양수 · 양도하려는 자산액(장부가액과 거래금액 중 큰 금액을 말한다)이 최근 사업연도 말 현재 자산총액(한국채택국제회계기준을 적용하는 연결재무제표 작성대상법인인 경우에는 연결재무제표의 자산총액을 말한다)의 100분의 10 이상인 양수 · 양도. 다만, 일상적인 영업활동으로서 상품 · 제품 · 원재료를 매매하는 행위 등 금융위원회가 정하여 고시하는 자산의 양수 · 양도는 제외한다.

4) 자본시장법 §165의4

5) 자본시장령 §176의6 ②

| 자본시장법상 주식가액 산정방법 |

<table>
<tr><th colspan="2">구분</th><th>원칙[6]</th><th>비고</th></tr>
<tr><td colspan="2">상장 간</td><td>기준시가</td><td>• 기준시가의 30%* 범위에서 할인(할증) 가능
• 기준시가를 산정할 수 없는 경우에는 본질가치</td></tr>
<tr><td rowspan="2">상장과 비상장</td><td>상장</td><td>기준시가</td><td>• 기준시가의 30%* 범위에서 할인(할증) 가능
• 기준시가를 산정할 수 없는 경우에는 본질가치
• 기준시가가 자산가치에 미달하는 경우 자산가치로 할 수 있음.</td></tr>
<tr><td>비상장</td><td>본질가치</td><td>• 상대가치를 비교 공시하여야 함.</td></tr>
<tr><td rowspan="2">SPAC과 비상장</td><td>SPAC</td><td>기준시가</td><td>• 기준시가의 30%* 범위에서 할인(할증) 가능
• 기준시가를 산정할 수 없는 경우에는 본질가치</td></tr>
<tr><td>비상장</td><td>협의가액[7]</td><td>• 협의가액으로 할 경우 본질가치를 비교 공시</td></tr>
</table>

* 계열회사 간 합병인 경우에는 100분의 10 범위 내에서 할인(할증) 가능

1) 주권상장법인 간 합병[8]

주권상장법인 간 합병을 하는 경우 합병가액의 산정은 기준시가에 따라 산정하여야 하며 기준시가의 30%(계열회사 간 합병 등의 경우에는 10%) 범위 내에서 할인 또는 할증이 가능하다. 다만, 주권상장법인이 기준시가에 따른 가액을 산정할 수 없는 경우 후술할 본질가치법으로 산정하여야 한다.

한편, 기준시가란 이사회결의일과 계약체결을 한 날 중 앞서는 전일을 기산일로 하여 최근 1개월 평균종가, 최근 1주일간 평균종가, 최근일의 종가를 산술평균한 가액을 말한다.

6) 비계열사 간 합병의 경우 합병가액 산정방법을 자율화하는 내용이 23년 개정 예정에 있다(금융위, 기업 M&A 지원방안, 2023. 5.).
7) 협의가액이란 SPAC합병의 경우 비상장법인을 본질가치로 산정 시 자산가치와 수익가치의 가중치를 조정할 수 있는 것을 의미한다(일반적으로는 수익가치의 가중치를 높이는 것).
8) 자본시장령 §176의5 ① 1호

| 기준시가 |

구분	내용
기산일[9]	합병 등을 위한 이사회 결의일과 합병 등 계약을 체결한 날 중 앞서는 날의 전일
기준시가[10]	(최근 1개월간 평균종가[11] + 최근 1주일간 평균종가 + 최근일 종가)/3
평균종가	기산일을 포함하여 과거 1개월(1주일) 기간 중의 영업일 종가를 거래량으로 곱하여 산정

| 기준시가 산정 예시 |

합병을 위한 이사회 결의일 및 합병계약 체결일이 2020년 4월 10일(금요일)인 경우 기산일은 전일인 2020년 4월 9일(목요일)이다.

구분	기간
가. 1개월 가중평균 주가	2020년 3월 10일~2020년 4월 9일까지
나. 1주일 가중평균 주가	2020년 4월 3일~2020년 4월 9일까지
다. 최근일 주가	2020년 4월 9일
라. 산술평균주가(=기준주가)	[(가+나+다) ÷ 3]
마. 할인(증)율	기준시가의 30%(계열회사 간 합병의 경우에는 10%) 범위 내에서 할인 또는 할증이 가능
바. 할인(증)율을 반영한 평가가액	(라 × (1 − 마))

일자	요일	종가	거래량	종가×거래량
2020-03-10	화요일			
2020-03-11	수요일			
2020-03-12	목요일			
2020-03-13	금요일			
2020-03-16	월요일			
2020-03-17	화요일			
2020-03-18	수요일			
2020-03-19	목요일			

9) 일반적으로 계약체결을 이사회에서 승인하므로 이사회 결의일과 계약체결일은 일치하며 기산일 전일은 영업일 기준이다.
10) 최근 1개월은 역력을 기준으로 1개월이며 최근 1주일은 영업일 기준으로 5일이다.
11) 산정대상기간 중에 배당락 또는 권리락이 있는 경우로서 배당락 또는 권리락이 있은 날부터 기산일까지의 기간이 7일 이상인 경우에는 그 기간의 평균종가로 한다.

일자	요일	종가	거래량	종가×거래량
2020-03-20	금요일			
2020-03-23	월요일			
2020-03-24	화요일			
2020-03-25	수요일			
2020-03-26	목요일			
2020-03-27	금요일			
2020-03-30	월요일			
2020-03-31	화요일			
2020-04-01	수요일			
2020-04-02	목요일			
2020-04-03	금요일			
2020-04-06	월요일			
2020-04-07	화요일			
2020-04-08	수요일			
2020-04-09	목요일			
가. 1개월 가중평균종가		상기 2020년 3월 10일부터 2020년 4월 9일까지 Σ(종가×거래량) / Σ 거래량		
나. 1주일 가중평균종가		상기 2020년 4월 3일부터 2020년 4월 9일까지(5영업일) Σ(종가×거래량) / Σ 거래량		

2) 주권상장법인과 주권비상장법인 간 합병[12)]

① 주권상장법인

기준시가의 30%(계열회사 간 합병등의 경우에는 10%) 범위 내에서 할인 또는 할증이 가능하며, 기준시가가 자산가치에 미달하는 경우에는 자산가치로 할 수 있다. 다만, 주권상장법인이 기준시가에 따른 가액을 산정할 수 없는 경우 후술할 본질가치법으로 산정하여야 한다.

② 주권비상장법인

자산가치와 수익가치를 각각 1과 1.5로 가중산술평균한 가액("본질가치[13)]"라고 함)으로

12) 자본시장령 §176의5 ① 2호

13) 본질가치법은 자산가치법으로만 할 경우 그 기업의 미래가치를 반영하지 못한다는 단점이 있으므로 이를 보완하기 위하여 수익가치도 함께 반영하게 한 방법으로 상속세 및 증여세법상 비상장주식평가방법과 비슷한 접근법이라고 할 수 있다.

산정한다. 더불어 비상장법인과 유사한 업종을 영위하는 상장법인의 가치("상대가치"라고 함)를 법규에서 정한 바에 따라 산출하여 비교·공시하여야 한다.

한편, 자산가치·수익가치·상대가치를 산정함에 있어 분석기준일은 주요사항보고서를 제출하는 날의 5영업일 전일로 한다. 다만, 분석기준일 이후에 분석에 중대한 영향을 줄 수 있는 사항이 발생한 경우에는 그 사항이 발생한 날로 한다.[14)]

가. 본질가치

본질가치 = (자산가치 × 1 + 수익가치 × 1.5) ÷ 2.5

자산가치[15)]

자산가치는 분석기준일 현재의 발행 주식 1주당 순자산가액으로 한다. 순자산가액은 주요사항보고서 제출일이 속하는 사업연도의 직전 사업연도 말 현재의 재무상태표상 자본총계에서 분석기준일 현재 법규에서 정한 항목을 가감하여 산정한다.

| 자산가치 산정 |

자산가치 산정
가. 최근 사업연도 말 재무상태표상 자본총계[16)]
나. 가산항목
(1) 분석기준일 현재 투자주식 중 취득원가로 측정하는 시장성 없는 투자주식의 순자산가액이 재무상태표에 계상된 금액보다 높은 경우 차이 금액. 단, 손상이 발생한 경우는 제외
(2) 분석기준일 현재 투자주식 중 시장성 있는 주식의 종가가 재무상태표에 계상된 금액보다 높은 경우 차이 금액
(3) 직전 사업연도 말 자기주식
(4) 직전 사업연도 말 이후부터 분석기준일 현재까지 유상증자에 의하여 증가한 자본금
(5) 직전 사업연도 말 이후부터 분석기준일 현재까지 전환사채의 전환권 행사 및 신주인수권부사채의 신주인수권 행사에 의하여 증가한 자본금
(6) 직전 사업연도 말 이후부터 분석기준일 현재까지 발생한 주식발행초과금등 자본잉여금 및 재평가잉여금 증가액
(7) 직전 사업연도 말 이후부터 분석기준일 현재까지 발생한 전기오류수정이익

14) 증발공 시행세칙 §8
15) 증발공 시행세칙 §5
16) 보통 K-IFRS상 별도재무상태표상 금액을 사용하며 연결재무상태표를 사용하는 경우에는 하기 차감항목(7)에서 비지배지분을 차감한다.

(8) 직전 사업연도 말 이후부터 분석기준일 현재까지 이익잉여금의 증감을 수반하지 아니한 중요한 순자산 증가액
(9) 분석기준일까지 전환주식등 향후 자본금을 증가시킬 수 있는 증권의 권리 행사 가능성
다. 차감항목
(1) 분석기준일 현재 실질가치 없는 무형자산
(2) 분석기준일 현재 회수가능성 없는 채권
(3) 분석기준일 현재 투자주식 중 취득원가로 측정하는 시장성 없는 주식의 순자산가액이 재무상태표에 계상된 금액보다 낮은 경우 차이 금액
(4) 분석기준일 현재 투자주식 중 시장성 있는 주식의 종가가 재무상태표에 계상된 금액보다 낮은 경우 차이 금액
(5) 분석기준일 현재 퇴직급여채무 또는 퇴직급여충당부채 과소 설정액
(6) 직전 사업연도 말 이후부터 분석기준일 현재까지 손상차손이 발생한 자산의 손상차손
(7) 최근 사업연도 말 현재 비지배지분을 차감 (단, 최근 사업연도 말의 연결재무상태표를 사용하는 경우에 한함)
(8) 직전 사업연도 말 이후부터 분석기준일 현재까지 유상감자에 의하여 감소한 자본금
(9) 직전 사업연도 말 이후부터 분석기준일 현재까지 배당금 지급 및 전기오류수정손실 등
(10) 직전 사업연도 말 이후부터 분석기준일 현재까지 이익잉여금의 증감을 수반하지 아니한 중요한 순자산 감소액
라. 조정된 순자산가액(가 + 나 − 다)
마. 분석기준일 현재의 총발행주식수[17]
바. 1주당 순자산가치(라 ÷ 마)

수익가치

수익가치는 현금흐름할인모형, 배당할인모형 등 미래의 수익가치 산정에 관하여 일반적으로 공정하고 타당한 것으로 인정되는 모형을 적용하여 합리적으로 산정하도록 되어 있으며 현금흐름할인모형이 주로 사용된다.

나. 상대가치

본질가치로 산정 시에는 해당 비상장법인과 유사한 업종을 영위하는 상장법인의 가치(상대가치)를 산출하여 비교공시하여야 한다. 다만, 유사회사 선정기준을 충족시키는 상장회사가 3사 미만인 경우에는 비교공시는 면제된다.

17) 발행주식의 총수는 분석기준일 현재의 총발행주식수로 한다. 단, 분석기준일 현재 전환주식, 전환사채, 신주인수권부사채 등 향후 자본금을 증가시킬 수 있는 증권의 권리가 행사될 가능성이 확실한 경우에는 권리행사를 가정하여 이를 순자산 및 발행주식의 총수에 각각 반영한다.

| 상대가치 |

$$상대가치 = [유사회사^{(*1)}\ 비교가치^{(*2)}\ 평균액을\ 30\%\ 이상\ 할인한\ 가액 + 피합병회사\ 발행가액\ 할증(인)액^{(*3)}]/2$$

(*1) 유사회사 선정기준
평가대상회사와 한국거래소 업종분류에 따른 소분류 업종이 동일한 주권상장법인 중 매출액에서 차지하는 비중이 가장 큰 제품 또는 용역의 종류가 유사한 법인으로서 최근 사업연도 말 주당 법인세비용차감전계속사업이익과 주당순자산을 비교하여 각각 100분의 30 이내의 범위에 있는 3사 이상의 법인으로 다음의 요건을 모두 만족하는 법인
- 주당법인세비용차감전계속사업이익이 액면가액의 10% 이상일 것
- 주당순자산이 액면가액 이상일 것
- 상장일이 속하는 사업연도의 결산을 종료하였을 것
- 최근 사업연도의 재무제표에 대한 감사인의 감사의견이 "적정" 또는 "한정"일 것

(*2) 유사회사 비교가치

$$유사회사\ 비교가치 = 유사회사\ 주가^{(*A)} \times \frac{\frac{피합병회사\ 주당이익^{(*B)}}{유사회사\ 주당이익^{(*B)}} + \frac{피합병회사\ 주당순자산^{(*C)}}{유사회사\ 주당순자산^{(*C)}}}{2}$$

(*A) 주가
분석기준일 직전일 과거 1개월(배당락 및 권리락이 있는 경우 그 후 기간)간 종가를 산술평균하되 분석기준일 전일 종가를 한도로 함.

(*B) 주당이익
[(최근 사업연도 세전 계속사업이익/분석기준일 발행주식총수) + (직전 사업연도 세전 계속사업이익/분석기준일 발행주식총수)] / 2

(*C) 주당순자산
상기 자산가치 산정방식에 따라 산출하되 배당금지급, 전기오류수정손실 등을 차감 및 기타자본거래 조정은 조정하지 아니함.

(*3) 분석기준일 이전 1년 이내에 유상증자를 하거나 전환사채 또는 신주인수권부사채를 발행한 사실이 있는 경우 그 거래가액을 가중산술평균한 가액을 100분의 10 이내로 할인 또는 할증한 가액. 다만, 분석기준일 이전 1년 이내에 유상증자 등을 한 사실이 없는 경우 혹은 분석기준일 이전 1년 이내에 유상증자 등을 하였더라도 유상증자 등으로 인한 주당 최근 거래가액이 유사회사별 비교가치를 평균한 가액의 30% 이상을 할인한 가액보다 큰 경우에는 유사회사별 비교가치를 평균한 가액의 30% 이상을 할인한 가액을 상대가치로 적용

3) 주권상장 기업인수목적회사(SPAC)와 비상장법인 간 합병[18]

주권상장 기업인수목적회사가 법률상 요건[19]을 갖추어 다른 법인과 합병하여 그 합병법인이

18) 자본시장령 §176의5 ③
19) (증발공 §5-13 ④)
(1) 기업인수목적회사가 주식매수청구권에 따라 매수하는 주식을 공모가격 이상으로 매수할 것
(2) 투자매매업자(발기인)가 소유하는 기업인수목적회사가 발행한 주식등 및 기업인수목적회사와 합병하려는 법인이 합병에 따라 발행하려는 주식등을 합병기일 이후 1년간 계속 보유할 것

주권상장법인이 되려는 경우에는 다음에 따라 합병가액을 산정할 수 있다.

① 주권상장기업인수목적회사

기준시가의 30%(계열회사 간 합병등의 경우에는 10%) 범위 내에서 할인 또는 할증이 가능하며 기준시가가 자산가치에 미달하는 경우에는 자산가치로 할 수 있다. 다만, 주권상장법인이 기준시가에 따른 가액을 산정할 수 없는 경우 본질가치법으로 산정하여야 한다.

② 비상장법인

기업인수목적회사와 협의하여 정하는 가액으로 할 수 있으며 협의가액으로 할 경우 본질가치를 비교공시[20]하여야 한다. 한편, 협의가액이란 자산가치와 수익가치의 가중치를 조정한 본질가치로 1 : 1.5 가 아닌 수익가치 가중치를 높게 하여 비상장법인의 성장성을 반영할 수 있다는 의미이다.

(2) 외부평가기관 평가의무[21]

자본시장법에서는 주식가액 산정방법을 정하는 것 이외에 외부평가기관의 평가의무를 정하고 있는데, 이는 기준주가를 할인(증)한 경우와 본질가치로 산정한 경우 등으로 주로 가액산정 시 임의적인 판단의 개입이 가능한 경우이다.

1) 외부평가기관

자본시장법에서는 외부평가를 할 수 있는 기관의 범위를 한정하고 있으며, 특수관계에 있는 경우와 업무정지 등에 있는 경우에는 평가를 제한하고 있다.

한편, 감정평가법인, 세무법인, 전문조사·연구기관은 법에서 정한 외부평가기관에 해당되지 않으며, 합병 등 당사회사의 회계감사인(평가대상 재무제표에 대한 회계감사인 포함)도 평가업무를 수행할 수 없음에 유의하여야 한다.

---

(3) 주권비상장법인과 합병 시 협의하여 정한 가격을 자본시장령 176조의5 제2항에 따라 산출한 합병가액 및 상대가치와 비교하여 공시할 것

20) 본질가치를 비교공시하면서 지분율에 미치는 변동 효과등을 공시하여야 한다. 보통 수익가치 비중을 높게 하여 협의가액을 정하므로 이는 SPAC주주에게 부정적인 영향을 미치며 비상장법인 주주에게는 긍정적인 영향을 주게 된다.

21) 자본시장법 §165의4 ②, 자본시장령 §176의5 ⑦

| 법률상 외부평가기관의 범위 및 업무제한기간 등 |

법률상 외부평가기관	외부평가기관의 평가업무 제한기간
(1) 인수업무 및 모집·사모·매출의 주선업무를 인가받은 자	금융위원회로부터 주식의 인수업무 참여제한 조치를 받은 경우 그 제한기간
(2) 신용평가회사	금융위원회로부터 신용평가업무의 정지처분을 받은 경우에는 그 업무정지기간
(3) 「공인회계사법」에 따른 회계법인	① 「주식회사 등의 외부감사에 관한 법률」에 따라 업무정지조치를 받은 경우에는 그 업무정지기간 ② 「주식회사 등의 외부감사에 관한 법률」에 따라 특정회사에 대한 감사업무의 제한조치를 받은 경우에는 그 제한기간(이 경우는 해당 특정회사에 대한 평가업무만 제한이 됨)

| 외부평가기관과 특수관계에 있는 경우 |

- 외부평가기관이 합병당사회사에 그 자본금의 3% 이상을 출자하고 있는 경우 또는 합병당사회사가 외부평가기관에 3% 이상을 출자하고 있는 경우
- 외부평가기관에 그 자본금의 5% 이상을 출자하고 있는 주주와 합병당사 회사에 그 자본금의 5% 이상을 출자하고 있는 주주가 동일인이거나 특수관계인인 경우(단, 기관투자자로서 실질지배관계에 있지 않는 경우는 예외)
- 외부평가기관의 임원이 합병당사회사에 1% 이상 출자하고 있는 경우 또는 합병당사회사의 임원이 외부평가기관에 1% 이상을 출자하고 있는 경우
- 외부평가기관 또는 합병당사회사의 임원이 합병당사회사 또는 외부평가기관의 주요주주의 특수관계인인 경우
- 동일인이 외부평가기관 및 합병당사회사의 주요한 경영사항(임원의 임면 등)에 대하여 사실상 영향력을 행사하는 관계에 있는 경우
- 외부평가기관이 합병당사회사의 회계감사인(평가대상 재무제표에 대한 회계감사인 포함)인 경우

2) 외부평가의무

원칙적으로 기준시가 이외의 방법에 따라 평가하였을 경우 외부평가의무가 있다. 한편, 실무적으로는 외부평가기관의 평가의무가 없는 경우에도 주관적인 요소가 있는 방법을 적용하는 경우에는 가치평가의 객관성 확보를 위하여 자발적으로 외부평가기관의 평가를 받는 경우도 존재한다.

| 합병 외부평가기관 평가의무 |

구분	내용
주권상장 법인 간	• 원칙 : 외부평가의무 없음. • 예외 : 외부평가의무 있음. ① 기준시가의 100분의 10을 초과하여 할인 또는 할증된 가액으로 산정하는 경우 ② (기준주가를 산정할 수 없어서) 본질가치법으로 합병가액을 산정한 경우 ③ 합병 후 주권비상장법인이 되고자 하는 경우
주권상장 법인과 주권비상 장법인 간	• 원칙 : 외부평가의무 있음. • 예외 : 외부평가의무 없음. ① 주권상장법인이 코넥스시장 상장법인인 경우 ② 완전자회사를 합병 후 신주를 발행하지 않는 경우

| 합병 외 외부평가기관 평가의무가 있는 경우 |

구분[22)]	평가대상
분할합병	분할합병비율
중요한 영업 또는 자산의 양수·양도[23)]	영업 또는 자산의 양수·양도가액
주식의 포괄적 교환·이전[24)]	교환·이전비율

세법

세법에서 주식을 크게 상장주식과 비상장주식으로 구분하여 평가방법을 정하고 있다. 시가가 존재하는 경우에는 시가를 우선적으로 적용하며, 시가가 존재하지 않는 경우에는 시가를 보충할 수 있는 방법을 순차적으로 적용한다.

---

22) 단순분할은 제외되는데, 단순분할의 경우 거래상대방이 없으므로 평가대상이 존재하지 않기 때문이다.
23) 중요한 자산의 양수·양도 중 증권시장을 통한 증권의 매매, 자산의 경매 등 외부평가기관의 평가 필요성이 적은 자산의 양수·양도로서 아래의 경우에는 외부평가기관의 평가를 받지 아니할 수 있다.
1. 증권시장 또는 다자간매매체결회사를 통해 증권을 양수·양도한 경우
2. 민사집행법에 따른 경매를 통해 자산을 양수·양도한 경우
3. 제1호 및 제2호에 준하는 것으로서 외부평가기관의 평가 필요성이 적은 자산의 양수·양도의 경우
24) 완전자회사가 되는 법인 중 주권비상장법인이 포함되는 경우와 완전모회사가 주권비상장법인으로 되는 경우

| 세법상 주식평가 |

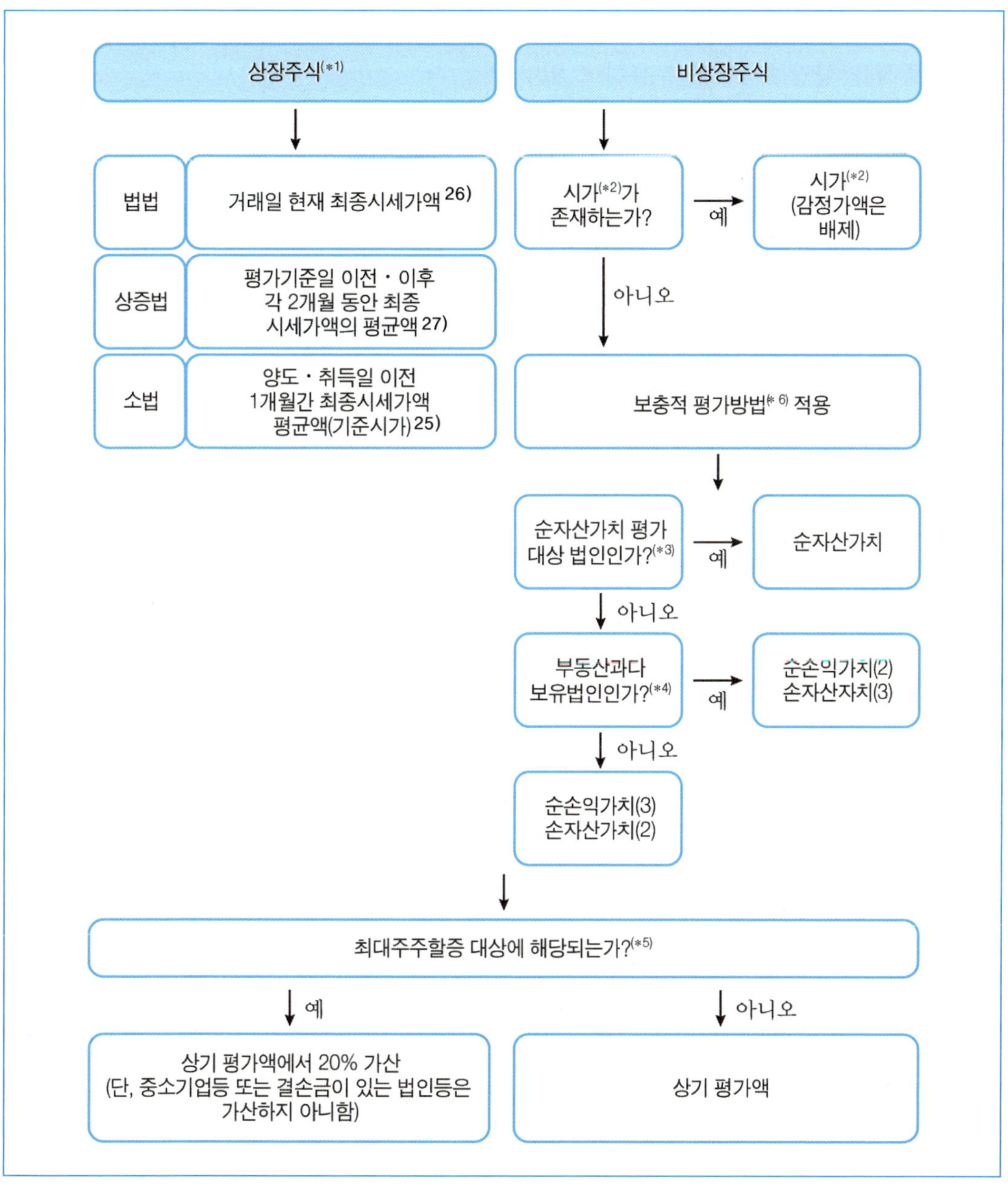

25) 소법 §150의22
26) 부당행위계산의 부인을 적용할 때의 시가이다(법령 §89 ①).
27) 상증법 §63 ① 1호 가목, 상증령 §52의2 ①

(*1) 상장주식

주식은 상장주식과 비상장주식으로 구분되며, 세법에서는 유가증권시장과 코스닥시장에 상장된 주식을 상장주식으로 분류하고 있다.[28)]

(*2) 시가

구분	시가(시가로 보는 것을 포함)
법법	• 당해 거래와 유사한 상황에서 당해 법인이 특수관계자 외의 불특정 다수인과 계속적으로 거래한 가격 또는 특수관계자가 아닌 제3자 간에 일반적으로 거래된 가격
상증법	• 불특정 다수인 사이에 자유로이 거래가 이루어지는 경우에 통상 성립된다고 인정되는 가액 • 상속개시 전후 6월 내(증여재산의 경우 전 6개월부터 후 3개월) 매매가액, 수용보상가액 등을 시가에 포함
소법	• 실거래가액 • 실거래가액을 인정 · 확인할 수 없는 경우 매매사례가액, 환산취득가액, 기준시가 등에 의하여 추계결정 · 경정

(*3) 순자산가치 평가대상 법인

순손익가치는 지속적인 영업활동을 전제하는 것이므로 영업활동이 이루어지지 않거나 자산 중 부동산 및 주식비중이 대부분인 법인은 순자산가치로만 평가한다. 한편, 순자산가치로만 평가하는 경우에는 영업권 평가액을 가산하지 아니한다.[29)]

---

28) 코넥스시장에 상장된 법인의 주식에 대해서는 상장주식의 평가방법을 적용하지 아니한다(상증, 서면법규과-1021, 2013. 9. 16.).

29) 상증령 §42 ④ 2호에 따라 순자산가치로 평가하는 경우로 아래 모두에 해당하는 경우에는 영업권을 가산하여 평가한다(상증령 §55 ③ 2호).
- 개인사업자가 제59조에 따른 무체재산권을 현물출자하거나 「조세특례제한법 시행령」 제29조 제2항에 따른 사업 양도 · 양수의 방법에 따라 법인으로 전환하는 경우로서 그 법인이 해당 사업용 무형자산을 소유하면서 사업용으로 계속 사용하는 경우
- 개인사업자와 법인의 사업 영위기간의 합계가 3년 이상인 경우

| 순자산가치로만 평가하는 법인[30) |

> ① 청산절차 진행 중인 법인, 사업자의 사망 등으로 사업의 계속이 곤란하다고 인정되는 법인
> ② 사업개시 전의 법인, 사업개시 후 3년[31) 미만 법인, 휴·폐업 중에 있는 법인
> ③ 자산총액 중 부동산등의 가액[32)이 차지하는 비율이 80% 이상인 법인
> ④ 자산총액 중 주식등의 가액의 합계액의 비율이 80% 이상[33)인 법인
> ⑤ 법인의 설립 시부터 확정된 존속기한 중 잔여 존속기한이 3년 이내인 법인

(*4) 부동산과다보유법인

부동산과다보유법인은 해당 법인의 자산총액 중 부동산등 가액의 비율이 50% 이상인 법인을 말하며, 부동산과다보유법인[34)의 해당 여부는 소득세법에 따라 판단한다.

부동산등 가액의 비율 산정 시 자산가액은 장부가액(토지 또는 건물의 기준시가가 장부가액보다 큰 경우에는 기준시가)을 기준으로 판단하며 주식평가 전에 차입 등을 통하여 부동산등 가액의 비율을 낮추는 것을 방지하기 위하여 일부 자산은 자산총액에서 제외(차감)한다.[35)

| 부동산과다보유법인의 판단 |

$$\frac{\text{부동산등 가액} = \begin{array}{l}\text{직접 보유한 부동산등}^{36)}\text{의 가액}\\ (+)\ \text{주식을 통하여 직·간접 보유한 부동산등의 가액}^{37)}\end{array}}{\text{자산총액} = \text{해당 법인의 자산총액}^{38)} - \text{제외 항목}^{39)}} \geq 50\%$$

---

30) 상증령 §54 ④
31) 적격분할 또는 적격 물적분할로 신설된 법인의 사업기간은 분할 전 동일 사업부분의 사업개시일부터 기산함.
32) 소법 §94 ① 4호 다목 1) 및 2)의 합계액으로 아래 부동산과다보유법인 판단을 참조하기 바란다.
33) 80% 비율 판단 시 법인의 자산총액 및 주식등의 가액은 '법인의 장부가액'에 따르고, '법인의 장부가액'이란 해당 법인이 「법인세법」 제112조에 따라 기장한 장부가액에 대하여 각 사업연도의 소득에 대한 법인세 과세표준 계산 시 자산의 평가와 관련하여 익금 또는 손금에 산입한 금액을 가감한 세무계산상 장부가액을 의미하는 것임(법령해석재산-1263, 2019. 6. 25.).
34) 소법 §94 ① 4호 다목에 해당하는 법인
35) 소득령 §158 ④
36) 토지·건물·지상권·전세권·등기된 임차권·부동산을 취득할 수 있는 권리의 자산(소법 §94 ① 4호 다목 1)).
37) 다른 법인의 주식가액 × $\frac{\text{부동산등의 가액+(다른 법인이 경영지배하는 법인의 주식가액} \times \text{다른 법인이 경영지배하는 법인의 부동산등 보유비율)}}{\text{다른 법인의 자산총액}}$
38) 「법인세법」 제112조에 따라 기장한 장부가액에 자산의 평가와 관련하여 익금 또는 손금을 가감한 세무계산상 장부가액을 의미한다(법령해석재산-1263, 2019. 6. 25.).
39) 아래 항목은 자산총액에서 제외하고 계산한다.

(*5) 최대주주 할증[40)]

상장 여부와 관계없이 최대주주 및 그와 특수관계에 있는 주주의 주식은 20%를 가산하여 할증평가한다. 다만, 중소기업 및 결손금이 있는 법인등은 할증평가에서 제외한다.

| 최대주주 할증 |

구분	내용
할증대상 주식[41)]	최대주주 또는 최대출자자[42)] 및 그와 특수관계에 있는 주주의 주식[43)]
할증배제	중소기업,[44)] 평균매출액 5천억 원 이하 중견기업,[45)] 결손금이 있는 법인의 주식등[46)]

- 무형자산 중 개발비와 사용수익기부자산가액
- 양도일부터 소급하여 1년이 되는 날부터 양도일까지의 기간 중에 차입금 또는 증자 등에 의하여 증가한 현금 · 금융재산(순금융재산 : 금융재산 – 금융채무) 및 대여금의 합계액

40) 상증령 §53 ⑤, ⑥, ⑦

41) 최대주주가 보유하고 있는 지분율은 평가기준일 현재의 보유주식에 평가기준일부터 소급하여 1년 이내에 양도하거나 증여한 주식을 합산하여 계산한다(상증령 §53 ⑤).

42) 최대주주등 중 보유주식 등의 수가 가장 많은 1인을 말함.

43) 최대주주 해당 여부는 해당 주주 1인과 특수관계자가 보유한 주식을 합하여 판정하며, 특수관계자가 2차 출자법인에 해당되는 경우에는 해당 특수관계자가 보유한 지분을 단순 합산하여 판정한다.

44) 중소기업이란 「중소기업기본법」 제2조에 따른 중소기업을 말한다(상증령 §53 ⑥).

45) 「중견기업 성장촉진 및 경쟁력 강화에 관한 특별법」 제2조에 따른 중견기업으로서 평가기준일이 속하는 과세기간 또는 사업연도의 직전 3개 과세기간 또는 사업연도의 매출액의 평균이 5천억 원 미만인 기업을 말한다. 이 경우 매출액은 기업회계기준에 따라 작성한 손익계산서상의 매출액을 기준으로 하며 과세기간 또는 사업연도가 1년 미만인 과세기간 또는 사업연도의 매출액은 1년으로 환산한다.

46) (상증령 §53 ⑧)

1. 평가기준일이 속하는 사업연도 전 3년 이내의 사업연도부터 계속하여 결손금이 있는 경우
2. 평가기준일 전후 6월(증여재산의 경우에는 평가기준일 전 6월부터 평가기준일 후 3월로 한다) 이내의 기간 중 최대주주등이 보유하는 주식등이 전부 매각된 경우(상증령 §49 ① 1호의 규정에 적합한 경우에 한함)
3. 합병, 증자, 감자, 현물출자 및 전환사채 등의 주식전환에 따른 이익을 계산하는 경우
4. 평가대상인 주식등을 발행한 법인이 다른 법인이 발행한 주식등을 보유함으로써 그 다른 법인의 최대주주등에 해당하는 경우 그 다른 법인의 주식등을 평가하는 경우
5. 평가기준일부터 소급하여 3년 이내에 사업을 개시한 법인으로서 사업개시일이 속하는 사업연도부터 평가기준일이 속하는 사업연도의 직전 사업연도까지 각 사업연도의 기업회계기준에 의한 영업이익이 모두 영 이하인 경우
6. 상속세과세표준신고기한 또는 증여세과세표준신고기한 이내에 평가대상 주식등을 발행한 법인의 청산이 확정된 경우
7. 최대주주등이 보유하고 있는 주식등을 최대주주등 외의 자가 10년의 기간 이내에 상속 또는 증여받은 경우로서 상속 또는 증여로 인하여 최대주주등에 해당되지 아니하는 경우
8. 주식등의 실제소유자와 명의자가 다른 경우로서 명의신탁재산의 증여의제 규정에 따라 해당 주식등을 명의자가 실제소유자로부터 증여받은 것으로 보는 경우

(*6) 보충적 평가방법

| 보충적 평가방법 |

구분	내용
법법	상증법을 준용하여 상증법상 비상장주식평가방법에 따름.
상증법	평가액=Max(가중평균액1, 순자산가치×80%)
	가중평균액1={(①×3)+(②×2)}÷5 ① 1주당 순손익가치 : 최근 3년간 1주당 순손익액의 가중평균액 ② 1주당 순자산가치 : 보충적 평가방법에 따른 평가한 순자산가액÷발행주식수
소법	평가액=Max(가중평균액2, 순자산가치×80%)
	가중평균액2={(①×3)+(②×2)}÷5 ① 1주당 순손익가치 : 직전 사업연도의 1주당 순손익액 ② 1주당 순자산가치 : 순자산 장부가액(토지의 경우 기준시가)÷발행주식수

| 부동산등 비율에 따른 가중평균비율 |

자산총액 중 부동산 등의 비율	가중평균비율	
	순손익가치	순자산가치
50% 미만	3	2
50% 이상 80% 미만	2	3
80% 이상	-	1(순자산가치로만 평가)

Ⅲ 이론적 평가방법

 수익가치분석방법

수익가치분석방법은 기업의 가치를 가장 잘 설명하는 측정치는 그 기업의 미래 수익창출능력에 있다고 보는 관점이다.

수익가치분석방법은 미래의 수익성에 대한 기준 또는 할인의 대상에 따라 현금흐름할인모형, 배당할인모형, 이익할인법 등 다양한 평가방법이 있다. 이 중 현금흐름할인모형이 일반적으로 가장 널리 활용되는 방법이며 회사의 가치를 가장 잘 반영한다고 인정된다. 이는 현금이 기업의 모든 활동을 경제적으로 환산시켜 주는 지표이며 기업이 창출하는 현금흐름은 기업의 모든 기대수익과 위험을 반영한 결과물임에 근거한다.

(1) 현금흐름할인모형

현금흐름할인모형은 평가대상으로부터 기대되는 미래현금유입액을 측정한 후 할인율을 적용하여 현재가치를 산정하는 방법으로, 주로 비상장기업의 주식가치평가 및 자본시장법상 본질가치 산정 시 사용되는 수익가치를 구할 때 주로 활용된다.

현금흐름은 다양하게 정의될 수 있는데 일반적으로 주주에게 귀속되는 잉여현금흐름, 기업 전체에 귀속되는 잉여현금흐름 등을 사용한다. 기업잉여현금흐름할인모형은 일정기간 동안 기업의 현금흐름을 추정하여 추정기간의 기업잉여현금흐름과 추정기간 이후의 기업잉여현금흐름을 가중평균자본비용(WACC ; Weighted Average Cost of Capital)으로 할인한 현재가치의 합으로 영업가치를 산정한 후 비영업자산을 가산하여 기업가치를 산출한다. 여기서 산출된 기업가치에서 이자부부채만큼 차감함으로써 최종적으로 자기자본가치를 산정하게 된다.

한편, 현금흐름할인모형에 의한 가치평가는 최소 5년 이상의 미래현금흐름 및 적정 할인율을 추정하여야 하므로 평가자의 주관이 개입될 경우 평가 지표로서 유의성을 상실할 우려가 있는 단점이 존재한다.

| 현금흐름할인모형 |

구분	추정 1년	추정 2년	추정 3년	추정 4년	추정 5년	영구 현금흐름
매출액						
(−) 매출원가						
= 매출총이익						
(−) 판매비와관리비						
= 영업이익(EBIT)						
(−) 법인세비용						
= 세후영업이익						
(+) 비현금비용(감가상각비등)						
(−) 투자액(CAPEX)						
(±) 순운전자본증감						
= 잉여현금흐름(FCFF)						
(×) 현가계수						
= 현재가치						
추정기간 동안의 현재가치합계액(A)						
영구현금흐름의 현재가치(B)						
영업가치(C=A+B)						
비영업용자산의 가치(D)						
기업가치(E=C+D)						
차입금(F)						
주주가치(H=E−F−G)						
발행주식수(주)						
1주당 주식가치(원/주)						

(2) 배당할인모형

배당할인모형은 향후 예상되는 배당금을 현재가치로 할인하는 모형으로 투자자의 입장에서 투자는 피투자기업의 미래수익 또는 미래현금흐름이 투자자에게 지급되는 배당을 통해서 실현된다라는 가정에서 출발한다. 즉, 투자자 입장에서의 기업가치는 향후에 기대되는 피투자기업으로부터의 배당금을 적정한 할인율로 할인한 현재가치가 될 것이라는 논리이다.

배당할인모형에 의한 가치평가는 회사의 배당정책이 자의적인 의사결정사항으로 장기간의 미래 배당금을 추정하는데 어려움이 있으며 최근에 배당을 하지 아니한 경우에는 적정가치를 반영하기 어렵다는 단점이 존재하나 금융업 및 지주회사의 경우 해당 업종의 성격상 배당할인모형이 적합한 경우가 있으므로 동 모형이 주로 사용된다. 특히 금융업의 경우 자금조달, 배당결정, 감독기관의 레버리지비율 등 재무의사결정이 금융기관의 이익을 창출하는 핵심요소이므로 동 사항을 반영한 배당가능이익을 자기자본비용으로 할인한 배당할인모형이 실무적으로 사용된다.

| 배당할인모형 |

구분	1년	2년	3년	4년	5년
가. 배당가능액[47]					
나. 추정기간 이후 영구가치					
다. 배당현금흐름(다=가+나)					
라. 자기자본비용 현가계수					
마. 배당현금흐름 현재가치 합계					
바. 유상증자등 현재가치					
사. 수익가치(사=마－바)					
아. 발행주식수					
자. 1주당 수익가치					

(3) 이익할인모형

이익할인법은 회계상 이익을 적정한 할인율로 할인하여 기업가치를 산정하는 방법으로 개정 전[48] 증권의 발행 및 공시 등에 관한 규정[49] 및 상속세 및 증여세법[50] 등에서 사용되고 있다.

---

47) 추정기간 말 자본총계를 누적적으로 추정하여 구한다. 추정 시에는 추정 당기순이익, 유상증자, 법률에 따라 유지해야 하는 자본총계 등을 고려한다.

48) 개정 전 방법이긴 하나 자본시장법 본질가치상 수익가치 산정 시 현금흐름할인모형 등이 적절하지 않아 이익할인법을 사용하여야 할 경우 개정 전 방법을 준용하여 사용하기도 한다.

49) 2012년 12월 개정 전 증권의 발행 및 공시 등에 관한 규정에서는 수익가치를 향후 2개 사업연도(주요사항보고서를 제출하는 날이 속하는 사업연도와 그 다음 사업연도)의 주당 추정이익에 자본환원율을 적용하여 주당 수익가치를 산정하였고 자본환원율은 대상 기업의 가중평균차입이자율의 1.5배와 상속세 및 증여세법 시행령에 따라 고시되는 이율(10%) 중 높은 이율을 적용하였다.

50) 상속세 및 증여세법상 보충적 평가방법에 있어 주당순손익가치의 산정 시

이익할인법은 비교가능한 유사회사의 제한으로 인해 평가대상회사의 할인율 산정 및 이에 기초한 현금흐름할인모형 또는 배당할인모형의 적용이 비현실적인 경우 주로 사용되는데 미래의 수익성(할인율, 현금흐름 등)에 대한 추정의 변수가 적어 다른 방법에 비하여 객관적이라는 장점이 있다.

| 개정 전 자본시장법상 수익가치(이익할인법) |

구분	추정1차연도	추정2차연도
가. 추정법인세비용차감전계속사업이익		
나. 법인세등		
다. 우선주 배당금 조정액		
라. 각 사업연도 추정이익(라=가-나-다)		
마. 발행주식수		
바. 각 사업연도 1주당 추정이익		
사. 연도별 가중치	3	2
아. 1주당 추정이익	1주당 추정이익=(추정1차연도×3+추정2차연도×2)/5	
자. 자본환원율	MAX[A, B] A. 평가대상회사의 차입금가중평균이자율의 1.5배 B. 기획재정부장관이 고시하는 이율	
차. 1주당 수익가치	1주당 추정이익÷자본환원율	

자산가치접근방법

자산가치접근법은 기업이 현재 보유하고 있는 총자산을 기업가치로 보고 순자산의 가치를 자기자본의 가치로 평가하는 방법이다. 자산가치는 그 평가방법이 비교적 단순하고 객관적이라는 장점을 가지고 있으나 기업이라는 실체가 미래의 수익 또는 현금흐름창출을 목적으로 존재하는 계속기업(Going Concern)이라는 점에서 기업의 수익창출능력을 반영하지 못하는 단점이 있어 다른 가치평가방법에 보완적으로 활용[51)]되거나 비교목적으로 평가되기도 한다.

한편, 자산가치접근법은 재무상태표상의 각 자산・부채 항목을 평가하는 기준에 따라 장부가

51) 자본시장법상 본질가치 산정 시 수익가치와 가중평균하는 '자산가치'와 상속세 및 증여세법상 비상장주식평가 시 순손익가치와 가중평균하는 '순자산가치'가 자산가치접근법에 근거한다.

치법(Book Value), 공정가치법(Fair Value) 및 청산가치법(Liquidated Value) 등으로 분류할 수 있으며, 각 방법에 따라 자산가치 금액은 달라질 수 있다.

3 상대가치접근방법

자산가치접근법과 수익가치접근법이 평가대상 기업의 고유한 재무상황 및 미래수익창출 능력을 이용하여 기업가치를 평가하는 가치개념이라면 시장가치접근법은 이런 기업의 재무상황과 미래수익창출 가능성을 기초로 시장메커니즘을 통해 형성되는 기업의 가치를 말한다.

즉, 평가대상 기업과 동일하거나 영업위험이 유사하여 비교가능성이 높은 회사들이 존재하고 주식시장은 이러한 회사들의 가치를 평균적으로 올바르고 적정하게 평가하고 있다는 가정하에 평기기업과 비교기업을 비교・평가하는 방법으로서 그 평가방법이 간단하고 연관성을 갖기 때문에 유용한 기업가치 평가방법으로 인정되고 있으며 실무적으로 기업공개(IPO) 시 공모가액을 결정하는데 주로 사용되고 있다.

그러나 비교기업의 선정 시 평가자의 주관 개입 가능성과 시장의 오류(기업가치의 저평가 혹은 고평가)로 인한 기업가치 평가의 오류 발생가능성은 상대가치 평가방법의 한계점으로 지적되고 있다. 이처럼 상대가치 평가방법을 적용하기 위해서는 비교대상 회사들이 우선적으로 일정한 재무적 요건을 충족하여야 하며, 사업적・기술적・관련 시장의 성장성・주력 제품군 등의 질적 측면에서 일정 부분 평가대상회사와 유사성을 갖고 있어야 한다.

| 비교기업 선정 예시 |

구분	선정기준	세부검토기준	개수
-	모집단 선정	평가대상회사의 한국표준산업분류코드상 같은 산업분류로 속하는 유가증권시장 또는 코스닥시장 상장회사일 것	70
1차	사업 유사성	관련 매출액이 전체 매출액의 일정비율 이상일 것	11
2차	재무적 기준	① 결산일이 동일할 것 ② 최근 사업연도(예 전기 온기 및 당기 반기) 기준 영업이익 및 당기순이익을 시현할 것 ③ 매출규모 대비 평가대상회사 매출액의 일정배수 이내에 있을 것	5

구분	선정기준	세부검토기준	개수
3차	질적 기준	① 상장 후 일정경과(예 6개월 이상) 이후 기업일 것 ② 최근 사업연도 감사의견이 적정일 것 ③ 최근 일정기간 내 투자유의종목 또는 관리종목 지정 및 기업회계기준 위배로 인한 조치를 받은 사실이 없을 것 ④ 최근 일정기간 내 중요한 자산 및 영업양수도, 합병, 분할이 없을 것	3
		비교가치 산정에 적용된 최종 비교회사	3

(1) PER 비교

PER(주가수익비율)는 해당 기업의 주가가 주당순이익(EPS)의 몇 배인지를 나타내는 비율로서 기업 수익력의 성장성·위험 등의 측면이 총체적으로 반영되는 가장 일반적인 투자지표이다. PER는 순이익 기준으로 비교가치를 산정하므로 수익성을 잘 반영하고 있을 뿐만 아니라 개별기업 수익력의 성장성·위험 등을 반영하여 업종평균 대비 할증 또는 할인하여 적용할 수 있기 때문에 배당의 재원이 되는 수익성(주당순이익)이 중요한 회사의 가치평가에 적합하다.

| PER 비교 예시 |

① 유사기업의 평균 PER 산출

구분	유사기업 A	유사기업 B	유사기업 C
당기순이익(ⓐ)	각 유사기업의 (최근 1개년) 연결기준재무제표 지배주주지분 당기순이익		
발행주식총수(ⓑ)	각 유사기업의 분석기준일 현재 상장주식총수		
연환산 EPS(ⓒ=ⓐ÷ⓑ)	각 유사기업의 연환산 주당순이익		
기준주가(ⓓ)	Min(분석기준일로부터 1개월간 종가 산술평균, 분석기준일로부터 1주일간 종가 산술평균, 분석기준일 종가)		
PER(ⓔ=ⓓ÷ⓒ)	각 유사기업의 PER		
평균 PER	각 유사기업 PER의 단순평균값		

② 평균 PER를 적용한 주당 평가가액 산출

구분	비고
적용 당기순이익(A)	평가대상회사의 (최근 1개년) 연결기준재무제표 지배주주지분 당기순이익
Multiple PER(배)(B)	상기 각 유사기업 PER의 단순평균값
적정 시가총액(C=A×B)	평가대상회사의 적정 시가총액
적용주식수(주)(D)	분석기준일 현재 기존주식수 + (공모일 경우 해당 공모주식수) + (스톡옵션 및 전환사채 등으로 행사 및 전환가능한 주식수)
주당 평가가액(원)(E=C/D)	최종 PER 비교에 따른 주당 평가가액

(2) EV/EBITDA 비교

EV/EBITDA는 기업가치(EV)와 영업활동을 통해 얻은 이익(EBITDA)과의 관계를 나타내는 지표로 기업이 자기자본과 타인자본을 이용하여 어느 정도의 현금흐름을 창출할 수 있는지를 나타내는 지표이다. EBITDA는 유형자산이나 기계장비에 대한 감가상각비 등 비현금성 비용이 많은 회사의 가치평가에 적합하다.

| EV/EBITDA 비교 예시 |

① 유사기업의 평균 EV/EBITDA 산출

구분	유사기업 A	유사기업 B	유사기업 C
발행주식수(A)	각 유사기업의 분석기준일 현재 상장주식총수		
기준주가(B)	Min(분석기준일로부터 1개월간 종가 산술평균, 분석기준일 종가)		
기준시가총액(C=A×B)	각 유사기업의 분석기준일 현재 기준주가에 의한 시가총액		
순차입금(D)	각 유사기업의 분석기준일 현재 장단기차입금 등에서 현금 및 현금성 자산 등을 차감한 금액		
EV(E=C+D)	각 유사기업의 기업가치		
EBITDA	각 유사기업의 (최근 1개년) 연결기준재무제표기준 EBITDA		
EV/EBITDA	각 유사기업의 EV/EBITDA		
평균 EV/EBITDA	각 유사기업 EV/EBITDA의 단순평균값		

② 평균 EV/EBITDA를 적용한 주당 평가가액 산출

구분	비고
대상회사 EBITDA(A)	평가대상회사의 (최근 1개년) 연결기준재무제표상 EBITDA
적용 EV/EBITDA 배수(B)	상기 각 유사기업 EV/EBITDA의 단순평균값
적정 EV(C=A×B)	평가대상회사의 적정 기업가치
순차입금(D)	평가대상회사의 분석기준일 현재 장단기차입금 등에서 현금 및 현금성 자산 등을 차감한 금액
평가총액(E=C−D)	평가대상회사의 적정 시가총액
적용주식수(F)	분석기준일 현재 기존주식수 +(공모일 경우 해당 공모주식수) +(스톡옵션 및 전환사채 등으로 행사 및 전환가능한 주식수)
주당 평가가액(G=E/F)	최종 EV/EBITDA 비교에 따른 주당 평가가액

(3) PBR 비교

PBR(주가순자산비율)은 해당 기업의 주가가 BPS(주당순자산)의 몇 배인가를 나타내는 지표로 엄격한 회계기준이 적용되고 자산건전성을 중요시하는 금융기관의 평가나 고정자산의 비중이 큰 장치산업의 경우 주로 사용되는 지표로 영업이익 및 당기순이익이 발생하지 않아서 PER 배수, EV/EBITDA 배수 지표 적용이 불가능할 때 주로 사용된다.

| PBR 비교 예시 |

① 유사기업의 평균 PBR 산출

구분	유사기업 A	유사기업 B	유사기업 C
자본총계(ⓐ)	각 유사기업의 평가기준일에 근접한 (분)반기 및 기말 자본총계		
발행주식총수(ⓑ)	각 유사기업의 분석기준일 현재 상장주식총수		
BPS(ⓒ=ⓐ÷ⓑ)	각 유사기업의 주당순자산		
기준주가(ⓓ)	Min(분석기준일로부터 1개월간 종가 산술평균, 분석기준일로부터 1주일간 종가 산술평균, 분석기준일 종가)		
PBR(ⓔ=ⓓ÷ⓒ)	각 유사기업의 PBR		
평균 PER	각 유사기업 PBR의 단순평균값		

② 평균 PBR를 적용한 주당 평가가액 산출

구분	비고
자본총계(A)	평가대상회사의 평가기준일에 근접한 (분)반기 및 기말 자본총계
적용 PBR 배수(B)	상기 각 유사기업 PBR의 단순평균값
적정 시가총액(C=A×B)	평가대상회사의 적정 시가총액
적용주식수(주)(D)	분석기준일 현재 기존주식수 +(공모일 경우 해당 공모주식수) +(스톡옵션 및 전환사채 등으로 행사 및 전환가능한 주식수)
주당 평가가액(원)(E=C/D)	최종 PBR 비교에 따른 주당 평가가액

(4) PSR 비교

PSR(주가매출액비율)은 해당 기업의 주가가 SPS(주당매출액)의 몇 배인가를 나타내는 지표로 일반적으로 비교기업의 이익이 적자(−)일 경우 사용하는 보조 지표로 이용되고 있다. PSR이 적합한 투자지표로 이용되기 위해서는 비교 기업 간에 매출액 대비 수익률이 유사해야 하지만 현실적으로 기업마다 매출액 대비 수익률(ROS)은 상이하며 단순히 매출액과 관련하여 주가 비교 시에 수익성을 배제한 외형적 크기만을 비교하여 왜곡된 정보를 제공할 수 있기 때문에 수익성이 다른 사업 포트폴리오를 갖고 있는 기업의 경우 가치평가의 한계성을 내포하고 있다.

| PSR 비교 예시 |

① 유사기업의 평균 PSR 산출

구분	유사기업 A	유사기업 B	유사기업 C
매출액(ⓐ)	각 유사기업의 최근 사업연도 매출액		
발행주식총수(ⓑ)	각 유사기업의 분석기준일 현재 상장주식총수		
주당매출액(ⓒ=ⓐ÷ⓑ)	각 유사기업의 1주당 매출액		
기준주가(ⓓ)	Min[1개월 평균 종가, 기준일 전일 종가]		
PSR(ⓔ=ⓓ÷ⓒ)	각 유사기업의 PSR		
평균 PSR	각 유사기업 PSR의 단순평균값		

② 평균 PSR를 적용한 주당 평가가액 산출

구분	비고
평가대상회사 매출액(A)	평가대상회사의 최근 사업연도 매출액
적용 PSR 배수(B)	상기 각 유사기업 PSR의 단순평균값
적정 시가총액(C=A×B)	평가대상회사의 적정 기업가치
적용주식수(주)(D)	분석기준일 현재 기존주식수 +(공모일 경우 해당 공모주식수) +(스톡옵션 및 전환사채 등으로 행사 및 전환가능한 주식수)
주당 평가가액(원)(E=C/D)	최종 PSR 비교에 따른 주당 평가가액

1 주권상장법인 간 합병

	주권상장법인 간 합병 시 합병비율과 외부평가
사 례	상장회사인 ㈜○○가 상장회사 ㈜△△를 흡수합병한 사례
공 시	주요사항보고서

5. 합병비율 산출근거

(1) 합병비율 산출근거

㈜○○와 ㈜△△는 모두 유가증권시장 주권상장법인으로서 『자본시장과 금융투자업에 관한 법률』 제165조의4, 『자본시장과 금융투자업에 관한 법률 시행령』 제176조의5, 『증권의 발행 및 공시등에 관한 규정』 제5-13조 및 『증권의 발행 및 공시등에 관한 규정 시행세칙』 제4조 내지 제8조에 의거하여 ㈜○○ 보통주식과 ㈜△△ 보통주식의 합병가액 및 합병비율을 산출함.

가. ㈜○○(합병회사) 보통주의 합병가액 산정

유가증권시장 주권상장법인인 합병회사의 합병가액은 자본시장과 금융투자업에 관한 법률 시행령 제176조의5에 따라 합병을 위한 이사회결의일(2019년 1월 18일)과 합병계약을 체결한 날(2019년 1월 18일) 중 앞서는 날의 전일을 기산일(2019년 1월 17일)로 최근 1개월간의 거래량 가중산술평균종가, 최근 1주일간의 거래량 가중산술평균종가, 최근일의 종가를 산술평균한 가액으로 산정하였습니다. 동 법률에 따르면 계열회사 간 합병의 경우에는 전술한 방법으로 산출된 가액을 기준으로 100분의 10의 범위에서 할인 또는 할증한 가액을 기준시가로 적용할 수 있도록 규정되어 있으나 본 평가에서는 이를 적용하지 아니하였습니다.

- 1개월 가중평균 주가(2018년 12월 18일~2019년 1월 17일) : 23,815원
- 1주일 가중평균 주가(2019년 1월 11일~2019년 1월 17일) : 23,665원
- 최근일 가중평균 주가(2019년 1월 17일) : 23,750원
- ㈜○○ 보통주식 합병가액 : 23,743원

나. ㈜△△(피합병회사) 보통주의 합병가액 산정

유가증권시장 주권상장법인인 피합병회사의 보통주 기준시가는 자본시장과 금융투자업에 관한 법률 시행령 제176조의5 제1항 제1호에 따라 합병을 위한 이사회결의일(2019년 1월 18일)과 합병계약을 체결한 날(2019년 1월 18일) 중 앞서는

날의 전일(2019년 1월 17일)을 기산일로 한 최근 1개월간의 거래량 가중산술평균종가, 최근 1주일간의 거래량 가중산술평균종가, 최근일의 종가를 산술평균한 가액으로 산정하였습니다. 동 법률에 따르면 계열회사 간 합병의 경우에는 전술한 방법으로 산출된 가액을 기준으로 100분의 10의 범위에서 할인 또는 할증한 가액을 기준시가로 적용할 수 있도록 규정되어 있으나 본 평가에서는 이를 적용하지 아니하였습니다.

- 1개월 가중평균 주가(2018년 12월 18일~2019년 1월 17일) : 10,293원
- 1주일 가중평균 주가(2019년 1월 11일~2019년 1월 17일) : 10,686원
- 최근일 가중평균 주가(2019년 1월 17일) : 10,900원
- ㈜△△ 보통주식 합병가액 : 10,626원

6. 외부평가에 관한 사항

외부평가 여부	미해당
근거 및 사유	본건 합병은 유가증권시장 상장법인 간의 합병으로 자본시장 및 금융투자업에 관한 법률 제165조의4 및 동법 시행령 제176조의5 제1항 제1호에 의거하여 합병가액을 산정한 후, 이를 기초로 합병비율을 산출하였으므로, 외부평가기관의 평가는 받지 않았습니다.
외부평가기관의 명칭	–

설 명	

① 주권상장법인 간의 합병이므로 자본시장법상 기준시가에 의하여 합병비율을 산출하였다.

② 기준시가를 위한 기산일은 이사회결의일과 합병계약체결한 날 중 앞서는 날(본 사례의 경우 동일 날짜임)의 전일인 2019년 1월 17일이다.

③ 계열회사 간 합병의 경우 10% 범위 내에서 할증(할인)을 적용할 수 있으나 본 사례에서는 이를 적용하지 아니하였다.

④ 주권상장법인 간 합병의 경우라도 기준시가의 100분의 10을 초과하여 할인 또는 할증된 가액으로 산정하는 경우 외부평가의무가 있으나 본 사례에서는 할인(증) 없이 기준시가에 따라 산정하였으므로 외부평가기관의 평가를 받지 않았다.

2 주권상장법인과 비상장법인 간 합병

(1) 자산가치를 선택한 사례

	상장회사가 비상장회사를 흡수합병하면서 자산가치를 사용
사 례	상장회사인 ㈜○○가 비상장회사인 ㈜△△를 흡수합병한 사례
공 시	주요사항보고서

2.4.1 합병비율 평가결과 요약

구분	합병회사	피합병회사
기준주가	5,546원	해당사항 없음.
본질가치	해당사항 없음.	6,980원
- 자산가치	16,168원	6,042원
- 수익가치	해당사항 없음.	7,605원
상대가치	해당사항 없음.	3,899원
합병가액	16,168원/주	5,439원/주
합병비율	1	0.3364175

2.4.2 합병당사회사의 합병가액 산정

1) 합병회사의 합병가액 산정

주권상장법인의 합병가액은 원칙적으로 기준주가를 적용하되, 기준주가가 자산가치보다 낮은 경우에는 자산가치로 할 수 있도록 되어 있습니다.

합병회사의 기준주가는 자본시장과 금융투자업에 관한 법률 시행령 제176조의5 제1항 제1호에 따라 합병을 위한 이사회 결의일과 합병계약을 체결한 날 중 앞서는 날의 전일(2012년 9월 23일)을 기산일로 한 최근 1개월간의 거래량 가중산술평균종가, 최근 1주일간의 거래량 가중산술평균종가, 최근일의 종가를 산술평균한 가액과 최근일의 종가 중 낮은 가액으로 산정하였습니다.

합병회사의 기준주가와 자산가치 및 합병당사회사의 합병가액 결정방법에 따른 합병회사의 합병가액 평가결과는 다음과 같습니다.

구분	금액
기준주가(A)	5,546
자산가치(B)	16,168
합병가액(Max[A, B])	16,168

(중략)

2) 자산가치

합병회사인 ㈜○○의 1주당 자산가치는 증권의 발행 및 공시등에 관한 규정 시행세칙 제5조에 따라, 주요사항 보고서를 제출하는 날이 속하는 사업연도의 직전 사업연도 말 현재의 자본총계에 일부 조정항목을 가감하여 산정된 순자산 총액을 분석기준일 현재의 발행주식총수로 나누어 산정하였습니다. 합병회사의 1주당 자산가치 산정내역은 다음과 같습니다.

구분	금액
A. 최근 사업연도 말 자본총계	363,896,662,346
B. 조정항목(a－b)	(3,345,000,000)
a. 가산항목	－
(1) 자기주식가산	
(2) 최근 사업연도 말 이후 자본금증가액	－
(3) 최근 사업연도 말 이후 자본잉여금 등 증가액	－
(4) 이익잉여금의 증감을 수반하지 않는 자본총계의 변동거래로 인한 중요한 순자산증가액	－
b. 차감항목	3,345,000,000
(1) 실질가치 없는 무형자산	－
(2) 회수가능성 없는 채권	－
(3) 시장성이 없는 투자주식평가감	－
(4) 퇴직급여충당부채 과소설정액	－
(5) 손상차손발생자산의 감소액	－
(6) 최근 사업연도 말 이후 자본금감소액	－
(7) 최근 사업연도 말 이후 자본잉여금 등 감소액	－
(8) 최근 사업연도 말 이후 발생한 전기오류수정손실 등(*1)	3,345,000,000
(9) 이익잉여금의 증감을 수반하지 않는 자본총계의 변동거래로 인한 중요한 순자산감소액	－
C. 순자산총액(C＝A+B)	360,551,662,346
D. 발행주식총수	22,300,000
E. 주당자산가치(E＝C ÷ D)	16,168

(*1) 2012년 1분기 중 배당금지급에 따른 순자산 감소액

설 명	

① 주권상장법인과 비상장법인이 합병 시 상장법인의 주식가치 평가는 원칙적으로 기준시가로

하나 기준시가가 자산가치보다 낮은 경우에는 자산가치를 선택할 수 있다.

이에 본 사례에서는 기준주가가 아닌 자산가치를 선택하였는데 이는 자산가치로 선택하는 경우 상대적으로 합병신주가 적어지므로 상장회사의 주주들을 고려한 것으로 보인다.

② 한편, 최근 사업연도 말 자본총계는 합병법인인 별도재무제표상 자본총계이며 조정항목으로 배당금 지급에 따른 순자산 감소액을 추가로 조정하였다.

(2) 현금흐름할인모형

DART	비상장회사 합병 시 주식가치 평가(현금흐름할인모형)
사 례	상장회사인 ㈜○○가 비상장회사인 ㈜△△를 흡수합병한 사례
공 시	주요사항보고서 및 평가의견서

(주요사항보고서 발췌)

5. 합병비율 산출근거

나. ㈜△△보통주 합병가액

비상장법인인 ㈜△△는 자본시장과 금융투자업에 관한 법률 시행령 제176조의5 제1항 제2호에 의거하여 외부평가기관의 평가를 받아 자산가치와 수익가치를 가중산술평균한 가액을 합병가액으로 하였으며 상대가치는 비교목적으로 분석하였으나 3개 이상의 유사회사가 존재하지 아니하여 가치를 산정하지 않았습니다.

- 자산가치(a) : 80,211원
- 수익가치(b) : 93,596원
- 본질가치[(a×1+b×1.5)/2.5] : 88,242원
- 상대가치(c) : 해당사항 없음.
- 합병가액 : 88,242원

합병가액에 대한 자세한 사항은 첨부서류 외부평가기관의 평가의견서를 참고하시기 바랍니다. 상기와 같이 합병법인이 피합병법인을 흡수합병함에 있어서 합병비율의 기준이 되는 합병당사회사의 보통주 주당평가액은 합병법인과 피합병법인이 각각 237,835원(액면가액 5,000원)과 88,242원(액면가액 5,000원)으로 산출되었습니다.

이에 따라 합병비율은 보통주 1 : 0.3710219로 결정되었습니다.

6. 외부평가에 관한 사항

외부평가 여부	예
근거 및 사유	유가증권시장 주권상장법인과 비상장법인의 합병비율을 산정하기 위하여 자본시장과 금융투자업에 관한 법률 제165조의4(합병 등의 특례) 및 동법 시행령 제176조의5(합병의 요건, 방법 등) 제1항 제1호 및 제2호에 의거하여 비상장법인인 합병상대회사의 합병가액을 산출하고 이에 따라 관련 신고서를 제출할 때 첨부 서류로 이용하기 위함입니다.
외부평가기관의 명칭	□□회계법인
외부평가 기간	2019년 2월 22일~2019년 3월 18일

3. 피합병법인의 합병가액 산정

자본시장과 금융투자업에 관한 법률 시행령 제176조의5 제2항 제2호 나목 및 증권의 발행 및 공시 등에 관한 규정 시행세칙 제4조의 규정에 의거하여 주권비상장법인인 피합병법인의 합병가액은 본질가치(자산가치와 수익가치를 각각 1과 1.5의 비율로 가중산술평균한 가액)로 평가하였습니다.

구분	금액
가. 본질가치[가=(나×1+다×1.5)÷2.5]	88,242
나. 자산가치	80,211
다. 수익가치	93,596
라. 상대가치	해당사항 없음.
마. 합병가액	88,242

(중략)

3.2. 피합병법인의 수익가치 산정

피합병법인의 주당 수익가치는 증권의 발행 및 공시등에 관한 규정 시행세칙 제6조에 따라 미래의 수익가치 산정에 관하여 일반적으로 공정하고 타당한 것으로 인정되는 모형 중에서 현금흐름할인모형을 적용하여 산정하였습니다. 상세내역은 IV. 피합병법인의 수익가치 산정 세부내역에 기술되어 있습니다. 피합병법인의 주당 수익가치의 산정내역은 다음과 같습니다.

구분	금액
가. 추정기간 동안의 현재가치	24,872,039,375
나. 영구현금흐름의 현재가치	26,675,306,852
다. 영업가치(다=가+나)	51,547,346,227

구분	금액
라. 비영업자산의 가치	27,775,113,023
마. 기업가치(마=다+라)	79,322,459,250
바. 이자부부채의 가치	-
사. 수익가치(사=마-바)	79,322,459,250
아. 발행주식수	847,500
자. 1주당 수익가치(원)	93,596

(평가의견서 발췌)

2.3 수익가치의 추정

피합병법인의 주당 수익가치는 증권의 발행 및 공시등에 관한 규정 시행세칙 제6조에 따라 미래의 수익가치 산정에 관하여 일반적으로 공정하고 타당한 것으로 인정되는 모형 중에서 현금흐름할인법을 적용하여 산정하였습니다. 추정기간 동안의 잉여현금흐름과 피합병법인의 수익가치 산정내역은 다음과 같습니다.

(단위 : 백만 원)

구분	실적			추정				
	2016년	2017년	2018년	2019년	2020년	2021년	2022년	2023년
매출액	15,433	15,268	16,214	16,492	16,772	17,109	17,503	17,893
매출원가	7,011	7,203	7,928	8,310	8,528	8,781	9,070	9,375
매출총이익	8,422	8,065	8,287	8,182	8,244	8,328	8,433	8,518
판매비와관리비	1,137	1,362	1,404	1,524	1,556	1,593	1,638	1,684
영업이익(EBIT)	7,285	6,702	6,882	6,658	6,688	6,735	6,795	6,834
법인세비용				1,465	1,471	1,482	1,495	1,503
세후영업이익				5,193	5,217	5,253	5,300	5,331
(+)감가상각비 및 무형자산상각비				1,876	1,941	2,010	2,085	2,167
(-)투자액 (CAPEX)				(638)	(665)	(721)	(780)	(845)
(±)순운전자본의 증감				8	(15)	(20)	(23)	(21)
영업현금흐름 (FCFF)				6,439	6,477	6,523	6,583	6,631
현가계수 (할인율 12.00%)				0.9449	0.8437	0.7533	0.6726	0.6005
현재가치				6,084	5,465	4,914	4,427	3,982

구분	실적			추정				
	2016년	2017년	2018년	2019년	2020년	2021년	2022년	2023년
추정기간 동안의 현재가치(A)								24,872
영구현금흐름의 현재가치(B)(주1)								26,675
영업가치(C=A+B)								51,547
비영업용자산의 가치(D)(주2)								27,775
기업가치(E=C+D)								79,322
차입금(F)(주3)								-
주주가치(H=E-F-G)								79,322
발행주식수(주)								847,500
1주당 수익가치(원/주)								93,596

(주1) 영구현금흐름의 현재가치는 추정기간의 최종 연도인 2023년의 영업현금흐름(FCFF)이 향후 영구적으로 지속된다는 추정방법인 영구성장모형을 적용하여 추정하였으며, 그 세부 산정내역은 다음과 같습니다.

구분	금액
가. 2023년 세후영업이익	5,331
나. 영구성장률	0%
다. 2023년 이후 세후영업이익(가×(1+나))	5,331
라. 순운전자본의 증감(*1)	-
마. 2022년 이후 세후영업현금흐름(다+라)(*2)	5,331
바. 할인율	12.00%
사. 현가계수(1/((1+바)×4.5))	0.6005
아. 영구현금흐름의 현재가치(마/(바-나))×사)	26,675

(*1) 영구현금흐름 구간 순운전자본의 증감은 2023년 순운전자본과 2024년 순운전자본의 차이로 산정하였습니다. 2024년 순운전자본은 2024년 추정 매출 및 매출원가(2023년 추정 매출 및 매출원가×(1+영구성장률))에 2018년의 회전기일과 지급기일을 적용하여 추정하였습니다.

(*2) 영구현금흐름 추정 시 감가상각비와 CAPEX 투자 금액은 동일하다고 가정하였습니다.

(주2) 비영업자산의 산정내역은 다음과 같습니다.

구분	장부가액	평가가액
현금 및 현금성자산	10,953	10,237
단기대여금	1,315	1,315
종속기업투자주식	3,567	5,161
투자부동산	12,896	11,062
합계	28,731	27,775

(주3) 차입금은 2018년 12월 31일 현재 없습니다.

설 명	

① 주권상장법인이 비상장법인을 합병하였으므로 비상장법인의 주식가치평가는 자본시장법상 본질가치로 평가하였으며 외부평가기관의 평가의무에 따라 회계법인으로부터 평가를 받았다.
② 본질가치로 산정하는 경우에는 유사한 업종을 영위하는 법인의 가치, 즉 상대가치를 비교공시하도록 되어 있으나 본 사례에서는 유사회사가 3사 미만이라 산출하지 않았다.
③ 본질가치상의 수익가치에 현금흐름할인모형을 사용하였다.

3 비상장법인 간의 합병

(1) 비특수관계자 간

DART	비특수관계자인 비상장법인 간 합병 시 합병비율 산정
사 례	비상장회사인 ㈜A가 비상장회사인 ㈜B, ㈜C, ㈜D를 흡수합병한 사례
공 시	주요사항보고서

5. 합병비율 산출근거

가. 합병회사인 ㈜A와 피합병회사인 ㈜B, ㈜C, ㈜D는 모두 주권비상장 법인으로서 비상장법인 간 합병비율 산정을 위한 평가방법에 대해서는 별도로 정하고 있는 법률이나 규정이 없습니다.

상속세 및 증여세법에 의한 평가방법은 과세목적이나 부당행위계산부인 등 세무상 불이익을 줄이기 위한 목적으로 수행되는 것이고, 일반적으로 공정가치라고 보기 어려운 단점이 있습니다. 이에 일반적으로 기업가치를 평가하는 자산가치 평가방법, 수익가치 평가방법, 시장가치 평가방법을 고려하였으며, 그중에서 본 합병비율 산출을 위해 수익가치 평가방법 중 하나인 현금흐름할인모형으로 수익가치를 산정하였습니다. 현금흐름할인모형은 실무적으로도 가장 널리 활용되고, 기업의 미래수익 또는 현금창출능력을 잘 반영하고 있기 때문에 일반적으로 회사의 기업가치를 가장 잘 반영하는 방법이라고 판단됩니다. 특히 금번 합병은 4사 간 합병이므로 각사의 영업 변동사항을 중장기적으로 적절히 반영할 수 있는 현금흐름할인모형이 가장 합리적인 방법으로 판단됩니다. 수익가치 산정을 통해 합병법인과 피합병법인들의 주식가액을 산정하였고, 이를 합병가액으로 하여 합병비율을 산출하였습니다.

나. 산출결과

합병회사가 피합병회사를 합병함에 있어서 합병비율의 기준이 되는 합병당사회사의 주당평가액은 합병회사와 피합병회사가 12,044원과 20,306원, 26,611원, 2,040원으로 추정되었으며, 합병당사회사가 협의한 합병비율 1 : 1.6860091 : 2.2095367 : 0.1693414로 산정되었습니다.

6. 외부평가에 관한 사항

외부평가 여부	예
근거 및 사유	본 합병은 주권비상장법인 간의 합병이기에 「자본시장과 금융투자업에 관한 법률」 제165조의4 및 「동법 시행령」 제176조의5에 따른 외부평가기관의 평가가 요구되지 않지만, 적절한 합병가액 산정을 위해 자발적으로 외부평가기관의 평가를 받았습니다.
외부평가기관의 명칭	□□회계법인
외부평가 기간	2019년 3월 21일~2019년 11월 13일

설 명

① 비상장법인 간 합병 시 합병비율 산정을 위한 평가방법에 대해서 별도로 정하고 있는 법률 또는 규정은 없다. 실무적으로 세법상 특수관계에 있는 비상장법인 간의 합병 시에는 Tax Risk를 사전에 해소하기 위하여 상증세법상 비상장주식 평가방법에 따라 산정된 합병비율을 참조하나 본 사례는 특수관계가 아니며 상증세법상 비상장주식 평가방법은 공정가치를 반영하지 못한다는 단점 등을 이유로 현금흐름할인모형을 통하여 합병비율을 산정하였다.

② 한편, 본 사례는 비상장법인 간의 합병으로 자본시장법상 외부평가기관의 평가의무가 존재하지 않으나 현금흐름할인모형 산정 시 주관적 요소 등을 고려하여 자발적으로 외부평가기관의 평가를 받았다.

(2) 특수관계자 간

DART	특수관계자인 비상장법인 간 합병 시 합병비율 산정
사 례	비상장회사인 ㈜○○가 특수관계자인 비상장회사인 ㈜△△를 흡수합병한 사례
공 시	주요사항보고서

가. 합병회사인 ㈜○○와 피합병회사인 ㈜△△는 모두 주권비상장법인으로서 비상장법인 간 합병비율 산정을 위한 평가방법에 대해서는 별도로 정하고 있는 법률이나 규정이 없습니다.
이에 따라, 본 합병의 합병가액 평가는 상속세 및 증여세법 제63조 제1항 제1호 다목 및 동법 시행령 제54조에서 규정하고 있는 보충적 평가방법에 따라 합병법인과 피합병법인의 주식가액을 산정하였고, 이를 합병가액으로 하여 합병비율을 산출하였습니다.

나. 산출결과 합병회사가 피합병회사를 합병함에 있어서 합병비율의 기준이 되는 합병당사회사의 주당평가액은 합병회사와 피합병회사가 각각 14,545원과 237,764원으로 추정되었으며, 합병당사회사가 협의한 합병비율 1 : 16.3467858로 산정되었습니다.

(중략)

6. 외부평가에 관한 사항

외부평가 여부	예
근거 및 사유	주권비상장법인 간의 합병인 본 합병에 대해서는 「자본시장과 금융투자업에 관한 법률」 제165조의4 및 「동법 시행령」 제176조의5에 따른 외부평가기관의 평가가 요구되지 않지만 적정한 합병가액 산정을 위해서 자발적으로 외부평가기관의 평가를 받았습니다.
외부평가기관의 명칭	□□회계법인
외부평가 기간	2018년 10월 17일~2018년 11월 26일

설 명

① 비상장법인 간 합병 시 합병비율 산정을 위하여 별도로 정한 법률이나 규정이 없으나 세법상 특수관계법인 간의 합병임을 감안하여 상증세법상 비상장주식 평가방법에 따라 합병비율을 산정하였다.
② 한편, 비상장법인 간의 합병은 자본시장법상 외부평가기관의 평가의무가 존재하지 않으나 자발적으로 외부평가기관의 평가를 받았다.

④ 완전자회사 합병

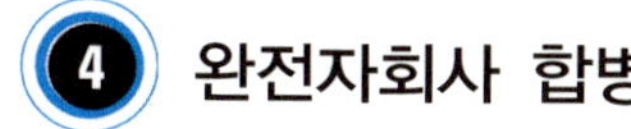	완전자회사 합병(무증자합병)
사 례	상장회사인 ㈜○○가 100% 자회사인 ㈜△△를 흡수합병한 사례
공 시	주요사항보고서

3. 합병의 중요영향 및 효과

본 주요사항보고서 제출일 현재 ㈜○○는 ㈜△△의 발행주식을 100% 소유하고 있으며, 합병신주를 발행하지 않는 무증자합병으로 진행하므로 본 합병이 존속회사인 ㈜○○의 경영, 재무, 영업에 유의적 영향을 미치지는 않을 것이나, 완전자회사 합병을 통한 경영효율성 증대가 기대됨.

본 합병 완료 시 ㈜○○는 존속회사로 계속 남아있고 소멸회사인 ㈜△△는 합병 후 해산하게 되며 본 합병은 신주를 발행하지 않는 무증자합병으로 본 합병 완료 후 ㈜○○의 주주 변경은 없음.

5. 합병비율 산출근거

존속회사인 ㈜○○는 소멸회사인 ㈜△△의 주식 100%를 소유하고 있으며, 본 합병 시 존속회사는 소멸회사의 주식에 대해 신주를 발행하지 않으므로 합병비율은 1.0000000 : 0.0000000으로 산정함.

6. 외부평가에 관한 사항

외부평가 여부	미해당
근거 및 사유	자본시장과 금융투자업에 관한 법률 제165조의4 및 동법 시행령 제176조의5 제7항 제2호 나목 단서에 의하여 다른 회사의 발행주식 총수를 소유하고 있는 회사가 그 다른 회사를 합병하면서 신주를 발행하지 않는 경우에는 합병가액의 적정성에 대한 외부평가기관의 평가를 받을 의무가 없는 바, 본 합병은 이에 해당하므로 위 규정에 따라 외부평가기관의 평가를 거치지 아니하였음.
외부평가기관의 명칭	-
외부평가 기간	-

설 명
완전자회사를 흡수합병한 사례로 합병법인이 피합병법인의 주식을 100%로 소유하고 있으므로 신주를 발행하지 않았다. 따라서 합병가액을 산정할 필요가 없으며 동일한 이유로 자본시장법상 외부평가기관의 평가의무도 없다.

5 SPAC소멸합병

DART	비상장회사가 SPAC를 흡수합병
사 례	비상장회사 ㈜○○가 SPAC인 ㈜△△를 흡수합병한 사례
공 시	주요사항보고서

1.합병법인의 합병가액 산정

자본시장과 금융투자업에 관한 법률 시행령 제176조의5 제3항 제2호 나목 및 증권의 발행 및 공시등에 관한 규정 시행세칙 제4조 내지 제6조의 규정에 의거하여 주권비상장법인인 합병법인의 합병가액을 본질가치(자산가치와 수익가치를 각각 1과 9의 비율로 가중산술평균한 가액)로 평가하였습니다. 한편, 증권의 발행 및 공시등에 관한 규정 시행세칙 제7조에 따른 유사회사 요건을 충족하는 법인이 3사 미만이므로, 비교목적으로 공시되는 합병법인의 상대가치는 산정하지 아니하였습니다.

가. 본질가치 [(나×1+다×9)÷10] : 3,976원
나. 자산가치 : 384원
다. 수익가치 : 4,375원
라. 상대가치 : 해당사항 없음(유사회사 3개 미만).
마. 합병가액 : 3,976원

(중략)

2. 피합병법인의 합병가액 산정

주권상장법인의 합병가액은 원칙적으로 기준주가를 적용하되, 기준주가가 자산가치보다 낮은 경우에는 자산가치로 할 수 있습니다. 본건 피합병법인의 합병가액은 자산가치보다 기준주가에 할인율을 반영한 평가가액이 높기 때문에 본 평가에서는 기준주가에 할인율을 반영한 평가가액을 합병가액으로 산정하였습니다.

가. 기준주가에 할인율을 반영한 평가가액 : 2,000원
나. 자산가치 : 1,786원
합병가액 (Max[가, 나]) : 2,000원

(1) 피합병법인의 기준주가 산정

피합병법인의 기준주가에 할인율을 반영한 평가가액은 자본시장과 금융투자업에 관한 법률 시행령 제176조의5 제1항 제1호에 따라 합병을 위한 이사회 결의일(2022년 4월 28일)과 합병계약을 체결한 날(2022년 4월 28일) 중 앞서는 날의 전일(2022년 4월 27일)을 기산일로 한 최근

1개월간의 거래량 가중산술평균종가, 최근 1주일간의 거래량 가중산술평균종가, 최근일의 종가를 산술평균한 가액을 기준으로 100분의 30의 범위(계열회사 간 합병의 경우 100분의 10)에서 할인 또는 할증한 가액(본건 합병에서는 11.348% 할인한 가액)으로 산정하였습니다.

가. 1개월 가중평균주가(2022. 3. 28.~2022. 4. 27.) : 2,241원
나. 1주일 가중평균 주가(2022. 4. 21.~2022. 4. 27.) : 2,262원
다. 최근일 주가(2022. 4. 27.) : 2,265원
라. 산술평균주가([가+나+다]÷3) : 2,256원
마. 할증(할인)율 : (−)11.348%
바. 기준주가(라×[1+마]) : 2,000원

3. 산출결과

합병법인이 피합병법인을 합병함에 있어서 합병비율의 기준이 되는 합병당사회사의 주당 평가액은 합병법인과 피합병법인이 각각 3,976원(액면가액 100원)과 2,000원(액면가액 100원)으로 추정되었으며, 이에 합병비율 1 : 0.5030181는 적정한 것으로 판단됩니다.

설 명	

① SPAC소멸합병으로 비상상법인 평가 시 평가특례에 따라 협의가액으로 수익가치 가중치를 1.5가 아닌 9를 사용하였다.

② 피합병법인인 SPAC의 합병가액은 보통 기준시가에서 할인(증)율을 조정하여 2,000원으로 한다.

| 저 | 자 | 소 | 개 |

■ 임 희 주

[약력]

- 성균관대학교 회계학 석사
- 홍익대학교 세무학 박사수료
- 대주회계법인, 공인회계사

■ 김 진 석

[약력]

- 홍익대학교 세무학 석사 · 박사
- 한국세무사회 세무연수원 교수
- 세무법인 택스테크 대표세무사

[저서]

- 주택임대와 세무실무(삼일인포마인, 2019 · 2020)
- 지방소득세 실무(삼일인포마인, 2020)

최신판 기업구조조정실무와 DART 사례

2023년 9월 8일 초판 인쇄
2023년 9월 20일 초판 발행

저 자 임 희 주
김 진 석
발 행 인 이 희 태
발 행 처 **삼일인포마인**

저자협의
인지생략

서울특별시 용산구 한강대로 273 용산빌딩 4층
등록번호 : 1995. 6. 26 제3-633호
전 화 : (02) 3489-3100
F A X : (02) 3489-3141
I S B N : 979-11-6784-191-9 93320

♣ 파본은 교환하여 드립니다.

정가 60,000원